U0897386

浙江农林大学科研发展基金人才启动项目“城郊拆迁补偿家庭养老研究”（2021FR048）

国家社会科学基金一般项目（20BSH016）阶段性成果

浙江农林大学文科精品文库

浙江省习近平新时代中国特色社会主义思想研究中心浙江农林大学研究基地

城郊拆迁补偿家庭养老研究

郅玉玲 /著

人民出版社

责任编辑：宫　共
封面设计：源　源

图书在版编目(CIP)数据

城郊拆迁补偿家庭养老研究/郅玉玲 著. —北京：人民出版社，2022.11
ISBN 978-7-01-024613-0

Ⅰ.①城…　Ⅱ.①郅…　Ⅲ.①养老-家庭问题-研究-中国②房屋拆迁-土地征用-补偿-研究-中国　Ⅳ.①D669.6②D922.181.4

中国版本图书馆 CIP 数据核字(2022)第 040129 号

城郊拆迁补偿家庭养老研究

CHENGJIAO CHAIQIAN BUCHANG JIATING YANGLAO YANJIU

郅玉玲　著

人民出版社 出版发行
(100706　北京市东城区隆福寺街 99 号)

北京汇林印务有限公司印刷　新华书店经销

2022 年 11 月第 1 版　2022 年 11 月北京第 1 次印刷
开本：710 毫米×1000 毫米 1/16　印张：23.5　字数：358 千字

ISBN 978-7-01-024613-0　定价：65.00 元

邮购地址 100706　北京市东城区隆福寺街 99 号
人民东方图书销售中心　电话 (010)65250042　65289539

目　录

第一章　绪　论

党的十九届六中全会通过了《中共中央关于党的百年奋斗重大成就和历史经验的决议》，确定中国将坚定不移走全体人民共同富裕的道路。中国共产党十九届六中全会公报指出，中国共产党百年奋斗的十条历史经验之一是人民至上。始终坚持全心全意为人民服务的根本宗旨，坚持党的群众路线，始终牢记江山就是人民、人民就是江山，坚持一切为了人民、一切依靠人民，坚持为人民执政、靠人民执政，坚持发展为了人民、发展依靠人民、发展成果由人民共享，坚定不移走全体人民共同富裕道路。C社区位于浙江省杭州市，原是江南水乡城郊村落，后拆迁成为城市社区。对于C社区的养老研究，是城郊拆迁补偿家庭养老研究，也是共同富裕示范区浙江省的实践经验展示，彰显着城郊拆迁补偿家庭的美好生活和较高水准的生活品质。党的十九大报告指出“坚持在发展中保障和改善民生。增进民生福祉是发展的根本目的。必须多谋民生之利、多解民生之忧，在发展中补齐民生短板、促进社会公平正义，在幼有所育、学有所教、劳有所得、病有所医、老有所养、住有所居、弱有所扶上不断取得新进展，深入开展脱贫攻坚，保证全体人民在共建共享发展中有更多获得感，不断促进人的全面发展、全体人民共同富裕。”①

---

① 习近平：《决胜全面建成小康社会，夺取新时代中国特色社会主义伟大胜利（二〇一七年十月十八日）》，《十九大以来重要文献选编》（上），中央文献出版社2019年版，第16—17页。

一、问题的提出与研究意义

20世纪50年代，我国提出了社会主义现代化的目标。1978年改革开放以来，我国提出以社会主义现代化建设为中心的历史任务，并进行了坚持不懈的艰苦奋斗。全面建成小康社会，标志着我国“两个一百年”奋斗目标之中的第一个百年奋斗目标已经实现。习近平总书记指出：“经过长期努力，中国特色社会主义进入了新时代，这是我国发展新的历史方位。”① “我们既要全面建成小康社会、实现第一个百年奋斗目标，又要乘势而上开启全面建设社会主义现代化新征程，向第二个百年奋斗目标进军。”② 党的十九届五中全会审议通过《中共中央关于制定国民经济和社会发展第十四个五年规划和二〇三五年远景目标的建议》，描绘了我国“十四五”时期和未来十五年发展的宏伟蓝图，开启了全面建设社会主义现代化国家新征程。③ 同时，中国社会面临人口老龄化、城市化的严峻挑战。

人口老龄化对当代社会发展构成重要挑战，人口老龄化对各国的经济发展和社会发展都产生了影响。联合国前秘书长安南在1999年国家老年人年开年启动仪式上第一次提出：“人类现在进入了全球化时代、信息化时代、互联网时代，我还要再加上一个时代，就是长寿时代。在过去人类的寿命很短，像短跑冲刺，而现在人类的寿命像马拉松赛跑，很长很长。”④ 1987年，党的十三大报告中明确指出“还要注意人口迅速老龄化

---

① 习近平：《决胜全面建成小康社会，夺取新时代中国特色社会主义伟大胜利（二〇一七年十月十八日）》，《十九大以来重要文献选编》（上），中央文献出版社2019年版，第7页。

② 习近平：《决胜全面建成小康社会，夺取新时代中国特色社会主义伟大胜利（二〇一七年十月十八日）》，《十九大以来重要文献选编》（上），中央文献出版社2019年版，第20页。

③ 李培林：《社会学视角下的中国现代化新征程》，《社会学研究》2021年第2期。

④ 邬沧萍：《长寿时代的空巢家庭企盼亲情住宅》，《住宅科技》2004年第2期。

的趋向，及时采取正确的对策。”① 这是第一次在党的纲领性文件中提出人口老龄化问题，是党和政府老龄工作的一个重要里程碑。2000 年 10 月，党的十五届五中全会通过的《中共中央关于制定国民经济和社会发展第十个五年计划的建议》再次强调“重视人口老龄化趋势，努力解决老龄人口社会保障和精神文化生活问题。”② 2005 年 10 月，党的十六届五中全会通过了《中共中央关于制定国民经济和社会发展第十一个五年规划的建议》，要求认真研究制定应对人口老龄化的政策决策。2010 年，党的十七届五中全会首次提出“积极应对人口老龄化，注重发挥家庭和社区功能，优先发展社会养老服务，培育壮大老龄服务事业和产业。”③ 这是党的纲领性文件关于人口老龄化表述的重大转变，彰显着党应对老龄化的举措向主动、自发、积极应对转变。2012 年，党的十八大报告明确提出要积极应对人口老龄化，大力发展老龄服务事业和老龄产业。2013 年，党的十八届三中全会决定启动实施“单独二孩”政策以应对高龄少子化的人口结构变动所产生的问题，同时强调要加快建立社会养老服务体系和发展老年服务产业以应对老年人口问题。2015 年，党的十八届五中全会进一步对生育政策进行调整，全面实施“二孩政策”以适应我国人口与经济社会发展的形势，同时将推进老龄事业发展改革纳入社会经济发展部署，积极决策部署。④ 2016 年，中共中央政治局就我国人口老龄化的形势和对策举行第三十二次集体学习，习近平总书记在会上对如何积极应对人口老龄化作出了重要论述，明确提出“有效应对我国人口老龄化，事关国家发展全局，事关亿万百姓福祉。”还阐述了“努力挖掘人口老龄化给国家发展带来的

① 中共中央文献研究室：《十三大以来重要文献选编》（上），人民出版社 1991 年版，第 25 页。

② 中共中央文献研究室：《十三大以来重要文献选编》（中），人民出版社 2001 年版，第 1386 页。

③ 中共中央文献研究室：《十三大以来重要文献选编》（中），人民出版社 2011 年版，第 991 页。

④ 陆杰华、郭冉：《从新国情到新国策：积极应对人口老龄化的战略思考》，《国家行政学院学报》2016 年第 5 期。

活力和机遇，努力满足老年人日益增长的物质文化需求，推动老龄事业全面协调可持续发展”的工作方针。论述了迎接人口老龄化开展老龄工作的三项重大原则：“坚持党委领导、政府主导、社会参与、全民行动相结合，坚持应对人口老龄化和促进经济社会发展相结合，坚持满足老年人需求和解决人口老龄化问题相结合”。按照党的十九大决策部署，2019年印发的《国家积极应对人口老龄化中长期规划》提出了近期、中期和远期的发展目标，部署了应对人口老龄化的五项具体工作任务：夯实应对人口老龄化的社会财富储备，改善人口老龄化背景下的劳动力有效供给，打造高质量的为老服务和产品供给体系，强化应对人口老龄化的科技创新能力，构建养老、孝老、敬老的社会环境。2020年，党的十九届五中全会通过的《中共中央关于制定国民经济和社会发展第十四个五年规划和二〇三五年远景》提出“实施积极应对人口老龄化国家战略”，从国家战略的高度统筹老龄工作全局、加强顶层设计，提出了制定人口长期发展战略、渐进式延迟法定退休年龄、积极开发老年人力资源等具体部署。2021年，“实施积极应对人口老龄化”正式列入全国人大通过的《中华人民共和国国民经济和社会发展第十四个五年规划和二〇三五年远景目标纲要》，强调以“一老一小”为重点完善人口服务体系。同年5月31日，习近平总书记主持中共中央政治局会议，听取了“十四五”时期积极应对人口老龄化重大政策举措汇报。会议强调要通过“稳妥实施渐进式延迟法定退休年龄，积极推进职工基本养老保险全国统筹，完善多层次养老保障体系，探索建立长期护理保险制度框架，加快建设居家社区机构相协调、医养康养相结合的养老服务体系和健康支撑体系，发展老龄产业，推动各领域各行业适老化转型升级，大力弘扬中华民族孝亲敬老传统美德，切实维护老年人合法权益”等措施，贯彻落实积极应对人口老龄化国家战略。

“在人口科学上，当老年人口在人口中的比例增大时，称之为人口老龄化。”① 从最严格的科学定义来说，人口老龄化只是指老年人口在总人口

① 杜鹏主编：《人口老龄化与老龄问题》，中国人口出版社2006年版，第2页。

的比例增加的过程，但通常人们对人口老龄化或老龄化的理解常常隐含着指老年人规模增大、增长速度加快、老年人口在全部人口中比例增加，因为在一般的人口发展过程中，三者常常是同时出现的，相悖的情况是极其罕见的。① 从国际标准来说，65 岁及以上的人口在一个国家或者地区中占 7% 以上，这个国家或者地区称为老龄化国家或者地区；从中国标准来说，60 岁及以上的人口在一个国家或者地区中达到 10% 及以上，这个国家或者地区即被称为老龄化国家或者地区。据联合国相关材料，2000 年世界 60 岁及以上人口在总人口中占 6.4%，同期中国 60 岁及以上人口在总人口中占 19.3%；预计 2025 年世界 60 岁及以上人口在总人口中占 5.4%，同期中国 60 岁及以上人口在总人口中占 9.5%；预期 2050 年世界 60 岁及以上人口在总人口中占 7.5%，同期中国 60 岁及以上人口在总人口中占 29.9%。② 我国在 1999 年成为老龄化国家。第七次全国人口普查数据显示，60 岁及以上人口为 264018766 人，占 18.70%，其中 65 岁及以上人口为 190635280 人，占 13.50%。与 2010 年第六次全国人口普查相比，60 岁及以上人口的比重上升 5.44 个百分点，65 岁及以上人口的比重上升 4.63 个百分点。③ 60 岁以上老年人口比例预计在 2035 年和 2050 年将分别达到 30% 和 38%，老年人口规模将分别达到 4.12 亿人和 4.80 亿人。从现在起到 21 世纪中叶，都将是我国老年人口规模和比例持续攀升的阶段。④ 与人口老龄化相伴出现的人口现象还有少儿人口比率和劳动年龄人口比率持续下降、人口抚养比持续上升、生育水平低迷、人口总量出现负增长等。老龄社会将给我国的经济社会发展带来深远影响，除了人口红利缩减外，

---

① 杜鹏主编：《人口老龄化与老龄问题》，中国人口出版社 2006 年版，第 3 页。

② 资料来源：United Nations. World Population Ageing 1950—2050。

③ 国家统计局、国务院第七次全国人口普查领导小组办公室：《第七次全国人口普查公报（第五号）》，2021 年 5 月 11 日，见 http://www.stats.gov.cn/tjsj/tjgb/rkpcgb/qgrkpcgb/202106/t20210628_1818824.html。

④ 杜鹏、韩文婷：《互联网与老年生活：挑战与机遇》，《人口研究》2021 年第 3 期。原新、金牛：《“危”“机”与应对：中国人口负增长时代的老龄社会》，《中共福建省委党校学报》（《福建行政学院学报》）2020 年第 1 期。

我国还将在社会保障、人口健康、收入分配上面临严峻挑战。[①] 老龄社会也带来了一系列社会问题。诸如：养老服务的风险问题，服务对象具有高风险，老年人年老、体弱，发病率和死亡率都远远高于其他群体；服务过程具有复杂性，综合化、个性化特征显著，专业化与非专业化并存；参与主体多元化，涉及政府、机构、社区、家庭、老人自身等。[②] 社会保障制度的代际均衡问题，现行基本养老保险制度和基本医疗保险制度存在代际矛盾，养老金待遇给付与实际筹资之间有较大的缺口，医疗保障制度不仅受到疾病谱、医药服务方式的影响，而且还受到人口结构变化的影响，存在代际均衡问题。[③] 养老机构发展困境问题，养老机构建设用地紧张，养老护理员队伍不稳定，养老机构意外风险多，养老机构的补贴政策难以真正落实，养老机构的社会负担过重。[④] 居家养老服务困境问题，居家养老服务扶持政策亟待健全，政府部门经费紧张和基层社区的经济困难造成双重“瓶颈”从而导致居家养老服务的资源匮乏，服务人员的素质问题制约了居家养老服务业的发展。[⑤] 老年人的网络主体困顿问题，包括失去时间之困、失去能力之困、失去价值之困、失去自我之困。[⑥] 长期护理保险保障制度建设问题。在人口老龄化高峰到来之前如何解决老年人长期护理服务风险；国际长期护理保障制度有多种模式，我国应借鉴采取哪一种模式抑或多元模式；筹资模式确立后，长期护理服务体系又如何构建；等等。[⑦] 这些社会问题亟待解决。

城市化是人口城市化、土地城市化、经济城市化的综合变化。首先，

---

① 何文炯：《论社会保障制度的代际均衡》，《社会保障评论》2021 年第 1 期。

② 童星：《重视养老服务中的风险防范与化解》，《中国社会工作》2019 年第 8 期。

③ 何文炯：《论社会保障制度的代际均衡》，《社会保障评论》2021 年第 1 期。

④ 青连斌：《求解中国养老难题》，中共中央党校出版社 2017 年版。

⑤ 郅玉玲：《长江三角洲地区居家养老服务的发展》，《学海》2010 年第 4 期。

⑥ 郅玉玲、李一：《“网络主体困顿”：网络社会生活的隐性风险探析》，《西南民族大学学报》（人文社会科学版）2021 年第 8 期。

⑦ 戴卫东：《中国长期护理服务体系建构研究》，社会科学文献出版社 2018 年版，第 12 页。

城市化使大量农村人口变成城市人口，提高了城市人口在国民人口中的比重；其次，城市化使部分土地由农业用途变为非农业用途，使其由农村用地变为城市用地；最后，城市化引进经济社会结构的变化，特别是产业、空间或者地区结构的变化。① 城市化发展是一个乡村人口向城市型人口转化的社会历史过程，一个地区和区域的城市化，是该地区和区域经济社会发展中必然要经历的过程。这是社会发展客观规律性的一种体现。此变迁发展的过程中，整个地区和区域的产业结构布局的变化，将表现为第一产业的比重下降，而第二产业和第三产业的比重上升，后两者逐渐占据经济生活的重要地位；人口的职业分布与城乡区域分布情况的变化，将表现为劳动力从第一产业退出，而转向第二、第三产业的就业领域，以及从业者实现由乡到城的地理空间迁移；各类社会资源要素，会在一定的区域范围内，被发展基础和发展条件良好的城市或城镇所吸纳，从而实现某种程度的集聚与集约化利用，提高整个经济运行的效率与整体效益；经济社会活动重心的占位，会从农业和农村，转向非农产业和城市或城镇；历经非农化转变的发展主体，以及承载这一转变的乡村与城市之外在环境条件的各种风貌等，也都将发生持续的变化。改革开放以来，我国的城市化持续发展。根据世界银行的统计，截至 2017 年，世界的城市化水平为 54.83%，高水平国家的城市化水平为 81.53%，中高等收入国家的城市化水平为 65.45%，中等收入国家的城市化水平为 51.77%，中低收入国家的城市化水平为 39.91%，低收入国家的城市化水平为 32.44%，中国的城市化水平为 57.96%。② 城市化进程存在一些问题。城市化建设投入相对过大，"地方政府间的恶性竞争，投入过热、重复建设使得工业产能严重过剩，供给侧问题非常严重。与土地相关，就是土地资源的严重浪费"③。历史文

① 杨重光：《城市化过程中土地政策调整与人口户籍变更》，《中国土地科学》2000 年第 6 期。

② 联合国：《世界城市化前景》，世界银行网站，公开数据，https：//data.worldbank.org.cn/indicator/SP.URB.TOTL..IN.ZS？ view=chart。

③ 丁成日、高卫星：《中国"土地"城市化和土地问题》，《城市发展研究》2018 年第 1 期。

化遗址遭受一定程度破坏，“福建农村除了因国家水库建设需要，迁徙新址的数十个新村外，基本上都是有数百年甚至上千年历史的古村聚落。但是，传承至今能达到国家历史保护条件要求的古村落不足 20%。”“厦门市海沧区霞阳村、新垵村等华侨古村，是厦门著名的华侨历史文化名村，两村相临，都是百年老村。两村原本成片的红砖古厝，被村民拆除了几十个上百栋造型优雅、古色古香的院落，改建为民宿出租楼。因此，诸多成片的历史名宅被现代水泥楼房取代，变得支离破碎，古建筑的完整性不复存在。”① 与城市现代化相比，农村现代化建设相对滞后。C 社区在急速猛进的城市化外力作用下，在较短时间内由乡村村落转型为城市社区，其转型过程、拆迁后养老内容和形式的变化、代际关系的变化、老年人的社会适应、居家养老服务等，在今日中国的城市化进程中，具有普遍性、典型性。这是一场“静悄悄的革命”。②

在养老研究上，社会人类学者考察了养老的资源，社会变迁中导致养老发生变化的因素以及养老的应对举措，并且从代际关系角度分析了家庭中代际间的权力关系、家庭代际经济流动和代际互动。这些研究表明养老的变迁可以折射出当前家庭以及社会发生的变迁，但是这些研究往往只强调在养老变迁的过程中外在国家力量的介入，而很少注意到变迁的内生性以及内外作用下行动者主体的实践过程。主体——实践范式是后现代社会学的理论观点，它强调行动者是社会主体，而不是客体，社会主体是能动的，客体是被动的。行动者不断以“实践”来创造新的东西。“空间实践”（spatial practice）这一概念是列斐伏尔在《空间的生产》一书中提出的，他认为空间实践是空间的使用，这种使用是习惯性的和富有创造性的。③ 场域（field）是布迪厄（Bouedieu）提出的，场域也是空间概念，包括空间中的知识、秩序和权力关系。每一个场域都有空间的实践，亦被

① 刘芝凤：《逆城市化进程中古村落保护与开发的若干问题研究——以闽台历史文化名村为例》，《中南民族大学学报》（人文社会科学版）2018 年第 4 期。

② 沈关宝：《一场静悄悄的革命》，上海大学出版社 2007 年版。

③ ［法］亨利·列斐伏尔：《空间的生产》，刘怀玉等译，商务印书馆 2021 年版。

称作惯习。①

“研究问题主要是指在研究主题的范围内确定自己需要研究题目何以成为‘问题’。”② 对研究者“提出问题”富有启发的方法论有四种：涂尔干的“社会事实”论、米尔斯的“社会学的想象力”、加芬克尔等为代表的“常人方法论”、吉登斯的“结构二重性”理论，也就是通常所说的“范式”。③ 但是，既有的研究范式，一般说来都更多地具有西方社会的背景，而且较为偏重静态描述。④ 因此，观察、研究中国城郊拆迁补偿家庭的养老事实，多层次、多角度寻找养老变迁的动因，探究养老变迁的动态过程，显得十分重要。在诸多中外学者研究的启发下，本著作提出了以下研究问题：1. 养老作为家庭中一项非常重要的生活事件一直延续至今，拆迁后的内容和形式发生了哪些变化？ 2. 拆迁如何改变了老年人及其子女的资源？资源配置的变化对老年人有何影响？ 3. 拆迁如何改变了家庭代际关系？代际关系改变的动力何在？ 4. 老年人如何适应变化？

通过对养老过程中各个行动者的行动以及在行动中为实现其目标而所采取的各种策略进行“深描”，从而破除在养老研究中普遍存在的只见结构不见行动者的片面结构功能主义取向。在理论方面，本著作试图从老年人生活世界中的一个很基本的层面来展现家庭、社会结构与文化意义的变迁。在现实层面上，通过探讨在农村家庭城市化的过程中出现的问题以及问题的根源，从而可以为国家在推动农村城市化的进程时尽量避免转型所带来的负面影响提供有益的参考，完善社会保障的制度设计，满足个人和社会的多层次多类型的需要。⑤

---

① [法] 皮埃尔·布迪厄：《实践感》，蒋梓骅译，译林出版社 2003 年版。

② 仇立平：《社会研究和问题意识》，《江苏行政学院学报》2010 年第 1 期。

③ 仇立平：《社会研究和问题意识》，《江苏行政学院学报》2010 年第 1 期。

④ 毛丹：《一个村落共同体的变迁——关于尖山下村的单位化的观察与阐释》，学林出版社 2000 年版。

⑤ 李一：《发展视野中我国社会保障的制度设计》，《中共浙江省委党校学报》2011 年第 2 期。

二、国内外研究现状述评

养老是本著作研究的领域。学术界关于养老的研究主要集中在人类学、社会学、历史学、民俗学、人口学、经济学、社会老年学、社会保障等领域。养老作为中国家庭运行机制中非常重要的部分和内容，历来受到海内外中国家庭研究学者的重视。从时间上来看，养老研究可分为两个阶段：1949年以前和1949年以后。1949年以前中国首批社会人类学者运用从国外学习到的人类学理论与方法（功能主义理论、社区研究方法等）在研究中国社会的基本单位——家庭时必然涉及到养老研究。1949年后对养老的研究可分为两个时期，20世纪50—80年代和20世纪80年代至今。20世纪50—80年代，社会学学科地位被取缔，对中国社会进行社会学人类学研究的主要是一些海外学者。20世纪80年代至今，由于社会学学科的恢复和发展，国内外有一批社会学人类学者、历史人类学者站在前人研究的基础上延续了对养老的研究。根据笔者的阅读范围，和本研究较为相关的研究主要包括以下几方面：养老研究、代际关系、拆迁农民研究。

（一）养老研究

穆光宗认为，对养老可以有两种不同理解，一种是“谁来支持老年人或者老年的生活”，另一种是“如何度过老年生活”。前者涉及的是养老资源的来源，后者是如何运用这些资源的问题（穆光宗，2002）。在进行文献综述时，笔者检索综合了这两个主题的相关著作、论文。将养老研究分为1949年以前的养老研究和1949年以后的养老研究，分别综述。

1. 1949年以前的养老研究

严恩椿在《家庭进化论》中认为中国家庭有许多优点，如“百善之首”，“以孝一端而论，已可为凡百道德信条之依据。盖孝不特尽礼于父母，以之事君则忠，以之立身则教，以之接物则诚，以之待人则爱，尊贤养老，爱国仁民，悉肇源于亲情”（严恩椿，1918）。

陈德徵认为应当废除家族制度。但在“社会没有彻底改造、经济组织仍是不良”的状态之前，还需要一种过渡性的组织，这种组织“或者仍旧可以名之曰家庭，但他的性质完全和家族制度不同”。这种组织是“为赡养我们无力自养的亲人和料理我们亲人的废疾死亡等而设”，“为了已经结婚的妻子不能养她自己者而设”，“为赡养未成立的兄弟子女及其他为我所已尽而非尽不可的责任而设”（陈德徵，1921）。

黎蒙认为，“我们当然是主张分居制了，可是我所要主张的分居制，与西洋的分居制微有不同。……我主张分居之后，子女仍须随时去奉养父母。奉养父母这点确实是中国家庭不可泯减的”（黎蒙，1929）。

潘光旦是最早在报纸上对中国家庭问题进行问卷调查的学者。他在《时事新报》的《学灯》副刊上登了家庭调查问卷，征求读者的答案，经过对回收问卷结果的整理分析，写成了《中国之家庭问题研究》一书。此书于 1929 年由新月书店出版，书的内容由以下五部分构成：序、中国之家庭问题征求案、答案之分析、答案之价值和附录。潘光旦认为：“家庭问题不出三大方面”，“一为家庭之前因，即祖宗父母之待遇是；二为家庭之本身，即婚姻与夫妇关系是；三为家庭之后果，即子女之养育是。”潘光旦在《在祖先和老年人地位》一文中分析了老年人社会地位和家庭地位的变迁。通过分析以下问题：如子女择业和择偶、家长权的凌替、与子女同居、“非孝”的讨论、通过对丧葬和丧服、祭祀和家谱等的态度而反映出来的对祖先的态度，得出如下结论：“中国老人的地位，最近二三十年来已经变动了不少，也是可以无疑的。近海的省区和较大的都市里，这种变迁尤为明显。”并认为老人地位今不如昔的理由“大体上当然与西洋的相同；它们根本就是从西洋来的”（潘光旦，1936）。

麦惠庭认为西方小家庭制有优点，但是“最大的劣点就是子女对父母没有奉养的责任”。他主张“中国化的小家庭制”，而不是欧美的小家庭制，“所谓中国化的小家庭制，就是子女要对父母有奉养的义务”，“至于奉养父母也不要限于同居的，所以子女成人或结婚后，仍然可以分立小家庭，不过要对父母始终要负一种奉养的义务罢了。从各方面来观察，我们可以说中国化的小家庭制就是最适合我国现代社会的环境和一般人需要的一种家庭制了”（麦惠庭，1930）。

康有为在《大同书》中认为家是“私”的根源。他主张“去家界为民”，“公共政府当公养人而公教之公恤之”（康有为，1935）。

1935 年，孙本文完成著作《社会学原理》。他致力于创建一种综合的一般社会理论，同时由衷地关注中国现代变迁过程中的社会问题。他认为家庭中的各分子，比如父母、兄弟、姊妹、夫妇、子女等都具有交互与共同行为。父母对于子女、子女对于父母，均有明显的尊卑关系。父慈子孝、兄爱弟敬都是家庭中的交互与共同行为（孙本文，1935）。

杨懋春对山东台头村进行村落调查，1945 年写成《一个中国农村：山东台头》一书，林顿在该书英文版的序言里赞誉该书代表了社区研究的本土人类学时代的来临。在书中，他提出了家庭是照顾老年人的重要中心的观点（杨懋春，1945）。

费孝通先生 1936 年对中国东部、太湖东南岸江苏省吴江县开弦弓村进行了田野调查，后根据调查资料写成《江村经济》一书。该书描述了中国农民的消费、生产、分配和交易等体系。对于养老，他也进行了详尽的阐述和分析。“儿子有了独立地位时，赡养父母的义务也就明显了。假如父母年老时，仍然掌握一份土地，但已无力耕种，儿子将代他们耕种。”“当父母一方去世时，活着的一方将与儿子的家进行合并，并一起居住。”“如果有两个儿子，他们可以轮流赡养”。（费孝通，1939/2001：65）。《乡土中国》是费孝通先生在 20 世纪 40 年代后期，根据他在西南联大和云南大学所讲“乡村社会学”一课的内容，应当时《世纪评论》之约，而写成分期连载的 14 篇文章。它不是一个具体社会的描写，而是从具体社会里提炼出的一些概念。该书首次出版是在 1947 年，1984 年三联书店重刊，2008 年人民出版社再版。《生育制度》是费孝通先生在 1946 年完成的著作。根据他在西南联合大学与云南大学讲课的内容而成。讨论了因种族绵延的需要而引申或“派生”出来的一切足以满足此基本需要、卫护此重大功能的事物。1998 年北京大学出版社出版《乡土中国生育制度》。在该书《世代间的隔膜》一文中，费孝通先生又谈到了中国的孝道，“我们孝子的典型是老莱子，这绝不是偶然的，因为只有已做了父母的人才知道怎样去体会父母，什么才是孝道。俗语所谓‘生子才知父母恩’，也说明了这个道理。这句的反面也就是说，没有子女的人是不会和父母达到全盘契洽关系。自己所没有的经验是无法推及于别人的”（费孝通，2008：207）。

2. 1949 年以后的养老研究

（1）海外学者的养老研究

①家庭照料

1957 年彼得·汤塞（Peter Townsend）在《老年人的家庭生活》（*The Family Life of Old People*）这部家庭社会学和老年社会学的经典著作中强调：如果我们要对老龄化有所了解，必须将老年人作为家庭成员研究，此处家庭是三代同堂的家庭；家庭不仅是老年人的居住单位，而且是老年人养老的场所，在这里老年人保持着健康，社会保持着稳定性（a residential unit）（Townsend，1957：227）。

许多西方的研究文献（Rosser & Harris，1965；Adams，1967；Hendig，1986；Qureshi & Walker，1989）都强调了家庭照料的重要性。事实上，西方社会一直保持着对老年人家庭照料的传统。帕罗姆巴（Palomba，1995：158—176）分析，西方文化并没有丢弃家庭养老的文化精神。譬如，法国人的家庭理念就是很接近东方的。从整个欧洲来说，南欧一带老年人的居住安排也倾向于和东方社会一样接受传统的与儿女合住的方式。从文化精神层面上说，就是南欧保持了孩子有责任赡养父母的价值观。譬如，意大利的成人深信孩子能做的最好的事情就是支持老年父母。在传统上，做母亲的在培育儿子的过程中总要设法培养他们对母亲很强的情感的依赖和忠诚，这种深刻的情感力量的形成将足以保障年老时能从他们身上得到必要的养老支持（Wolf，1972，9：85—107）。

西方有的学者认为，养老研究应引入生命历程视角。特玛拉·哈丽曼认为："过去在老年学研究中有一种错误的倾向，人们往往把老年作为一个孤立的阶段来研究而没有把它同其他阶段结合起来用发展的眼光来研究。为充分了解社会中老年人的状况和问题，我们应该研究人的整个生命周期，观察社会和经济状况对老年人的影响，了解进入老年期的过程"（哈丽曼，1984：36—37）。

池田大作认为："对老人的福利决不应仅仅是物质方面的，必须兼有精神上的有人情味的真正意义上的福利"（池田大作，1985：109）。

海外华人学者阎云祥在其人类学专著《私人生活的变革：一个中国村庄里的爱情、家庭与亲密关系 1949—1999》中对养老进行了实证研究。第七章研究了老年人的生活状况和 45 岁以上的父母对晚年养老问题的多重担忧。第八章所要研究的主题是：新的生育文化出现的根源之一是传统孝道文化的式微。阎云祥教授在黑龙江下岬村的田野调查证实，村中老人与子女（尤其是儿子和儿媳）的冲突时有发生。阎云祥教授写道："到 20 世纪 90 年代末，一些年老的父母其生活状况日益恶化，老人在家庭里的地位也日趋低下。老人们说起他们的未来就不寒而栗，甚至中年人也开始为自己的前途担心。年轻人却无法理解父母和祖父母的抱怨，而且他们自己也有不少怨气"（阎云祥，2005/2006：183）。阎云祥教授认为，这种状况出现的根源是：新的道德逻辑和社会交换关系取代了老有所养、幼有所恃的传统相互赡养机制。年轻人与父母一代对于什么是"孝"的解读已经产生了较大差异。为应对养老变化，传统父母开始寻找各种方法增加积蓄，传统的孝道由此产生了根本性的改变。在《礼物的流动：一个中国村庄中的互惠原则与社会网络》一书中，阎云祥教授对传统孝道存在的基础予以分析。一般而言，传统父母认为赡养老人是为人子女不可推卸的责任，这种理念根植于中国传统的人情文化。阎云祥教授还对年轻一代的养老理念进行了调查。调查结论是：年轻一代中多数人都不赞同那种生孩子对儿女而言就是恩情、儿女必须终生回报的理念；有些子女责怪父母没有帮助他们举办风光体面的婚礼，也没有竭尽全力帮助子女建设子女的家庭；还有的子女认为，父母在处理子女关系时对孩子应该一碗水端平，不该有所偏袒（同上，1996/2000：195）。阎云祥分析，传统父母为防老也进行了各方面准备。例如，父母想尽办法与儿女建立良好关系，经常互动，帮助儿子分家单独立户，与外嫁的女儿也是有来有往（同上，1996/2000：197—199）。阎云祥教授对传统孝道衰落的原因进行了归纳总结。他认为，传统孝道衰落与法律、公共舆论、宗族、宗教信仰、家庭私有财产等因素都有关系。

②老年照料和老年护理

Maeda 等认为，人口和社会变化的影响是如此强烈以至于最近正式的支持和照料服务的发展已经不能完全满足虚弱老人（frail aging parents）及其家庭扩张的需求。因此，那些缺乏为虚弱老人或者严重损伤的老人提供所需照料能力的家庭依然必须在自己家里提供照料。在这种情形下，照料的质量是低下的，与此同时，照料者的牺牲则非常严重（Maeda & Nakatani，1992）。

老年人的身体和心理状况有关。对护理的需求还与国家的地理位置有关。接受正式照顾的南方国家老人的概率低于北欧老人（Woittiez Gameren & Pomme，2007）。在韩国，伴随着人口急剧老化，建立一个长期体弱老年人保健系统已经成为 21 世纪的重大问题。65 岁及以上生活自理能力丧失的老年人约占总人口的 15%，但只有大约 1% 的老年人能够用得起正式服务。规划委员会准备在 2003 年 3 月推出老人长期医疗安全体系。Sunwoo 分析了社会人口背景下长期护理系统的内容、现行制度的问题，并提出政策要根据实际情况予以改进。政策的主要内容有：扩建提供长期护理服务、将小型和中型急症医院改建为长期护理医院，提供保健和长期护理服务，为需要非正式照顾者建设基础设施，并制订了一个长期护理服务费用的拨款制度（Sunwoo，2004）。

Dayton 研究了长期照顾问题。未来 40 年，世界上绝大多数国家将经历一个“人口金字塔”年龄结构的巨大变化。由于人类寿命延长和出生率下降，2000 年至 2050 年间老年人口将翻两番。在未来不到 25 年时间里，世界人口 80 亿中的 15 亿将是 65 岁以上的老年人。在此期间，80 岁以上的高龄老人数量将增加 500% 以上，这些高龄老人中 62% 将是妇女。大多数老人并不需要医护机构提供的长期护理，他们通常住在家里。但是全球老龄化将有可能产生以下危机：长期伤残或有重大疾病或需要长期护理的老人增多。当他们必须在养老机构中居住时，他们需要“老年护理院”或“护理安老院”能够提供昼夜援助和医疗服务。吉姆·德堂介绍了三个特定的国家：日本、美国和意大利目前提供的“长期照顾”情况，并就护理机制的推展进行了分析（Dayton，2006）。

Savenstedt 认为，信息和通信技术在老年护理中具有双重性。在老年护理中引进信息和通信技术时，应该进行道德教育。信息和通信技术应该为所有相关人员提供最贴心的服务。它应起到如下作用：维护老年人的尊严，克服护理人员对不人道护理的恐惧（Savenstedt，2006）。

Gameren 等分析了欧洲国家之间长期老人护理计划的差异。他们在区别人口的和健康的差异的基础上，分析了国家之间是否在卫生保健方面存在差异。基于对欧洲健康、老龄化共享数据的研究，他们区分了使用非正式照顾（如家庭成员、其他亲属、朋友和邻居）和正式照顾（有偿或专业护理）的不同。在 2004 年春季，他们对 11 个国家 23000 名老年人进行了面谈。访谈旨在了解每个国家 1400 名老人的人口信息、身体和心理健康。他们分析的 9 个国家包括荷兰、法国、德国、奥地利、丹麦、瑞典、西班牙、意大利和希腊。交叉统计表表明正式和非正式照顾在不同国家之间存在差别。比平均水平更多提供非正式照顾的国家有荷兰、希腊和意大利，比平均水平提供更多正式照顾的国家有荷兰、法国和丹麦。在希腊和意大利，接受非正式照顾的老人比接受正式照顾的少。在法国和丹麦情况则相反：这两个国家的老人多接受正规护理，接受非正式照顾的老人少。荷兰许多老人可接受非正式的护理。各国使用护理组的不同在于：照顾、可用资源和社会地位的需要。对护理的需求老年人的身体和心理状况有关。对护理的需求还与国家的地理位置有关。接受正式照顾的南方国家老人的概率低于北欧老人（Woittiez Gameren & Pomme，2007）。

Winsløw 等认为，现在的丹麦老年护理，通过授权下属相互支持，而不是通过增加上级的支持，可以获益许多。对于医疗保健部门主管之间相互支持的方法，需要进一步研究，以帮助他们支持下属（Winsløw，Nielsena & Borg，2009）。

③居家养老服务资源配置

海外学者对居家养老服务资源配置的研究主要聚焦于养老服务模型和养老服务质量评价两方面。

对居家养老服务模型研究。国外学者将养老服务模型分为国家社会服务模型、养老服务提供者与社会组织合作模型、养老服务提供者之间的合作模型。第一类是国家社会服务模型。Antonnen & Sipila 使用老年人服务数据构建欧洲四个不同的社会服务模型（Antonnen & Sipila，1996）。Kerry & Robyn 认为澳大利亚社会服务模型是核心 / 中心模型和边缘模型。服务模型在中心—边缘之间摇摆不定，以至于社会弱势群体难以借助社会服务解决生活困境（Kerry & Robyn，2005）。第二类是养老服务提供者与社会组织合作模型。Petra 认为高质量的养老服务需要养老服务提供者加强养老机构和社会组织之间的合作，合作的方式主要有：相互拆借现金、存款、有价证券等资金；整合服务任务；集约利用养老服务的硬件资源诸如动产和不动产、养老护理设施设备等；良性竞争，以期互利双赢；共享信息资源，包括积累的技术和技能、经验以及信息处理的能力，这些信息资源不涉及老人及其亲属的隐私，也不侵犯知识产权（Petra，2006）。第三类是通过国别比较提出养老服务提供者之间的合作模式（Brown&Keast，2005；Claudius，2006）。

对居家养老服务质量设计了评价指标体系。Hirdes 等研究了 MDS 质量指标在评估机构护理质量中的应用（Hirdes，1998）。Zimmerman 通过多年的样本数据研究发现，MDS 质量评价效果良好，但实际操作比较困难。经过多年实践美国又在此基础上提出了 MDS2.0，留了具有代表性 24 个评价指标，对养老服务质量的 12 个方面进行评价（Zimmerman，2003）。Wu 等研究发现，MDS 质量评价体系会受到受调查者主观因素的影响，导致其评价结果不稳定。2009 年美国在 MDS2.0 基础上，提出了 MDS3.0 版本，加入了老年人精神状态和病痛等方面的内容，注重老年人对服务的感知评价（Wu，2009）。Saliba 等指出 MDS2.0 不注重老年人自身对服务的感受，这导致服务质量评价结果不精准；MDS3.0 版本的改进有利于服务质量评估体系在现实中的应用（Saliba，2012）。Ikegami & Campbell 指出日本养老服务质量处于世界前列，日本颁布了指定介护疗养型医疗机构人员、设备以及运营标准等考核评价指标，并采取机构自评、老年人评价和第三方评价的模式，对养老服务质量进行评价（Ikegami & Campbell，1995）。

④养老服务整合

截至 21 世纪初，“服务整合”还没有明确的概念。Leutz 提出服务整合政策的制定与实践应考虑需求、成本、利益相关者、整合分歧以及整合者等（Leutz，1999）；Gröne 认为服务整合汇集了投入、输出、管理，涉及诊断、治疗、服务、康复以及健康促进等服务（Gröne，2001）。Billings 提出，它是一种系统性工作，需要各方服务参与者的有序配合，其中一个难题是社会和卫生服务部门对服务供给方向的不同理解（Billings，2005）。2017 年世界卫生组织明确指出，服务整合（Integrated Care for Older People，ICOPE）就是把老年人的所有需求置于服务的中心，通过支持老年人、初级服务者以及更广泛的医疗卫生系统等措施实现“健康老龄化”的目标（WHO，2017）。

“服务整合”的实践在西方发达国家已初具规模。从“服务整合”全程来看，其在服务者与被服务者、资金与服务、管理与信息等方面具有九大特征（Berchtold，2009；Peytremann-Bridevaux，2011）；从整合维度分析，“服务整合”具有方向性和功能性（Hawkes，2009），或规范性（Valentijn et al，2013）和系统性（NHS Confederation，2005）等特点；就整合内容看，则涉及能力建设整合（Elmer & Kilpatrick，2006）、监管整合（Ketelaars，2011）、协调性整合（Lind，2013）等。

“服务整合”的意义在于：满足由人口老龄化引起的对服务变化的需求（Anderson，2011）；提供以个人为中心的服务，承认医疗和服务的相互依赖性（Hardy et al，1999；Guy et al，2013）；有利于弱势群体的社会整合，以获得更好更灵活的社区服务（Challis，1992；Kodner，2002）；不合作不整合导致浪费和无效率（Chen et al，2000；Banks，2004；Barbara & Charlotte，2009）；服务资源整合可以提高服务的质量和连续性（Wait，2005；Lioyd，2011）。

"服务整合"的核心目标，在于提高服务质量和效率（Kodner & Spreeuwenberg，2002）。对不同利益相关者而言，服务整合的目标并不相同（Lioyd et al，2006）。"服务整合"可以是由单一组织或多个组织提供卫生和社会服务（Hilary，2011），需要各机构的联合（Godlee，2012），这种"复合介入"力求支持服务整合的管理和组织化过程在诸多层次同时发生作用（Goodwin，2013）。

国外"服务整合"主要有四种政策取向：以"全人"为导向的服务整合（ICES，2011）；以"专家"为导向的服务整合（Janse et al，2012；Raney，2013）；以"基层工作者"为导向的服务整合（Butt et al，2012）；以"被服务者自我管理"为导向的服务整合（Mountain，2004；Sang，2007）。

"服务整合"的可行路径包括：服务理念整合，服务理念从"服务"向"支持自理"转变（Hill，2007），从注重"服务"向"服务与护理并重"转变（Kodner，2002；Cheah et al，2012）。服务供给主体整合，不同的服务供给主体共同组成老年人服务整合供给主体（Coleman，2002）。服务平台整合，分为"机构整合"和"社区整合"。"机构整合"重点关注慢性病老年人、重度失能失智老年人（Regina，2010；Corry，2011）。"社区整合"将初级服务、社区服务和社会服务以被服务者为中心链接起来（Keong，2012；Takako，2014）。

⑤养老服务业绩测量

业绩测量是一个收集、描述、分析和报告关于政府政策实施结果的信息过程。业绩测量的信息以数据为基础，通过业绩测量告知政府的政策活动是否实现了预期目标（李兵、李邦华、孙文灿，2019）。Mizrahi

认为，业绩测量是现代政府治理的重要特征，它可以帮助政府解决许多重要的问题（Mizrahi，2017）。Behn 和 Robert 认为，业绩测量能够帮助政府设定合理的目标，承担和履行公共责任，控制和把握基层组织在政策实施中不偏离正常轨道（Behn&Robert，2017）。Challis，Clarkson 和 Warburton 认为，在中央政府层面，建立国家层面统一的业绩测量办法能够解决许多地方差异的问题，业绩测量基于数据考量，能够确保包括养老服务在内的社会服务的业绩得到定期的和有效的监督检查，它能够告诉我们养老服务活动是否实现政策目标，活动进度是否符合政策要求（Challis，Clarkson&Warburton，2006）。英国 1998 年发布的《社会服务白皮书》首创对社会服务进行业绩测量，并且提供了社会服务业绩测量的建议框架，业绩领域包括国家优先考虑的事项和战略目标、成本和效率、服务递送的效果和结果、对用户和照料者的服务质量、公平享有（Departmnet of Health，1998）。在《社会服务白皮书》的指引下，英国一些政府部门探索了一系列社会服务业绩测量方法。诸如英国社会照料检查委员会的“社会服务星级评定”（6Commission for Social Care Inspection，2004）和“成年人社会服务业绩指标框架”（1Martinez，2001），英国照料质量委员会发布的《成年人社会照料服务状况 2014- —2017》等（Mizrashi，2017）。最权威的是英国卫生和社会照料部在 2010—2011 年度编制、使用的《成年人社会照料结果框架 2010/11——定义手册》，2010 年之后每年调整、补充、修改一次。目前使用的版本是《成年人社会照料结果框架 2018/19——定义手册》（Behn & Robert）。爱尔兰卫生服务执行委员会也制定和出台了老年人服务关键业绩指标（Department of Health，1998）。

（2）中国学者的养老研究

①养老的概念界定

穆光宗、姚远梳理了家庭养老、社会养老的概念。他们认为，对家庭养老和社会养老的界定，有两种观点。第一种观点是较为通行的观点，以养老的经济来源作为划分标准，将社会养老界定为主要依靠离退休金与社会保障生活（如城市中的离退休人员、城市低保户、农村五保户等），将家庭养老界定为主要依靠家庭及其成员供养（如大多数农民、城市中从未参加过工作的家庭妇女、未就业人员等）。第二种，以养老支持力作为划分标准。在界定养老概念时，考虑两个原则：一是以经济变量为主、非经济变量为辅；二是考虑问题感受，显示出老年人的个体差异（穆光宗、姚远，1998：473）。张文范认为，传统家庭养老建立在血缘关系基础上，是亲情养老（张文范，1998）。洪国栋认为，家庭养老是与农业社会适应的养老方式（洪国栋，1998）。《中华人民共和国老年人权益保障法》（1996）明确规定，“老年人养老主要依靠家庭，家庭成员应当关心和照料老年人”，“赡养人是指老年人的子女以及其他依法负有赡养义务的人”。

②养老的形式

邬沧萍认为，具有中国特色的养老模式是家庭养老与社会化养老相结合（邬沧萍，1998）。刘贵平认为，家庭养老与社会化养老是互为补充、融合的（刘贵平，1998）。唐仲勋认为，新型养老模式是传统家庭养老模式的历史延续，传统家庭养老模式融合了居家养老和家庭养老，新型养老模式是混合体，融合了家庭保障、居家养老、社区养老照料体系、社会养老保障制度（唐仲勋，1998）。洪国栋等认为，家庭养老与社会养老将长期共存（洪国栋、程上哲、牟新渝，1998）。魏章玲认为，按照历史分期划分，中国养老方式分为：家庭养老（1949 年以前）、家庭养老为主、社会养老为辅（1949—　）、社会养老（未来）（魏章玲，1990）。刘书鹤等认为，中国特色的老年保障体系之一是自我保障、家庭保障、社会保障并列（刘书鹤、杨继伟、张月君，1999）。穆光宗认为，中国特色的综合养老之路是“3+2”养老工程。“3+2”养老工程的基本含义为：3 是指 3 种基本养老方式，2 是指两种辅助养老方式。3 种基本养老方式是自我养老、家庭养老和社会养老，2 种辅助养老方式为社会化养老事业、社会化助老事业。以家庭养老、社会养老和自我养老为依托或者作为基本养老方式，积极发展社会化养老事业和社会化助老事业，以期在最综合的框架中解决好多样化养老需求（穆光宗，1998）。王鉴认为，在研究中国传统家庭关系和家庭职能时，我国许多经济学家和社会学家都曾大力推崇家庭养老形式，论证家庭养老形式的合理性，并力图使这一形式得以永久维持和保留。但是，随着时间推移，全球化进程的加快，在未来我国老龄化社会中，家庭养老将逐渐被社会养老替代（王鉴，1996）。战捷认为，关于社会养老是否能取代家庭养老的问题，不仅是理论问题，而且是实践问题（战捷，1996）。徐勤和原野认为，养老有三个基本方面：经济供养、身体照顾、精神安慰。中国养老的两种基本形式是家庭养老和社会养老（徐勤、原野，1997）。杨宗传认为，养老方式分为两类，一类是家庭分散养老，一类是社会集中养老。中国当今的家庭养老形式中，独居或者同配偶一起生活、同儿子一家一起生活、同女儿一家一起生活的三种家庭养老形式比例为2∶4∶1，总趋势是向2∶1∶1转变（杨宗传，1997）。吕红平认为，养老形式分为家庭养老与社会养老，分散养老与集中养老等形式。分散养老是同家庭养老相联系，集中养老是同社会养老相联系（吕红平，1997）。熊必俊认为，养老方式有家庭养老和社会养老两种形式（熊必俊，1994）。刘长茂和叶明德认为，养老分为分散养老和集中养老两种形式（刘长茂、叶明德，1994）。

③居家养老

张文范认为，居家养老是一种养老模式，这种养老模式以家庭养老为主、社会养老为辅（张文范，1998）。洪国栋认为，居家养老是老人的经济来源依靠政府发放的退休金，生活照料和精神慰藉大部分来自社区和邻里提供的各种服务（洪国栋，1998）。唐仲勋认为，居家养老不是新型养老模式（唐仲勋，1998）。穆光宗和姚远认为，居家养老是与机构养老相对的养老方式（穆光宗、姚远，1998）。有的学者认为，我国经济发展水平不高，人口老龄化程度高，家庭养老功能急剧弱化，机构养老不受青睐，实行社区居家养老比较符合中国传统国情（谭樱芳，2006；方秀云，2006；阎安，2007）。矫扬认为，从经济学角度，居家养老既可以充分利用家庭现有的物质资源，又可根据老年人多年的生活习惯安排日常开支（矫扬，2000）。许爱花认为，从心理学角度，居家养老有利于老年人的身心健康（许爱花，2005）。何云峰和张堃认为，社区养老推行的关键问题是社区权力下放（何云峰、张堃，2000）。

④居家养老服务资源配置

国内学者研究居家养老服务资源配置，主要集中于居家养老服务政策体系及制度建设研究和居家养老服务质量评价两方面。

针对居家养老服务政策体系及制度建设提出了卓有成效的建设理念。马贵侠、景军等、丁志宏等认为以“爱心时间银行”为依托的互助养老精神，会促进兼爱交利的良好社会风尚（马贵侠，2010；景军等，2015；丁志宏等，2018）。童星认为要创新与完善社区养老服务管理体系、整合多方资源构建社区养老服务网络体系、发展与完善社区养老服务社会支持体系（童星，2015）。林义认为需要探索与老龄社会共生共融的新的社会组织形态和老年经济服务保障体系，将积极应对老龄化作为国家的一项基本国策（林义，2016）。胡荣认为文化养老体现了传统文化与当代人文关怀融合。作为一个新兴的养老模式，其理论建设和实践研究还有待进一步发展完善（胡荣，2017）。

结合地域特征设计居家养老服务质量评价指标体系。章晓懿等基于上海市社区居家养老服务模式，构建了上海市居家养老服务质量评价指标，适当修正 SERVQUAL 模型，将原模型中的“有形性”变为“可感知性”，作为评价标准之一（章晓懿等，2012）。郭奕芬等在 SERVQUAL 模型的基础上，对服务内容进行分类，构建了城市居家养老服务质量评价模型（郭奕芬等，2015）。宋凤轩等从 SERVQUAL 模型的五个维度出发构建涵盖 22 个指标的评价体系，以调查问卷方式获得服务使用者的期望值和实际感受值，计算出服务质量得分（宋凤轩等，2014）。蔡中华等采用粗糙集方法，从生活照料、医疗护理、安全保障、精神危机和社会参与等五个维度出发，对吉林市居家养老服务质量进行评价（蔡中华等，2016）。

⑤养老服务整合

桂世勋在分析中国养老服务资源整合现状的基础上指出，中国城市社区养老服务资源整合是指将能够满足本社区老年人需求的信息、人力、财力及硬件等多方面资源集纳起来，推进并实现养老服务在体制、机制以及观念等方面的整合创新（桂世勋，2004）。郑功成指出，要充分利用基层政府和社会各界的力量，对参与养老服务的多元化主体进行整合，对养老服务的内涵进行不断创新（郑功成，2011）。毕天云认为，中国养老服务资源整合的基本任务应该是对养老服务的管理、制度、政策、类型、主体、机制、经办机构、养老体系、社会保障体系以及监控机制等十个方面进行整合（毕天云，2012）。

近年来我国老年福利制度的发展步伐加快，多元主体的供给责任逐渐明晰，社会成员得到的福利是不同制度提供的总和。国家作为福利提供责任的主要承担者，与市场、家庭、社区共同构成多层次的社会福利体系，而老年人是最先接受组合式适度普惠福利的群体（彭华民，2011）。结合现实国情，中国的社会福利制度建设应采取正式与非正式相结合、普惠与特惠的双层构架，形成个人、家庭、政府、市场、社会等多种力量的有序组合（郑功成，2018）。福利治理落脚于满足目标群体的现实需要，是“对福利的治理”，福利成为了治理的对象（李迎生，2017）。

“服务整合”存在的问题主要表现为：养老服务体系存在政策割裂、资源碎片化和服务片段化等问题，导致资源浪费（郑雄飞，2012；章晓懿，2017）；居家养老服务的财政政策名目繁多，但每项政策的补贴金额较低且利用效率不高，特别是用地、税费等优惠政策缺乏可操作性，导致了我国民间资本参与养老服务体系建设不足（何文炯，2015；青连斌，2016）；社区组织定位不明确，无法尽职尽责承担基本公共服务供给职能（关信平，2011）；服务形式较单一、服务队伍不稳定，制约了居家养老服务的发展（柏萍、牛国利，2013）；跨部门的医养整合监管机制尚未建立（刘利君，2016）；智慧养老服务运营商的运营成本较高参与积极性较小、智慧养老服务的规范性和老年人的个性化需求存在矛盾（左美云，2019）。

“服务整合”的可行路径包括：目标整合，建立基础整合的社会保障目标模式（雷洁琼、王思斌，1999）、完备的社会保障体系（景天魁，2001；邬沧萍、杜鹏，2006）和满足多层次多类型需要的社会福利制度

（熊跃根，2008；岳经伦，2011；刘继同，2018；邢占军、周慧，2019）。服务供给主体整合，由政府、企业、社会组织、家庭、个人等提供直接或间接服务（穆光宗、姚远，1999；林闽钢、王章佩，2001；杨敏，2010；陈友华，2012；丁建定，2013；范斌、张海，2014；林义，2016；李兵，2019）。服务内容整合，为老年人提供适宜居住环境、医疗卫生、长期照护、疾病预防以及社区生活支持等整合性服务（童星，2015；刘利君，2016；罗燕妮等，2017）。筹资渠道的整合，美国的 Medicare 和 Medicaid，日本的介护保险都是很好的实践范例（刘利君，2016）。为此，要体现政府购买服务的责任（王建云，2015；何文炯，2016），从中长期来看应将养老服务补贴制度纳入长期护理保险制度的顶层设计框架中（桂世勋，2017）。医养结合，包括医中加养、养中加医、医养相邻、上门服务四种具体的模式（郭东等，2005；张立平，2013；黄佳豪等，2014；陆杰华等，2017；孙霞等，2020）。智能养老整合，通过大数据、云计算等手段，整合人流、物流、信息流、服务流、资金流等资源，形成智能化综合养老服务平台（唐钧，2016）。

⑥影响养老的资源分析

有国外学者指出，家庭能在何种程度上提供养老保障由下列五个因素决定：文化或者立法传统，家庭成员经济能力、家庭成员提供养老的意愿、地理学意义的家庭成员可获得性、人口学意义的家庭成员可获得性（转引自杜娟杜夏，2002）。国内理论界普遍认同类似观点。还有的学者补充到，家庭规模缩小以及生育率降低也是影响家庭提供养老保障的重要因素（张友琴，2001；曾毅王正联，2004）。资源理论可以在很大程度上对家庭养老模式的变化做出解释。许多实证研究都表明，来自家庭系统的支持对老年人身心健康有显著的正面影响（贺寨平，2002；鄢盛明陈皆明杨善华，2001）。但是，张友琴提出中国目前严重的问题在于，家庭养老面临“照料资源不足”的困境（张友琴，2001）。张友琴、贾云竹、张文娟等的实证调查表明，老年人的生活质量受到影响，因为老年人在经济、日常照顾、精神支持方面的家庭支持资源都在减少（张友琴，2001；贾云竹，2002；张文娟李树茁，2005）。而张友琴的研究表明，农村老年人除了在经济支持方面较城市更多依赖社会救济外，无论是生活支持还是精神支持都比城市更缺少家庭之外的资源（张友琴，2001）。席恒认为，养老服务的资源主要包括财力资源，即养老服务中有关养老服务供给、服务设施建设、服务机构运行、服务活动管理等方面所必需的资金资源；物力资源，即养老服务中所需要的公共活动场所、附属设备等有形资源；人力资源，即从事或参与养老服务的人口总量，既可以是劳动力人口，也可以是超过劳动年龄或未达到劳动年龄但具有劳动能力的人口；组织资源，即能够提供养老服务的机构综合。要实现养老服务资源的有效统筹，需要进一步强化政府的主导作用，切实履行好基本公共服务职能。同时要加大对民间组织的政策激励与扶持力度，增加公共财政预算中对民间组织的资金投入比例，加大政府购买服务和贴息力度（习恒，2015）。

⑦引发养老改变的因素

高和荣认为，养老问题表面上看是支持资源不足的问题，更深层的原因是社会和家庭结构及文化的改变（高和荣，2003）。

引起养老改变的因素归结起来大致有以下几种：第一是制度原因。认为因父权制弱化导致的家庭养老制度变化，集中体现在从家族主义到家庭民主，从宗法制度保障到主要依靠舆论约束，从无条件、非功利行为到条件性、功利性行为的转变（阎云翔，1998）。质言之，父权制弱化导致了家庭养老制度的变化，使其对父辈赡养的制度强制力和约束力都大为减弱。第二是文化原因。“孝”文化受到冲击，“礼治”秩序走向消解，家庭养老制度逐步失去有效的文化支持。同时，社会道德评价标准的变化也使公众舆论在赡养问题上日渐沉默和有意忽略。阎云翔认为，1949 年以后，国家政权对传统文化持续的批判态度使得“以父母养育之恩的神圣性为基础的传统的孝道不复存在”，“市场经济改革过程中引进的一系列价值观最终埋葬了孝道”；另外，公众舆论在赡养问题上的日渐沉默和有意忽略，也反映了社会道德评价标准的变化（阎云翔，2006）。穆光宗认为，人文教化不力，斯文扫地，孝道不举（穆光宗，2010）。还有的学者认为，家庭养老正从文化为主的模式转向行为为主的模式，日益成为一种“非强迫性、非规范、以家庭个体能力自愿选择的行为模式”（姚远，1998；郭于华，2001）。第三是经济原因。有的学者解释说由于集体经济割断了财富积累的链条，长辈缺乏可用来与子女交换赡养的物质基础（郭于华，2001；阎云翔，1998）。有的学者认为家庭养老往往产生于自然经济（李翠霞，2007；陈林，2007）。郅玉玲认为，随着以社会分工为特征的工业社会的到来，父母不可能像传统经济条件一样控制子女的劳动和收入，子女也不可能像小农经济条件下一样听命于父母。家庭结构发生了重大变化，代与代之间的独立性增强（郅玉玲，2009）。钟涨宝和杨柳认为，土地保障功能面临风险。因人口基数庞大，农民可用耕地面积狭小，再加上家庭联产承包责任制导致土地细碎化现象严重，不利于大型农业机械化的应用；物价普遍上涨导致化肥、农药等农业流动成本不断上升；近些年，农业投入成本逐渐升高，但收益没有显著提升（钟涨宝、杨柳，2016）。第四是地理原因。迁移使老人可获得的日常照料和慰藉资源不足，农村留守老人将近四成，城镇空巢家庭超过五成（杜娟、杜夏，2002；朱冬梅，2013）。

⑧养老的亲情因素

亲情是代际间最本质关系的体现。张友琴认为，家庭支持对老年人社会支持网络而言是非常重要的（张友琴，2001）。穆光宗认为“孝”是“有孝之养”，是以融融亲情为依托的，养则是“无孝之养”（穆光宗，1999）。穆光宗和胡刚认为，在经典伦理学的框架中，孝道的真谛是：孝顺，顺心为孝，安心为上，这是从老人角度的理解，也是深层次的孝义。只要老人行为合法就没有对错，只有晚辈是否理解和尊重的问题。一份付出是不是真爱，不是由付出者说了算，而是由接受者说了算；或者可以说由二者共同决定，首先是接受者的感受和评价，其次看施者的用心与用力。在现实生活中存在一些“孝而不顺”的现象，只有在法律的框架里才能得到完美的诠释——只有阻止老年父母的违法行为的“不顺”之举，才可以称得上“孝而不顺”（穆光宗、胡刚，2020）。

⑨精神赡养

弗洛姆认为，动物只要满足了饥饿、干渴、性等本能需要，就满意了。人在获得这些本能需要的基础上，也因为个人生存状况的不同而有所区别（弗洛姆，1994）。穆光宗认为，“精神赡养问题构成了老龄问题的深层挑战。”“精神赡养”问题直接影响着老年人的生活质量以及家庭的代际关系（穆光宗，2004）。邬沧萍认为，“提高老年人生活质量，不能仅满足于把老年人‘养起来’，而要着眼于提高他们的身心健康水平、丰富他们的精神文化生活和强调老年人社会参与；并且赋予老年人享有在国内外公认的人权准则和平等享有各种机会包括‘独立、照顾、参与、尊严、自我实现’原则并有一个能得以实现的支持体系”（邬沧萍，2003）。周绍斌和周密认为，精神保障是一种超越情感慰藉的更为全面而完备的精神生活支持机制，是老年保障中不可或缺的重要内容，对老年人的整体生活质量有着关键性影响。在物质保障之外提出精神保障的范畴，有着充分的理论依据和现实基础。老年精神保障个体层面的目标在于促进老年人的自身发展和生活质量的改善，而社会层面的目标则是促进社会和谐与社会发展，实现积极老龄化（周绍斌、周密，2016）。尤吾兵认为，传统社会中精神赡养的实现机制主要是由孝道来体现的，而在现代社会，孝作为老年人口精神赡养动力机制体现出弱化趋势。关怀伦理的情感性、境遇性以及关系性的内涵特征与精神赡养实践要求具有契合性。关怀伦理嵌入老年人口精神赡养实践，可从以老年人自我关怀为基础、以家庭子辈关怀为支撑、以城乡社区机构关怀为依托、以国家政府关怀为保障维度来构建支持系统（尤吾兵，2017）。莫医铭认为，精神赡养是指在满足老年人物质需求的基础上，家庭中的子辈关注老年人的精神生活和心理健康，使老年人获得人格尊重和情感慰藉，从而幸福、安然地度过晚年（莫医铭，2021）。

（二）代际关系

中国传统养老模式曾被概括为反哺模式。20 世纪二三十年代，潘光旦先生认为我国家庭是双向抚养模式，西方小家庭是单向抚养模式。费孝通先生在他 1947 年出版的著作《生育制度》总结出我国的养老模式为双向的反哺模式，西方为单向的接力模式。有的学者用“互惠原则”和“代际交换”来进一步说明这种“双向反馈”的代际联系（潘允康，1997；熊跃根，1998；郭于华，2001）。陈皆明在微观层面提供了一条科学分析路径，用来认识互惠原则的实施机制（陈皆明，1998）。郭于华从宏观层面，分析了国家使用行政力量和象征系统改变了乡村社会原有的代际交换的逻辑，从而导致乡村社会养老制度发生变异。她精彩地描述了乡村养老的实践与孝亲敬老的传统正在发生的某种背离（郭于华，2001）。

1. 家庭代际关系的理念阐述

（1）社会学角度的家庭代际关系理论阐释

在西方学者看来，家庭养老反映的是代际关系。1992 年，世界卫生组织曾经组织世界各国学者撰写了一本重要的著作，题为《家庭养老的国际经验》，对世界各国的家庭养老问题进行了系统的研究和比较，获得了一些重要的发现，这也是国际老年学学者对家庭养老问题第一次予以如此全面的关注（Sussman，1985；Keith，1985；Keith，1990）。

从社会学角度看，家庭代际关系有如下六种定义：①家庭代际关系是一种血缘性的从属性的社会关系。社会关系是指“人们在社会交往中形成的以生产关系为基础的各种联系和关系的总称”。②家庭代际关系体现为与一定生活方式相联系的生产方式。③家庭代际关系与所有制有重要联系。马克思认为，所有制是对他人劳动的占有。④家庭代际关系是历史的、发展的。恩格斯在分析家庭起源问题时指出，群婚家庭是“整个一群男子与整个一群女子互为所有。”血缘家庭是“按照辈数来划分的”：所有祖父和祖母、他们的子女即父亲和母亲、后者的子女、曾孙和曾孙女分别构成了四个婚姻集团。普那路亚家庭进一步排斥了同胞姐妹和兄弟乃至一切亲属之间的婚姻关系。对偶家庭使一个男子与一个女子的婚姻关系相对明确。一夫一妻制家庭则从血缘上最终确立了家庭代际关系。从家庭代际关系角度来看，家庭形式的变化，实际上也是家庭代际关系不断明确的过程，也是家庭成员的地位与责任不断强化与明确的过程。⑤代际关系是家庭中两代人之间的关系（邓伟志、徐榕，2001）。⑥代际关系是家庭中同代人或者几代人之间的传递、交往（杨善华，2007）。

西方社会学对家庭代际关系进行了理论分析。西方社会学理论对个体行为和社会行为进行了多方位的研究。家庭养老作为一种社会性的代际间行为，在很多方面，也用社会学理论予以分析。

个体行为的意义在于能够成为社会行为。法国社会学家迪尔凯姆认为，社会是不能缩减至个人的，因为社会的实际存在，基于团体而非个人。个人行为是受社会事实控制的。每当人们违反社会的规则或要求时，此种控制个人行为的力量就会发生作用，社会里的个人会死亡，但这种社会事实则延续不断。基于这种认识，迪尔凯姆认为，“社会事实”是存在于人们身体以外的行为方式、思维方式和感觉方式，同时通过一种强制力，施以每个个人（迪尔凯姆，1895/1988）。

分工程度影响个人与社会的关系。为了说明人类社会中个人与社会的关系，迪尔凯姆建立了机械团结和有机团结的概念。他指出，社会经历了两种最基本的团结形式：机械团结和有机团结。机械团结存在于分工不够发达的传统社会，是农业社会的产物，根本特征是社会成员在情感、意愿和信仰上的高度同质性。有机团结存在于现代工业社会，以社会高度分化、社会成员充分分工为基础。引起社会从机械团结向有机团结转变的根本原因是社会分工（Durkheim，1956：172）。

社会交换理论用于对代际关系的解释。霍曼斯提出了社会交换理论的六大命题。①成功命题。一个人重复同一行动的频率与速度是同其获得的相应奖赏的多少与快慢一致的。②刺激命题。相同的刺激会带来相同的行动。③价值命题。行动的价值将决定重复的行动。④剥夺与满足命题。奖赏次数越多，奖赏的价值就越低。⑤攻击与赞同命题。未获预期奖赏或得到未料到的惩罚，会形成攻击行动；未获预期惩罚或得到未料到的奖赏，会赞同这种行动。⑥理性命题。在对两种行动之间进行选择时，人们会根据当时的认识，选择随着获利可能性的增强，其结果的总价值也会增大的行为（Homans，1961）。布劳认为，社会交往过程就是社会交换过程。社会交换就是个人之间或群体之间互惠的互动过程。社会交换具有如下特征：①社会交换存在于关系密切的群体或社区中，是建立在相互信任基础之上的自愿性活动。②社会交换是有时效的。参与社会交换的各方，在付出后都期待获得他人的回报，一旦他人未对自己的付出予以回报，社会交往即停止。③社会交换中，不存在一致的衡量准则，相对性、模糊性是报酬价值的特点。因人因时因地不同，同一报酬价值不同。④影响社会交换的社会规范有两种：互惠规范和公平规范。⑤权力、权威、资源不平衡、制度倾斜等均会影响社会交换的不公平性（布劳，1964/1988）。

（2）西方微观人口经济学对代际关系的理论阐述

从西方微观人口经济学角度看，考察人口与经济之间的运行联系从家庭规模与经济收入、抚养子女的成本与效用、孩子数量与质量等变量之间的关系等角度展开。其中以下观点，可以用于家庭代际关系的分析。

①美国伊利诺斯大学经济学教授朱利安·L. 西蒙（Julian L.Simon）认为，孩子的价值有短期效用与长期效用之别。“一个人对于新增孩子全面影响的判断，完全取决于他所选择的人为恰当的贴现率（假设新增孩子将在一段时期之后有其积极影响），如果轻视或无视遥远将来的社会福利，而仅仅重视目前的和不久将来的社会福利，则新增孩子就有消极影响。但是，把未来的福利和目前一代的福利看得几乎同等重要，那么现在增加的孩子就是一种积极的经济力量。”（西蒙，1984：581）

②西方经济学家认为，孩子的价值是可变的。不同国家和地区，因发展阶段不同、文化不同，对孩子价值的看法也不同；在同一个国家和地区，因人们的经济状况和所受教育不同，对孩子价值的认定也是不同的。在影响孩子价值观念的诸因素中，经济因素是重要的。西方人口经济学家认为，“随着一个国家的经济发展水平升高和社会福利制度越完善，孩子的经济价值下降”，对孩子心理价值的追求在增强。H. 莱宾斯坦明确指出，孩子作为父母年老保险源泉的效用“是随着家庭收入的增加而递减”的。研究家庭问题的部分西方学者认为，孩子的价值有时也与孩子的数量有一定的关系。英国剑桥大学詹姆斯·E. 史密斯认为，“在现代化的情况下，

更低的出生率意味着将有更少的成年子女来帮着分担赡养他们年长父母的义务。”（邦戈茨等，1994）

③伊斯特林认为，决定生育的因素有如下几个：1）对孩子的需求Cd，即生育控制若不需花费成本夫妇所想要的存活孩子数。2）可能的孩子数量Cn，即夫妇如果不有意控制生育将拥有的存活孩子数。3）控制生育所需的代价，既包括客观的物质代价也包括主观上的心理代价以及学会和使用特定的生育控制技术所需的时间和金钱（伊斯特林，1975/1992）。

④考德威尔的观点为，“财富流”被定义为一个人提供给另一个人的金钱、物品、服务以及担保等等。财富流分析对于理解所有年代、所有地方的家庭关系的本质都具有根本意义。它对生育率下降的意义在于，生育率下降是家庭内经济结构变化的结果。当就“一生”中代际之间的财富流建立一种理论，以解释稳定的高生育率和此后生育率的下降时，必须注意以下几点：第一，不论是农民社会还是劳力市场社会，世代，指的是家庭内的世代。第二，根本的目标在于社会目标。任何一种经济上的满足，同时也是一种社会满足。第三，财富流的全面性。第四，在一个稳定的高生育率的社会中，孩子在经济上对一生都是有利的。当孩子不再是经济优势时，生育率将下降，并且在经济和感情上的效益变得消极以前，就会开始下降。第五，从人口学的观点看，实际上只存在两种社会类型。一种是非限制的生育具有经济效益的社会，另一种是生育不带来经济效益的社会。第六，由高生育率向低生育率转变，也正是代际间财富流的方向逆转之时。这是由于情感的变化带来的家庭中经济关系的转变，这种变化使高生育率显得无利可图。家庭内情感关系的细微变化，通常反映了社会对男女之间以及父母与子女之间关系的态度的变化，而这种变化会明显地改变财富流的方向。夫妇关系的加强削弱了大家庭的联系，同时，也改变了代际间的关系。对传统社会财富流分析之所以复杂，主要因为高生育率的价值长期以来受到两种不同的因素之间平衡协调的影响。高生育率的第一个因素是：凡是地方势力或宗派盛行的地方，数量即意味着力量。第二个因素是，大家庭对于家庭生产和消费来说，是有利于老一代的。在两种情况

下，财富流理论可以被说成是经济决定论，但在第三种情况下则不是。第一种情况时，一旦不再能期望从孩子身上在一生中得到净经济利益时，生育率就会下降。第二种情况是，除了由于疾病的限制和外部权势的强迫，传统的家庭生产总是以高生育率带来的经济优势和实际的高生育率为特征的，而非家庭性的生产，都最终以低生育率为特征。第三种不是经济决定论的情况认为，并不是任何时间生育的经济性都直接由生产资料或生产方式所决定。它区分了两种基本的生产方式：家庭生产和非家庭生产。家庭生产特点在于代际剥削的经济关系，以及袒护和助长这种剥削关系的道德观念。在非家庭生产条件下，这种道德观念最终会被一种更“个人”的道德观念代替（考德威尔，1982/1992）。

2. 家庭中代际间的权力关系

《一场静悄悄的革命》原为沈关宝先生在 1988 年完成的博士论文。沿着导师费孝通先生的足迹，他在开弦弓村潜心观察，前前后后约 6 年时光，其中有 1 年多是住在村里不挪窝，到了即便是在漆黑夜晚依然能在村道岸堤行走自如的地步。此后，带着村民们提供的摞起来几乎等身的访谈资料，在导师的指导下，他开始撰写论文。在《一场静悄悄的革命》中，沈关宝教授对家庭中代际间的权力关系也有所论述。他认为，家长这一角色的代际更替不仅仅是一种单纯的权力转移，而且是权力形式转化的开始。因此，由集权式的家长制向多元的民主化过度是家庭内部成员关系演变的本质，它预示着乡土社会中那种“长老统治”的终结（沈关宝，1988）。

张文宏教授等认为，随着家庭逐步向小型化、核心化发展，家庭成员个人更加独立，彼此更为平等（张文宏、阮丹青、潘允康，1999）。家庭关系的主轴已经从纵向的强调亲子、血缘关系转向横向的夫妻关系和姻亲关系，传统的父系父权制在中国已经失去存在的基础（杨善华等，2000；徐安琪，2001a；张文宏等，1999）。

杜鹏教授认为，家庭代际关系的调整也悄然发生，成年子女与父母分居后逐步走向独立生活，对于家庭重要事件和日常家务，他们越来越倾向于自己决策，而不再事事请教长辈。家庭结构和家庭代际关系的这种历史性变化，不仅意味着长辈对子女的直接影响逐渐被削弱，而且还直接导致了子女对年迈父母的日常生活照料和精神慰藉难以保证。同时，核心家庭的“4—2—1”家庭人口结构意味着一个子女要供养两个及两个以上的老人，养老负担进一步加重，特别是那些子女收入不高而老人又无收入的家庭，老人的晚年生活更难以得到保障（杜鹏，2004）。

王金玲研究员在对非农化程度较高的浙江省农村地区的实证调查后指出，非农化程度较高地区农民的家庭观念，很大程度上弱化了传统特征，实现着向现代化和城市化的过渡和转型。与长者权力的大幅度消减相对应的是，下代的权力和权利都得到了较大程度的提高。第二代人掌握当家权在1985年前就已经成为定局，到20世纪90年代中期又出现了第三代人的更多进入（王金玲，1996）。

唐灿研究员等在分析了资源在家庭代际间的分配模式后指出，随着人口流动与交往范围的扩大，资源配置方式的改变，长辈对家庭经济和其他资源的控制性地位已经不复存在，轻老重幼的亲子关系格局已成为当今城乡家庭关系的部分现状（唐灿、马春华、石金群，2008）。

3. 代际经济流动

代际财富流动是物质财富在上一代和下一代之间的流转互动，从宏观层面看，体现为整个社会老龄一代与年轻一代的财富流动；从微观层面上看，表现为家庭内上一代和下一代之间的财富流动。

安南·查尔斯和艾瑞克·克尔温赫斯特研究了父母和子女对待财富的相似性，并分析了相似性的原因。经过实证研究，他们发现，对于终身收入和特定财产，父母和子女表现出强烈的代际相似性：子女的储蓄倾向模仿父母的行为，对风险的承受能力受遗传决定（Charles & Hurst，2002）。

费孝通先生认为，西方同中国在家庭抚育与赡养模式上的区别表现为“接力”与“反哺”的不同。费孝通先生认为，在江村家庭结构变动中，基本是反馈模式，已婚的儿子与父母分家，但是经济上仍负有对父母的赡养义务；在精神方面，父母是否得到已婚儿子的情感反馈因人而异。这与西方社会不同。（费孝通，1983）。

熊必俊认为，养老制度就是一种代际交换的制度（熊必俊，1999）。

于学军指出，在我国，物质资源的代际转移是老幼之间的双向经济流动。物质资源代际转移的三种主要模式是家庭内转移、社会公共部门转移、市场转移（于学军，1995）。

陈皆明认为，“代际向上和向下的资源流动不应视为父母和子女的等价交换。因为老年父母和成年子女间并不存在一对一的即时交换，而代际交流的资源也往往不是等价的。”“真正促使子女为赡养父母作贡献的不是父母的投资本身，而是体现在父母投资中并由此强化的长久和密切的代际关系。”（陈皆明，1998）

靳小怡等人应用父母投资回报假说，利用实证数据，分析了农村不同婚姻形式下家庭代际财富转移的模式及其形成机理，揭示了婚姻形式与家庭财富代际转移模式的密切关系（靳小怡、李树茁、朱楚珠，2002）。

4. 代际互动

同住探讨的是代际互动的方式及其变化，赡养涉及的是代际互动的实质和内容，

边馥琴和约翰·罗根比较了中美家庭代际关系的异同，他们的结论是：无论是中国还是美国，在现代化过程中，家庭的重要性和地位都没有受到削弱；同时也没有任何迹象表明中国的家庭趋向于美国化，中国远高于美国的父母与子女的同住关系，以及“以家长为中心”而不是“以子女为中心”、更多依赖子女的帮助而不是相反等，都是中美家庭代际关系的重要差异。他们认为，现代化仅仅是缓慢地改变了家庭代际成员共同居住的形式，中国悠久的家庭传统文化不可能随着现代化“旋即瓦解”（边馥琴、罗根，2001）。

鄢盛明等从赡养的角度强调了同住的实用性。根据调查结果，不同的居住安排对子女赡养行为和可能性有显著影响。总体而言，子女对老年父母的家庭支持行为强度与二者间的居住距离呈逆相关（鄢盛明、陈皆

明、杨善华，2001）。有的研究表明，老人对同住家庭成员的选择有强烈的“儿子偏好”，在农村更加明显。在劳动力外流的农村，老人选择隔代居住的对象时表现出性别差异，只有孙子对隔代居住有显著影响，孙女其次，女儿的需求不对老人的居住安排产生显著影响。但是城市有所差异。同住家庭正在转向“无性别或弱性别偏向”，并且显著加强了父母与子女间的联系纽带，性别偏好与社会现代化水平有密切关系（郅玉玲，1999；边馥琴、约翰·罗根，2001；张文娟、李树茁，2004）。

现实中，与老人同住的传统正在不断分家过程中被削弱，缘因年轻一代对独立和自由的追求。曾毅和王正联根据 1982 年、1990 年和 2000 年的人口普查数据证明，老人与子女同住的比例有了较大幅度降低，十年间，65—79 岁的男性老人和女性老人与子女同住的比例分别下降了 12.7% 和 8.8%（曾毅、王正联，2004）。但是即使有很大比例分住，也不意味着家庭代际关系的纽带受到很大程度削弱。一些研究者经实证研究得出结论，老人和子女分开居住，但是有比较紧密的互动，这种“分而不离”“有分有合”的代际关系，成为常态（熊跃根，1998；郅玉玲，1999）。

（三）拆迁农民

对于拆迁农民的研究，主要集中于两方面内容：一是注重对造成拆迁农民问题的成因分析，二是注重对拆迁农民的权利损失与利益补偿方面的分析。本著作中的拆迁农民，不是由于自然原因导致的农民失地，而是由于社会原因造成的农民失地。社会性原因造成的农民失地，不是指古代的因土地争夺而造成的农民失地，而是指在当代社会的快速城市化进程中，由于城市产业和城市生活对城市空间产生的拓展需求而形成的对城郊土地征用导致的农民失地（谢俊贵，2009）。

1. 拆迁农民问题的成因

王华春等认为，城乡二元政策从制度上改变了农民的社会身份，导致拆迁农民问题产生（王华春等，2006）。廖小军认为，现在的土地征用制度导致了拆迁农民问题的产生（廖小军，2005）。李明月认为，随着我国城市化和工业化进程的发展，土地的需求强烈，国家为满足土地需求，大规模征地，导致拆迁农民问题产生（李明月，2005）。钟骁勇认为当前征地政策制度不完善且执行不到位、土地管理制度不健全以及现行财税制度和政绩考核制度等深层次体制机制是拆迁农民问题产生的根本原因（钟骁勇，2015）。

2. 拆迁农民权利损失与利益补偿

有的学者认为，拆迁农民不仅失去了土地，而且失去了一系列权利、利益（李俊峰，2005；梁伟、袁堂明，2003）。有的学者认为，当前拆迁农民利益补偿标准太低，不合理；还有的提倡土地换社会保障（贺金花，2003；陈立新，2004）。

（四）简要的述评

尽管理论和实际部门的工作者都对养老问题作了各种形式研究，但是社会学视角的匮乏使研究不完整；明晰分析范式的匮乏，也阻碍了深入探讨养老问题。从文献研究角度看，大量研究集中于以下几方面：一是对基本概念的梳理；二是养老模式的概括；三是对老龄问题的调查。多是问题、对策概括，缺少理论分析，缺少理论框架模式。从区域范围看，中外养老研究关注点不同。从中国养老研究的时点划分看，1949 年前和 1949 年后的研究也有明显不同。另外，中国的养老研究也缺乏生命历程视角。

首先，中外养老研究关注点不同。中国、日本、韩国等东北亚国家受儒家文化传统影响，家庭养老一向受到推崇，因此研究比较注重家庭养老。中国又是一个人口众多，资源紧张的国家，养老的经济资源也是学者们的关注点。而西方国家经济发达，制度建设完备，西方学者对养老的研究除了家庭养老领域外，还专注于长期照顾、医疗护理体系、居家养老服务资源配置、养老服务资源整合、养老服务业绩评估等。国外养老服务实践已经形成规模，相关理论研究较为成熟，但是也存在观点不一、不够全面的现象；国内理论刚起步，实践体系尚不健全。

其次，1949 年前养老研究没得到特别关注。原因大致有三点：(1) 福利国家思想在 1949 年无存在的可能；(2) 社会学在中国初创时期，有许多更急迫的社会问题需要社会学家去研究；(3) 老年人口少，老龄问题没有成为重要社会问题（张恺悌、夏传玲，1998）。

再次，1949 年以后学者对养老问题的研究主要分两类观点：第一类是从宏观角度即社会角度探讨养老运行机制。家庭养老是社会的有机组成部分，体现为一定的财富生产形式和分配形式。家庭养老体现了社会与个人的关系。社会满足社会成员多方面的需要。家庭养老反映了社会继承的需要，代际之间相互依赖和制约的关系。第二类是从微观角度即家庭代际关系角度探讨家庭养老运行机制。经济交换关系、社会交换关系；文化关系，亲子关系；抚养和赡养，接力模式，反馈模式；外在形式，内在制约；儒家孝道，差序格局等都是研究的主题。国外居家养老服务整合实践已形成规模，相关理论研究较为成熟，但是也存在观点不一、不够全面的现象；国内理论刚起步，实践体系尚不健全。

最后，中国学者对养老问题的研究缺少生命历程视角，缺少历史性的经度考察。总是就单个老年阶段进行研究，没有将老年阶段同整个生命历程连接。其实一个人的晚年状况，包括经济状况、健康状况、日常生活状况、社会关系状况等，是与他的生命历程相关联的。健康老龄化是三维的：生理健康、心理健康和社会健康。而健康三个维度的维护也是一生生命延续的过程。中青年时期的生理健康、心理健康状况决定了晚年期的健康状况，中青年时期的精力过渡透支导致了晚年期的生理衰弱。当然，晚年期的生理衰弱也与遗传基因有关。一些常见的老年病，如高血压、糖尿病、心脏病等与遗传基因有关，也与后天维护不当有关系。调整身心健康，舒缓压力，是现代人面临的迫切任务，也是实现健康老龄化的重要保证。

三、本书的框架

本书在笔者的博士论文基础上修改而成。笔者 2008 年 3 月至 2012 年 10 月在上海大学社会学系攻读博士研究生，2012 年 10 月获得社会学博士学位。本书共由九章构成。书中第二章至第八章定性分析的案例、定量分析的数据基本以 2009 年 3 月至 2012 年 6 月调查时收集的案例、数据为准，以保持博士论文的“原汁原味”。

第一章 绪论。我国开启全面建设社会主义现代化国家新征程的同时面临人口老龄化、城市化的严峻考验。本章提出研究问题和研究意义。研究问题是：养老作为家庭中一项非常重要的生活事件一直延续至今，拆迁后的内容发生了哪些变化？拆迁如何改变了老年人及其子女的资源？资源配置的变化对老年人有何影响？拆迁如何改变了家庭代际关系？代际关系改变的动力何在？老年人如何适应变化？研究意义为：在理论方面，本著作试图从老年人生活世界中的一个很基本的层面来展现家庭、社会结构与文化意义的变迁。在现实层面上，通过探讨在农村家庭城市化的过程中出现的问题以及问题的根源，从而可以为国家在推动农村城市化的进程时尽量避免转型所带来的负面影响提供有益的参考，完善社会保障的制度设计，满足个人和社会的多层次多类型的需要。对养老研究、代际关系、拆迁农民国内外研究现状予以述评，并介绍本书的框架构成。

第二章 研究设计。对拆迁补偿家庭老人、养老、代际互惠、社会适应、社区、社区治理等概念进行界定。对风险社会理论、马斯洛需求层次理论、积极老龄化理论等理论予以梳理，对收集资料的方法和分析资料的方法进行介绍，对调查地点的确定进行说明。本著作用过程——事件分析对城郊拆迁补偿家庭养老进行研究，突破以往关于养老的静态结构分析的写作方法，将养老看作是受到社会结构和行动者影响的动态过程。收集资料的方法有实地研究法、问卷调查法、文献研究等。分析资料的方法有定性资料分析、定量分析、案例分析、对策研究法等。

第三章　C 社区的基本状况。对 C 社区的地理位置、气候、交通、景观、人口、行政体系和组织、经济收支情况、民情等进行详尽介绍。

第四章　拆迁后 C 社区养老内容和形式的变化。阐述了我国农村土地制度历史演变的四个阶段：农民土地私有、农民土地公有、农村土地联产承包责任制、农民离土经营土地。对我国农村土地的保障功能予以分析，土地对农民的保障功能有：生存保障、就业保障、养老保障。用口述史形式对 C 社区的征地状况进行了回溯。结合实证资料，对 C 社区的生产方式予以介绍。分析了征地后 C 社区养老的内容和形式的变化。征地前 C 社区养老主要靠子女养老、土地养老。征地后 C 社区的养老主要靠资产性收入，如房租、股份分红等，也有了种类繁多的养老保险、医疗保险。

第五章　影响 C 社区养老变化的结构性因素。分析了影响养老的诸多结构性因素：生计能力、养老理念、制度建构。养老理念包括老人自己的养老理念和子女的养老理念，对老年人自己的养老理念和子女的养老理念结合实证材料予以分析。与养老相关的制度有征地制度、养老制度、医疗保障制度，对这些制度进行阐释。

第六章　拆迁后 C 社区家庭代际关系的变化。对中国传统的家庭代际关系从“孝悌”“长老统治”和“中庸”三个层面进行分析。对现代社会的家庭代际关系从独立、和谐、平等、代际互惠、文化反哺五个层面予以分析。结合实证资料，对 C 社区家庭代际关系分析从经济互动、生活照料和情感慰藉三个层面展开。经济互动包括老人和子女的经济往来、老人和子女的物质互助，生活照料涉及老人的身体主要照料者、医药费支付对象及预期、老人和子女的家务互助。情感慰藉用以下指标衡量：老人在家是否受尊重、老人寻求情感支持的对象。

第七章　拆迁后 C 社区老人的社会适应。结合问卷调查资料和半结构访问资料，从经济适应、日常生活适应、人际关系适应、心理适应层面对城郊拆迁补偿家庭老人的社会适应情况予以描述、分析。经济适应由两部分内容构成：一是社会为老人提供的收入和社会保障，二是老人对经济状况的主观感受。日常生活适应由以下内容构成：一是老人的日常生活状况，二是老人对日常生活状况的主观感受。人际关系适应包括如下内容：一是老人的各种人际关系状况，二是老人对人际关系状况的主观感受。

第八章 拆迁后C社区的居家养老服务。结合实证调查资料，对C社区居家养老服务的设施规模、形式项目、人力资源配置、组织培训和使用、资金筹措运行等予以研究。C社区的为老服务基本设施是健身苑和老年活动室。居家养老服务的主要形式项目有：政府包护型、社会服务型、非营利组织运作型、志愿参与型。C社区参与居家养老服务的人力资源主要来源为：社区的社工、义工、社区辖区内工作机构的工作人员、非营利组织的工作人员、需要接受居家养老服务的老人的亲朋好友以及邻居。C社区居家养老服务资金筹措渠道主要有：政府财政拨款、福利彩票公益金、社会捐助、房屋店铺租赁金等。居家养老服务资金的用途有：支持居家养老服务中心建设、为接受居家养老服务的老年人补贴费用、支付服务人员报酬。

第九章 结论与思考。在实证研究基础上，概括了相关研究结论，并提出了值得进一步深入研究的一些问题。

第二章　研究设计

本章对研究的基本概念进行界定，对相关理论予以梳理，对收集资料的方法和分析资料的方法详细介绍，对调查地点的确定方法予以说明。收集资料的方法有实地研究法、问卷调查法、文献研究等。分析资料的方法有定性资料分析、定量分析、案例分析、对策研究法等。本著作用过程——事件分析对城郊拆迁补偿家庭养老进行研究，突破了以往关于养老研究的静态结构分析的写作方法，将养老看作是受到社会结构和行动者影响的动态过程。

一、基本概念界定

（一）拆迁补偿家庭老人

中华人民共和国第九届全国人民代表大会常务委员会第四次会议在1998年8月29日修订通过的《中华人民共和国土地管理法》第二条规定“国家为公共利益的需要，可以依法对集体所有的土地实行征用”。2004年8月28日第十届全国人民代表大会常务委员会第十一次会议通过的《关于修订〈中华人民共和国土地管理法〉的决定》第二条规定“国家为了公共利益的需要，可以依法对土地实行征收或者征用并给予补偿。”征收和征用都是法律概念，目的都是保障国家的公共利益，都要依据法律规定的程序、批准权限审批，都要依法给予农村集体经济组织、农民补偿。征收改变的是土地的所有权，将农村集体经济组织和农民的集体土地收归国有；征用改变的是土地的使用权，紧急情况下强制使用私有财产，紧急情况结束后将财产返还原权利人。笔者为了称呼相统一，将国家征收或征用土地都统称为征地。

根据公共知识，中国将 60 岁及以上的男性和女性界定为老年人。城郊拆迁补偿家庭老人是在城市化过程中，失去农用地（耕地、农田水利用地、草地、养殖水面等）所有权或者经营权，房屋被拆迁，并获得了货币补偿、房屋补偿、集体股份制经济分红、社会保险的老人。他们失地的原因是缘于国家为了公共利益的需要，对农地的征收或者征用。

（二）养老

关于养老概念界定，笔者已经在文献综述中予以详尽展开，有亲情说、方式说、家庭说等多方面的界定。笔者认为，养老涉及金钱、物质、时间、情感、信息等资源的获得及使用。因此，养老可以从两个层面予以把握：一是养老资源的来源。养老资源既来自家庭、亲属关系及社会网络提供的非正式支持，也来自政府部门、企业、市场组织、社区组织或非正式组织提供的正式支持。二是养老资源的使用，也就是城郊拆迁补偿家庭老人如何生活。

资源包括自然资源和社会资源。自然资源分为实物资源和环境资源。实物资源由生物资源、土地资源、水资源和矿产资源构成。环境资源由环境容量资源、环境景观资源、生态平衡资源和气候调节资源构成（郅玉玲、李一，2015）。本著作的资源主要是社会资源，包括人力资源、资本资源、时间资源、情感资源、信息资源等。

老年人安度晚年的四大重要因素是：经济供养、生活照料、健康维护和精神慰藉，所需的资源包括人力、财力和物力等。而这些资源的提供需要社会支持系统来完成。社会支持系统包括正式系统和非正式系统。正式系统主要指的是政府部门、企业、市场组织、社区组织或非正式组织。非正式系统主要指的是家庭及亲属关系、社会关系网络。从中国社会的现实状况来看，老年人所需的生存资源的提供主要依靠非正式系统。社会支持系统是个人在自己的社会关系网络中所能获得的、来自他人的物质和精神上的帮助和支持。西方学者提出了社会支持系统的理论模式。Liwak（1985）建构了职务取向模式，认为正式支持体系和非正式支持网络是互补的角色。非正式体系比较适合从事不可预测的、偶发的、简单的项目，反之正式支持体系能够比较好地处理可预测的、例行的、需要技术性知识的工作。补充模式强调非正式网络是最基本的、主要的，正式照顾是处于边缘的、次要的地位，只有当家人不胜任照顾或老人的需要无法由正式资源所满足时，正式照顾方才用来补充非正式照顾，两个体系对所有的照顾项目均是共同承担。社会支持系统研究为转型期中国社会问题的研究提供了独到的研究视角（郅玉玲，2011）。对社会支持通常由以下几个层面来界定：其一，主观感受与互动的界定。Tolsdorf 认为社会支持的作用必须要由当事人的自我感觉来衡量（Tolsdorf，1976）。House 提出："支持是一种出现于下列过程中人与人的交换过程：第一，情感、关怀；第二，工具性支持；第三，信息；第四，赞扬。舒梅克尔和布罗内尔在 1984 年的概念界定中进一步将交换要素考虑于其中，他们将"社会支持"定义为"至少两个人以上之间进行的资源交换过程"（House，1981）。其二，类型与功能的界定。Caplan 概括出三大类包含支持成分的活动：第一类是帮助人们策动资源，第二类是处理有关情绪，第三类是为那些处于特殊压力情况下的个人提供物质和认知上的支持，或分担某些事务（Caplan，1974；Schumaker & Browhell，1984）。其三，模式的界定。不同的文化背景有不同的类型。第一种是互置型的中国式的家庭支持网，即费孝通先生描述的反哺模式，公式是：F⟷F1⟷F2。双向箭头表示父母养育了自己的孩子，待到自己老了，孩子反过来赡养父母。这种模式是复合的，可以超过世代，如果儿子死了，孙子接着赡养。第二种是西方国家的接力模型，公式是 F → F1 → F2。表示子女不需要赡养父母。父母生育子女，子女又各自生育自己的子女，每一代只管下一代，而且只管一段时期。子女成年后，父母的责任也就完了（穆光宗，2002）。其四，综合性的界定。林南（Lin）等学者也曾对社会支持的多种概念进行综合的研究和讨论，他在1986年提出社会支持的综合性定义："意识到的或实际的由社区、社会网络和亲密伙伴提供的工具性或表达性的资源。"（Lin et. Al，1986）社会支持网络是个人获得各种资源支持的社会网络。社会网络关注社会结构、社会关系。分析社会网络的理论视角有：布迪厄、科尔曼和林南的"社会资本理论"、格兰诺维特的"强、弱关系理论"、博特的"结构洞理论"。

（三）代际互惠

关于代际互惠，学者有各种理解。费孝通指出，"我们儒家最考究的是人伦。伦是什么呢？我的解释就是从自己推出去的和自己发生社会关系的那一群人里所发生的一轮轮波纹的差序。"（费孝通，1947）金耀基认为，人情是根源于儒家的忠恕之道，外在于个人而存在的通俗化行为规范，包含着人之常情、世故、情理，以及人与人相处之道等多重内容（King，1988）。杨联升认为，"报的原则已被应用于各种社会关系中，并且始于五伦之首的君臣关系"（Yang，1957）。黄国光曾经准确指出，"儒家伦理、社会取向和集体主义等等抽象层次甚高的概念，其实是透过一套由人情、面子、关系和报所构成的社会机制，而对中国人的社会行为产生实际的影响"（Hwang，1987）。杜维明认为，互惠是支配父子关系的另一个原则。父亲应当在儿子前树立起榜样，这个榜样是爱人和值得尊敬的，儿子在耳濡目染中，才能去热爱和尊敬父亲，儿子也能用自我认同的方式实现父亲的自我理想（杜维明，1991）。

《家庭养老的国际经验》一书的作者引进了"互惠"（reciprocity）的概念是给人以启发的。家庭实际上是人类分配生活和生产资源最基本的单位和最长久的制度（Kendig，1992）。围绕"互惠"这一主题，瑞莫德（Firth.Raymond）、布容尼斯劳（Malinowski.Bronislaw）、马萨（Mauss.Marcel）等学者也展开了研究，他们认为，许多民族志研究表明，那些看起来基于单向、不对称原则进行的交换实际上受对称互惠原则的支配（Raymond，1967；Bronislaw，1984；Marcel，1976）。帕罗蒙巴（Palomba）认为，随着人口老龄化加剧与生育率下降，意大利的家庭已经发生了变化，主要体现在家庭规模、家庭功能和家庭角色承担上发生变化，但是，父母和子女之间仍然保持紧密的代际联系（Palomba，1995：168）。罗尔斯（John. Rawls）提出了代际互惠操作性的量化指标。"合理的储存率"是一个量化指标。"正义的储蓄原则"是第一个原则，面向下一代。"差别原则"是罗尔斯关于社会正义的第二个原则，针对现时的最少受惠者。差别原则为代际补偿提供了理论借鉴（Rawls，1988）。贝克尔（Becke）认为，"代际互惠是以契约形式体现的社会公正，它的实现依赖于具体的社会政治、经济条件，以及契约各方的社会地位、需求、品德等"（Becke，1998）。

关于代际互惠，许多中国学者将概念操作化并进行了相关实证研究。郅玉玲从代际交往的角度，对1303名城镇老人的家庭养老方式进行研究。采用自编调查问卷对浙江省城镇1303名老年人进行调查。研究结果显示：小部分老人同子女有一定的经济往来，接受子女经济帮助的老人多于给子女提供经济帮助的老人。多数老人自己做家务，尤其是女性老人承担了较多的家务；在接受下一代的帮助上，接受最多的是女儿的家务帮助。老人在健康状况允许的情况下，也会帮子女做一些家务。在情感交流方面，多数老人能同子女进行情感沟通。研究结论：在城镇中老人与子女分开居住，但保持一种代际互惠关系，这种分而不离的家庭养老模式较为普遍。（郅玉玲，2001）郑丹丹和易杨忱子基于2006年全国综合社会调查数据，本文描述了当前我国城市家庭代际支持的状况，比较成年人对其父母经济、生活、情感支持的性别差异，通过检验权力、互惠、利他等三个理论模型探索代际支持背后的行为逻辑。数据分析结果显示，大多数人都或多或少会为父母提供支持，女性在对父母的生活与情感支持略多于男性。家庭代际支持的权力模型遭到质疑，互惠和利他模型则成为分析城市家庭代际支持问题更适合的框架，说明传统社会那种无条件的孝道已经不再是不言而喻的行为准则，“养儿防老”这种传统中国家庭代际支持模式已经不再普遍适用于当下中国社会（郑丹丹、易杨忱子，2006）。许琪和王金水从西方学者关于代际互惠的研究传统出发，认为得到子女支持和向子女提供支持这两种行为只有在形成互惠的条件下才对老年人的满意度和幸福感有显著的提升作用。通过对 2010 年、2012 年和 2014 年三期中国家庭追踪调查数据的深入分析，验证了代际互惠对老年人晚年生活的积极影响；双向互惠的代际交往关系对那些资源相对匮乏的老年人更加重要。（许琪、王金水，2019）李启明通过调查 2873 名青少年到老年被试，考察了孝道代际差异及其相关影响因素。结果发现，思慕亲情、事亲以礼、奉养双亲、祀之以礼、敬爱双亲等的认同度达 90% 以上，而顺从双亲、继承志业、随侍在侧、为亲留后等的认同度仅为 25.4%—40.6%。孝道观念具有一定城乡和性别差异，如农村被试权威性孝道和互惠性孝道都显著高于城市，以及男性的权威性孝道显著高于女性。绝大多数孝道观念都存在显著的代际差异，权威性孝道的发展轨迹随年龄增长而逐渐上升，而互惠性孝道则随年龄增长而逐渐下降，成年早期是互惠性孝道的最高点和权威性孝道的最低点。在不同代际群体里，教育程度、经济收入、职业都是影响权威性孝道和互惠性孝道的重要因素，但其影响模式具有较大的代际差异性。（李启明，2021）詹跃秋基于 CFPS 数据，重点探讨中国成年子女对父母的赡养情况，并从经济支持、料理家务与精神慰藉三个层面考察父母近期给予子女的帮助对子女赡养父母行为的影响。研究发现：有 15.9% 的成年子女近期仍在接受父母的经济帮助，且有 37.9% 的子女正在给予父母经济支持。父母近期帮助子女料理家务能够全面提高子女的赡养水平，而父母提供的经济帮助并不会显著影响子女经济回馈的力度，但会对子女为父母料理家务和见面等其他几个方面产生积极影响。与父母同住的子女更有可能经常为父母料理家务，而未同住子女则会为父母提供更多的经济支持并保持更频繁的电话、短信等渠道的交流。父母和子女的个人特征也会对赡养水平产生显著影响（詹韵秋，2021）。

互惠是两个或多个个体或（群体）之间一种利益交换，这种利益交换是基于彼此对资源的需要，所进行的交换的主体处于平等关系，交换中双方都是给予者或接受者。代价互惠可以从宏观和微观两个层面考察。从宏观层面看，代价互惠是老龄一代与年轻一代的互惠。社会养老保险是现代社会代际互惠的制度形式。从微观层面看，代际互惠是家庭内部的老人及其子女以及孙辈的互助、互利，体现在给予和获取。置言之，家庭中不同代人之间在金钱、物质、时间、情感等有价值资源方面的双向支持和交换。

（四）福利多元主义

海外许多学者对福利多元主义进行阐释。蒂特姆斯（Titmuss R.）最早提出福利多元主义（Welfare Pluralism）理念，提出社会福利由社会福利（Social Welfare）、财税福利（Fiscal Welfare）和职业福利（Occupational Welfare）三种提供体系相互配合、维持运作（Titmuss R., 1958）。福利多元主义一词最早见于1978年英国《志愿组织的未来：沃尔芬登委员会的报告》。该报告指出，社会福利应维持多元体系，志愿组织应改善与扩张（Wolfenden，1978）。约翰逊（Johnson N.）率先对福利多元主义概念进行系统讨论，指出不应将政府视为提供集体福利的唯一来源。除政府外，还有三个来源：非正式部门、志愿部门和商业部门。非正式部门包括社区照料、家庭保障、邻里互助和公益服务等。社会福利的供给形式应实行多元化。在主体多元化的基础上，公共服务的提供方式会更加丰富。除了制度性的参与方式外，非制度的参与方式也应该被提倡。社会福利的内容应该强调资金、服务、设施等软硬件方面（Johnson N., 1987）。不同的主体整合形成完整的社会服务机制，从而发挥重要的社会功能，但这一过程如若使要素相互合作会使其运转更为良好（Wilson, 2012）。福利多元主义有诸多分类方法。罗斯是对福利多元主义予以清晰界定的第一人。认为混合福利社会是国家、市场和家庭共同提供福利。从制度性的角度来看，社会福利的发展并非基于直线型的发展趋势，而是在总体福利产生基础上进一步完善，从而具有混合式的理念（Rose，1986）。

德国学者伊瓦斯（Evers）发展了罗斯的三分法，提出了福利三角的研究范式。认为应将福利三角放在文化、经济和政治的背景中，并具体化为对应的组织、价值和社会成员关系。福利三角展示了三方互动关系（Evers，A.，1988）。欧尔森也放弃了传统的国家与市场的二元分法，采用国家、市场和民间社会（家庭、邻里、志愿组织等）的三分法来分析福利国家。他采用民间社会的概念讨论福利的分散化和私有化，认为福利提供组织向民间社会发展是可以预见的（Olsson，1993）。伊瓦斯（Evers）在后期研究中对福利三角的研究范式予以修正，采用了四分法的分析方法。认为社会福利的来源有四个：市场、国家、社区和民间社会。他特别强调民间社会在社会福利中的特殊作用：它能够在不同层次上，在基于不同理念上的政府、市场、社区之间建立联系纽带，使私人、局部利益和公共利益一致（Evers，1996）。约翰逊也主张采用四分法的方式，他在福利三角国家、市场和家庭的基础上加入了志愿组织，强调福利多元主义暗含的福利供给的非垄断性，志愿组织、家庭等非正式组织在福利的提供上发挥着重要作用（Johnson，1999）。吉尔伯特福利多元主义的观点与约翰逊一致，他认为福利多元主义结构有两个层面的含义：一方面它可以被视为由政府、志愿组织、非正式组织和商业组织四部门组成，社会福利通过这四个部门传送到需要帮助的人民手中；另一方面，这四个部门嵌入福利国家市场的公共和私人领域，尽管它们可以单独存在，但仍然与资本主义的经济市场相互重叠（Gilbert，1998）。哈奇（Hatch）与莫克罗夫（Mocroft）将“福利多元主义”表述为社会照顾与健康照顾可由四大不同部门供给——政府部门、自愿部门、商业部门和非正式部门（Hatch & Mocroft，1983）。福利多元主义的四分法是在三分法的基础上对福利来源的进一步细化，它和三分法没有绝对的划分界限，它们都是对福利提供的反思。

东亚国家对福利多元主义运用。泰国学者以福利多元主义为理论框架，研究了工业化进程中的农村女性福利状况，探析了各个福利主体对这一人群的社会支持，并对减轻泰国低收入母亲群体的负担提供了可行的方案与建议（Busapathumrong，1994）。韩国学者以福利支出为焦点，以福利五边形框架——国家、市场、企业、第三部门和家庭检视了韩国社会的福利组合，发现自 1997 年金融危机以来，非政府部门已经成为韩国福利国家体系中非常重要的部分（Kim，2005）。为契合发达国家之外的其他国家建构本土化研究框架的需要，斯哥（Scott）建议将福利多元或者“制度性责任矩阵”（四元论）解析为个人要素，以此适用于不发达国家、发展中国家和转轨国家，从而使更多的福利主体纳入到可能的供给图景中（Scott，2004）。

郑功成提出“中国特色社会主义福利社会”概念（郑功成，2008）。彭华民认为提供需要满足的福利结构有多种内容，包括非正式福利提供网络、正式社会福利机构和社会福利项目的不同组合（彭华民，2007）。景天魁提出“基础整合的社会保障体系”说，建立“以保障民生基本需求为目的，以社会救助为基点，以社区服务为依托，实现资金保障和服务保障相结合，资金筹集多渠道，保障内容多层次，保障方式多样化”的社会保障体系（景天魁，2001）。穆光宗比较了中国和韩国的养老服务的异同，并指出两国都属于东亚福利类型（穆光宗，2002）。杜鹏对养老服务的社会福利类型予以划分（杜鹏，2006）。岳经纶对社会福利服务、社会福利及社会服务进行了辨析（岳经纶，2011）。熊跃根认为“社会福利社会化”的明显特点是服务对象的社会化和资金来源的社会化，福利服务由过去集中化的模式转向由不同部门和体系承担福利服务发展的责任（熊跃根，2008）。林闽钢和王章佩认为，政府职能从福利领域撤出后，原有福利领域的服务可交由营利组织、非营利组织和家庭等几个主体来共同参与（林闽钢、王章佩，2001）。

（五）社区

“社区”原本是西方社会学者使用的一个分析概念，阐释近代工业化以来西方社会快速变迁。1887 年，德国社会学家 F·滕尼斯在《社区与社会》（也翻译为《共同体与社会》）一书中，提出了“社区”这一概念。滕尼斯认为，社区是由同质人口组成的关系亲密、守望相助、疾病相抚、富有人情味的社会团体。“社区”在德文中是 Gemeinschaft，是与 Gesellschaft（德文“社会”）相对应的一种社会生活形态，研究者认为人类社会要从“社区”的形态转向“社会”的形态。法国的迪尔凯姆曾使用“机械团结”和“有机团结”的概念，英国的斯宾塞区分了“军事社会”和工业社会（邓伟志、李一，2009）。

2000 年 11 月，中共中央办公厅、国务院办公厅转发《民政部关于在全国推进城市社区建设的意见》，对中国的社区作了如下定义：社区是居住在一定地域范围内人们社会生活的共同体。十八大以来，不断推进社区治理，深入改革创新，着力培育社区治理主体，完善社区治理结构，增强社区治理能力，提高治理水平。社区治理是指政府、辖区企业、非营利组织、居民等基于市场原则、公共利益和社区认同，协调合作，有效供给社区公共物品，满足社区需求，优化社区秩序的过程与机制。十九大报告提出，加强社区治理体系建设，推动社会治理重心向基层下移，发挥社会组织作用，实现政府治理和社会调节、居民自治良性互动。

我国社区的概念普遍存在四种特征：第一是区域性特征，社区具有一定的地理边界，是一种地域性的社会实体；第二是主体性特征，社区具有一定数量的居民，居民是社区的主体；第三是利益相关性，社区内的居民一般存在相同或者相似的利益关系，居民有相似的需求和面临相似的问题，因此产生相似的文化和价值取向；第四是互动性，社区内居民因居住产生社会交往，形成相互依存的互动关系。社区就是这样一个“聚居在一定地域范围内的人们所组成的社会生活共同体”（康钦懿，2017）。

新中国成立以来的当代中国社区建设历程，以 20 世纪 70 年代末中国开始推行改革开放政策为界，可以分为两个阶段：改革开放以前的阶段，称为“前社区建设阶段”或者“准社区建设阶段”；改革开放以后的阶段，称为“社区建设推展阶段”（邓伟志、李一，2009）。在“前社区建设阶段”或者“准社区建设阶段”，我国社会生活中没有“社区”这一概念。在当时的社会生活运行中，“街道办事处”发挥了某种“社区”的功能，成为政府力量与基层社会之间互动的一个平台。“尽管‘街道’最初是作为行政管理和社会控制的一个地方区域来对待的，尽管在较长一个时期内尚无‘社区’的概念，但街道在实际的管理实践中，自然地、逐步地具备了社区的某些雏形。”（徐永祥，2000）1954 年 12 月第一届全国人大常委会第四次会议通过的《城市街道办事处组织条例》中，街道办事处的任务被规定为三项：办理市、市辖区人民委员会有关居民工作的交办事宜；指导居民委员会的工作；反映居民的意见和要求。1957 年生产资料私有制的社会主义改造基本完成以后，街道办事处“还积极组织以家庭妇女为主的闲散劳动力，发展里弄生产加工和修配服务站，开展社会福利事业，兴办托儿所、幼儿园等公益性的服务机构”（徐永祥，2000）。除了“街道办事处”，还有“居民委员会”，主要任务是完成政府交办的事务，诸如计划生育管理、社会治安综合治理、民事纠纷调解、党的基层组织活动等等。改革开放以后，随着计划经济向市场经济转变，城市化发展，人口流动加速，原来由“单位”承担的各项社会事务，需要由新的平台承担。1986 年，民政部首次将“社区”的概念引入城市管理，提出发展社区服务工作；1991 年，民政部进一步提出“社区建设”的工作思路，确定北京西城区、沈阳沈河区等 26 个区委国家社区建设试验区，旨在探索社区建设工作的运行机制，完善社区组织，加快社区服务业发展；2000 年 11 月，在《民政部关于在全国推进城市社区建设的意见》中，对社区建设的内涵、外延予以界定。在分析“社区建设推展阶段”的实践过程时，李雪萍和陈伟东认为，与人们的人事不断深入相联系，社区建设的工作重点也在“不断转移”，据此将“社区建设推展阶段”我国社区建设与发展的历程，进一步细分为三个阶段：第一阶段（1986—1995 年）是社区服务；第二阶段（1996—1999 年）是社区行政管理体制改革；第三阶段（2000 年以后）的重点是社区公共产品供给（李雪萍、陈伟东，2008）。

笔者认为，社区是居住在一定区域范围内的人组成的社会生活共同体。社区中的人有互动关系，有相对亲密的情感，相互扶持、相互帮助。

（六）社区治理

2000年中共中央办公厅、国务院办公厅《关于转发〈民政部关于在全国推进城市社区建设的意见〉的通知》，提出努力建设管理有序、服务完善、环境优美、治安良好、生活便利、人际关系和谐的新型现代化社区。2002年党的十六大报告提出了“完善城市居民自治，建设管理有序、文明祥和的新型社区”的改革目标。2003年十六届三中全会公报提出，完善基层群众性自治组织，发挥城乡社区自我管理、自我服务的功能。2004年十六届四中全会公报指出，实现政府行政管理和社区自我管理有效衔接。2004年中共中央办公厅转发《中共中央组织部关于进一步加强和改进街道社区党的建设工作的意见》的通知指出，提高街道、社区党组织的创造力、凝聚力和战斗力，扩大党在城市工作的覆盖面，为创建管理有序、服务完善、环境优美、文明祥和的新型社区，促进城市现代化建设提供坚强的组织保证。2006年，民政部关于开展“建设和谐社区示范单位”创建活动的通知指出，推动和谐社区建设，为构建社会主义和谐社会奠定坚实的基础。同年，国务院《关于加强和改进社区服务工作的意见》指出，做好社区服务工作对于提高居民生活质量、扩大就业、化解社会矛盾、促进和谐社会建设都具有重要意义。2007年党的十七大报告提出，把城乡社区建设成为管理有序、服务完善、文明祥和的社会生活共同体。2010年，中共中央办公厅、国务院办公厅《关于加强和改进城市社区居民委员会建设工作的意见》指出，进一步健全完善以社区党组织为核心的城市社区组织体系，为构建社会主义和谐社会奠定组织基础。2012年党的十八大报告指出，加强基层社会管理和服务体系建设，增强城乡社区服务功能。在城乡社区治理中加强群众自我管理，是人民行使权利的重要方式。2013年《民政部关于加强全国社区管理和服务创新试验区工作的意见》指出，紧扣“推进社区治理，增强社区自治和服务功能”主题，围绕社区治理多元化、社区自治法制化和社区服务标准化等重点领域攻坚克难。同年，中共十八届三中全会公报指出，坚持系统治理，加强党委领导，发挥政府主导作用，鼓励和支持社会各方面参与，实现政府治理和社会自我调节，居民自治良性互动。2016年，民政部等16部门关于印发《城乡社区服务体系建设规划（2016—2020年)》的通知指出，基本公共服务、便民利民服务、志愿服务有效衔接的城乡社区服务机制更加成熟；城乡社区服务设施布局更加完善；城乡社区服务信息化发展格局基本形成；城乡社区服务人才队伍更加健全。2017年《中共中央、国务院关于加强和完善城乡社区治理的意见》指出，努力把城乡社区建设成为和谐有序、绿色文明、创新包容、共建共享的幸福家园。同年，党的十九大报告提出，加强社区治理体系建设，推动社会治理重心向基层下移，发挥社会组织作用，实现政府治理和社会调节、居民自治良性互动。把街道社区、社会组织等基层党组织建设成为宣传党的主张、贯彻党的决定、领导基层治理、团结动员群众、推动改革发展的坚强战斗堡垒。2017年民政部《关于大力培育发展社区社会组织的意见》指出，力争到2020年，实现城市社区平均拥有不少于10个社区社会组织。

社区治理的研究视角有国家与社会关系、治理理论、社会资本等理论视角。国家与社会关系的理念包括“国家主导说”“社区自治说”“融合型社区”。持“国家主导说”的学者有徐勇、杨敏、卢学辉、王芳。徐勇认为，行政取向的社区建设在比较短的时间内可以整合社会（徐勇，2001)。杨敏认为，社区是国家在单位制管理体制解体之后而形成或设置的一个国家治理单元，而社区自治是一种实现现行管理体制合法化的手段，因此，社区治理在本质上呈现出“行政吸纳”和“国家主导”的特点(杨敏，2007)。王芳认为，基于我国城市快速推进的实际情况，目前宜选择政府主导型作为社区治理的参考模式，原因主要是我国市民社会的发展还处于起步阶段（王芳，2008)。卢学晖认为，政府主导型社区是我国经济社会改革的必然选择，也是我国社区自主性力量不足，国家自主性力量发展的必然结果；这一模式未来还需进一步改进，以促使其从“政府主导”向“社区自治”的转型（卢学辉，2015)。朱建刚、姚华、王亚南认同“社区自治说”。朱健刚认为，中国的城市街区的建设并没有向着“小政府”的方向发展，在城市社区的建设中，国家和政府的权力进一步延伸至社区，行政权力牢牢地把握着社区治理的主导权；虽然社区治理中引入了社区管理委员会等社会团体，但是，行政权力在社区治理中仍然起主导作用，所不同的是，此时政府的控制方式已然不同于纯粹的科层式控制，而具有较弱色彩的社会参与特点（朱建刚，1997）。姚华和王亚南认为，尽管法律和政府将“议行分设”作为社区改革的目标，但在实践层面，由于基层管理体制以及改革措施缺位等原因，导致在城市社区治理中，社区居民并没有实现真正的社区自治（姚华、王亚南，2010）。徐勇、张宝锋、马海龙、赵秀梅、王汉生、吴莹秉持“融合型社区”观点。徐勇认为重塑政府就是重构国家和社会的关系，就是按照竞争——合作主义理念来建设一个权责清楚、功能分化、协同治理、良性互动的社区治理的新模式（徐勇，2001）。马海龙认为，在我国目前尚不具备社区自治的基本条件，现阶段应构建政府、社区、非营利组织和社区居民共同参与的社区共治体系，合作供给社区公共产品，优化社区秩序，推进社区持续发展的过程（马海龙，2007）。翟桂萍在合作主义视野下，建构了一个以社区自治为基础，党政融合、条块整合、多元互动的社区共治架构（翟桂萍，2007）。李友梅认为，“社区共治”结构的协调机制是以治理结构的权力协调机制为基础，要深刻认识社会的微观基础，就必须要把研究视角聚焦到具体行动空间的权力关系及协调机制（李友梅，2008）。赵秀梅认为，社区治理应该实现国家主导与社区自治的统一，这是我国社区治理未来的发展方向；国家与社区之间存在着资源互补性，在国家与社区组织的互动中，二者之间形成了双赢的局面：一方面，国家治理能力和社区治理能力得到了增强；另一方面，社区社会组织也获得了自主行动的空间并实现了组织目标（赵秀梅，2008）。王汉生和吴莹认为，我国的社区自治与市民社会的发展并非呈现一种“自然生成”状态，国家干预以及外在因素的影响较大，国家或政府等主体通过各种制度性的渠道或者非正式途径形塑和影响着社区治理行动和社区组织行为；由此，国家和社区二者之间并不是相互对立的存在，而是相互影响、彼此融合的关系（王汉生、吴莹，2011）。

治理理论是研究社区治理的重要理论视角。根据不同主体间协作方式的不同，治理理论应用于社区治理研究的理念包括“元治理理论”“多中心治理理论”和“新公共管理理论”。陈家喜持有“元治理”“多中心治理”理念。陈家喜认为，元治理是适合我国治理现实的治理方式，它与我国政治现实和历史传统具有契合性，所以在我国社区治理中，“一核多元”是我国社区治理的主要特点，即发挥党委、政府对社区力量的领导作用，在此基础上，不同主体之间协作进行社区治理（陈家喜，2015）。陈家喜还认为，元治理由于过度重视政府的作用，往往忽视社会力量在社区事务中的重要作用，因此要重视“多中心治理”。“多中心治理理论”理念下的社区治理更注重多元社区主体之间的共同协作，特别是发挥社区组织、企业的作用。我国推广的“一核多元”的以党委和政府为中心的元治理模式并没有充分关注到其他社区主体如物业公司和业主委员会的作用；但在现实社区治理中，二者扮演着重要的管理角色和承担着诉求表达功能，但是，现有的制度体系并未充分考虑赋予这些新兴社区主体参与社区治理的功能；因此，从治理理论的视角出发，社区治理应该重视业主委员会等新兴社区主体的治理功能，同时也要注重合作机制、合作关系和合作精神的建设。（陈家喜，2015）陈炳辉、王菁、付诚、王一秉持“新公共管理理论”介入社区治理研究。陈炳辉和王菁认为，虽然治理理论对我国社区治理具有重要的示范意义，但是，它对我国社区治理的转型价值有限，而新公共管理所提倡的政府再造原理则为社区的重建提供了新的启迪，未来的社区治理改革应该向着授权型、竞争型、企业运作型、居民参与型、互助协作型社区转变，即社区治理要充分借鉴西方新公共管理改革的经验，从而实现社区治理的再造（陈炳辉、王菁，2010）。付诚和王一指出，我国的社区治理在权力的生成方式上存在着自上而下的“有限性授权”特点，在社区自我治理上表现为一种“外力推动型”模式，因此，我国社区治理存在着内在动力不足的问题，借鉴新公共管理理论，我国社区治理的发展方向应该朝向一种政府与社会彼此互动的参与治理模式，变有限授权为充分的授权，变政府推动型自治为内在生成型自治（付诚、王一，2011）。

社会资本重建理论视角在社区治理研究中占有一席之地。王永益认为，社区治理的最高目标是实现社区的善治，目前社区治理最大的问题在于公共精神的缺乏，重建社区公共精神的最佳路径则在于提升社区的社会资本存量，通过提升社区的友爱、互助、合作和信任等关系网络，实现社会资本的提升和公共精神的重建（王永益，2013）。闫臻认为，社会资本与社区治理存在着重要的相关关系，这种相关关系既体现在社会资本能够影响着社区中的居民和社区组织参与社区治理的广度和力度，也表现在规范和信任等社会资本变量深深地影响着社区治理的网络结构。在我国城市化建设的进程中，过渡型社区存在着传统社会资本流失和现代社会资本匮乏这一双重困境，而社会资本的再造是这种新型社区实现良治的关键因素（闫臻，2015）。有学者认为，现代社会巨大的流动性促进了社区的异质性程度，这种异质性对于整合性的社会资本具有较大的消极作用，但是，社区的异质性却在一定程度上促进了不同群体之间的交往，即它能导致另外一种社会资本——链合性社会资本的产生（李洁瑾、黄荣贵、冯艾，2007）。石发勇认为，面对共同压力或危机时，社区中的人们在集体行动中容易产生社会资本，社会资本的发展程度与集体行动有明显的相关关系。在国家层面，国家的政策和政府的行为也对社会资本产生重要影响（石发勇，2008）。刘春荣指出，国家介入和国家提供的各种制度机制，为社区社会资本的产生提供了制度空间和激励机制，国家介入在一定程度上是社区社会资本发展的必要条件，国家介入的形式和力度，深深地影响着社会资本发展的程度和质量（刘春荣，2007）。陈捷和卢春龙认为，社会资本对于社区治理的作用是一把双刃剑：那些具有包容性和开放性的，具有积极意义的社会资本，在社区治理中能够有效促进社区的善治；那些封闭的、具有人际关系局限性的社会资本对社区治理产生较为明显的消极作用（陈捷、卢春龙，2009）。陈晓春和肖雪认为，新时代下，面对社会主要矛盾的转移，党的十九大报告提出“共建共治共享”理念，为我国未来城乡社区治理指明了方向。我国城乡社区治理应以打造社区共同体为依归，以共享推进共建共治，在共建共治中实现共享。构建“价值—目标—

结构—管理—技术”创新框架，强化社区居民的共同体意识，建立互惠互助的利益共享目标机制，从法律上重构社区治理主体权责关系，打造一支专业的社区治理队伍，推进社区治理技术的智能化，从而建立一个权责利合一的社区共同体，实现社区治理的法治化、专业化、智能化和社会化（陈晓春、肖雪，2018）。曹海军认为，“三社联动”作为我国社区治理与服务创新的供给侧路径优化，是实现基层治理从“行政化”迈向“社会化”、破除基层治理“内卷化”现象的重要举措。由于现实中社区“三社联动”的条件尚不成熟，政社互动、三社联动仍有一个缓慢过程，“三社联动”如何“联”、如何“动”成为现实难题。因此，推进“三社联动”建设有必要从宏观（街道）—微观（社区）两个层面共同发力，实现社区层面“三社联动”与政府宏观架构的有效衔接，使“三社联动”建设做到有机制、有平台、有资源。通过综合运用街道—社区双层面的协调机制、协作机制和合作机制，共同推进社区治理水平的提升和社区服务功能的强化（曹海军，2017）。吴晓林认为，巩固基层政权与提供公共服务是社区复合体的主要面向。“党建引领的政治逻辑、治理重心下移的管理（行政）逻辑、选择性参与的生活逻辑”互相交织，共同生产了社区复合体的形式。在社区层面，政治秩序逻辑统领管理逻辑与生活逻辑，居民更多地在个体生活界面活动，个体往往是在生活受损时，才会主张社会、政治权利（吴晓林，2019）。袁方成认为，在理论和实践的双重视角下，意识培育、民主协商、互动协作、技术创新等要素通过有效整合，可以构建较为完善的增能机制。在政府、社区、社团及居民等多元主体的复合性互动过程中，优化资源配置、开发专业技术、完善组织网络及实化自治权利，是促成居民主体性“复位”和彰显，从而推进社区参与的可行路径（袁方成，2019）。

笔者认为，社区治理是政府、社区、社会组织、居民、企业等治理主体依据正式的法律、法规以及非正式的乡规民约等，对社区的公共事务进行有效管理，提供社会公共产品，满足社区居民需求，优化社区秩序。管理方式有协商谈判、协调互动、协同行动等。通过社区治理，增强社区凝聚力，增加社区居民对社区的归属感、认同感，提升社区居民的幸福感、获得感、满足感，推进社区的发展。

二、相关理论梳理

（一）马克思人本主义思想

在西方思想发展史中，古希腊思想家普罗泰戈拉提出“人是万物的尺度”的命题，这是人本主义思想的起源。苏格拉底的“反思您自己”、柏拉图的“理想国”，都体现了以人为本的理念。中世纪的欧洲，哲学思想被宗教神学统治，人本主义也被“神的意志”压制。文艺复兴时期，西方思想界又重新开始主张人的价值、强调人的自由，形成了以人权、自由、平等为核心的资产阶级人本主义观念，出现了人本主义思想家。马克思在批判地吸收了自古希腊以来西方人本主义思想合理成分的基础上，创立了无产阶级的人本主义思想。《德意志意识形态》一书的问世，为马克思恩格斯唯物史观奠定了理论基础。《德意志意识形态》在历史上发挥着十分重要的作用。书中阐述“个人的独创的和自由的发展不再是一句空话的唯一的社会”①，基于唯物史观延续了人本主义思想，认为人类应该用科学的眼光去观察世界、发现世界、探索世界。马克思人本主义思想中的“人”是指现实的人、实践中的人，是在不断地改造世界又在不断地被世界改造的人；马克思人本主义思想中的人是指空洞的、抽象的或者独立于自然之外的人；马克思人本主义思想中的“本”是指“根本”，是人的意志和实践、人的需要和发展，这些都要当作“根本”而不是“本源”加以重视；本体论层面上，马克思认为人的物质实践活动是人和世界存在的根本方式，进而赋予“实践”以本体论的含义；认识论层面上，马克思人

① 《马克思恩格斯全集》第3卷，人民出版社1960年版，第516—544页。

本主义思想是在主、客体统一的基础上辩证地看待人的问题；价值论层面上，马克思人本主义思想的价值取向不仅是要满足人的需要，彰显人的力量，而且是要实现人自由而全面的发展；马克思人本主义思想是比较系统的科学理论体系，它包括人的本质理论、人的发展理论、人的异化理论、人的劳动价值理论等。① 人本主义以马克思恩格斯唯物史观为基础，认为发展社会生产力的目的是实现人的全面发展。马克思认为理解科学的历史观，必须从实际出发。马克思人本主义理论出发点是“现实的人”，此观点创造性地以人们通过实践生活建立的物质基础为起点，观察人类历史的发展，从而为历史观的科学发展奠定了基础。马克思人本主义思想的基本内涵，不仅包括人类的彻底解放，而且包含全方面实现人的价值。马克思在《资本论》中论述，共产主义是“以每个人的全面而自由的发展为基本原则的社会形式”②。当人类决定从事生产性活动时，基于现有的生产力条件和内在的需求的双重驱动，注重人本身的发展，不断创造新的生产方式。人类社会的发展不是完全由客观规律决定的，同时需要发挥人们的主观能动作用。这表明在推动人类历史的发展进程中，人的主观能动性和社会发展的客观规律，相互补充，相互融合，共同发挥作用。时至今日，人本主义被当作人类主体活动的原则，对社会的发展具有重要意义。人类从整体、长远利益出发，以人本主义为自觉的动机，促进社会经济文化的繁荣发展。

（二）风险社会理论

1986 年德国社会学家乌尔里希·贝克在其德文版的著作《风险社会》中，首次系统地提出了“世界风险社会”的概念，用来描述后工业社会。③ 贝克认为，现代社会是风险社会，人类生活在文明的火山口上。

① 万义兵：《试论新时代职业教育的马克思人本主义价值追求》，《职教论坛》2000 年第 3 期。

② 《马克思恩格斯全集》第 23 卷，人民出版社 1972 年版，第 640—649 页。

③ ［德］乌尔里希·贝克：《风险社会》，何博闻译，译林出版社 2004 年版，第 1 页。

“政府现代化消解了 19 世纪封建社会的结构并产生了工业社会一样，今天的现代化正在消解工业社会，而另一种现代性则正在形成之中。”[①] 他还指出，工业社会的中轴原理是财富分配、利益分配；风险社会的中轴原理是风险分配、祸害分配、危险分配。[②] 贝克认为，在现代化阶段中，工业化道路所产生的威胁开始居主导地位，给整个社会带来了系统性变化，系统变化体现在风险分配格局的变化以及对不确定性的判断这两个方面。贝克所言风险是多种多样的，从时间维度而言，有已经发生的风险，也有还未发生的风险。从空间维度而言，风险既有不同国家和地区的，也有全球的。规制风险依靠生态启蒙、绿色和平运动等。1992 年《风险社会》被马克・里特翻译成英文后，风险社会作为一种概念和理论被更多的西方学者、公众接受。在人类社会的发展历程中，先后经历了三个风险阶段，即自然风险、工业风险和风险社会阶段。[③] 自然风险阶段（第一个风险阶段）为 15 世纪至 19 世纪初期，这是风险概念初步形成阶段。在此阶段，风险有两重含义：危险和冒险。风险是客观的、外在的风险，冒险是相对于特定的社会群体而言，也就是相对于当时的航海冒险家和重商主义资本家而言。工业风险阶段为 19 世纪初期至 20 世纪 80 年代中期（第二个风险阶段）。在此阶段，风险的表现为：工具理性膨胀导致的道德理性丧失，工业生产的扩张导致的资源枯竭，技术至上使人异化；现代科层制使人丧失自由。风险社会阶段从 1986 年发生的“切尔诺贝利事件”至今（第三个风险阶段）。此时，不确定性、危机是全社会分配的主旨，风险成为全球问题。吉登斯、玛丽・道格拉斯、拉什等学者也提出了风险理论。吉登斯在《现代性的后果》《现代性与自我认同》《失控的世界》《气候变化中的政治》等著作中阐述了风险社会理论，解决风险的基本路径是生活政治、全球治理。吉登斯在《现代性的后果》中指出，“准确地

---

① ［德］乌尔里希・贝克：《风险社会》，何博闻译，译林出版社 2004 年版，第 3 页。

② ［德］乌尔里希・贝克：《风险社会》，何博闻译，译林出版社 2004 年版，第 15 页。

③ 转引自张广利主编《社会保障理论教程》，华东理工大学出版社 2008 年版，第 360—361 页。

说，风险意味着危险（但并不一定已经意识到了这种危险）。当某人冒风险做某一件事时，在这里，风险被看成是对预期结果的一种威胁。……在采取行动或者经历具有内在风险的境遇时，个人完全有可能并没有意识到会冒什么样的风险。换句话说，他们并没有意识到会招来什么样的危险。”① 玛丽·道格拉斯认为风险是被建构出来的，风险程度由人们的意识决定而不是社会事实决定。拉什从美学批判的立场出发提出自己的风险理论。拉什在2000年发表的《风险文化》中提出，贝克和吉登斯属于制度主义者，他们都将风险界定在一个由制度性的结构所支撑的风险社会中。②

现代社会是一个风险社会，充满了不确定性，风险处于一定的社会环境中，并且与行动者的活动相连。征地这一社会事件，改变了农民的生产方式、生活方式。面对不可预知的未来，原来靠土地养老和儿子养老的农民，土地被征用后养老的依托是什么？这完全脱离了人类的感知能力和认知范围。

（三）健康老龄化理论③

所谓健康老龄化，是指在老龄化社会中，多数老年人在晚年保持躯体、心理和社会功能的健康状态，将疾病或生活不能自理的时间推迟到生命的最后阶段（党俊武等，2009）。质言之，在一个不断老化的人群中，健康的老年人构成了老年型人口的主导性力量，而且人口增长的队列效应对老年人口比例的影响又能保证甚至强化这种主导性力量。

1987年5月，在世界卫生组织大会上，世界卫生组织首倡“健康老龄化”。它从医疗保健和老龄化过程中的老年人健康问题着眼，将重点放

① ［英］安东尼·吉登斯：《现代性的后果》，田禾译，译林出版社2000年版，第30—31页。

② ［英］斯科特·拉什：《风险社会与风险文化》，王武龙编译，《马克思主义与现实》2002年第4期。

③ 郅玉玲：《和谐社会语境下的老龄问题研究》，浙江大学出版社2011年版，第9—10页。

在提高大多数老年人生命质量，缩短生命带病期，使老年人以正常的功能健康地存活到生命的终点上。“健康老龄化”的提出引起了学术界的广泛关注，来自生物学、医学、人口学、社会学、心理学、经济学等各学科的专家学者、政府部门以及社会组织对“健康老龄化”进行了全面探讨。

我国对于“健康老龄化”的实际研究，最早开始于1990年，首都医学院附属宣武医院老年医学研究中心承担联合国人口基金援助的“北京老龄化多维纵向研究”，其中的健康部分即参考1987年世界卫生大会关于“健康老龄化决定因素”的研究方案设计。最早在我国提出“健康老龄化”的当是我国老年学的领军人物邬沧萍教授。从总体把握“健康老龄化”并对之进行阐述的主要有邬沧萍、黄怡兴、熊必俊、刘毅强等人。在探讨“健康老龄化”这一概念内涵时，主要有以下几种观点：“健康老龄化”应以个体的健康老龄化为基础；“健康老龄化”的重点是老年群体的健康长寿；“健康老龄化”是一个过程；“健康老龄化”与社会经济良性运行的辩证关系；“健康老龄化”是建立在科学基础上的。邬沧萍教授认为，健康老龄化的提法更符合发达国家的实际。因为发达国家的大多数老年人已经解决了物质生活问题，老年人特别是高龄老年人的健康问题便被提上了议事日程。穆光宗教授认为，无论从个人、家庭还是整个社会的发展来说，健康老龄化都是我们回应老龄化挑战的基本战略。但健康老龄化还不是我们的终极目标，如何使老年人群的存在成为社会发展的建设性力量，这才是最重要的。

健康老人、功能没有受损的老人在老龄人口中所占的比重越大，则健康老龄化程度越高。健康老龄化既可指健康的人口老龄化、也可指健康的个体老龄化。健康的人口老龄化离不开“健康老龄”的驱动，因此是以健康的个体老龄化为基础的。健康影响着老年人的幸福，也关系到公共资源的利用和配置。在公共卫生资源有限的情况下，健康老龄化可以使卫生资源得以更经济地利用和更有效地配置。

（四）积极老龄化理论①

积极老龄化，是指在老年时为了提高生活质量，使健康、参与和保障的机会尽可能发挥最大效益的过程（施峰，2004）。

积极老龄化的思想从理论渊源来说，源头是20世纪60年代初期美国学者提出的“成功老龄化”。成功老龄化，也被称为活动理论。这一理论主张，老年期应该继续保持中年期的活动和价值观（刘东，2010）。活动理论认为活动水平高的老年人比活动水平低的老年人更容易感到生活满意和更能适应社会。活动理论主张老年人应该尽可能长久地保持中年人的生活方式以否定老年的存在，用新的角色取代因丧偶或退休而失去的角色，从而把自身与社会的距离缩小到最低限度。到20世纪80年代，活动理论以“生产性老龄化”的面目出现，主张老年人从事有产出的活动，比如生产产品、提供服务，但不一定有报酬。1997年6月召开的西方七国首脑丹佛会议提出了“积极老龄化”的主张。1999年5月，欧盟通过了老龄政策公报，即“建立不分年龄的欧盟——促进繁荣和代际和谐”。1999年9月，积极老龄化的国际研讨会在日本召开，这次会议由日本东京主办。1999年是联合国国际老年人年。在1999年的世界卫生日，世界卫生组织提出了“积极健康的老年生活”的口号。世界卫生组织采用“积极”一词表达比以往健康老龄化更广泛的意义。这一口号目的在于激发几个层面上的辩论：对于政策制定者和计划者，他们要清楚什么决定老年人健康和活力；对于学者，他们要搜集保持老年健康和活力的成功的干预材料；对于公众，他们要知道如何才能尽量长时间的保持健康和活力（朱汉民，2005）。2002年4月8日至12日，西班牙马德里第二次世界老龄大会的召开，将世界卫生组织积极老龄化的理念推向世界。

积极老龄化的理论基于以下基础：对老年人权利的承认以及联合国

① 郅玉玲：《和谐社会语境下的老龄问题研究》，浙江大学出版社2011年版，第10—11页。

关于“独立、参与、尊严、照料和自我实现”的老年人原则（朱汉民，2005）。它从健康老龄化“以需求为基础”的政策和计划的观点，转向“以权利为基础”的观点，强调老年人在增龄过程中，在生活的各个方面都享有机会均等的权利（熊必俊，2002）。从主要关注老年群体与社会的关系，转向从整个社会结构的变动角度关注人口老龄化与社会的关系。

积极老龄化既适用于个体又适用于人群。它让人们认识到自己在一生中体力、社会以及精神方面的潜能，并按照自己的需求、愿望和能力去参与社会，而且当他们需要帮助时能获得充分的保护、保障和照料。积极老龄化的目的在于使所有年龄组的人们包括那些体弱者、残疾和需要照料者，延长健康预期寿命和提高生活质量。

三、研究方法

（一）过程——事件分析

本项研究试图突破以往关于养老的静态结构分析的写作方式，将养老看作是受到社会结构和行动者影响的动态过程，主要是受到北京大学社会学教授孙立平的“过程——事件分析”的研究策略的启发。

孙立平教授认为，社会生活中存在种种“社会隐秘”，惯常的解释方法不得要领。由于因素之间、事物与环境之间的联系变化多端，同时静态结构存在不可预见性，因此社会现象是微妙、隐秘的。为此，需要寻找一种研究策略，“现在问题的关键是寻找一种方法，一种能够将再现复杂而微妙的事情并能够对其进行清楚解释的方法，或者说是一种研究策略”。①因此在方法论上孙立平教授提出了一种“过程——事件分析”的研究策

① 孙立平：《“过程——事件分析”与当代中国农村国家农民关系的实践形态》，载谢立中主编《结构——制度分析，还是过程——事件分析》，社会科学文献出版社 2010 年版，第 137 页。

略。运用此研究策略，对人们社会行动形成的事件与过程，一方面进行叙事再现，另一方面进行动态关联分析。孙立平教授提出，可以“把对实践状态社会现象的研究概括为四个环节，即过程、机制、技术和逻辑。‘过程’是‘进入实践状态社会现象的入手点，是接近实践状态社会现象的一种途径’。”①

“过程——事件分析”的研究策略是，对事件与过程进行描述、分析，然后再动态解释其中逻辑。“过程——事件分析”的研究路径是：首先，将研究对象转化为故事文本，也就是将研究对象由静态结构转向动态过程，此动态过程由若干事件构成。其次，对事件性过程进行描述、分析，由此揭示事件中微妙的逻辑、机制。描述是对事件的再现，分析是对事件的解释，分析以描述为基础。

孙立平教授提出“过程——事件分析”，其实质是将社会事实看作动态的、流动的，这有别于传统观点。传统观点认为，社会事实是静止的、固态的、结构性的。从社会互动角度看，“过程——事件分析”中相互联系的事件，是互为场景或者情境的，这里的场景或者情境是历时性的、动态的。事件和过程所展示的复杂互动关系，是一个动态过程，处于不断建构的过程中。

本研究运用孙立平教授所提出的“过程——事件分析”的研究策略来对城郊拆迁补偿家庭老人的养老进行研究，目的也是试图克服以往养老研究中过于注重静态结构分析的现象，转而从社会结构和行动者的主观能动性来研究养老，从而揭示在不同社会时空中养老的内容和形式有何变化，老年人如何适应这种变化。因此，本著作在研究中，仔细考察了征地后老年人及其子女资源的变化、资源配置变化对老年人的影响，家庭代际关系的改变以及其动力源泉。为了能理解行动者的行动，非常有必要采取“在场式”参与观察法。这种研究方法要求研究者在研究他者的生活中，

---

① 孙立平：《转向对市场转型实践过程的分析》，载孙立平《现代化与社会转型》，北京大学出版社 2005 年版，第 251 页。

置身于当地社会的场景、情境之中，体察研究对象的观念、行为。

（二）收集资料的方法

就研究性质而言，本研究属于探索性研究。"探索性研究是研究者对于确定的研究课题和研究对象进行初步了解和熟悉的过程，通过初步考察，获得对研究对象的感性认识，引发理性思考。探索性研究大致可以分为两种形式：第一，独立的探索性研究。第二，作为正式研究的组成部分——先导性研究，社会研究中的探索性研究更多的是一种辅助性研究，为后续研究提供研究思路或研究假设。通常在三种情况下需要进行探索性研究：一是研究者所涉及的研究课题或现象非常独特，很少有人进行这方面的研究，是新的研究领域，是一个研究'空白'。二是研究者本人对所涉及的研究课题不太熟悉，了解不多。三是为进一步研究提供研究思路和研究假设，或者从中尝试和发展一种新的研究方法，或者对研究方法进行'预演'，以便发现问题，形成和完善研究设计。根据以上所述，实际上任何社会研究都必须经过探索性研究。"①

在研究方法上，本研究主要采用定性研究方法。"所谓定性研究的访谈，是根据大致的研究计划在访员和受访者之间的互动，而不是一组特定的、必须使用一定的字眼和顺序来询问的问题。定性访谈就是在本质上由访员确立对话的方向，再针对受访者提出的若干特殊议题加以追问。理想的情况是由受访者负责大部分的谈话。"② 定性研究有利于我们对征地后养老资源与养老规则关系的深入理解。同时，作为定性研究的补充，本研究对个案进行定量分析，以图全面反映研究对象概况，深刻揭示研究对象的本质。本研究的定量分析仅仅局限于C社区，不能推论到总体，不具备统计学的推论意义，但是它有利于我们对C社区的个案进行全面、系统分析。本研究收集资料的方法主要有：实地研究法、问卷调查法、文献研

---

① 仇立平：《社会研究方法》（第2版），重庆大学出版社2008年版，第44页。

② ［美］艾尔·巴比：《社会研究方法基础》（第八版），邱泽奇译，华夏出版社2002年版，第248页。

究等。

1. 实地研究法

"实地研究"（field research）也叫实地调查、田野调查。与"调查研究"方式相对应，实地研究是一种质性研究方式，在文化人类学研究中得到广泛的应用。实地研究的特点在于研究者必须长期生活在被研究者的生活环境中，甚至作为其中的一员与被研究者共同生活，通过观察、访问等方法收集有关资料，根据对调查资料的质性分析解释被研究对象生活方式以及行为方式背后隐藏的"文化"或"价值"。实地研究的具体方式主要是参与观察（包括完全参与、非参与和半参与三种形式），半结构或无结构访问等。实地研究能够收集到比较详细、深入的资料，在现场观察社会行为的具体表现和过程，深刻"理解"被研究对象的价值观念和行为方式，从而在一定程度上再现社会生活的"原生态"。"通常是以一个社会实体或单位作为自己的研究对象，通过观察和非结构型访谈收集资料。"① 实地研究是中观、微观层面的研究，既可以研究中观层面的社区、社会集团、组织，又可以研究微观层面的个人。具体来说，实地研究分为社区研究、个案研究。在本研究中，实地研究采用的具体方法有参与观察法、半结构访问法。"通过访问可以了解受访者的价值观念、情感感受、行为规范；了解受访者过去的生活经历以及他们所知道的事件及对事件意义的解释。该方法对研究现象提供一个比较开阔、整体性的视野，多维度地深入、细致地描述事件的过程；能为研究提供指导，即事先了解哪些问题需要追问，哪些问题比较敏感，要特别小心；有利于研究者和受访者建立熟悉、信任的人际关系；可以使受访者感到自信，从而有可能影响到对自身文化的解释和建构。"②

由于笔者在杭州工作、生活了24年，作为新杭州人中的一员，对杭州的风土人情有着较为深入的了解，人脉资源也便于在杭州开展实地调

① 仇立平：《社会研究方法》（第2版），重庆大学出版社2008年版，第261页。

② 陈向明：《质的研究方法与社会科学研究》，教育科学出版社2000年版，第169—170页。

查，所以笔者的实地调查点主要集中在杭州，访谈对象为城郊拆迁补偿家庭老人、城郊拆迁补偿家庭老人的子女、熟悉征地、养老情况的工作人员（包括公务员、社区干部等）。其中城郊拆迁补偿家庭老人、城郊拆迁补偿家庭老人的子女为 C 社区成员，工作人员为浙江省、杭州市、杭州所辖区、县以及 C 社区熟悉征地、养老情况的工作人员。2008 年 3 月至 2009 年 1 月在上海大学修完博士学位课程后，笔者返回杭州后于 2009 年 2 月开始着手博士论文实地研究工作。

从 2009 年 2 月正式启动半结构访问以来，截止到 2012 年 4 月，笔者访谈了 21 位城郊拆迁补偿家庭老人、17 位老人子女及 8 位涉老工作人员（包括公务员、社区干部、企业老总等）。对这三类调查对象的区分是出于表述需要，其实调查范围远远大于这三类调查对象。城郊拆迁补偿家庭老人、老人子女、涉老工作人员基本情况见表 2.1、表 2.2、表 2.3。进入田野前，笔者设计了调查提纲进行试调查，通过试调查再对调查提纲进行修改，形成正式调查提纲。每次半结构访问大约 1.5—2 小时。访谈结束后，当天整理访谈笔录。对访谈对象的编码原则为：访谈对象姓名汉语拼音缩写的首字母 + 访谈年月日。

笔者通过以下渠道接触半结构访问对象：第一，利用亲友的业缘关系主动结识涉老工作人员，互留联系方式后约谈。第二，用滚雪球方式请访谈对象介绍新的受访者。“雪球抽样是一种辨识和抽取网络中个案的方法。它建立在滚雪球的类比之上，雪球开始的时候很小，但是当它在潮湿的雪地上滚动而增加额外的雪片时就越变越大。雪球抽样是一种多阶段的技术，它开始于一个或少数人或个案，然后根据与初始个案的联结而扩展开来。”① 第三，在城郊拆迁补偿家庭社区附近进行日常生活消费，接触到城郊拆迁补偿家庭老人的子女，他们有的从事第三产业工作。第四，女儿的同学有些是城郊拆迁补偿家庭老人的孙子女、外孙子女，利用参加学校

① ［美］劳伦斯·纽曼：《社会研究方法》，郝大海译，中国人民大学出版社 2007 年版，第 270 页。

家委会活动与其家长接触的时机，对城郊拆迁补偿家庭老人的子女进行访谈。采访地点有办公室、老年活动室、街心花园、家庭单元房、理发店、超市、餐馆、内衣店、出租车上等。征求受访者同意后录音，录音的资料全部亲自整理为文字稿；没有录音的访谈当天晚上回家后以“实地调查日记”形式补记访谈内容。笔者参加的田野活动主要包括办公室访谈公务人员、老年活动室与老人打双扣（“双扣”是杭州扑克牌的一种玩法）、C社区的街心花园陪老人聊天、进入老人家内对老人进行访谈、同老人聚餐、在老人或其子女开的超市及内衣店购买物品、乘坐老人子女开的出租车在出租车上进行访谈、去老人子女开的理发店理发与老人子女聊天等。以上录音文字稿和实地调查日记构成了第一手研究资料，第一手研究资料还有自己拍摄的许多照片，社区居民提供的文字、图像资料等。

2009年4月11日至2012年3月5日，笔者对21位城郊拆迁补偿家庭老人进行了半结构访问。其中男性10人，女性11人；低龄老人（60—69岁）7人，中龄老人（70—79岁）10人，高龄老人（80岁及以上）4人；文化程度为小学11人，初中7人，大专3人；个人身份为务农老年人8人，企业退休职工7人，经商2人，C社区老年活动室管理员2人，退休教师1人，事业单位退休员工1人。在C社区老年活动室访谈7人，在老人家中访谈7人，在C社区街心花园访谈5人，在C社区门口访谈1人，在C社区空地访谈1人。（见表2.1）

表2.1 受访城郊拆迁补偿家庭老人情况

访谈对象姓名代号	性别	年龄	文化程度	身份	访谈时间	访谈地点
1YMF	男	75	小学	卖蔬菜老人	2009年4月11日	C社区门口
2CHP	女	69	大专	原外贸商人	2011年9月16日	CHP家中
3ZYM	女	64	初中	绣花厂退休女工	2011年10月16日	ZYM家中
4XSQ	男	67	初中	C社区老年活动室管理员	2011年11月2日	C社区老年活动室
5GP	男	74	大专	退休教师	2011年12月9日	C社区老年活动室

续表

访谈对象姓名代号	性别	年龄	文化程度	身份	访谈时间	访谈地点
6SJH	女	63	大专	某事业单位退休员工	2012 年 1 月 11 日	C 社区街心花园
7CXC	女	85	小学	务农老年人	2012 年 1 月 18 日	CXC 家中
8LFZ	女	81	小学	务农老年人	2012 年 1 月 18 日	LFZ 家中
9XAS	男	76	初中	某企业退休职工	2012 年 1 月 23 日	C 社区空地
10TMY	女	76	小学	务农老年人	2012 年 1 月 28 日	C 社区街心花园
11XAM	女	73	小学	某企业退休职工	2012 年 1 月 28 日	C 社区街心花园
12LQ	女	86	小学	务农老年人	2012 年 2 月 5 日	LQ 家中
13ZJ	女	77	小学	务农老年人	2012 年 1 月 2 日	C 社区老年活动室
14XCM	男	73	小学	某企业退休职工	2012 年 2 月 2 日	C 社区老年活动室
15ZKF	男	74	初中	某企业退休职工	2012 年 2 月 11 日	C 社区街心花园
16YM	女	62	初中	务农老年人	2012 年 2 月 11 日	C 社区街心花园
17HYC	男	72	小学	某企业退休职工	2012 年 2 月 16 日	C 社区老年活动室
18LGF	女	69	初中	某企业退休职工	2012 年 2 月 16 日	C 社区老年活动室
19SLX	男	66	初中	C 社区老年活动室管理员	2012 年 3 月 2 日	C 社区老年活动室
20DMF	男	83	小学	务农老年人	2012 年 3 月 5 日	DMF 家中
21HM	男	78	小学	务农老年人	2012 年 3 月 5 日	HM 家中

2011 年 4 月 22 日至 2012 年 2 月 26 日，笔者对 17 位城郊拆迁补偿家庭老人子女进行了半结构访问。其中男性 4 人，女性 13 人；30—40 岁 5 人，40—50 岁 9 人，50 岁及以上 3 人；文化程度为小学 1 人，高中 9 人，大专 1 人，大学 5 人，研究生 1 人；个人身份为企业职工 4 人，经商 4 人，公务员 2 人，教师 1 人，事业单位员工 1 人，银行员工 1 人，出租车司机 1 人，幼儿园保育员 1 人，肯德基员工 1 人，保安 1 人。在 C 社区街心花园访谈 3 人，在某纪念馆访谈 3 人，在某博物馆访谈 2 人，在城郊拆迁补偿家庭子女家中访谈 2 人，在某文化用品商店访谈 1 人，在某内衣店访谈 1 人，在某美容美发店访谈 1 人，在出租车上访谈 1 人，在某幼儿园访谈

1人，在某超市访谈1人，在城郊拆迁补偿家庭子女的父母家中访谈1人。(见表2.2)

表2.2　受访城郊拆迁补偿家庭子女情况

访谈对象姓名代号	性别	年龄	文化程度	身份	访谈时间	访谈地点
1FMS	男	52	小学	保安	2011年4月22日	C社区街心花园
2WXC	女	55	高中	某企业职工	2011年10月20日	C社区街心花园
3LYH	女	40	高中	某内衣店老板娘	2011年10月26日	某内衣店
4YZM	女	35	大学	公务员	2011年11月16日	某纪念馆
5HSX	女	38	大学	某银行员工	2011年11月16	某纪念馆
6HSF	女	41	高中	某肯德基员工	2011年11月16	某纪念馆
7SYN	女	47	高中	某美容美发店老板娘	2011年11月20	某美容美发店
8LFX	男	41	高中	某企业职工	2011年11月28日	C社区街心花园
9CDS	男	36	高中	出租车司机	2011年12月3日	出租车上
10YXL	女	39	大学	教师	2011年12月4日	某博物馆
11ZYM	女	41	人学	某企业职工	2011年12月4日	某博物馆
12WXQ	女	51	高中	某文化用品商店老板娘	2012年1月10日	某文化用品商店
13HX	女	44	高中	某幼儿园保育员	2012年1月6日	某幼儿园
14LFT	女	37	大专	某企业职工	2012天1月16日	LFT家中
15SXW	女	46	大学	公务员	2012年1月19日	SXW家中
16WJH	男	46	高中	某超市老板	2012年2月6日	某超市
17XLM	女	48	研究生	上海某事业单位员工	2012年2月26日	XLM父母家

2009年2月26日至2012年3月2日，笔者对10位涉老工作人员进行了半结构访问，其中两位C社区活动室管理员也曾作为城郊拆迁补偿家庭老人接受过访谈。接受访谈的10位涉老工作人员中，男性6人，女性4人；30—40岁3人，40—50岁2人，50岁及以上3人，60岁及以

上 2 人；文化程度为初中 2 人，高中 1 人，大专 3 人，大学 2 人，研究生 2 人。在 10 位涉老工作人员各自的办公室对其进行访谈（见表 2.3）。

表 2.3　受访涉老工作人员情况

访谈对象姓名代号	性别	年龄	文化程度	身份	访谈时间	访谈地点
1WJH	男	38	研究生	J 镇领导	2009 年 2 月 26 日	J 镇领导办公室
2XAL	男	52	高中	C 社区老年协会长	2011 年 10 月 21 日	C 社区老年协会办公室
3XSQ	男	67	初中	C 社区老年活动室管理人员	2011 年 11 月 2 日	C 社区老年活动室
4SLX	男	66	初中	C 社区老年活动室管理员	2012 年 3 月 2 日	C 社区老年活动室
5YHN	女	40	大专	C 社区领导	2011 年 11 月 10 日	C 社区领导办公室
6LFX	男	50	研究生	浙江省农办领导	2011 年 11 月 11 日	浙江省农办领导办公室
7XYQ	女	30	大学	C 社区社会工作者	2012 年 1 月 21 日	C 社区社会工作者办公室
8DCJ	女	54	大专	某家政公司老总	2012 年 1 月 7 日	某家政公司总经理办公室
9LQJ	男	47	大专	某投资公司老总	2012 年 2 月 3 日	某投资公司总经理办公室
10SQH	女	37	大学	C 社区社会工作者	2012 年 3 月 2 日	C 社区社会工作者办公室

2. 问卷调查法

问卷调查法是量化研究方法，“它的最大特点是运用概率抽样方法抽取样本作为调查对象，采用问卷调查或登记表的方法收集资料，并在对资料进行统计分析的基础上把调查结论推论到样本所在的总体。”① 笔者以定

① 仇立平：《社会研究方法》（第 2 版），重庆大学出版社 2008 年版，第 212 页。

性研究为主，在深入实地进行调查之初，笔者并没有考虑使用调查问卷进行访谈。但是半结构访问后，发现每次都要问被访对象的社会人口特征（年龄、文化程度、婚姻状况、子女状况等），如果使用调查问卷，就能有效节约时间。“问卷（questionnaire）是调查研究中用来收集资料的主要工具，它在形式上是一份精心设计的问题表格，其用途是用来测量人们的行为、态度和社会特征。”① 但是，调查采用非概率抽样方式，调查问卷统计分析结果不能推论到总体，调查结论可能在未来的研究中使用不上，内心非常纠结。笔者经过权衡之后，决定使用调查问卷作为辅助手段。事实证明，调查问卷在大部分情况下，可以消除调查对象的疑惑，收集调查对象基本信息。“它的作用在于能够在对大量样本调查的基础上，反映社会的一般状况；能够客观地、精确地分析社会现象；资料精确、可靠，调查结论的概括性程度相对较高。但是，这种研究方式很难获得深入、详细的资料，无法了解具体的社会运行和社会行为过程，资料的准确性程度受到多种因素的影响。尽管对调查研究的‘科学性’认识不一，但它仍然是社会学经验研究最常用的研究方式。”② 2010 年 10 月开始的半结构访问，调查对象同时填写了试调查问卷。经过几次试调查对调查问卷中出现的一些问题进行了更正，而后调查问卷正式定稿。C 社区是个熟人社会，笔者曾经试图进入社区找老年人填写，遭到拒绝。通过熟人关系认识了 C 社区的老年协会会长 XAL。他是社区本地人，熟悉社区的地方常识。他带我进入社区，结识了主管老年活动室的 XSQ 和 SLX。XSQ 和 SLX 都是 C 社区过去的老领导，一个是做过村主任，一个做过村会计。XSQ 和 SLX 主管老年活动室，轮流值班一天。老年活动室是 C 社区老年人集聚的场所，除了春节期间停开四天外，其他时间都对外开放。C 社区的老年活动室在 2005 年建成，总建筑面积 260 平方米，室内活动场所整体结构完成，内部分割协调有序，通风采光条件较好。老年活动室设有棋牌室、聊天室、

① 风笑天：《社会研究方法》（第 4 版），中国人民大学出版社 2001 年版，第 145 页。

② 仇立平：《社会研究方法》（第 2 版），重庆大学出版社 2008 年版，第 212 页。

多功能教室、科教室、阅览室等。笔者培训了 XSQ、SLX、GP、LGF。从 2012 年 1 月 15 日至 2012 年 3 月 30 日，我们陆续在 C 社区老年活动室、街心花园和老年人家庭中发放调查问卷 130 份，由城郊拆迁补偿家庭老人现场填答，当场回收。除了集中发放、填答调查问卷外，笔者在每次半结构访问之后，都会请调查对象当场填答调查问卷，截至 2012 年 4 月 6 日，笔者共收集到调查问卷 150 份。（见表 2.4）

表 2.4　城郊拆迁补偿家庭老人基本情况统计表（问卷调查）

项目	类别	人数（人）	比例（%）
性别	男	72	48
	女	78	52
年龄段	低龄（60—69 岁）	78	52
	中龄（70—79 岁）	62	41
	高龄（80 岁及以上）	10	7
身体状况	完全能自理	148	98.7
	部分能自理	2	1.3
文化程度	小学	60	40
	初中或中专	45	30
	高中	30	20
	大专及以上	15	10
居住状况	独自居住	5	3.3
	空巢家庭	30	20
	与儿子一家居住在一起	75	50
	与女儿一家居住在一起	30	20
	与其他亲属居住在一起	10	6.7
自评家庭经济状况	较好	30	20
	一般	105	70
	较差	15	10

3. 文献研究法

“文献研究（literature research）是一种传统的研究方法，历史学研究中的考据、训诂、校勘方法都可算是文献研究方法。社会研究中的文献研究主要是利用第二手资料进行分析，具有非常明显的间接性、无干扰性和无反应性，因此也称‘非介入性研究’或‘无回应性研究’(non-reactive research)。”① 笔者用于研究的文献资料包括如下三类：第一类是在田野调查中收集到的一手文献资料，包括相关政府文件、调研报告、各类统计数据、总结、档案资料、乡规民约等；第二类是调查对象的日记，包括城郊拆迁补偿家庭老人、城郊拆迁补偿家庭老人子女的日记，城郊拆迁补偿家庭老人的账本、社区干部写的随笔等；第三类是新闻媒体的相关报道。这些素材都极大地拓展了笔者的资料来源。

（三）分析资料的方法

笔者主要的定性研究资料有：田野调查中撰写的观察日记、访谈记录、实地研究中收集到的一手文献、调查对象的日记、新闻媒体的相关报道等。对这些实证材料研究前需要先确认其效度、信度。效度也就是真实性。“从扎根理论的观点来看，效度包含了两个意涵：内在效度与外在效度。内在效度是指质性研究者在研究过程中收集到的资料的真实程度及研究者真正观察到所希望观察的。‘外在效度’则是指研究者可以有效地描述研究对象所表达的感受与经验，并转译成文本资料，然后透过深描与诠释过程，将研究对象的感受与经验，透过文字、图表与意义的交互运用过程，达到再现的目标。”② 信度也就是可靠性。“关于研究者如何在研究过程中取得可靠的资料，质性研究者必须清楚地加以说明，作为判断资料可靠性的依据。”③ 基于如上观点，笔者在访谈时如实记录下调查对象的感受、看法，同时致力于探究调查对象的内心世界。

资料分析的步骤有：第一，阅读搜集的原始资料。第二，登录资料，“登录是资料分析中最基本的一项工作，是一个将收集的资料打散，赋予

① 仇立平：《社会研究方法》（第 2 版），重庆大学出版社 2008 年版，第 284 页。

② 范明林、吴军：《质性方法》，格致出版社、上海人民出版社 2009 年版，第 29—30 页。

③ 范明林、吴军：《质性方法》，格致出版社、上海人民出版社 2009 年版，第 26 页。

概念和意义，然后再以新的方式重新组合在一起的操作化过程。登录要求研究者具有敏锐的判断力、洞察力和想象力，不仅能够很快地抓住资料的性质和特点（特别是那些隐藏在语言下面的深层意义），而且可以很快地在不同概念和事物之间建立起联系。”①第三，寻找“本土概念”，“本土概念”是被研究者经常使用的、用来表达他们自己看世界的方式的概念。②第四，编码、归档。“第一轮登录完成以后，我们可以将所有的码号都汇集起来，组成一个编码本。这是一个将所有的码号按照一定的分类标准组合起来的系统，反映的是资料浓缩以后的意义分布和相互关系。”③原始资料进行登录后，还需要建立一个检索系统。

四、调查地点的确定

费孝通先生在《江村经济》中指出，“为了对人们的生活进行深入细致的研究，研究人员有必要把自己的调查限定在一个小的社会单位内来进行。这是出于实际的考虑。调查者必须容易接近被调查者，以便能够亲自进行密切的观察。另一方面，被研究的社会单位也不宜太小，它应能提供人们社会生活的较完整的切片”④。在这种思想的指导下，笔者选择了C社区作为观察对象。

截至开始撰写博士论文为止，笔者已经进行了两个阶段的实地调查工作。第一阶段，是对城郊拆迁补偿家庭农村的摸底调查。时间为2009年1—6月。走访了杭州近郊、远郊的G村、X村和C村，这些村都是城郊拆迁补偿家庭农村，征地后改称G社区、X社区和C社区。通过调查，

---

① 陈向明：《质的研究方法与社会科学研究》，教育科学出版社2000年版，第279页。

② 陈向明：《质的研究方法与社会科学研究》，教育科学出版社2000年版，第284页。

③ 陈向明：《质的研究方法与社会科学研究》，教育科学出版社2000年版，第286页。

④ 费孝通：《江村经济》，戴可景译，世纪出版集团、上海人民出版社1939/2007年版，第24页。

了解G社区、X社区和C社区宏观的政治、经济、社会和文化状况。后因当时的工作单位要求，受国家留学基金委公派资助，2009年下半年笔者去美国作访问学者，暂停了自己的田野调查。在美国时，在天普大学的图书馆静心读书，每周一次与合作导师——美国天普大学社会学系终身教授赵善阳博士会面交流，旁听美国天普大学社会学系的理论和方法课程。紧张的访学之余，走访一些养老机构、到唐人街的养老院做义工，笔者也越来越体会到中西方文化的差异。回国后，笔者于2010年5月份恢复了田野调查。考虑到社区的典型性和调查的便利性，笔者选择了C社区作为调查点。当然，必须承认对微观社区的研究不能得出一般性的结论。

第三章　C社区的基本状况

C社区是一个江南城郊拆迁社区。C村原是一个位于城市近郊的村落，在城市化过程中逐渐转型成为城市社区。1998年之前的C村，傍水而立，稻田阡陌，水稻田、竹林、鱼塘、柿子林、芦苇、白砖红瓦的两至三层自建楼房星罗棋布。C村从1998年开始征地，截至2012年，持续了14年。

一、C社区的地理位置、气候、交通、景观

本研究所选择的调查地点C社区，位于浙江省杭州市西湖区。浙江省位于中国东南沿海，介于北纬27度12分—31度31分和东经118度—123度之间，东濒东海，南界福建，西与江西、安徽相连，北与上海、江苏为邻。东西与南北的直线距离均为450公里，陆域面积10.18万平方公里。属亚热带季风气候，四季分明，光照充足。C社区气候是典型的亚热带季风气候，春季温暖潮湿多雨，夏季炎热少雨，秋季较短，冬季阴冷。每年的三四月是梅雨季节，几乎每天都阴雨绵绵。冬季会飘一至两场雪，气温降到零度以下。最舒适的月份是每年的5月、10月，气温适宜，雨水较少。

杭州市是浙江省的省会，是浙江省的政治、经济、文化中心。杭州

市区中心坐标为北纬 30 度 16 分，东经 120 度 12 分。杭州是历史文化名城、全国重点风景旅游城市。古有西湖，今有西溪湿地闻名全世界。杭州位于一洲一运河的南端，也就是长江三角洲、京杭大运河的南端；一江即钱塘江的下游，一湾也就是杭州湾的西端。杭州是长三角城市群的重要中心城市之一，也是中国东南部重要交通枢纽。杭州有萧山国际机场，众多国际国内航班通畅。杭州也有沪杭、京杭等高铁和动车，还有开往四面八方的长途汽车。杭州自然风光秀美，江、河、湖、山交相辉映，京杭大运河、钱塘江、西湖、宝石山点缀着杭州旖旎的风光。杭州物产丰富，素有鱼米之乡、丝绸之都、人间天堂的美名，天竺筷、张小泉剪刀、王星记扇子、龙井茶等都是杭州知名土特产。

西湖区位于杭州市区的西部，全区辖北山、西溪、灵隐、翠苑、古荡、文新 6 个街道，周浦、蒋村 2 个乡和留下、龙坞、转塘、袁浦、三墩 5 个镇，是一个城乡皆有、平原山水相依的区。境内汇聚了大专院校、科研机构、文化团体、大中型企业，是高科技密集区，有举世闻名的西湖，诱人的湖光山色与悠久的历史文化融于一体，是杭州风景旅游和历史文化的中心，是中共浙江省委、浙江省政府所在地。

G 镇历史悠久，已经有 2000 多年历史，文化底蕴丰厚。民居、古桥众多，景色适宜，有“墩上花木丛生，墩下河水相连，河上石桥相接，居住四季宜人”的美誉。据说春秋战国时期孔子的学生荀子曾经到过 G 镇，为民间做了许多好事，并且亲手沿着余杭塘河岸栽种兰花。

余杭塘河，古代称之为“官塘运河”，又名“运粮河”，是京杭大运河的重要分支，是运河航运系统中最重要的货运通道之一。南宋淳祐《临安志》卷十《山川》云：“余杭塘河，在北关门外。江涨桥投西四十五里，至余杭县，曰‘余杭塘河’。”① 南宋吴自牧《梦粱录》：“余杭塘河，在余杭门外涨江桥，投西路至余杭县。”② 清朝雍正《浙江通志》卷二十五《水

---

① 《宋元浙江方志集成》（第一册），杭州出版社 2009 年版，第 177 页。

② 吴自牧：《梦粱录》，《丛书集成初编》本，第 106 页。

利一》："余杭塘河，在北关门外，江涨桥西四十五里至余杭县，北通新开运河。国朝康熙四十七年，杭州知府张恕可奉旨动帑开浚，自卖鱼桥起至观音桥，一百四十丈。"[①] 清朝嘉庆《余杭县志》记载，"余杭塘河在县东南二里，阔三十步深一丈许，连南渠河，自安乐桥四十五里至杭州之运河。"[②] 余杭塘河是通航河道，全长10.7公里，平均河宽为35米，水域面积为37.45万平方米。余杭塘河城区段西起长桥，东至运河。余杭塘河是杭州市连接运河、五常港至西溪湿地的水上黄金旅游线。

余杭塘河两岸是久负盛名的"河渚"，是古代赏梅花、观芦花的最佳去处。明末人张岱在《西湖梦寻》中描述了河渚一带的美景：

> 地甚幽僻，多古梅，梅格短小，屈曲槎桠，大似黄山松。好事者至其地，买得极小者，列之盆池，以作小景。其地有秋雪庵，一片芦花，明月映之，白如积雪，大是奇景。余谓西湖真江南锦绣之地，入其中者，目厌绮丽，耳厌笙歌，欲寻深溪盘谷可以避世如桃源、菊水者，当以西溪为最。余友江道暗有精舍在西溪，招余同隐。余以鹿鹿风尘，未能赴之，至今犹有遗恨。[③]

清代沈晴川在为《南漳子》一书作序中，也描绘了河渚的秀丽风光。

钱塘沈绎祖为孙之騄著《南漳子》作序时，对明清时期河渚一带的情况进行了详细的介绍：

> 河渚在西溪之北，古之南漳湖。当天目万山下流之中，潴为巨泽，蛟蜃之所出没。逮东汉灵帝熹平元年（应为"二年"），余杭令陈公混开南上、下湖，以蓄淫潦，捍之以横塘，泄之以斗门。水之来也，势缓而力分，南漳湖之受水亦益少。水渐杀，土渐出，伏而

① 雍正《浙江通志》，文渊阁《四库全书》本，第404页。

② 嘉庆《余杭县志》卷十《山水》之四，余杭古籍再造本，第26页。

③ 张岱：《西湖梦寻》，北京出版社2004年版，第142页。

为滩，突而为洲。民乃得依之以居，河渚自此名焉。[①]然皆星罗棋布，广袤未有及里之半者。今每一地，则两水夹之，数荡环之，湖之遗迹可征也。路非舟莫达，人非农莫事，地狭而瘠，无良田桑竹苇鱼之利。乐岁易粟，粗足以自给。倚水为城，境绝孔道，比间寡千金之家，兵戈寇荡之所罕及，明季避乱于此多无恙。而习俗朴鲁少文，不慕仕进。子弟就塾，率十五岁罢就农。迄河渚二十里间，无罢民，亦无达人。虽与西溪相错，风景大抵相上下。[②]

在合并入杭州城区之前，C社区属于西溪湿地的一部分。古代的西溪湿地，范围非常大。赵福莲、钱明铿所著《西溪》一书中，对西溪的区域做了如下界定：

综合南宋以来的文献记载并加多方考证，西溪的溪流应在石人岭至秦亭山一代冈峦之北，源出于小和山，沿状元峰、法华坞、灵峰寺、将军山、老和山、秦亭山，绕古荡镇，经松木场北折，汇入余杭塘河。历史上的西溪景区应该是指西溪古荡至留下段两岸的宽阔地带，具体范围：南岸包括今日老和山——秦亭山——灵峰山——北高峰——美人峰——龙门山——竹竿山——小和山山脊线以北之丘陵坡麓地带；北岸包括余杭塘河以南五常乡至蒋村乡一带水网平原，面积约为60平方公里。也就是清雍正《西湖志》里所说“曲水弯绕，群山四绕，前后踵接，又多卢汀沙溆”的地方。[③]

历史上西溪风景旖旎。南社诗人姚石子在《游西溪记》中有一段对西溪风景的描绘：

① 孙之騄：《南漳子》，光绪七年丁氏竹书堂重刊本，第3页。
② 赵福莲、钱明锵：《西溪》，杭州出版社2004年版，第6页。
③ 赵福莲、钱明锵：《西溪》，杭州出版社2004年版，第6页。

由留下而往，乃舍舆泛舟，岭岫参差，峰峦磅礴，微波远渚，弥望烟水，皆西溪最深处也。溪流浅窄，时遇洞桥，水非甚湾，而芦埂苇荡为之间隔，舟行与之盘旋，曲折殊甚。两岸野旅纷批，垂垂万缕，刷蓬背有声，杂树葱郁，蓊郁如云雾，仰不见岸，微闻鸡犬之声。

……

余谓西溪之境如苎萝美人，淡冶幽娴，云鬓蓬松，而自然绝世，与西湖之如美人已入吴宫，韶丽明靓，浓妆艳抹，固有别趣耳。溪以芦花称，当九秋之际，飞绵絮絮，皑若白雪，溪又多梅，时届三冬，暗香浮动。苍雪触目，借此来皆非其候也。然杨柳丝丝，临风摇舞，芦苇初茁，参互水次，已令人秋思洒然，遐想无端矣。①

G镇还盛产打面。在G镇镇政府的墙上，有"打面的由来"的故事。现摘抄如下：

打面的由来

相传明太祖朱元璋在未称帝之前征战南北、闹九江、激战鄱阳湖，平定南方割据势力陈友谅后班师回天府。路过现浙江杭州G镇时正值晌午，在路旁一小面馆就餐，店主以手工面招待，朱元璋吃着吃着突然起身表情肃然起敬。如此有韧性的面条联想自己多年来坎坷的战场生涯感慨万千。就是因为自己有一股不成功誓不罢休、遇事不屈服的韧劲才有了今天的大好局面。于是问店主此为何面，店主介绍说是用一根圆木在面饼上反复用力敲打压制而成。和面要干湿相宜恰到好处，用料特别：油是自己熬的板油，精肉要当天的新鲜腿精，下锅时汤不宜多，汤多会盖住香味，所以鲜而不涩，油而不腻，香味扑鼻且有嚼劲。朱元璋听后大赞并顺便起名打面。此后

① 姚石子：《游西溪记》，载《南社丛刊》，广陵古籍刻印社1996年版。

打面名震天下。

C社区位于G镇东南大门，是G镇距离杭州最近的社区，位于余杭塘河的北侧，虾龙圩社区以南，浙江大学紫金港校区东侧，政苑小区以西，土地面积1.08平方公里。截至2012年2月，C社区有9个小组335户，常住人口1392人，暂住人口3500人。周围有沃尔玛、银泰商城、五洲国际、联合超市等购物场所，商业繁荣。B2快速公交线在附近，设有地铁2号线、5号线出口。附近有古墩路、丰潭路、紫金港路等主要道路交通纵横，交通方便。C社区荣获镇级项目建设推进奖（2007年、2008年、2009年）、镇级双过半优胜单位（2008年）、镇级招商引资特备贡献奖（2009年）、镇级先进党组织（2009年）、镇级“村社建设好搭档，服务群众好班子”先进单位（2009年）、招商引资特别奖（2010年）、西湖区先进集体单位（2011年）。C社区还成立了网格化管理民情联系工作领导小组，将任务层层分解落实到每个党员身上。

1995年C村陆续开始土地开发。坐落在古墩路以东，总建筑面积13580平方米的工业园，自2003年5月开工至今已经竣工、交付使用。建成18亩的综合大楼用来发展楼宇经济，另外10%自留地也开发了40年产权的单身公寓。单身公寓M盘2012年建成。M盘位于申花板块核心区域，古墩路以东，萍水路以北，与品牌楼盘耀江文鼎苑隔街相望。单身公寓M盘占地18270平方米，总建筑面积80843平方米，由两幢11层的板式LOFT建筑和两幢点式建筑构成。单身公寓外竖着白色网格状的广告牌，用醒目的蓝色字体做着极有气势又震撼人心的营销：

剑桥公社、西溪锋尚、西城时代……杭州目前10%留用地共有约10982亩，项目比比皆是。像M盘这样地段和性价比的，又有多少个？

申花板块　双地铁口　非常地段

Shenghua plate metro community very lot

50 方不到的房子，一隔为二，实际得到 80 来方，60 万的总价，折合约 7500 每平方米的价格。

开公司没有自己的写字楼，就像开着别人的豪车接女友

150 万起，有自己体面的写字楼

我们知道您的顾虑，但和 60 万、200 万相比，年限、阳台、水电、煤气……这些问题还是大问题吗？（同等面积，同等地段的房子以 25000 元每平方米计）

（M 盘为 10% 留用地项目）

留用地项目≠小产权房

	留用地项目	小产权房
土地性质	村属自留地，为建筑用地	耕地或者农民宅基地
土地用途	国土局备案通过	未经过政府审批
政府政策	杭州鼓励用于招商引资	国家禁止
开发性质	合法开发	非法开发
拆迁	符合规划，不会拆迁	国家征地随时可能拆迁
三证	具有“国有土地证” “契证”“房产证” 大三证，现行政策尚 不允许分割	三证不能办出

二、C 社区的人口

费孝通教授指出：“社会结构只不过是纸面上的空架子，而那些在这结构里生活的人才是这社会结构的实体。一个个人把结构充实了才成一个生活的单位，一个社区。”① 这里，笔者将对世世代代绵延不绝的 C 社区的

① 费孝通：《生育制度》，天津人民出版社 1981 年版，第 17 页。

人口状况做一分析。

截至2012年2月，C社区总人口为4892人，其中常住人口为1392人，暂住人口3500人，总户数为345户。老年人口数据统计以常住人口为准，其中60岁及以上的老年人口为238人，占总人口的17%。从表3.1可以看出，C社区的老年人口分布有以下特点：第一，随着年龄增长，老年人口数量减少。60—64岁、65—69岁、70—79岁、80—89岁、90—94岁、95—99岁人口在C社区60岁及以上常住人口中的比例依次为32.5%、19.4%、27.4%、18.9%、0.9%、0.9%。绝对人口数量在60—64岁组为77人，占C社区常住人口的比例为5.5%；在65—69岁组为46人，占C社区常住人口的比例为3.3%；在70—79岁组为65人，占C社区常住人口的比例为5.3%；在80—89岁组为45人，占C社区常住人口的比例为4.7%；在90—94岁组为2人，占C社区常住人口的比例为0.1%；在95—99岁组为2人，占C社区常住人口的比例为0.1%。第二，老年人口中，女性多于男性。男性老人、女性老人在C社区60岁及以上常住人口中的比例分别为48.1%、51.9%；男性老人绝对数量为114人，女性老人绝对数量为123人。第三，分年龄组统计，低龄女性老年人数量多于低龄男性老年人。60—69岁为低龄老人，70—79岁为中龄老人，80岁及以上为高龄老人。C社区中，低龄女性老人为68人，占C社区常住老年人比例为28.7%；低龄男性老人为55人，占C社区常住老年人比例为23.2%。（见表3.1）

表3.1　C社区分年龄组60岁及以上老年人口数统计表

单位：人

性别＼年龄	60—64	65—69	70—79	80—89	90—94	95—99	合计
男	35	20	34	23	1	1	114
女	42	26	31	22	1	1	123
总计	77	46	65	45	2	2	237

资料来源：C社区老年人情况综合汇总表。

三、C 社区的行政体系和组织

（一）社会组织相关理论、法律和社会政策

社会组织，也称民间组织、非政府组织、非营利组织、第三部门、免税组织等等。由于研究视角、研究学科、研究方向不同，国内外专家学者对社会组织的定义迥异。社会组织的定义比较宽泛，总体特征为突显社会组织的非营利性、自愿性、互益性等社会组织特点。借鉴王名教授对社会组织的概念界定，笔者认为社会组织是由不同社会阶层的民众自发成立的各种组织形式及其网络形态，从事公共服务、经济发展、慈善救助、学术研究、社区服务等活动，具有非营利性、非政府性、自治性、志愿性、互益性、社会性等特征。在我国，社会组织一般由广义的社会组织和狭义的社会组织组成。广义的社会组织是指除党政机关、企事业研究单位以外的社会中介组织；狭义的社会组织是指由各级民政部门作为登记管理机关研究，纳入登记管理的社会团体和民办非企业单位等。按照狭义的社会组织的理解，现阶段我国的社会组织大体上可以分为三种类型：社会团体、民办非企业单位和基金会。[①] 由于系统数据差异大，表述术语比较复杂，功能交织纷杂，社会组织的类型甄别难度较大。

社会组织之所以出现，有如下相关理论：[②]

1. 市场和政府“双重失灵”论

代表性理论有美国经济学家韦斯布罗德在 1974 年提出的“政府失灵理论”、美国法律经济学家汉斯曼在 1980 年提出的“合约失灵理论”。这些理论认为，传统市场经济中有两大经济主体：市场和政府，它们有各自

---

① 王名：《非营利组织管理概论》，中国人民大学出版社 2002 年版。

② 郅玉玲、李一：《特殊群体社会问题研究——以多元化解决策略为视角》，中国社会科学出版社 2015 年版，第 259—260 页。

的资源配置体系。市场对资源进行基本配置，但市场存在公平的缺位、垄断的产生、公共物品的匮乏等缺陷。政府弥补了市场缺陷。但是政府不可能满足所有社会成员的多样化需求、个性需求，只能满足普通民众的需求。要满足社会成员日益增加的需求，只能增加财政支出、扩大政府机构、增加政府工作人员。社会组织应运而生，弥补了市场和政府的缺位。社会组织的产生是市场和政府“双重失灵”的结果。我们认为，从资源配置视域看，市场是侧重效率的第一次分配，政府是侧重公平的第二次分配，社会组织是提高公共物品供给效率的第三次分配。

2. 治理理论

治理理论指出，现代社会多元化，社会成员的利益、价值观多元化，公共管理的主体由政府、社会组织构成，政府和社会组织共同治理公共事务。某些国家“政府不仅营建了有利于非政府组织发展的制度环境，并且动用国家资源支持非政府组织的活动、特别是非政府组织在区域或社区的经济开发方面所开展的项目活动。在国际社会中，各国政府也越来越多地通过非政府组织向贫困国家提供人道主义救助和开发性援助。这一事实正是近年来非政府组织得到迅速发展的关键。”① 在此理论的影响下，政府与社会组织结成“合作伙伴关系”，共同治理公共事务。

3.“计划失灵”论

“政府失灵”和“合约失灵”是西方学者论述社会组织提供公共物品的视域，此视域提出的语境为发达国家完善的市场经济体制。我国是不完善的市场经济体制，运用西方的理论框架难以解释中国的现实问题。有鉴于此，中国学者提出了“本土化”的“计划失灵”理论。其中有代表性的为康晓光在《转型时期的中国社团》中提出的“计划失灵”理论。

4. 中国社会转型理论

据中国学者研究，社会转型是社会组织产生的宏观背景。孙立平教

---

① 张小劲：《非政府组织研究：一个正在兴起的热门课题》，《中共宁波市委党校学报》2002 年第 6 期。

授认为，中国社会正在由高度统一和集中、社会连带性极强的社会，转变为更多带有局部性、碎片化特征的社会①，社会转型，致使个人更多选择自己的权利。而单位制的解体，意味着国家对个人、社会资源控制的放松。同类社会民众为了共同的利益诉求，成立社会组织。

社会组织规范发展，必须有相关法律和社会政策。世界各国社会组织发展的相关法律和社会政策如下：②

为了促进社会组织的发展，规范其活动，有的国家制定了相关法律。如日本的《社会组织法》、匈牙利的《公益组织法》、德国的《结社法》、捷克的《公益法人法》、南非的《社会组织法》《特定非营利活动促进法》、*Companies Act 61 of 1973*、*Trust Property Control Act 57 of 1988*、*Income Tax Act 36 of 1996* 等。英国社会组织源于志愿互助、民间慈善，渊源上溯至1601年颁发的《慈善法》和《救济法》。近年来《慈善法》的修订扩大了慈善范围，将文化艺术、环保、健康、体育、动物保护、弱势群体、社会福利等也包括在内。德国有关社会组织的法律框架十分完备，以德国基本法为基础，基本规则为法典中有关社团法人的规定，补充规定来源于联邦社团法。社会组织依照国家法律活动，按照会员大会通过的章程开展工作。德国社会组织的最高权力机构和监督机构是会员代表大会，会员代表大会决定章程的制订和修改等重大事项。社会组织成立后，民主选举理事会。理事会一般由3—5人组成，有主席、财务管理、秘书等，理事会的理事长、副理事长一般由社会名流担任。社会组织的秘书长具体负责日常事务。理事长、秘书长有矛盾时，决定秘书长去留的主要因素是对秘书长执行理事会工作决议的评估。理事会每年向全体会员汇报工作进展状况。土耳其相关法律对社团内部治理进行了细致规定。社团理事会要定期召开会议，讨论、决定社团重要事务。社团理事会会议要做会议纪要，理事会成员要签字并在公证部门公证，在管理机构备案。土耳其法律还规定

① 孙立平：《转型与断裂：改革以来中国社会结构的变迁》，清华大学出版社2004年版。

② 郅玉玲、李一：《特殊群体社会问题研究——以多元化解决策略为视角》，中国社会科学出版社2015年版，第260—261页。

社团必须每三年进行一次换届选举，重新确定管理层和负责人，换届选举的结果必须一个月内报政府监督部门备案。土耳其法律还规定，社会组织不能进行商业活动、不能对会员收费，要求所有社会组织必须每年 12 月份向政府提交报告，报告该社会组织一年来所开展的主要活动和财政收支状况。

有的国家没有与社会组织相关的法律，社会组织相关法律散布在各种法律中。在美国，根据联邦税法 501C3，从事非营利、非政治活动的组织可申请为公共服务类社会组织，在税收方面享有优惠，社会组织的服务领域有七个，分别为：宗教、慈善、公共安全实验、科学、文学、教育、促进业余体育竞争或防止虐待儿童或动物等。美国的社会组织中，董事会发挥重要作用，董事会职责是掌控基金会的运作和决策，董事会的成员必须承担法律责任。菲律宾有关社会组织管理的法律有：《宪法》、共和国第 7160 法案、总统第 902–A 号令、《海关法》《公司法》《税收法》等。

在我国，中国共产党十三大后，中共中央将结社立法的职能委托给民政部。民政部经过调查研究，起草了《中华人民共和国结社法》。1988 年国务院进行政府机构改革，明确将社会组织管理的职能交给民政部，并设立了社团管理机构。1989 年 10 月经国务院批准，颁布了《社会团体登记管理条例》。中国共产党十六届三中全会至六中全会、党的十七大对社会组织的培育、发展、监管等问题都进行了明确规定，党的十七大将民间组织、社团组织、非营利组织、非政府组织统称为社会组织。1999 年出台《公益事业捐赠法》《社会团体登记管理条例》《基金会管理条例》《社会团体登记管理条例》《民办非企业单位登记管理暂行办法》。2007 年 3 月，全国人大通过新《企业所得税法》，对公益性捐赠进行了更加科学的规范、引导，对公益性捐赠税前扣除比例进行了调整，并规定符合条件的社会组织的收入为免税收入。

（二）社区参与及老年人社区参与相关理论和论述

“社区参与”这个概念是在“社区”概念上的进一步拓展。20 世纪 80

年代，民政部将“社区参与”理念引入城市管理，提出在城市管理中开展社区服务工作。随着城市化进程的加快，全国城乡社区的数量大幅度增长。社区参与的理念逐渐被社会接受。

国外社区参与工作发轫于 19 世纪。19 世纪的德国推行汉堡福利制度和爱尔伯福利制度，鼓励社区居民参与到社区工作中。20 世纪 80 年代，英国致力于培养社区居民相互关心、社区照顾的美德，增强社区居民对社区的认同感，并不断强化社区居民参与社区治理的力度。此后许多学者开始研究社区参与的影响因素。在此基础上，Draper 提出社区居民社区参与的影响因素包括社区参与的认知、社区参与的过程以及社区参与的机制等，建议通过跨学科综合研究的方法，提高社区居民对社区参与的认知水平。① Gough. Claire 探索了社区参与、体育活动、社交互动三者与健康之间的关系，认为社区参与已成为实现健康老龄化的重要考虑因素，社区参与程度低与死亡率增加和社会孤立有关。② Rasoolimanesh・S 应用 MOA 模型调查表明，动机对低收入水平社区的影响最大，而机会对高收入水平的社区参与具有最大的影响。③ Jagannathan 在新冠疫情防控期间对印度医疗系统进行研究，认为采用社区组织原则的社区参与计划，可以帮助产生期望的结果并改善参与者的福祉。④

自从我国政府在 20 世纪 90 年代末提倡全面推进城市社区建设以来，社区参与日益成为社区治理和社区建设的关键环节，社区参与的必要性和

---

① ［美］盖伊・彼得斯：《政府未来的治理模式》，吴爱明、夏宏图译，中国人民大学出版社 2001 年版，第 142—143 页。

② Gough Claire，Lewis Lucy K.，Barr Christopher，Maeder Anthony，George Stacey. *Community participation of community dwelling older adults：a cross-sectional study*. BMC Public Health，2021，21（1）.

③ Rasoolimanesh S. Mostafa，Jaafar Mastura，Ahmad A. Ghafar，Barghi Rabeeh. *Community participation in World Heritage Site conservation and tourism development*. Tourism Management，2016，58.

④ Jagannathan Aarti，Thekkumkara Sreekanth Nair，et al. *A Community Participation Initiative During COVID-19 Pandemic：A Case Study From India*. Indian Journal of Psychological Medicine，2021，43（2）.

重要性逐渐显现。我国学术界对社区参与的研究也出现了大量成果。王小章和冯婷认为，社区居民的利益联结和情感认同是制约社区居民参与意愿的主要因素。[①] 杨敏认为有力的社区居委会动员对社区参与具有一定的积极意义。[②] 涂晓芳和汪双凤认为，社区居民的社会资本越丰富，其参与程度和参与绩效就越高。[③] 田舒从社会交换视角进行分析，认为居民是否参与社区活动取决于社区居民期望的结果与获得的报酬。[④] 周亚越和吴凌芳认为居民参与社区治理力度不够的根本原因是社区公共性的缺失和公共领域的诉求得不到满足。[⑤] 袁方成认为社区居民行动能力增强，会提升居民社区参与的深度，扩大居民社区参与的广度。[⑥]

关于老年人社区参与的议题，在21世纪初期得到国外学术界的关注。国外对老年人社区参与的研究重点聚焦于几个不同层面：社区参与对老年人的影响研究，老年人参与社区活动对社区的影响研究，为老人参与社区活动提供机会的策略研究以及老年人参与社区活动的影响因素研究。国外学者关于老年人社区参与的观点如下：老年人社区参与对其身体健康以及心理健康有多重影响。[⑦⑧] 关于老年人社区参与的影响因素包括人口社会学因素、家庭因素、政策、社区服务递送机制和文化规范（cultural norm）等等。

---

① 王小章、冯婷：《城市居民的社区参与意愿》，《浙江社会科学》2004年第4期。

② 杨敏：《公民参与、群众参与与社区参与》，《社会》2005年第5期。

③ 涂晓芳、汪双凤：《社会资本视域下的社区居民参与研究》，《政治学研究》2008年第3期。

④ 田舒：《社会交换视角下的社区参与：特征及机制分析》，《中南大学学报》（社会科学版）2018年第5期。

⑤ 周亚越、吴凌芳：《诉求激发公共性：居民参与社区治理的内在逻辑》，《浙江社会科学》2019年第9期。

⑥ 袁方成：《增能居民：社区参与的主体性逻辑与行动路径》，《行政论坛》2019年第1期。

⑦ Tse T，Howie L. *Adult day groups：addressing older people's needs for activity and companionship*. Australasian Journal on Ageing，2005，24（3）：134-140.

⑧ MacKean R，Abbott-Chapman J. *Older people's perceived health and wellbeing：the contribution of peer-run community-based organisations*. Health Sociology Review，2012，21（1）：47-57.

国内学术界对老年人社区参与的研究早于国外，是从 20 世纪 90 年代开始的。邬沧萍和王高将“老有所为”界定为老年人“自愿参与社会发展，为社会所做的力所能及的有益贡献”。① 国内学术界对老年人社区参与的类型、现状、特征以及老年人社区参与的意愿或者行为的影响因素进行了研究。国内学者关注的老年人社区参与的类型主要包括文体娱乐活动、志愿服务以及社区公共事务参与。② 我国老年人的社区参与有两个主要特点：一是老年人的社会文化活动参与具有自我性、差异性、参与度低和极强的“政府依赖”情结等特征；二是老年人社会公益活动和志愿活动的参与率较低，还停留在“老年精英”层面的参与。③ 研究显示，影响老年人参与意愿或行为的因素主要有两个层面：首先是老年人个体因素，如社区参与的收益考量、社区认同感与归属感、对社区参与难易程度的主观判断、受教育程度、年龄等；④ 其次是社区支持网络，如社区、街道等组织的集体活动开展情况、社区居民之间的熟悉程度等。⑤

（三）社会治理及协同治理相关理论和分析

党的十八届三中全会《决定》指出，全面深化改革的总目标是“完善和发展中国特色社会主义制度，推进国家治理体系和治理能力的现代化。”党的十九届四中全会《决定》指出，“坚持和完善共建共治共享的社会治理制度。”党的十九大报告提出，要“打造共建共治共享的社会治理格局。”“完善党委领导、政府负责、社会协同、公众参与、法治保障的社

---

① Walker J，Bisbee C，Porter R，et al. *Increasing practitioners' knowledge of participation among elderly adults in senior centeractivities*. Educational Gerontology，2004，30（5）：353-366.

② 邬沧萍、王高：《论“老有所为”问题及其研究方法》，《老龄问题研究》1991 年第 6 期。

③ 姜振华：《城市老年人社区参与的现状及原因探析》，《人口学刊》2009 年第 5 期。

④ 李宗华、高功敬、李伟峰：《基于 logistic 模型的城市老年人社区参与影响因素分析》，《学习与实践》2010 年第 11 期；王莉莉：《中国老年人社会参与的理论、实证与政策研究综述》，《人口与发展》2011 年第 3 期。

⑤ 李宗华、李伟峰、高功敬：《城市老年人社区参与意愿的影响因素分析》，《山东社会科学》2011 年第 3 期。

会治理体制。”党的十九届四中全会提出，“完善党委领导、政府负责、民主协商、社会协同、公众参与、法治保障、科技支撑的社会治理体系。”

科技支撑是当前包括中国在内的许多国家和地区开展公共治理的重要策略。科技尤其是信息通信技术和大数据计算显著改变了治理主体之间的互动关系和互动模式。[①] 信息通信技术在公共部门的广泛应用，打破了治理主体之间在时间和空间上的限制，让跨时空的交流互动成为可能，有效降低了社会治理主体交流互动的成本，丰富了社会治理的渠道和平台。将大数据计算引入公共治理，让数据驱动的需求识别成为可能，进一步探测、发掘一些潜在的甚至是主观上难以察觉的个体特征和集体偏好。[②]

治理理论强调多元共治格局、分权、社会参与等理念。治理是一系列活动领域的管理机制。虽然这些管理机制未必都得到正式授权，但是它们却起着非常重要的作用。治理与宪法和宪章的区别在于，更依赖主体间共同利益和目标。治理的核心在于被多数人接受。[③] 俞可平教授指出，治理是指“在一个既定的范围内运用权威维持秩序，满足公众的需要。其目的是在各种不同的制度关系中运用权力去引导、控制和规范公民的各种活动，以最大限度地增进公共利益。”[④]

马克思主义的原始文献没有对“社会治理”进行概念界定，但是在《德意志意识形态》《共产党宣言》《资本论》等著作中可以找到马克思关于“社会治理”的理念阐释。马克思社会治理的主体发展分为三个阶段：第一阶段是原始社会氏族部落时期，由社会自身来执行社会治理职能；第二阶段，当阶级产生以后，国家是社会治理的主体，社会处于辅助位置；

① 关婷、薛澜、赵静：《技术赋能的治理创新：基于中国环境领域的实践案例》，《中国行政管理》2019 年第 4 期。

② Huang B，Yu J X. *Leading digital technologies for coproduction*：*The case of visit once administrative service reform in Zhejiang Province*，China. Journal of Chinese Political Science，2019，24（3）：513-532.

③ ［美］詹姆斯·罗西瑙：《没有政府的治理》，张胜军、刘小林译，江西人民出版社 2001 年版，第 5 页。

④ 俞可平：《治理与善治》，社会科学文献出版社 2000 年版，第 6—10 页。

第三阶段，国家“消亡”后，则由“自由人联合体”来执行社会治理职能，这时社会达到了自治，人类也得到真正的解放。① 马克思主义社会治理思想的首要目标是实现社会的公平正义，核心目标是实现社会的自我管理，终极目标是实现人的全面发展。②

在我国，社会治理是指在中国共产党的领导下，政府主导、社会组织、企业、公众等多元社会治理主体参与，对社会公共事务进行治理的活动，是“以实现和维护群众权利为核心，发挥多元治理主体的作用，针对国家治理中的社会问题，完善社会福利、保障改善民生，化解社会矛盾，促进社会公平，推动社会有序和谐发展的过程。”③ 按照社会治理的理念，政府、社会组织、企业、公众之间的关系，是平等、合作、制衡的关系，不是主动与被动、上级与下级的关系。

协同治理这一概念是在协同学和治理理论的基础上发展起来。协同学，即“协调合作之学”，它“旨在发现结构赖以形成的普遍规律”。④“协同学的研究对象是由大量性质相异的子系统所构成的各种复杂系统，对这些子系统如何通过合作产生宏观尺度上的空间、时间以及功能结构进行研究，特别关注那些借助自组织形式出现的结构，最终得出与子系统性质无关的支配着自组织过程发展的普适性原理。”⑤ 协同学出现后，对自然科学界和人文社会科学界都产成了非凡的影响。

（四）基本公共服务相关政策和理论

国家、相关省市文件对基本公共服务的内涵进行了界定。《国务院关于印发国家基本公共服务体系“十二五”规划的通知》指出，“基本公共

---

① 《马克思恩格斯全集》（第3卷），人民出版社2002年版，第10页。

② 《马克思恩格斯全集》（第3卷），人民出版社1995年版，第306页。

③ 姜晓萍：《国家治理现代化进程中的社会治理体制创新》，《中国行政管理》2014年第1期。

④ ［德］赫尔曼·哈肯：《协同学——大自然构成的奥秘》，凌复华译，上海译文出版社2001年版，第2页。

⑤ ［德］赫尔曼·哈肯：《高等协同学》，郭治安译，科学出版社1989年版，第1页。

服务，指建立在一定社会共识基础上，由政府主导提供的，与经济社会发展水平和阶段相适应，旨在保障全体公民生存和发展基本需求的公共服务。"《广东省基本公共服务均等化规划纲要（2009—2020年）》指出，"基本公共服务是建立在一定社会共识基础上，为实现特定公共利益，根据经济社会发展阶段和总体水平，为维持本国和地区经济社会稳定和基本的社会正义，保护个人最基本的生存权和发展权所必须提供的公共服务，是一定阶段公共服务应该覆盖的最小范围和边界。"《上海市基本公共服务体系暨2013—2015年建设规划》指出，"基本公共服务，是指建立在一定社会共识基础上，由政府主导提供的，与经济社会发展水平和阶段相适应，旨在保障全体公民生存和发展基本需求的公共服务。"《江苏省"十二五"基本公共服务体系规划》指出，"基本公共服务是指建立在一定社会共识基础上，由政府主导提供、与经济社会发展水平和阶段相适应、旨在保障全体公民生存和发展基本需求，能够体现公平与正义的大致均等的公共服务。"浙江省《基本公共服务均等化行动计划（2008—2012)》指出："基本公共服务均等化，是政府为保障公民基本生存权和发展权，按照基本、平等、普遍、均衡的要求，与经济社会发展水平相适应，为全体公民提供基本公务物品和社会服务。"

学术界对基本公共服务的内涵界定分为两类：一类是基于物品界定的公共服务，一类是基于行为方式界定的公共服务。基于物品界定的公共服务属于西方经济学范畴。19世纪后半叶的德国社会政策学派和20世纪初期的法国公法学者首次提出了公共服务概念。在1954年，西方公共经济学者提出了"公共产品"概念。在西方学界，一直沿用依照物品特性诠释公共服务的逻辑，"公共产品"和"公共服务"是可以相互替换的改换。公共服务民营化的主要提倡者E.S.萨瓦斯在《民营化与公私部门的伙伴》中指出，物品和服务"这两个术语将被用做同义词"①。我国政府和学界在研究公共服务时也约定俗成运用物品来诠释公共服务，"公共服务，就是

---

① ［美］E.S.萨瓦斯：《民营化与公私部门的伙伴》，中国人民大学出版社2002年版。

提供公共产品和服务，包括加强城乡公共设施建设、发展社会就业、社会保障服务和教育、科技、文化、卫生、体育等公共事业，发布公共信息等，为社会公众生活和参与社会经济、政治、文化活动提供保障和创造条件。”① 公共物品界定的核心是物化的服务或产品。“从经济物品分类可知，公共物品是指那些具有公共性的事物。公共性的事物可以指具有非排他性的事物，也可以指具有非竞争性的事物。具体包括三类：一是具有非排他性和非竞争性的事物；二是具有非竞争性但有排他性的事物；三是具有非排他性但有竞争性的事物。第一类即为纯公共物品；第二类即为俱乐部物品；第三类即为公共池塘资源。”② 基于行为方式界定的公共服务属于公共行政和公共管理范畴。在公共行政和公共管理中，将涉及为公众利益服务的事务称为公共服务。此内涵突出强调了政府作用，将提供公共服务当作政府的最基本职能。“所谓公共服务，广义上可以理解为不宜由市场提供的所有公共产品，例如国防、法律、教育等，狭义一般指由政府直接出资兴建或直接提供的基础设施和公用事业，如城市公用基础设施、道路、电讯、邮政等。”③ “公共服务是政府利用公共权利或公共资源，为促进居民基本消费的平等化，通过分担居民消费风险而进行的一系列公共行为。”④

（五）公共服务类社会组织

2011 年中共上海市委、上海市人民政府办公厅联合下发《关于进一步加强本市社会组织建设的指导意见》，提出了分类建设、分类扶持、分类管理的基本思路和工作要求，将社会组织分为公共服务类、经济类、慈善事业类、学术类、社区群众活动类等五大类，并提出了每类社会组织的工作重点。公共服务类社会组织要秉持公益服务宗旨，以基层社区为平

① 吴双：《建设公共服务型政府问题综述》，《信息与研究》2005 年第 3 期。

② 沈满洪、谢慧明：《公共物品问题及其解决思路》，《浙江大学学报》（人文社会科学版）2009 年第 6 期。

③ 刘旭涛：《行政改革新理论：公共服务市场化》，《中国改革》1999 年第 3 期。

④ 曾永和：《尊重社会组织的主体地位　分类指导社会组织建设》，《理论文萃》2011 年第 5 期。

台、民生服务为重点、专业化服务为方向，增强协助政府管理公共事务、开展公共服务的能力。①

公共服务类社会组织是指以公益服务为宗旨，协助政府管理公共事务、开展公共服务的社会组织，这类社会组织基本上以基层社区为平台、以民生服务为重点、以专业化服务为方向，主要包括从事社会保障、社会救助、社会稳定、社区生活、社区文化、社区安全、就业指导、服务三农、公共卫生、科普宣传、外来人口管理服务等社会组织为社区居民提供公共服务是社区公共服务站的职能。② 笔者赞同这个对公共服务类社会组织的概念界定。

姜力认为，“在公益慈善领域，社会组织是公益慈善事业的积极推动者和具体运作者，通过开展减贫济困、安老抚幼、扶弱助孤、助学助医、法律援助等公益服务活动，既能弥补政府基本公共服务的不足，促进社会保障体系的完善，又能弘扬慈善文化，增进社会资本。” ③ 李莉、刘晓燕认为，“社会组织以质量与效率为本，形成优于官僚体制的供给机制；以社会公益为服务价值观。保障公共服务供给无劣质；公共服务的产品多样化，形成与城市社区生活的良好对接。” ④ 笔者认为公共服务类社会组织的效能主要有：提供公共产品，解决市场失灵问题，推进政府由管理型政府向治理型政府、服务型政府转变，提高政府提供公共产品的质量，提升政府提供公共产品供给的效率。

（六）C 社区的社会组织

C 社区办公大楼挂了五块牌子：社区党支部委员会、社区居民委员

---

① 刘尚希：《基本公共服务均等化：现实要求和政策路径》，《浙江经济》2007 年第 13 期。

② 《松江区民政局、社团局部署 2012 年社会组织重点工作》，见 http：//www.shmzj.gov.cn/gb/mzsjq/mzxw/tpxw/u1ai2428.html。

③ 姜力：《积极发挥社会组织的作用　努力为社会提供更好更多的公共服务》，《中国机构改革与管理》2011 年第 6 期。

④ 李莉、刘晓燕：《“协同治理” 视角下的社会组织公共服务供给》，《城市观察》2012 年第 2 期。

会、社区股份经济合作社、居民区工会联合会、社区公共服务工作站。五块牌子一套班子是现代社区组织的特色。C社区在这五个社会组织的协同治理下平稳发展。下面笔者就C社区的行政体系和组织作一简述。

1. 社区党支部委员会

《中国共产党党章》第三十三条明确规定："街道、乡、镇党的基层委员会和村、社区党组织，领导本地区的工作和基层社会治理，支持和保证行政组织、经济组织和群众自治组织充分行使职权。"社区党组织是社区的领导核心，领导核心地位是历史形成的，也是由中国共产党的政治优势、社会威望所决定的。C社区党总支有党总支书记1名，党总支副书记1名，党总支委员3名。C社区党总支成员全是土生土长的本社区人。C社区的党总支书记、党总支副书记和党总支委员由支部大会选举产生，实行集体领导。在党支部委员会内，党总支书记和党总支副书记地位重要，不仅处理党内事务，而且对村内的经济事务、行政事务、社会事务等具有决策权。C社区党支部在实践中，注重从经济工作、党建工作切入，关心群众利益。经济工作方面，做好股权平衡工作，安排好社区可支配资金的使用、督促区建管中心加紧第二批农居点建设、合理建设好、运用好10%留用地剩余项目、加强和完善C社区农居点的管理工作。党建工作方面，严格党员教育、管理制度，切实加强廉政文化建设，密切联系群众、切实加强为民服务意识，并且将年度党员"双评"情况、党费交纳表公示在社区布告栏中。工作方法方面，采用党员结对帮扶的网格化管理。社区将345户居民分成9个网络小组，以党员、居民代表、志愿者为服务人员，社区党支部委员担任各个组联系干部，形成"网格化管理组团式服务"的责任包干。

2. 社区居委会和社区股份经济合作社

社区居民委员会是我国城市的基层群众性自治组织。《中华人民共和国城市居民委员会组织法》第二条明确规定："居民委员会是居民自我管理、自我教育、自我服务的基层群众性自治组织。"C社区是拆村建居的社区，由三个自然村构成。社区中家族林立，社区领导班子成员是由C

社区居民选举产生的，也是各个有权势的家族的代言人。C社区共有工作人员9名，其中5名是C社区党总支成员，他们承担了C社区的领导、组织工作。C社区居委会承担如下职能：以集体形式组织社区居民，实现对社区的有效治理。集合内部、外部各种力量，构造居民自治的社会基础，包括整合政治资源、经济资源、文化资源、社会资源和生态资源，合理有效开发利用资源为居民民主自治的发展提供保障条件。

从理论上而言，股份经济合作社是经济组织，不属于居民自治组织。但是在实践中，C社区股份经济合作与C社区党支部委员会、C社区居委会的组织和主要人员基本一致，也承担了两委的主要职能。C社区股份经济合作社实质上成为C社区居民参与基层社会治理、实现民主权利的主要途径。C社区股份经济合作社负责社区集体经济的管理，它由一名社长和两名副社长组成。目前，C社区党总支书记担任社长，C社区主任和副主任担任副社长。

C社区的公告栏上，贴着纸质的会议纪要。会议纪要如下：

时间	某日	地点	三楼会议室	主持人	诸某某
议题	讨论：与杭州某建设有限公司合作开发建设“商业综合楼”（暂定名）				

会议情况

1. 本社股份经济合作社现有股民代表37人，会议实到股民代表37人，实到股民代表占总股民代表人数的100%，超过总股民代表人数的三分之二，本次会议的召开符合《中华人民共和国村民代表委员会组织法》和本社章程的规定。

2. 会议表决情况：同意人数36人，不同意人数1人，弃权人数0人，同意人数占到会人数的97.3%，根据本社章程的规定，会议表决有效。

3. 会议表决结果：同意本合作社与杭州某建设有限公司合作开发经营“商业综合楼”项目，注册资本为人民币2000万元，出资方式均为货币形式。其中杭州某建筑有限公司占49%的股份，杭州C股份经济合作社占51%的股份，具体事宜见双方拟定的《关于合作开发经营“商业综合楼”项目（暂定名）合同书》（以下简称“《合同书》”），同意《合同书》的全部内容和条款，并授权本合作社董事会安排签署《合同书》。

4. 本会议纪要具有本合作社股民代表大会决议的效力。

5. 与会人员签名，具体名单附后。

记录人签名：杨某某

C社区股份经济合作社明确股东的责任、权利与义务，进一步规范社区居民参与基层社会治理的民主权利。通过股份制改革，使C社区居民变为C社区股份经济合作社的股民，资产量化，股权到人，确定每个具有股份的社区居民在集体资产中的份额。将董事会、监事会、股东大会等引入基层社会治理和公共事务的管理决策。实施股份制改革，形成了符合市场经济要求的新型分配关系，按股分红。C社区的股份量化具有如下特征：股东和股权具有较强的封闭性，股东只限于C社区股份经济合作社成员，其他区域的人不能成为股东。股权可以依法继承，但是不能退股提现，也不能退股抽资，更不能用于抵押。资产的所有权和经营管理权归C社区集体所有。股份享受按照人口、农龄计算，已经迁出人口按照相应办法计算股权，一次性经济补偿，迁出人口不再成为股东。股权管理采取一次配股，终身受益的方法，固化股权，股份量化，增人不增股，减人不减股。年终收益实行按股份分红，分红后在C社区公告栏张榜公示。

3. 居民区工会联合会

为贯彻全国总工会“哪里有职工，哪里就有工会组织”的要求，实现工会组织全覆盖，C社区成立了居民区工会联合会。C社区居民区工会联合会按照《中华人民共和国工会法》《中国工会章程》开展工作，覆盖到C社区辖区内的从事个体私营企业、商业的工商户。

4. 社区公共服务工作站

C社区公共服务站，承担了政府公共服务的职能，设立党建工作、民政残联、计划生育、综合治理、劳动保障、文教宣传六个服务窗口，推行社区服务管理网格化、信息化、多元化、专业化。党建工作内容有党员组织关系转接、党员服务和党员学习。民政残联工作有最低生活保障申报、双拥工作和助残服务。计划生育工作包括免费办理独生子女证、生殖健康证等等。综合治理的职能是信访调解（民间称呼为“和事佬”调解）和群防群治。劳动保障是为企业退休人员社会化管理服务、就业服务。文教宣传是进行文化教育宣传以及各种培训。C社区公共服务站共有三名社会工作者，都是经过公开招考进入的，学历在大学本科以上，其中一名是军嫂。社会工作者岗位明确，职责分明，分别承担了行政助理、劳动保障、文化教育、综合治理、党建台账、帮扶、残联、团支部、信息宣传工作。

四、C社区的经济收支情况

C社区地理位置优越，自有资产丰富，经济实力雄厚。C社区股份经济合作社发挥集体力量，集思广益，经济收入来源渠道多样。从理论上而言，股份经济合作社是经济组织。

在市场经济中，资源联合使用的契约结构有多种类型。威廉姆森列举了如下几种安排形式：①

1. “协作组织商”（merchant-coordinator）：“……供给原材料，占有生产过程中的存货，并与个体生产者订立契约，这些生产者在家中使用自己的设备从事一种基本的操作。”这反映了西方工业化早期阶段投入——产

① Williamson. *The Organization of work*：*A comparative Institutional Assessment*，Journal of Economic Behavior and Organization，1980.1，pp.5-38.

出体系的情况。

2. 联营模式（federated mode）：“在共同工作场所彼此紧挨着。中间产品按照契约规定跨生产阶段传递。这样避免了监督成本及不断的协调工作，每一个工作点的存货开始减少了。”每一个工作点都与生产流转线上的前继和后继工作单位订立双边契约。

3. 内部契约模式（inside contracting mode）：由资本所有者提供厂房、机器设备、原材料和劳动资本，并出售最终产品。但是协调生产过程的任务委托给内部契约者，这个契约者负责雇佣和监督有关雇员。

4. 授权关系（authority relation）适用于基本的以等级关系为特征的企业。

根据笔者调查，2010 年 C 社区全年各项收入为 12978223 元。收入细目有经营收入、发包上交收入、补助收入等。收入来源中，经营收入最多，为 9686872 元，占全年总收入的 74.6%；排在第二位的收入来源是发包上交收入，占全年总收入的 14.4%；排在第三位的是其他收入，占 5.6%；而补助收入有 689008 元，占 5.4%。由此可见，C 社区经营有方，经营收入占全年总收入的 70% 以上。

表 3.2　C 社区经济收入统计表（单位：元 %）

总收入	经营收入	发包上交收入	其他收入	补助投入
12978223 100.0	9686872 74.6	1874997 14.4	727346 5.6	689008 5.4

数据来源：C 社区 2010 年全年经济收支明细。

由表 3.3 可见，C 社区的经济收入来源是多元化的，而每类经济收入的构成也是多样的。在表 3.3 中，经营收入来源由电子厂（49.2%）、本田公司（3.3%）、综合楼（39.2%）、宋江村（8.3%）构成。电子厂、本田公司、综合楼、S 餐厅是 C 社区的产业，分别经营电子产品、本田汽车、现代服务业和餐饮业。C 社区通过经营这些产业，既发展了社区经济，又解决了本地拆迁人口的就业问题。

表 3.3 C 社区经营收入明细表（单位：元 %）

经营收入	电子厂	本田公司	综合楼	S 餐厅
9686872 100.0	4761230 49.2	316529 3.3	3800000 39.2	809113 8.3

数据来源：C 社区 2010 年全年经济收支明细。

S 餐厅自成立以来，始终坚持“卫生、美味、健康、快捷”和谐统一的现代中式快餐经营模式，为广大有为人士提供更快捷方便、更营养可口、更安全卫生、更养生休闲的美食感受。S 餐厅推行半份菜法，如购买一份菜嫌多可以用一半价格买半份菜，保证蔬菜品种的多样化。S 餐厅推行 4D 管理法。4D 管理法已经作为企业文化存在，做成展板陈列在餐厅的墙壁上。摘抄如下：

4D 管理简介

4D 现场管理法，是管理理念上 CIS 企业识别系统的全面创新，看似简单却蕴含着深刻的现代餐饮服务的管理理念和文化精髓，是一种科学的管理方法与智慧，是把复杂的管理工作细分化、规范化、明晰化，使每一个人都能做到岗位责任明确、工作重点突出；它是建立在全员管理基础上，让餐饮员工人人都从简单的小事做起，从而使管理工作细化到角角落落的最实用、最见效、最持久的全新管理模式；员工一旦形成习惯，便能自觉地执行规范，严守规程，并建立良好的工作秩序、提高效率、节能降耗，从而实现企业效益最大化。

4D 的含义

4D 是创造和维护良好工作环境，优化企业资源，并提高利用率、降低企业成本、提高企业利润的前沿管理，是以科学规范的现场管理模式，实现顾客、企业、员工三赢的实用智慧管理，包括管理到位、责任到位、培训到位、执行到位；“到”字的首字母为“D”，故简称“4D 现场管理”。

整理到位

定义：

将工作中所有的东西分成两类：第一类是需要的，第二类是不需要的，并且加以处理，把需要的物品摆放在规定位置贴上任何人一看就明白的标识。

目的：

减少无用物品对工作的影响，减少物品占用经营场所空间，减少物品大量积压，盘活流动资金，确保30秒内将任何物品取出来放回，研究如何提高工作效率，重点是有名有家，一目了然。

实施步骤：

一、分类管理

1. 需要的物品表；

2. 不需要的物品表——有用的；

3. 不需要的物品表——无用的。

二、定位管理

1. 定点

根据物品使用效率和使用时间长短确定保管位置；

物品按高中低用量分区存放位置；

材料或工具按照操作顺序来确定放置区域位置。

2. 定名

三、目视管理

1. 标牌站；2. 画线站；3. 容器站；4. 颜色站；5. 行迹站；6. 平面圈。

注意事项：

1. 同一类型属性或系列的物品集中归放在一起；

2. 私人物品统一集中存放；

3. 共用物品统一集中存放。

责任到位

定义：

明确各自的工作职责、工作范围，按照制定的工作规范标准要求实施工作。

目的：

明确各自的职责及工作范围，管理的精细化，实现通俗易懂式管理，将好的工作方法或理念进行可操作的量化。

实施步骤：

一、编制完善的岗位说明书；

二、制定 SOP 标准作业指导书；

三、划分责任区域。

培训到位

定义：

明确各自的工作职责、工作范围，按照制定的工作规范标准要求实施工作目的；明确各自的职责及工作范围管理的精细化，实现傻瓜式管理要点——将好的工作方法或理念进行可操作的量化。

实施步骤：

一、编制完善岗位说明书；

二、制定 SOP 标准作业指导书；

三、划分责任区域。

执行到位

定义：

通过不断的检查等方法来保证工作的品质。

目的：

不断提高工作的品质，落实前面三项工作。

实施步骤：

检查——上下班行五险：

一检：设施设备运转情况；

二检：物品归位情况；

三检：物品安全存量；

四检：安全清洁情况；

五检：安全生产情况。

4D管理的目标

成本——降低企业成本，提高企业利润；

形象——营造超级企业标准；

品质——客户满意度100%以上；

安全——事故降到最低，甚至为零；

效率——全员30秒内取出放回所需物品；

卫生——卫生无死角，一尘不染，有效防止细菌传播；

实现目标——提升企业竞争力，客户企业员工共赢。

4D管理的功效

1. 降低成本

通过执行物料先进先出，设置物料库存标准和控制量的方法，保证库存量不超过1—1.5天。

2. 提高工作效率

在设备上标明操作规范，并用视觉、颜色管理维持透明度，即使该岗位员工离开，临时换人也能准确操作，解放了管理者和员工，从而大大节约了时间成本，提高了工作效率。

3. 提高卫生程度

通过对项目点所有的卫生责任划分，从而使厨房天花板、出风口、隔油槽、油烟罩等都能彻底清理，各处井然有序，光洁明亮，给客人以信任感。

4. 改善人际关系

每一个岗位、区域都有专人负责，并将负责人的名字和照片贴在相应的责任区域，从而避免责任不清、互相推诿的情况发生，融洽员工关系。

5. 提高员工素质

员工通过反复执行、正确操作，彻底形成良好的行为规范，养成讲秩序、爱清洁、负责任的习惯，并将良好的习惯带到生活中。

4D 管理的目的

1. 延长项目点装饰寿命，打破企业 3 年重新装饰的误区；

2. 有效控制成本，提高物料控制能力，利润提升，成本降低 3—5 个点；

3. 数字、标准说话，一流的流程，职能管理办法给工作做减法；

4. 改善繁琐和凌乱管理，提高管理效率：文件不会找不到了，每次清洁卫生不会为洗不掉的油渍烦恼了，设备不会经常维修了；

5. 塑造企业品牌形象，营造超星级企业：厨房环境好了，员工归属感强了，顾客口碑高了，同行竞争力强了。

根据表 3.4，发包上交收入包括农贸市场收入（74.3%）、Y 苑收入（4.5%）、其他房租收入（13.2%）和驾校收入（8.0%）。农贸市场、驾校都是 C 社区承包出去的。农贸市场附近有五个社区，人口超过 5000 人，农贸市场为各社区提供物美价廉的农副产品，获得了相当高的经济效益。而 C 社区也从农贸市场获得了 1393000 元的发包收入。C 社区辖区有杭州市机动车管理所，头脑精明的商人在机动车管理所附近租用写字楼和场地开办了驾校，C 社区得到了可观的发包收入。

表 3.4　C 社区发包上交收入明细表（单位：元 %）

发包上交收入	农贸市场	Y 苑	其他房租	驾校
1874997 100.0	1393000 74.3	85117 4.5	246880 13.2	150000 8.0

数据来源：C 社区 2010 年全年经济收支明细。

按照表 3.5，补助投入的构成则为社区经费（46.4%）、卫生补助（1.3%）、其他公益性补助（0.4%）、劳动保障（1.7%）、城管（2.0%）、2009 年各项经费补助（48.2%）。社区承担着重要的公共服务职能，被形象地称为街道办事处的“脚”，是街道办事处的延伸，接受政府各个职能部门的财政补助。

表 3.5　C 社区补助投入明细表（单位：元 %）

补助投入	社区经费	卫生补助	其他公益性补助	劳动保障	城管	2009 年各项经费补助
689008 100.0	320000 46.4	9000 1.3	3000 0.4	11508 1.7	14000 2.0	331500 48.2

数据来源：C 社区 2010 年全年经济收支明细。

依照表 3.6，其他收入有利息（75.3%）、夜市摊（17.2%）、市场临时摊位（5.7%）、综合治理（1.0%）、卫生返回（0.8%）。C 社区经济收入丰厚，历年结余存银行，储蓄利息高达 547491 元。C 社区辖区内的 GD 路两侧，华灯初上之时，经营餐饮、服饰、小商品的摊位鳞次栉比，C 社区从摊位获得了相当多管理费，夜市摊和市场临时摊位合计达 166335 元。笔者进入 C 社区调查时，也遇到一位租客吐槽，讲 C 社区的夜市摊以经营烧烤为主，晚上 6 点开始营业，持续到凌晨 3 点。烧烤味道太重，他已经打电话向杭州市长热线 12345 报告，希望能取缔夜间烧烤摊或者缩短营业时间，但是还没有处理。

表 3.6 C 社区其他收入明细表（单位：元 %）

其他收入	利息	夜市摊	市场临时摊位	综合治理	卫生返回
727346 100.0	547491 75.3	125035 17.2	41300 5.7	7500 1.0	6020 0.8

数据来源：C 社区 2010 年全年经济收支明细。

根据笔者调查，2010 年 C 社区各项经济支出为 4830393.78 元。2010 年 C 社区收入大于支出，处于盈余状态。在 C 社区的各项支出中，经营支出为 1497523.61 元，占总支出的 30%；管理费用占总支出的 34.3%；其他支出为 189520.13 元，占总支出 3%；而 C 社区支付福利费为 1628425.66 元，占总支出 32.8%。C 社区在发展经济的同时，注重搞好社区福利。从 2010 年 C 社区的各项经济支出看，福利费支出排在第二位，仅仅次于管理费支出，良好的社区福利有效保证了 C 社区内部的和谐。

表 3.7 C 社区经济支出统计表（单位：元 %）

总支出	经营支出	管理费用	其他支出	支付福利费
4830383.78 100.0	1497523.61 30	1704434.51 34.3	189520.13 3	1628425.66 32.8

数据来源：C 社区 2010 年全年经济收支明细。

由表 3.7 可见，C 社区的经济支出主要由经营支出、管理费用、其他支出和支付福利费构成。在表 3.8 中，经营支出由缴纳税金（85.6%）、购买纪念品（3.2%）、市场管理费（5.6%）、律师顾问费（2.0%）、综合楼费用（1.8%）、银融公司（0.6%）、办理执照费用（1.2%）构成。从事经营活动的企事业单位和个人依法纳税，既是责任也是义务。C 社区在 2010 年税金缴纳为 1281896.53 元。中国是人情社会，礼尚往来是必不可少的，购买纪念品也成为 C 社区的一项重要支出。“以事实为根据，以法律为准绳”，已经成为 C 社区的一项管理原则。有事情不找领导，而去找律师，是笔者在调查中发现的C社区的一个特色。在C社区综合治理办公室的墙壁上，挂着C社区聘请的律师的照片，照片下面打印着律师的姓名、执业证号、联系电话。C社区居民遇到麻烦事，都会在第一时间联系社区律师。一年30000元的律师顾问费也成为C社区经营支出的固定部分。此外，市场管理费、综合楼费用、银融公司、办理执照费用等也计入经营支出。

表3.8　C社区经营支出明细表（单位：元）

经营支出	缴纳税金	购买纪念品	市场管理费	律师顾问费	综合楼费用	银融公司	办理执照费用
1497523.61 100.0	1281896.53 85.6	48000 3.2	84290 5.6	30000 2.0	27600.08 1.8	9027 0.6	16710 1.2

数据来源：C社区2010年全年经济收支明细。

根据表3.9，管理费用支出包括工作报酬（24.9%）、办公费（4.5%）、会议培训费（13.2%）、交通费（13.2%）、通讯费（13.2%）、经营费（13.4%）、书报杂志费（1.0%）、参观考察费（0.4%）、党员活动费（19.3%）、维修费（1.8%）、其他人员工资（5.0%）、误工补贴（14.2%）、退休工资补贴（4.9%）。管理是一过程，历经计划、组织、指导、决策、实施、控制诸多环节，需要去协调，协调各种关系，以提高工作效率，实现经济效益。C社区的管理费用支出中，最多的是会议培训费，培训是对人的能力的投资，以获取货币收益、社会收益、心理收益。其次是工作报酬。C社区有工作人员9名，人均年收入47130元。再次是党员活动费，C社区共有51名中共党员。另外就是日常管理费用支出，包括经营费、办公费、误工补贴、退休工资补贴、维修费、交通费、书报杂志费、参观考察费等。

表 3.9 C 社区管理费用明细表（单位：元 %）

管理费用	工作报酬	办公费	会议培训费	交通费	通讯费	经营费	书报杂志费
1704434.51 100.0	424170 24.9	128457.21 7.5	1014346 59.5	9933 0.6	17478.9 1.0	228609 13.4	17821.6 1.0
参观考察费	党员活动费		维修费	其他人员工资		误工补贴	退休工资补贴
7310 0.4	328831.5 19.3		30605 1.8	85318 5.0		241560 14.2	82906.3 4.9

数据来源：C 社区 2010 年全年经济收支明细。

C 社区福利费支出的构成则为老年活动费（39.3%）、计划生育（2.0%）、医疗卫生（0.4%）、合作医疗（5.1%）、治安联防（3.2%）、征兵民兵（0.1%）、文化教育费（1.5%）、公益设施维护费（0.4%）、村民福利费（3.6%）、Y 苑下拨款（36.8%）、工会费（0.2%）、环卫费（7.4%）。老年活动费在福利支出费中排第一位，用于组织老人旅游、喝茶、给老人买生日蛋糕等。另外，计划生育、医疗卫生、合作医疗、治安联防、征兵民兵、文化教育费、公益设施维护费、村民福利费、工会费、环卫费等也从福利费中列支。

五、C 社区的民情

对于民情的内涵，托克维尔认为，“它不仅指通常所说的心理习惯方面的东西，而且包括人们拥有的各种见解和社会上流行的不同观念，以及人们的生活习惯所遵循的全部思想。”① 在托克维尔那里，民情的意涵从心理习惯的层面拓展到了民众的社会认知以及社会风俗等层面，以此为基

① [法] 托克维尔：《论美国的民主》，董国良译，商务印书馆 1989 年版，第 365 页。

础，托克维尔强调“构成社会秩序的，既缺不了恰当的治理体制，更少不了与这种体制相适应的情感基础。”① 民情体现为在不同的地域文化有不同的特质。刘咸炘曾以“土俗”为核心，解析了民情的生成机制，他认为，一地有一地的风俗与民情，“刚柔、缓急、声音不同，系水土之风气，故谓之风。好恶取舍，动静无常，随君上之情欲，故谓之俗。”② 在“一方水土养育一方人”的过程中，地域性的自然环境、社会文化传统共同型塑了当地人身心层面的行为与认知图示，这也构成了国家在治理过程中所必须面临的“一切权威与有效治理之间的矛盾”③。民情的复杂性在纵向层面表现为时势变动而致使它随之发生改变。就民情的深层意涵而言，它从来就不是单一、静止的，它拥有自己“历史的层垒”，这个层垒是构成民情的不同要素“在历史延续中，不断自我沉淀和自我累积的结果。”④ 在民情的把握上，刘咸炘强调，必须以“时风”为经、以“土俗”为纬，在横向与纵向的联合中构成对于事势与风俗的理解。⑤ 民情在社区中的重要体现是社会情理被社区居民接受，合法合规。折晓叶认为，一种社会观念、社会期待和期望规则一旦被广为接受，就成为人们习以为常的社会事实，具有道德力量，从而规范着人们的行为。⑥ 肖瑛认为，社会情理合法性作为民情的一项重要内容，它在地方社会中往往具有极大的“共识性”，并成为促使法律、行政及意识形态变通、变革的力量。虽然在有的情境中，民情的逻辑被体制治理的逻辑所否定，但民情也会利用“变通”、非正式运作等策略及“日常形式的反抗”在体制结构之中获取生存与生长的空间，并在此过程中衍生出新的民情。⑦

① 渠敬东：《占有、经营与治理：乡镇企业的三重分析概念》(下)，《社会》2013年第2期。

② 刘咸炘：《刘咸炘论史学》，社会科学文献出版社2016年版，第237页。

③ 周雪光：《中国国家治理的制度逻辑：一个组织学研究》，生活·读书·新知三联书店2017年版。

④ 张国旺：《民情的呈现与守护》，《社会学研究》2018年第6期。

⑤ 刘咸炘：《刘咸炘论史学》，社会科学文献出版社2016年版，第236—239页。

⑥ 折晓叶：《土地产权的动态建构机制——一个“追索权”分析视角》，《社会学研究》2018年第3期。

⑦ 肖瑛：《“国家与社会”到“制度与生活”：中国社会变迁研究的视角转换》，《中国社会科学》2014年第9期。

李培林在《村落的终结——羊城村的故事》中写道："我们甚至不清楚，村落魂灵的融入城市，究竟是它的死亡，还是它的新生"；"但现实中的'现代化'铁律，又似乎具有难以控制的摧毁力量，可以碾碎一切价值平衡和选择协调的希冀。失去了农民和农业的载体的'村落'，其文化意义已经慢慢地让位于其利益共同体的意义，这个'community'也越来越成为一种外在的符号，它的历史身躯，就像工业挖掘机下幸存的古朴瓦瓮，已经踏上步入民俗博物馆的路途。"① 李培林研究员在此书中描述了城市化进程中产生的社会变迁，村落的变迁、村民身份的改变，新的社群文化图景的呈现。

费孝通先生在《重读〈江村经济·序言〉》中写道："他（李亦园）指出了大传统和小传统的区别，因为他在田野作业中看到了中国文化的结构里有着具有权威的一套经典性的以儒家为代表的人生观和宇宙观，另外还有一套在民间流行，表现在民俗信仰的人生观和宇宙观。前者称之为大传统，后者称之为小传统……"② 王铭铭认为所谓"小传统"指的是乡民社会中一般的民众尤其是农民的文化；"大传统"则指以都市为中心、以绅士阶层和政府为发明者和支撑力量的文化。③ 中国文化一向泾渭分明，乡土文化与城市文化、精英文化与大众文化、官方文化与民间文化、雅文化与俗文化等，恪守边界，又逐渐交叉融合。C社区位于城郊接合部，是位于城市文化与乡土文化的交叉区域。在城市化、拆迁过程中，既传承了乡土文化，又适时引入了城市文化。重阳敬老、民间戏曲、舞龙、舞狮、打腰鼓等习俗民艺，都是乡土文化的重要组成部分，在C社区都得到了广泛保留。同时，现代文化又浸染了C社区。比如C社区男女是平等的。女性和男性一样都可以成为C社区股份经济合作社的股东。在一次进入C社区调查时，在街心花园碰到抱着孙子的老年女性，问她身份，是奶奶；再细问，是外婆。她讲在C社区，负责带孙子的祖辈都称为奶奶，奶

---

① 李培林：《村落的终结》，商务印书馆2010年版，第33页。

② 费孝通：《江村经济——中国农民的生活》，商务印书馆2001年版，第336页。

③ 王铭铭：《中国民间宗教：国外人类学研究综述》，《世界宗教研究》1996年第2期。

奶的称呼比外婆更亲近一些。同时，负责带孙子的祖辈在下一代家中有更多的话语权。在 C 社区，路旁停靠着汽车，进出的居民衣着现代、光鲜亮丽，丝毫没有乡土味道。

2009 年至 2012 年在做博士论文期间，笔者经常到 C 社区走访，体察 C 社区的民情。C 社区的社区办公大楼、主干道、街心花园、公告栏、居民家中、沿街的商铺等，都是笔者经常去的地方。那时的 C 社区还不是封闭式社区，可随时进出。C 社区的路上，有用小货车卖菜的商贩，有骑摩托车穿梭的行人，有抱着孙辈出来晒太阳的奶奶和外婆，也有摆摊售卖自己种植的青菜萝卜土豆的爷爷……那时的 C 社区，还留有部分自留地，可以种植果蔬，这里的果蔬不用化肥全是有机肥料，全家食用自产果蔬尚有剩余时，天气晴朗的日子就会有勤劳的老年人摆摊售卖。盛行于美国的社区支持型农业（CSA）是一种“有机化”的努力。它鼓励农户采取有机农耕方式善待土地、农民下乡开设小型有机农场，使人们近距离接触绿色土地、感恩自然、放松身心，体现的是农村对城市的哺育、农业对城市的支持、农耕文明对城市心灵的滋润，城乡由此有机关联、和谐共荣。① 英国托特尼斯小镇的城镇转型是一种“有根化”的努力。它针对工业化、城市化生活的气候、能源危机，以“永续农业”为理念，倡导重建本地生态复原力、建构扎根本土的可持续生活方式和文化系统，鼓励各社区摸索出因地制宜的方式以减少能源消耗，降低对化石燃料供应链的依赖性，唤醒地方民众对可持续生活方式的意识、建设当地在可见未来的“生态复原力”。转型运动已经在全世界数百个地区展开，此镇也被美国《时代》杂志称为“新时代时尚之都”。②

2009 年的 C 社区，还是以一至三层的自建楼为主。自建楼多为白墙或者红墙，坐北朝南，散布在田地间。一般根据阳台的朝向推断方向，阳台是朝南向的。根据自建楼的入户门数量，推断此家儿子的数量。一个

---

① 李良涛、王文惠、王忠义、宇振荣：《日本和美国社区支持型农业的发展及其启示》，《继续教育研究》2010 年第 9 期。

② 沈梅：《英国“转型城镇”引领未来生活方式》，新华网，2011 年 3 月 19 日。

入户门有一个儿子，两个入户门有两个儿子，以此类推。C社区的自建楼一般一楼有客厅、餐厅、厨房，二楼和三楼是主人卧室、卫生间。走入C社区，主干道旁边的公告栏上贴着C社区整洁庭院“口诀”：“柴木竹棍隐蔽放　砖头瓦片整齐放　石子沙泥归类放　缸坛甏罐朝下放　生活垃圾袋桶装　房前屋后扫清爽”。同时对2009年度“厅院整治示范家庭”“庭院整治合格家庭”进行公示。公示内容如下：

C社区2009年“庭院整治示范家庭”“庭院整治合格家庭”公示

庭院整治示范家庭：

费某某家庭、王某某家庭、曹某某家庭、杨某某家庭

庭院整治合格家庭：

陆某某家庭、张某某家庭、诸某某家庭、陆某某家庭、王某某家庭

C社区居委会

2009年某月某日

2010年进行第六次人口普查。C社区的外墙上悬挂着红底黄字横幅标语：认真贯彻《全国人口普查条例》坚持依法开展人口普查。C社区的公告栏上张贴着第六次人口普查公告：

关于杭州市第六次人口普查尚未登记对象接受普查的公告

根据《中华人民共和国统计法》《全国人口普查条例》以及《第六次全国人口普查方案》的规定，普查标准时点在中华人民共和国境内的自然人，以及在中华人民共和国境外但未定居的中国公民（不包括在中华人民共和国境内短期停留的境外人员）都是第六次全国人口普查的对象，均需在现住地进行登记，不在户口登记地居住的，在户口登记地也要登记相应信息。因此，凡在2010年11月1日至10日尚未接受人口普查入户登记的调查对象，请于11月12日前

主动与所在社区（村）人口普查小组联系，接受所属普查小区的人口普查登记。请广大普查对象对普查员的入户登记工作继续予以支持与配合。

社区（村）名称：C社区

地址：Y苑

联系电话：××××××××

杭州市第六次人口普查领导小组办公室

二〇一〇年十一月

2011年C社区已经初具规模，根据实际提炼除了C社区精神，用烫金字体刻画在C社区会议室的墙壁上：

C社区精神

做政治上的明白人　做学习上的勤奋人

做工作上的创新人　做创业上的当家人

做团结上的开明人　做群众中的贴心人

做廉洁上的带头人　做生活上的正派人

2012年9月在上海大学通过社会学博士学位论文答辩后，笔者忙中偷闲也去C社区走访。C社区日益变得整齐、规范。每次C社区的变化都令笔者欣喜异常。

2014年去C社区，发现社区居民守则已经赫然而立社区公告栏：

一、搞好环境卫生，不随地吐痰，不乱扔垃圾。

二、保持阳台、楼道整洁，不乱堆物品，不乱扔废弃物。

三、保持小区、院落环境整齐，不乱停放车辆，不乱晾晒衣被。

四、爱护花草树木，不践踏草坪，不攀折花木。

五、文明娱乐，不噪音扰民，不酗酒、赌博。

六、邻里和睦，不传闲话，不闹纠纷。

七、维护治安秩序，不打架骂人，不违反防火规定。

八、遵章守约，不违章饲养动物，不搞违章建筑。

九、积极参加志愿服务活动，不做表面文章，不流于形式。

2017年，社会主义核心价值观践行。C社区的外墙粉刷成白色，用黑色字体宣传社会主义核心价值观，同时在字旁边画了花、物品、动物，并用灵性文字诠释寓意。现摘抄如下：

富强　国富民强　国泰民安

牡丹是国花，寓“花开富贵”，寄托的是国富民强、国泰民安的民族夙愿。对于曾被蔑称为“东亚病夫”的国人而言，富强只是令人痛心疾首的黄粱梦。然而，随着多年的改革开放和韬光养晦，国力不可同日而语，繁荣富强的“中国梦”正照进现实。

民主　人民至上　权责共担

从鸦片战争开始，历经旧民主主义革命和新民主主义革命，民主对中国人民而言，犹如镜花水月，可望而不可即。直到新中国成立，人民民主终于梦圆华夏。在人民当家作主的政权里，民主既是权利，也是责任，全民共享，全民共建。

文明　彬彬有礼　仁德有序

一幅有形的生活画卷，整洁的环境，有序的交通，闲适的民宅，悠然的生活，文明没有写入画中，却无处不在。文明很大，所有古今中外美好的道德都在其中。文明虽小，每一个人都能让文明加分或扣分。

和谐　多元包容　以和为贵

一张红艳艳的民宿剪纸，一袭古朴的花瓶家具，生活气息浓厚，代表的是中国人最为认可的生活状态：和。基于此，构建和谐社会，它所包含的和平、和气、和睦，是中国人孜孜以求的生命哲学。

自由　海阔天空　任我驰骋

骏马奔跑在原野上，长啸于天地间，无拘无束，是最为原始的绝对自由状态。然而自由并非放纵，它需要缰绳，需要骑师，在安全可靠的范围内尽情奔放。有度、随心，才是自由的真正境界。

平等　众生平等　自尊自强

中国人擅茶道，一壶数杯，倒茶的人讲究一碗水要端平，无论贫富贵贱，茶道面前，人人平等。这种等量齐分的杯中情怀，正是天赋平等的人文精神。水要端平，有富同享，有难同当，才能让社会共享、共赢。

公正　公道在心　不偏不倚

八边形的八仙窗，是中国传统文化的元素，它所构建出来的八边形中正、平衡、稳定，代表的是中国人最稳妥的为人处事标准：公正。心中有准绳，不偏任何一方，原则性强，彰显道德的力量。

法治　章法有度　自成方圆

独角兽是吉祥之物，它的出现被人们视为大治时代的象征，中国第一只独角兽的出现源于5000年前伏羲时代。在现实世界中，大治时代须有法的维系。法律是个人行为的底线，知法守法，执法护法，天下太平。

爱国　国家兴亡　匹夫有责

梅花香自苦寒来，它的铮铮傲骨，体现的正是华夏民族的不屈精神，也蕴含着中国人的爱国心境。国家兴亡，匹夫有责，民族崛起，多难兴邦，那是一种浓得化不开的“家国”情怀。

敬业　恪尽职守　乐于奉献

读万卷书，行万里路，在于一个“勤”。业精于勤，荒于嬉，工作从业，同样也存在于一个“勤”。中华民族最重要的品质中，“勤劳”所占的地位尤其崇高。我们讲爱岗敬业、不计得失、服务奉献，归根到底就是“勤”精神。

诚信　一言九鼎　重于泰山

鼎，国之重器，倾城之宝，代表着举足轻重的分量，如此有“一言九鼎”“一诺千金”之说。言必行、行必果，没有信誉轻如鸿毛，诚信之风重于泰山。国家诚信而立威，社会诚信而有序，为人诚信而事成。

友善　人能友善　天下为家

善，体现四海之内皆兄弟的友爱情怀；“人不知而不愠，不亦君子乎”，体现对人宽容、对人真心的宽广。

2018年到C社区，看到在C社区办公大楼一楼过道的墙壁上，摆放着一块展板，上面对C社区片组户民情联系网络图、社区民情联络8项工作措施、民情55为民服务法进行展示。

C社区片组户民情联系网络共分五级。第一级是C社区民情联系工作领导小组，由组长1人、副组长1人和组员5人组成。第二级是3个片区，每个片区有1位片长，共有3位片长。第三级是9个片区居民小组，每个片区下辖3个居民小组，每个片小组长有1位，共有9位片区小组长。第四级是民情联络员，每个居民小组有1位民情联络员，共有9位民情联络员。第五级是民情联络户，每位民情联络员负责各自联系的民情联络户。

社区民情联系工作措施有八项，现抄录如下：

社区民情联系8项工作措施

1.设立一个民情接待室。实行专人驻岗接待，由两委会成员轮流值班，做到制度上墙，接待热情，记录详尽。

2.设置一个民情联系箱。定期开箱收信，随时接受居民群众的意见和建议，便于居民群众与社区沟通。

3.开通一条民情服务热线。设立一条亲情服务热线，公开联系号码，落实专人负责接受电话信访，耐心细致地解答群众疑问，及时做好相应记录，重大情况及时向片长报告。

4.发放一章民情联系卡。向每户居民印发一张民情联系卡，公开社区两委班子成员和片长、片小组长及民情联络员等人员的联系电话，公开社区提供的劳动保障、帮扶救助、计生指导、综治调解等服务项目，架起社区与居民群众联系沟通的桥梁。

5.开设一个网上电子邮箱。建立民情专用邮箱，落实专人定时查看、及时回应，借助网络手段进一步拓宽民情联系受众面，开展快速有效的信息反馈、答疑解惑等服务。

6.成立一支民情联络员队伍，以组（楼幢）为支点，采取群众推荐、自荐等方式，聘请一批政治素质好、在群众中享有较高威望、热心公益事业的党员、居民代表、志愿者等组成一支民情联络员队伍，以上门入户的形式收集居民群众反映的热点、难点问题，向片小组长及时传递有关信息。

7.每周一次民情分析会。定期召开民情分析会，由各片长将分管片区民情联系的热点、难点问题提交民情分析会进行讨论研究，制定切实可行的解决方案，确保居民群众反映的问题处理及时，解决有力，做到“一事一议”有记录。

8. 记好一本民情联系工作台账。因地制宜建立民情联系工作台账及相应的数据库，要求信息变更及时，动态管理有效，做到一年一档，专人保管。各片长要有民情联系手册，及时记录管理片区群众反映的问题及相应的处理意见，做到“一事一记”“一事一报”。

C社区还总结了民情55为民服务法，现摘抄如下：

民情55为民服务法

一、片长“五必到”

片长工作职责：定期上门走访联系制，经常与片区内群众进行面对面的沟通，察民情、听意见、办实事，具体做到“五必到”：

1. 党员思想波动必到；

2. 困难群众病重必到；

3. 有安全隐患必到；

4. 邻里矛盾纠纷必到；

5. 发生突发事件必到。

二、片小组长“五必访”

应发动组内党员群众关注民情信息，及时向社区两委会反映组内党员群众的意见，具体做到“五必访”：

1. 组内困难家庭每月必访；

2. 组内独居老人每月必访；

3. 组内流动党员每月必访；

4. 重点帮扶人员每月必访；

5. 拆迁过渡党员每月必访。

2019年生态文明建设蔚然成风。C社区响应号召，在社区中设置了分类垃圾桶，用不同颜色标识，有害垃圾桶是红色，厨余垃圾桶是绿色，可回收物是蓝色，其他垃圾是绿色。四个垃圾桶放在一起，垃圾桶上方设置布告栏，分别对各个垃圾桶投放的垃圾类型、投放要求予以说明。红色垃圾桶（投放的是有害垃圾）上方的布告栏显示，有害垃圾包括充电电器、温度计、血压针、消毒液、废含汞荧光灯管、杀虫剂及其包装物、过期药品及其包装物、废油漆和溶剂及其包装物。有害垃圾投放要求是：应保证器物完整，避免二次污染；如有残留请封闭后投放；投放时请注意轻放；易破损的请连带包装或者包裹后投放；如容易挥发，请密封后投放。绿色垃圾桶（投放的是厨余垃圾）上方的布告栏显示，厨余垃圾包括菜帮菜叶、瓜果皮壳、鱼骨鱼刺、剩菜剩饭、茶叶渣、残枝落叶、调料、过期食品。厨余垃圾投放要求为：厨余垃圾应从产生时就与其他品类垃圾分开，投放前沥干水分；保证厨余垃圾分出质量，做到“无玻璃陶瓷、无金属、无塑料橡胶”等其他杂物；有包装物的过期食品应将包装物去除后分类投放，包装物请投放到对应的可回收物或者其他垃圾收集容器。可回收物垃圾桶（投放的是可回收物）上方的布告栏显示，可回收物包括废玻璃、废金属、废塑料、废旧织物、废纸张、废书籍、废纸板箱、废弃电器电子产品。可回收物投放要求为：轻投轻放；清洁干燥，避免污染；废纸尽量平整；有尖锐边角的应包裹后投放；立体包装物清空内容物，清洁后压扁投放。其他垃圾桶（投放的是其他垃圾）上方的布告栏显示，其他垃圾包括卫生纸、饮料杯、塑料袋、纸尿裤、污染纸张、餐盒、大骨棒、陶瓷碎片。其他垃圾投放要求是：沥干水分后投放；难以辨识类别的生活垃圾投入到该桶内；餐盒类垃圾尽量将餐盒清理干净后投放。

2020 年新冠肺炎疫情起，C 社区亦应时而动，社区公告栏中张贴了防疫宣传画四幅，每幅字画相配。第一幅是：“每日开窗通风　保持空气清新　做好垃圾分类　垃圾存放　扎好口，盖好盖儿。”第二幅为：“勤洗手　少聚集　科学佩戴口罩　保持社交距离。”第三幅为：“积极参加爱国卫生运动　定期开展家庭大扫除　清除卫生死角　清理废旧物品。”第四幅是：“控制聚会人数时间　避免密闭空间聚餐　合理安排座位距离　用餐使用公勺公筷　提倡采用分餐制。”C 社区公告栏中还张贴出疫情防控志愿者招募广告。

邻里守望　关爱行动

C社区疫情防控招募志愿者啦，期待你的加入!

为贯彻落实习近平总书记关于疫情防控工作的重要指示精神，C社区落细落实疫情防控措施，全力保障社区正常生活秩序。目前，疫情防控工作现已进入了关键时刻，现有社区工作人员及志愿者已经连续工作多日。随着返杭人员居家隔离工作的不断推进，为深入开展各项防控工作，C社区特发出倡议，希望社区在职党员、社区居民能够广泛参与到本社区的疫情防控服务行动中来。现将招募C社区疫情防控“邻里守望　关爱行动”志愿者有关事项告知如下：

招募对象及条件

1. 居住在本社区的国家机关企事业单位、国有企业的在职党员及工作人员，居住在本社区尚未复课的在校大学生党员及团员，居住在本社区的热心居民；

2. 思想政治坚定，热心公益事业，无不良行为记录；

3. 年龄一般为18周岁及以上，身体健康，上岗前两周没有密切接触新型冠状病毒感染的肺炎患者或者疑似患者；

4. 组织纪律性强，服从统一指挥、调度和管理。

二、服务内容

在社区安排调度下，以本人所居住的居民小区为基本单元，开展封闭出入口值守工作，开展居住区域的消毒消杀，为小区居民提供食品药品等生活性必需品代购代送服务。

三、工作保障

各社区为志愿者开展工作提供必要的防护保障和工作保障。

四、岗前培训

社区对招募的志愿者进行服务内容、安全防护等必要培训。

五、褒奖激励

社区将做好志愿服务记录，凡累积服务时长达到规定时间的志愿者，获得相应级别的“志愿服务证书”，表现突出者在全市各类优秀志愿者推选中优先考虑。

六、报名方式

1. 线上报名：可通过关注C社区社区通微信公众号直接留言进行报名。

2. 线下报名：为避免人流聚集，请提前致电所在社区预约报名时间，前往社区进行报名。

C社区居委会

2020年2月×日

C社区居委会　办公电话：××××××××

C社区公告栏中还张贴着杭州市文明办“文明健康　有你有我”公益广告，对“诚实守信　共建文明”进行了诠释，现摘录如下：

伟大人格的素质　重要的是一个诚字　言必诚信　行必忠正　坦白是诚实和勇敢的产物　人而无信　不知其可也　丈夫一言许人　千金不易　失信就是失败　小信诚则大信立　诚信是一种心灵的开放　失去了真同时也失去了美　而轻重千一乘言之国信　轻诺必寡信　多易必多难　小诚信则大信立　信也之者思道天诚道人诚也至者　以诚感人者　人亦诚而应　一个人严守诺言　比守卫他的财产更重要　欺人之能一时而诚信才是长久之策　诚信为人之本　诚信者　天下之结也　一言九鼎重千秋　祸莫大于无信　如果要别人诚信　首先要自己诚信

随着经济社会的发展，C社区也在不断变迁中。变迁是全方位的，体现在政治、经济、文化、社会、生态等等方面。变迁也是一个循序渐进的过程，从村庄到社区，从乡村村民到城市社区居民，都在经历从量变到质变的过程。

第四章　拆迁后 C 社区养老内容和形式的变化

根据土地的所有权、经营权性质不同，我国农村土地政策演变分为四个阶段：农民土地私有、农民土地公有、农村土地联产承包责任制、农民离土经营土地。农村土地对农民的保障功能有：生存保障、就业保障、养老保障。C 社区从 1998 年开始拆迁，持续了 14 年，截至 2012 年拆迁结束。土地征用这一社会事实，改变了农民的生产方式，进而影响到他们的生活方式，改变了他们长期农村生活的习性。养老支持力包括经济供养、生活照料和精神慰藉。本章主要阐述经济供养。土地被征用后，C 社区居民获得了货币补偿，以优惠价格购买了地理位置优越的房屋，许多人将房屋出租，成为房东。C 社区居民还获得了集体股份制经济分红。另外，C 社区居民还有了养老保险和医疗保险。C 社区居民的养老保险有城镇职工养老保险、双低保险等；医疗保险有少儿医保、城镇职工医保、城乡居民医保、农村合作医疗、大病保险等。

一、我国农村土地的保障功能

土地保障可以从广义和狭义两个角度理解。广义的土地保障是指土地对于人类生存、发展所起的作用。土地对工业生产、农业生产都有作用，可以为工业生产提供地基，土地“作为地基，作为场地，作为操作的基地发生作用”①，同时耕地为社会提供粮食、蔬菜、水果等，满足人类的基本食品需求。狭义的土地保障是指土地对农民而言是最低生活保障、就业保障、养老保障、医疗保障等。我国学者刘世锦在《经济体制效率分析导论》中认为，土地的功能是“激励功能、配置功能、保险功能、约束功能。”② 笔者认为，土地对农民有生存保障、就业保障和养老保障。

（一）土地对农民生存的保障

生存是基本人权之一。潘恩认为“公民权利是以个人大赋权利为基础的，但行使公民权利光靠个人的能力还不够，还必须和社会携手合作。公民权利都是与安全和保护有关的。”③ 人有安全感的需要，安全感的获得，以生活资料的获得为基础。农民从土地中获得生活资料。国家要保障人的基本生存权。缺少生活资料的农民离开土地就无法生存。姚洋指出，“在历史上，一般的村庄都保留着一定量的公地，用其收入来提供公共品服务，同时为那些遭受不利打击的人提供救济。”在农业社会，“土地是一种廉价的生产投入，在土地上生产粮食要求的其他互补要素很少，少到只要一个受过有限训练的劳动力就足够了。这样一来，土地作为一种保障手段对穷人更重要，因为他们通常没有足够的收入去购买现金保险，也没有足够的人力资本从事其他非农工作。穷人拥有了一定数量的土地，至少可以为自己生产足够的粮食。而且，土地本身作为一种资产，可以通过土地市场带来收入。就算那些丧失劳动的人，尤其是老人，也可以靠出租土地获取足够的租金以维持基本生活。”④ 土地是人类生存的基本保障，土地满足农民的生存与发展的需要。维塞尔曾经指出：“即使在现代，在遥远的山区，在农民自己耕种自己的一小块孤零零土地的地方，也有可能碰见类似的思想方法。它的小块田地是同他不可分的，其价值也是不能用其他财

① 马克思：《资本论》（第三卷），人民出版社1975年版，第879—880页。

② 周诚：《土地经济学》，中国农业出版社1989年版，第144页。

③ 鄂振辉：《自然法学》，法律出版社2005年版，第137页。

④ 姚洋：《土地、制度和农业发展》，北京大学出版社2004年版，第110页。

物对比来决定的。这个农民要是不当农民还能做些什么呢?”①

（二）土地对农民就业的保障

农民在土地上生产，种植业为农民提供了就业机会。长期以来，我国的城镇居民依靠就业制度获得就业机会，也从社会保障制度中得到保障，农民的生存和保障主要依赖土地，农民一生勤于耕种，生存不息耕作不止。据2010年第六次全国人口普查主要数据公报，“大陆31个省、自治区、直辖市和现役军人中，居住在城镇的人口为665575306人，占49.68%；居住在乡村的人口为674149546人，占50.32%。同2000年第五次全国人口普查相比，城镇人口增加207137093人，乡村人口减少133237289人，城镇人口比重上升13.46个百分点。”②据2021年第七次全国人口普查主要数据公报，全国人口中，居住在城镇的人口为901991162人，占63.89%；居住在乡村的人口为509787562人，占36.11%。与2010年第六次全国人口普查相比，城镇人口增加236415856人，乡村人口减少164361984人，城镇人口比重上升14.21个百分点。③工业化、城市化的实现是漫漫长途，在城市的企业、事业单位、政府机关等不能吸纳农村大量剩余劳动力之前，许多农民仍然要依靠土地谋生。进城务工的农民工有的经过自己的努力，同化为城市居民，在城市找到了安身立命之所。但是也有的农民工，在金融危机来临之际或者因年岁增长不能适应高强度的体力劳动、又没有其他谋生技能之际，被迫返回农村，土地成为他们的最后谋生之地，土地的就业保障功能就此呈现。恩格斯曾经指出，在人类历史的演化过程中，最终的结果总是从许多单个意志的相互冲突中产生出来的，而其中每一个意志，又是由于许多特殊的生活条件，才成为它所成为

---

① ［奥］弗·冯·维塞尔:《自然资源》，陈国庆译，商务印书馆1997年版，第201页。

② 中华人民共和国国家统计局:《2010年第六次全国人口普查主要数据公报（第1号)》，见http://www.stats.gov.cn/tjfx/jdfx/t20110428_402722253.htm。

③ 中华人民共和国国家统计局:《2021年第七次全国人口普查主要数据公报（第7号)》，见http://www.stats.gov.cn/tjsj/tjgb/rkpcgb/qgrkpcgb/202106/t20210628_1818826.html。

的那样。这样就有无数相互交错的力量，有无数个力的平行四边形，由此就在其上产生出一个历史结果，而这个结果又可以看作一个作为整体的、不自觉地和不自主地起着作用的力量的产物。在这里，“各个人的意志”虽然都达不到自己的愿望，而是融合为一个总的“平均数”，一个总的“合力”，然而从这一事实中决不应得出结论，这些意志等于零。相反，每个意志都对合力“有所贡献”，因而是包括在这个合力之内。①

（三）土地对农民养老的保障

土地对农民养老的作用体现在当农民有劳动能力时，可以在土地上种植农产品以保障农民的基本生活；当农民年老，无劳动能力时，可以出租土地获得资金收入或者由子女耕种获得农产品等。另外，有的村庄有部分公共用地，收入为村民提供公共物品，对遇到经济困难的农民提供经济援助。“从经济物品分类可知，公共物品是指那些具有公共性的事物。公共性的事物可以指具有非排他性的事物，也可以指具有非竞争性的事物。具体包括三类：一是具有非排他性和非竞争性的事物；二是具有非竞争性但有排他性的事物；三是具有非排他性但有竞争性的事物。第一类即为纯公共物品；第二类即为俱乐部物品；第三类即为公共池塘资源。”②2009年6月24日，国务院常务会议决定年内将在全国10%的县（市、区）进行新型农村社会养老保险试点；2009年9月，下发《国务院关于开展新型农村社会养老保险试点的指导意见》。“新农保”制度实行社会统筹、个人账户结合，家庭养老、社会救助、土地保障等其他社保政策配套。2009年11—12月，27个省、自治区的320个县（市、区、旗）和4个直辖市正式启动新农保试点。截至2009年底，1538万农民参加了新农保，403万60周岁以上的农民领取基础养老金，累计发放基础养老金

① 徐勇：《农民理性的扩张：“中国奇迹”的创造主体分析——对既有理论的挑战及新的分析进路的提出》，《中国社会科学》2010年第1期。

② 沈满洪、谢慧明：《公共物品问题及其解决思路》，《浙江大学学报》（人文社会科学版）2009年第6期。

3 亿元。[①]

二、C 社区的拆迁状况

C 社区是从 1998 年开始拆迁的，截至 2012 年，持续了 14 年。笔者从 C 社区老年活动室管理人员 XSQ 和 C 社区老年协会会长 XAL 那里得知了拆迁的全部过程。

XSQ 过去曾经担任村干部，已经 67 岁了，但是头脑清楚，思路敏捷。他给笔者讲了 C 村拆迁补偿的事情：

> C 村过去有 200 亩鱼塘，鱼塘中养草鱼、鲢鱼。田是不多的，人均 8 分水田，还有 1600 亩散田。田里先是种双季稻，后种单季稻。1998 年 C 村开始拆迁，当时是 2.7 万元 / 亩，0.7 万元给村里，2 万元给个人。2002 年撤村建居，征地是 4.5 万元 / 亩，1.5 万元给村里，3 万元给个人。2002 年征地补偿费是按照组分的。2010 年征地是 10 万元 / 亩。征地补偿款最早大部分是分给个人的。后来青苗补偿费菜地补偿费一部分分给居民，其余钱留在村里股份制了。比如 2002 年开始，个人可以领取征地补偿款 3 万元和青苗补偿费菜地补偿费 6400 元。2007 年 C 社区拆迁时，采用一次性货币补偿安置办法，没有协议安置就业的人员，当时办理养老保险的年龄为 60 岁及以下。拆迁时，按照浙江省土地拆迁补偿条例，每个村民补偿 4 万多元。当时 6450 元分给村民，其他的都留在社区，用来发展集体经济。除了征地补偿外，房子拆迁也有补偿的。2002 年之前拆迁的老房子，一户补到 25 万元。2005 年拆迁的房子，一户能补 60 万元。现在 C 村

① 高爱华：《我国农村社会养老保险的现状及其出路》，《开封教育学院学报》2009 第 2 期；王阳明：《阳明全书》卷 25《节庵方公墓表》，四库备要本。

的人是集中在社区中居住的。公寓房是需要个人用钱买的，一个人可以买50方，40方比较便宜，是优惠价；10方有点贵，要1200元/方。公寓房是分批买的，2004年前买的，优惠价670元/方，人均买房花费3.88万元；2006年之后买的，优惠价910元/方，人均购房花费5.26万元。（XSQ—20111102，2011年11月2日，C社区老年活动室管理员办公室）

C社区的拆迁从1998年开始，征地补偿款部分分给个人、部分留在集体股份制中。没有协议安置就业的人，办理养老保险的年龄是60岁及以下。除了征地补偿金之外，拆迁房子可以获得补偿。补偿的公寓房需要个人以优惠价出资购买。拆迁的居民集中居住于C社区中。

关于拆迁，XAL是这样讲的：

C社区是2002年撤村建居的，2006年一次性征掉。我们按照人头算补偿面积，生出来的，老人也算面积的，肚里的没有。C社区原来是M大队，由D村、X村和X家村组成，共分8个村民小组。当时农转非人数为1159人。征用了集体土地1589亩。截至2012年，C社区还有11亩土地没被征用。2002年拆迁，2006年建好房子。2006年，C社区居民集体入住C社区，C社区有767套单元房，都是六层楼的多层公寓。总建筑面积有7万多平方米。一般一个家庭是爷爷奶奶、爸爸妈妈，还有孙子或者孙女，一个人平均买50方，独生子女可以买100方。所以一户人家可以买300方房子，也就是3套房子。一般是自住一套，出租两套。我们房子一般是这样住的。比如我们家我们住六楼，我妈住车库。六楼太高，她爬不上去。车库有2米高，在单元楼下面，可以住人的。（XAL—20111021，2021年10月21日，C社区老年协会办公室）

C社区拆迁是2006年一次性征掉的。按照人头计算补偿面积。一个人平均可以购买50平方米回迁房，老人也能买50方，独生子女可以购买100方，都是以优惠价格购买。在访谈时还听到一个故事，有一家有三个儿子，爸爸的户口放在大儿子家，妈妈的户口放在小儿子家，这样大儿子家和小儿子家都可以多买50平方米回迁房。二儿子家少买50方，认为经济上吃亏了，就找大儿子和小儿子协商，后协商未成，将大儿子、小儿子告上法庭，大儿子、小儿子补偿了二儿子一部分钱。二儿子又用这部分钱买了一套房子。后来，三兄弟也没有为此事伤和气。年夜饭时三家人还是凑在一起吃。情理法分得较清楚，也是C社区居民的特质。

杭州私人住宅的拆建，有拆建安置和调产安置两种类型。拆建安置是拆迁单位按照被拆除房屋重置价格对被拆迁人予以补偿、提供迁建用地相关费用，村委会按照相关规定办理用地手续、并在规划所确定的农居点建设多层住宅予以安置。调产安置是拆迁单位统一建造多层成套住宅，作为产权调换房，用来安置被拆迁人。C社区是拆建安置的，按照人头补偿面积是其拆建原则。

三、C社区生产方式的变迁

（一）传统生产方式

土地征用这一社会事实，改变了农民的生产方式，进而影响到他们的生活方式，改变了他们长期农村生活的习性。布迪厄对习性的概念界定为由机构的和促机构化的倾向系统，该系统构成实践行动，并总是倾向于实践功能。[①] 王阳明语“士以修治，农以具养，工以利器，商以通货，各就其资之所近，力之所及者而业焉，以求尽其心。”[②] 中国传统社会的职业

① ［法］皮埃尔·布迪厄：《实践感》，蒋梓骅译，译林出版社2003年版。

② 王阳明：《阳明全书》卷25《节庵方公墓表》，四库备要本。

分工是，读书人修身治国，农民以种地为生，工人以做工为本，商人以货易货。农民失去土地后，首先面临的是生存的考验。地被征用了，他们如何谋生？

C社区位于水网平原，河流较多耕地较少。古往今来，这里的居民因地制宜，既从事农业种植粮食蔬菜，又利用鱼塘养鱼、螺蛳、河蚌、螃蟹等，同时还用水塘间隙地种植桑竹等。清朝孙之騄曾在《南漳子》中描述了这一带人的生计：①

> 河水地狭，每地一条，则左右荡夹之。地不盈亩，而荡袤六七。间有阔数亩者，亦人工积渐所至，非其本然。
>
> 土亦出茶，然河地味薄，不如山地味厚而芬芳袭口。村人有采二三茶至四茶者，则更索然矣。竹惟早笋，尽春三月。有芦荡，出芦二种。一织席，一作蚕帘。土人曰“懒花息”，谓不藉耕种而获也。无田可垦，则谷无从出，每以茶笋易米。此外，养鱼育蚕，以蚕之分数多寡为忧喜焉。故家有半年计日之粮，无卒字盈余之储。

沈绎祖《南漳子序》亦云：②

> 今每一地，则两水夹之，数荡环之，湖之遗迹可征也。路非舟莫达，人非农莫事。地狭而瘠，无良田桑竹，苇鱼之利，乐岁易粟，粗足以自给。

C社区位于江南水乡，周围河网密布。据C社区中的老人说，过去C村（拆迁后被称为C社区）靠渔业为生的人分两帮：一是螺蛳帮，一是小网帮。螺蛳帮靠拔螺蛳、打鱼为生，没有固定居住地，常年漂流在外，

① 孙之騄：《南漳子》，光绪七年丁氏竹书堂重刊本，第3页。

② 孙之騄：《南漳子》，光绪七年丁氏竹书堂重刊本，第5页。

吃、住、玩都在船上，没有书读，生活条件异常艰苦。那时的打鱼人，遇到的危险多。在台风肆虐的夏季，船与船用毛竹或者大木头互相捆绑在一起，以防止翻船。春节时，螺蛳帮商定好一个宽敞、平安、热闹的地方，将船集中在一起。妇女上街购买年货、准备年夜饭，小孩在岸上玩耍，男人在船上编织、修补渔网。年三十晚上，合家团聚，吃年夜饭（C社区也叫分岁），邀请亲戚一起吃喝，围坐说笑。小网帮的活动范围在运河一带，他们的生活、打鱼比较有规律，早上出去打鱼，下午5、6点回到居住地，鱼在卖鱼桥附近卖给杭州居民。晚上每条船上的油灯明亮，男人编织渔网，妇女做针线活。他们头脑比较聪明，发明了几种独特的捕鱼工具：推网、潮网、撬草网。推网是用来抓草鱼、鲫鱼、鲤鱼、鳊鱼等底层鱼，潮网是抓包头鱼、昌条鱼和野杂鱼。撬草网是用来抓水草下面的甲鱼、虾、黑鱼、泥鳅、黄鳝。这些捕鱼工具在浙江一带没有其他渔民在用，是独一无二的。捕鱼工具比较先进，捕鱼成功率非常高，对生态保护很好，世世代代流传至今，几位老人家中还收藏着这些捕鱼工具。20世纪60—70年代，C村的渔民才全部上岸定居。

C村（拆迁前称为C村，下同）的居民在拆迁前基本以渔业、种植农业为生，也有部分从事副业、服务业、经商。副业是生产包装箱；服务业主要是餐饮、服饰、文化用品、日用品、美容美发、交通运输、文化教育等等；也有的人经商。拆迁对从事渔业、种植农业的村民影响比较大，而过去从事副业、服务业、经商的大多没受影响。

过去，C村村民在五六月份从鱼种场买回鱼苗，放入小鱼塘，一般一亩小鱼塘放养2000—3000只鱼苗，用浮萍喂养鱼苗，直到养成鱼秧。第二年元旦再将鱼秧放入大鱼塘。所养之鱼以草鱼、鲢鱼、包头鱼、鳊鱼为主，还有少量的鲫鱼、鲤鱼等。放鱼秧需要注意比例。一般一亩鱼塘，鲢鱼、包头鱼、草鱼、鲤鱼、鲫鱼、鳊鱼的比例为10∶2∶10∶5∶10∶5。放入大鱼塘的鱼秧，先喂豆腐渣、菜饼、浮萍，2个月后改喂浮萍，到暖春时节喂草。一般喂鱼一天两次，上午8—9点、下午4—5点。立秋后，用鱼饲料喂鱼。C村人一般在10月份捕捞一部分鱼，拿到集市上去卖。

捕鱼后将尿素撒在水塘里以促进鱼生长。鱼塘中还有螺蛳、河蚌、螃蟹等，但是产量较少，仅仅够自家食用。古代，在古荡一带有许多鱼行。每年村民捕鱼后，将鱼卖给鱼行，再转销到杭州城里。当时杭州有三分之二的食用鱼来自古荡、西溪一带。

C社区附近河网密布，鱼塘众多。生产鲢鱼、白条，勤劳质朴的C社区居民烧制了多种以鱼为原来的菜肴，最有特色的是细白滑嫩的C社区鱼圆。相传此菜出自秦朝。秦始皇爱吃鱼但是又害怕鱼刺，许多名厨由此丧命刀下。秦始皇有次巡游到江南，非常想吃鱼，就让当地最有名的厨师为其制作。厨师在烧鱼时想到将被杀头，心头非常愤怒，就用刀狠狠剁鱼，鱼刺却从斩击的鱼茸中露出。传膳之声传来，他急中生智，将鱼刺拔去，将鱼茸捏成团放入鲜汤中，做了清汤鱼圆。这道清汤鱼圆，色泽洁白，鲜嫩如豆腐。秦始皇吃了非常高兴，就嘉奖了厨师。后来鱼圆传到民间，寓意团团圆圆，但制作工艺复杂，过去本地人忙于农作，只在过年和办喜事时制作鱼圆，表示吉祥、团圆、幸福。

C社区位于鱼米之乡，鱼塘众多，盛产草鱼、青鱼、鳊鱼、鲢鱼、鲫鱼等淡水鲜鱼。草鱼、青鱼体积较大，当地人常常吃不完，放久了又会变质，就用类似制作腌菜方法，将鱼腌制、晒干后食用。腌制后的鱼干肉香、味道鲜美，有嚼劲，存放时间长。最有名的食用鱼干的方法是清蒸鱼干和鱼干炖肉。清蒸鱼干将鱼干放在蒸架上，隔水蒸15分钟即可，味道鲜美，是下酒的美味佳肴。鱼干炖肉是将鱼干和鲜肉放在一起炖煮，汤汁浓稠，鱼干酥而不烂。

种地是以种植水稻为主。水稻种植品种以“莲塘早”为主。“莲塘早”是浙江在20世纪60年代极力推广的早熟稻品种之一。与其他水稻品种相比，“莲塘早”最主要的特点就是成熟早。“莲塘早”的播种时间一点在3月底或者4月初，7月上旬收割，从播种到收割，大约需要100—105天。“莲塘早”对气温要求比较高，播种时要看天气情况。“莲塘早”的抗病能力比较强，不易感染，一般水稻易感染的纹枯病、白叶枯病，因其成熟早易躲过螟害。

也有人种植竹笋、柿子、油菜、蚕豆、菱角、莲藕等。C村出产竹笋以鲜嫩闻名。清朝诗僧明开将竹笋写入诗歌："宛然琼树身微紫，酷似鹦哥嘴带圆。雪藕未堪方脆美，珠兰差可喻香妍。"① 竹笋品种主要是春笋，还有白哺鸡笋、多毛笋、蚕步鸡笋等。春笋在清明节前后破土而出。笋季节性强，过了时令无法尝到鲜美味道，因此C村人使用多种方法加工笋以延长笋的食用期。笋干和腌笋是C村的两种主要笋产品。利用笋干作配料的杭帮菜有笋干老鸭煲、笋干烧肉等。腌菜也叫咸菜，是一种经加盐、腌制等工艺制作而成的产品。根据原材料的不同，腌菜分两种，一种是白菜腌菜，另一种是芥菜腌菜。腌菜存放时间长，酸甜爽口。过去生活艰难，腌菜称为本地人的主菜。随着生活水平提高，腌菜逐渐成为配菜，腌菜鱼片、腌菜豆腐、腌菜笋干等，成为饭桌上的美食。

柿树一般种植在池塘边、河边，有防护堤岸作用，亦有"柿基鱼塘"说法。柿子有扁柿、方柿、火柿、金盆柿、油柿等品种。C村的气候、土壤非常适合柿树生长。C村的柿子以果实大、味道甜美、果核小、汁液多闻名，风味独特。每年农历的八九月份是柿子成熟的季节，遍布在鱼塘间隙的柿子林金黄橙红。明朝僧人释大善做过一首咏"蒹葭里"的诗，尾联云"黄柿红柿紫菱角，不羡人间万户侯"。柿子有涩味，村民用梨烘法和石灰渍法脱涩。脱涩后的柿子味道甘甜，村民将成担柿子挑到集市上出售。菱角是水网平原的特产之一，由于当地水质好，菱肉质白嫩、水分多。油菜和蚕豆是C村的主要蔬菜品种，在冬季种植。菱角既是蔬菜，又是水果和粮食。清朝诗人吴祖枚赋诗《古荡菱》，颂扬菱角："古荡桥边秋色妍，渡头争放采菱船。轻竿乍击波纹细，小蒴徐分浪影圆。尖角何如团角美，红衣绝胜绿衣鲜。宫房秋志莲心苦，叶叶丝丝都共牵。"② 关于菱角有"一年种，十年收"的谚语。是指菱角成熟之后，如果来不及摘收就会自行坠落枝头，沉入河塘底，第二年春天又会生出新的菱角。莲藕也是

① 周膺、曹云、吴晶：《西溪词境》，当代中国出版社2005年版，第74页。

② 周膺、曹云、吴晶：《西溪词境》，当代中国出版社2005年版，第89页。

C 村常常种植的蔬菜品种之一，藕白嫩鲜翠。冬天缺少水，勤劳的村民们边清理池塘泥、边种植新笋，同时还挖荷塘中的莲藕。

C 村位于长江中下游地区，土壤肥沃，盛产蚕丝、绸缎。桑田与鱼塘交织。20 世纪 40、50 年代，许多人家参与养蚕。待成茧后，村民挑选质量上乘的蚕茧卖给收购者，将颜色不纯净的蚕茧或者双宫茧（两个蚕宝宝结成的茧）留在家中，自制丝棉被、丝棉袄。手工制作丝棉需要经过选材、剥毛、蒸煮、洗涤、做丝绵、成型。丝棉保暖性能好，温软细腻、纯天然、轻薄、无污染，深受民众喜欢。农历十二月十二日，是蚕花娘娘生日，C 村人会在这天祭祀，感谢蚕赐予的雪白的蚕丝，也祈求来年蚕茧丰收。

乔治·斯坦顿（George.Staunton）爵士对中国农家的手工业有独到研究。他在他的文集以及写给朋友的信中对此做了细致的描绘。他写道：

> 虽则中国人是很少或者根本不懂得科学，只有非常笨拙的机械，可是他们拥有多种多样的艺术上的、工艺上的技术，而他们又以极其勤劳精励的精神去运用这些技术。他们是一个突出的讲究实际的民族。我们应当注意到这一重要事实：我们将与世界上伟大的、长与制造的民族开始竞争，这个民族当西方民族还披着羊皮时就已经能够制造衣服，因此……英国布在中国推销的最大障碍，可以综述如下：第一，中国人牢不可破的勤劳节俭的习惯，这样的人占最大多数；第二，劳动的经济利用，使每一个农民都成为制造者；换言之，即农产品与衣着原料的生产密切配合，农民以农闲劳动用于这种衣料的生产；第三土布……生产成本之低，足抵制一切外来的严重竞争。……根据其基本特点可以得出以下结论，那就是只要中国这个民族存在一日，其勤劳不倦和家常节俭的精神就会与之共存。①

---

① Sir George Staunton：Miscellaneos Notes Relating for China and Our Commerial Intercourse With that County pp.10-P11，1850，*Correspondence Relative for the Earl of Earl of Elgin O Special Missions to China and Japan 1857-1859*，pp.244-249.

C村的竹编已经有800多年的历史，传说与朱元璋、刘伯温有关。常见的竹制品有虾笼（捕捉河虾之用）、竹篓、竹筛、鱼篓、饭篮、菜篮、帽笠、叶篰、发篮等。现在C村还有40多户从事竹编行业。

20世纪50、60年代，为了增加家庭收入，C村人开始制作粉皮，由此形成了兴旺的家庭副业。村民白天到田间地头作农活，晚上在家中烫粉皮。第二天一早，再将粉皮拿到集市出售。

（二）拆迁后的生产方式

YMF有75岁了，过去以种植蔬菜为生。土地被征用后，他在C社区旁边的菜场找了块空地，开辟成了菜园。丝瓜藤搭好了架子、番茄生机勃勃、红绿辣椒挂满了枝头，另外还有一畦畦的韭菜、空心菜、萝卜、菠菜等。笔者到C社区调查时，他在C社区门口卖白萝卜。

> 我们家土地被征了，两个儿子都40、50岁了，文化程度不高，在打零工。我种了一辈子地，闲不下来，很无聊。每天搓麻将也没意思，后来在菜场旁边找到一个空地，就开了菜园。土质不肥，我到临安买了猪粪埋在土里，还托侄女从金华带来好几包菌包，里面有菌类、木屑，撒到土壤里。现在土壤土质蛮好的。今年收成不错。我现在有了牵挂，三天两头来看菜地。种菜自己吃，多出来的拿出来卖。儿媳妇、孙女都嚷嚷着要减肥，我又特地种了点韭菜。（YMF—20090411，2009年4月11日，C社区门口）

YMF作为在土地上勤恳劳作一生的农民，土地征用后虽然身份由农民变成了居民，但是擅长的生产方式还是农业。自己种植的蔬菜除一家人自用外，还拿去出售，在减少了买菜支出的同时，还获得了卖菜的收入。

FMS在一家物业公司做保安，他过去是以种地为生，土地被征用了，他因为文化程度低，又缺乏其他谋生技能，就去做收入比较低的保安工作。

我是在物业公司做保安的。过去是种地的，地被征了，文化水平低，又不会干别的活，就跑到这家物业公司来。就是收入比较低，只有1000多元。幸亏家里的房子租出去了。这点工资只够买香烟抽的。我们年底还有股份合作社的分红。每年分红数量不一样。（FMS—20110422，2011年4月22日，C社区街心花园）

对拆迁的原村级组织进行股份制改造，是应对城市化导致集体农用土地被征用、拆迁农民就业困难等问题的一项重要举措。2005年5月浙江省委办公厅、省政府办公厅出台《关于全省农村经济合作社股份制改革的意见》、6月浙江省农业厅制定《浙江省村级股份经济合作社示范章程》、12月浙江省农业厅召开全省村级社区股份合作制改革座谈会为标志，推进了对拆迁的原村级组织进行的股份制改造。股份制改造进行了如下创新：产权明晰、股权设置、折股量化和收益分配等。对C社区居民股份制改革带来了如下变化：从村级集体经济合作社变为股份经济合作社、从社员变为股东、将集体资产量化到每个股民，从多劳多得变为按股份分配。FMS讲到的股份合作社的分红，就是作为C社区股份经济合作社的股东，他们一家可以获得的分红。

C社区过去办有绣花厂，安置了一批妇女劳动力。ZYM原来在绣花厂当工人，她告诉笔者：

我原来在绣花厂工作的，后来退休了。我老公是高中美术老师，还不到退休年龄，还在办补习学校。我女儿高中毕业后去温州读医学院，医学院毕业后到医院做妇产科医生，也蛮累的，要上夜班的。后来女儿结婚了，和我们住在一起，女儿生了儿子，女婿是外地人，女婿的父母都八十多岁了，年纪大了，外孙就由我们来带了。外孙喊我们爷爷奶奶的。都一样的。（ZYM—20111016，2011年10月16日，ZYM家中）

访谈时，ZYM 还回忆起她父亲过世后分家产的事情：

> 我妈妈去世早，爸爸一直住在我家。我兄弟姐妹五个，我是老大。我们杭州，男女平等，男女都一样的。我爸爸是前年去世的，去世后他的老房子卖掉了。我是大姐，召集四个弟弟妹妹开会，讲外姓人都不参加，只有五个自己兄弟姐妹参加。先问卖老房子的钱拿出十万元钱给最小的弟弟，他家中还有儿子读大学，大家有没有意见，大家说没意见。再将其他钱平均分配，一人分几十万元。(ZYM—20111016，2011 年 10 月 16 日，ZYM 家中)

访谈时，ZYM 的丈夫也在家。讲他们用 ZYM 爸爸老房子卖掉补偿的钱，一部分投入 ZYM 丈夫的祖宅翻建。ZYM 丈夫家祖宅在诸暨。到春节时，ZYM 一家会回祖宅住一住，祖宅中给他们留了一个套间。

四、拆迁后 C 社区养老支持力的变化

（一）浙江农村养老支持力的特点①

传统意义上的农民养老问题往往简单地理解为经济上的保障。现代意义上的养老涵盖了三个维度：经济上的供养、生活上的照料、情感上的慰藉。从经济来源角度衡量，养老支持力的主体是三个：老年人自己、家庭成员或者亲属网络、社会和政府，由此产生了养老模式的三种类型：自

① 本部分在笔者主持完成的浙江省委政策研究室、浙江省社联联合立项民生调研协作攻关项目“农村老年人的养老支持力研究及社会政策建议”（项目编号 07xz13，2007 年 3 月至 2007 年 6 月）课题报告的基础上进一步修改撰写而成。相关内容亦可见郅玉玲所撰《农村老年人养老支持力研究及社会政策建议》一文，载《人口与发展》(CSSCI) 2009 年第 5 期。

我养老、家庭养老和社会养老。由于各地的经济发展水平、社会保障水平和老龄事业状况存在着差异，农村老年人的养老支持力存在着差异。经课题研究发现，浙江农村老年人养老支持力有以下特点：

1. 家庭养老是农村老年人养老的最主要模式

从农村老年人口供养情况看，家庭养老仍然是农民养老的主要形式。在我国农村，家庭养老的具体形式主要包括：子女供养、配偶供养和其他亲属供养。在本课题中，从经济支持力方向划分，我们将劳动收入界定为自我支持，征地补偿金、储蓄和出租房屋租金为财富的积累和储蓄，子女供给和亲友赠送为家庭支持，政府救济为政府服务，退休金和农村社会养老保险金为公共养老金。其中，主要靠劳动收入以及财富的积累和储蓄生活的老年人为自我养老，靠子女供给和亲友赠送生活的老人为家庭养老，靠政府救济、退休金和农村社会养老保险金生活的老年人为社会养老。

2. 农村老人用自我养老体现自己的价值

自我养老是主要依靠自己积蓄、投资和劳动收入生活的养老模式。在“七山一水两分田”的浙江，人多地少，资源稀缺。但是农村老年人肯吃苦、韧性足，只要身体健康，就持续劳作下去。经济发达地区的农村老人，尤其是拆迁的老人由于获得了征地补偿金，自我养老的能力较强。还有的拆迁补偿家庭老人依靠出租房屋获得了可观的养老金。

3. 社会养老起着“安全阀”的作用

社会养老模式包括五保养老和社会保险养老。农村基层组织对“三无”的老人实行“五保”,“三无”是指无依无靠、无劳动能力、无生活来源，“五保”是指保吃、保穿、保住、保医、保葬。“五保”是农村地区最为传统的、最为普遍的集体供养方式。五保供养对符合要求的老年人主要采取两种供养形式：一是集中供养，即由乡（镇）、村安排在敬老院里享受养老保障；二是分散供养，由村级组织负责，组织邻里照顾。2003年，浙江省政府开始改革传统的分散供养方式，在富阳市、江山市、苍南县、慈溪市、婺城区实行试点、将农村“五保”对象集中到敬老院供养，2004年在全省推广。全省加大资金投入，2003年至2005年，全省累计投入集中供养的资金达 26.08 亿元，其中各级财政投入 11 亿元，各级政府通过整合资源、划转国有集中资产的投入 14 亿元，社会力量资金投入 1.08 亿元。① 三年来，全省改（扩、新）建敬老院 1235 个，共有 5.17 万名农村"五保"对象实现集中供养。"五保"集中供养率由 2002 年的 29.8% 提高到 2007 年的 92.48%。② "农村社会养老保险是国家保障全体农民老年基本生活的制度，实行政府引导和群众自愿相结合的原则。" ③ 实行农村社会养老保险是从家庭养老过渡到社会养老，具有一定的必要性和可行性。"农村社会养老保险包括农村社会养老保险、计划生育养老保险和少数地方实行的农民退休金制度。" ④1991 年，浙江省开始实施农村社会养老保险工作。1992 年 4 月，浙江省政府确定开始农村社会养老保险制度改革试点，试点在杭州、宁波、嘉兴三地的 14 个县（市、区）进行。1993 年 5 月，浙江省政府下发了《关于建立农村社会养老保险制度的通知》，并于一年半以后即 1995 年 1 月下发了《浙江省农村社会养老保险暂行办法》。"到 2003 年底，浙江省农村养老保险累计参保人数达 470 万人，农保基金积累额约为 22 亿元。但是，由于现行农村养老保险制度方案本身存在的制度缺陷和实际执行过程中产生的一系列严重问题，其效果在大部分农村地区并不理想。" ⑤ 制度缺陷主要表现在：筹资水平过低，老年农民的养老目标难以实现；采取储蓄积累模式，在有关的资金筹集、投资运营、养老金计发等方面采用了商业保险的做法，基金缺乏平衡机制；农民参保仅靠个人缴费，各地财政始终没有出台实质性的补贴政策，省政府制定的"国家

① 参见《浙江省民政事业"十五"计划执行情况》，载浙江省民政厅、浙江大学课题组《浙江省民政事业发展"十一五"规划课题之四研究报告》，2006 年 6 月。

② 刘晓清、张国强：《加快构建具有浙江特色的社会救助体系》，新华网浙江频道，2007 年 3 月 21 日，见 http://www.zj.xinhuanet.commagazine/2007-03/21/content_9572880.htm。

③ 石宏伟：《关于我国农村社会养老保险的思考》，《中国农业大学学报》（社会科学版）2002 年第 3 期。

④ 姚引妹：《中国农村养老保障：问题与对策》，《人口与计划生育》2002 年第 9 期。

⑤ 俞仁龙：《浙江农村建立社会养老保险制度的经济可行性分析》，《嘉兴学院学报》2005 年第 4 期。

政策予以扶持”的规定，几乎成了一句空话。实际执行过程中，农民对养老保险的认识不一致，阻碍了此项工作的发展。

改革开放以来，农村老年人的物质生活水平提高很快。但是，在我们的调查中，也发现了一些亟待解决和改进的问题：

一是欠发达地区农村老人的生存环境脆弱，社会保障力度小。在我们调查的欠发达地区农村老人中，无一例交纳社会养老保险金。这些农村老人大多依靠子女赡养。这些家庭青壮年进城务工、经商，所挣的钱要用来供子女读书、交房租、交水电费等，很少有多余的钱来供养老人。一旦子女打工挣不到钱或经商破产，老年人就会失去生活来源。

二是农村老人患病缺医少药，医疗保障水平低。造成农村老人看病难的原因：一方面是农村的收入增长缓慢，医疗费用增长过快；另一方面是现行的医疗保障机制与农村老人的医疗需求存在很大的差距。有的老人虽然加入了农村合作医疗，但是认为起付标准太高，报销比例太低，保障有限。各地在农村合作医疗的实际运作中，缴费标准、起报标准，报销比例、封顶线是不同的。比如衢州市衢江区参加新型农村合作医疗的农村居民，以户为单位，每人每年缴纳统筹费 20 元。年住院医疗费用起付标准为 1000 元，起付标准以下（含 1000 元）由个人支付，超过起付标准的医疗费用实行分断计算，累加报销。每人每年累积最高报销限额为 20000 元。具体报销标准如下：1000 元以下，不予报销；1001—2000 元报销 15%；2001—5000 元报销 20%；5001—10000 元报销 25%；10001—25000 元报销 35%；25001 元以上报销 50%。在本区乡镇卫生院住院的，住院医疗费用在同一报销段内报销比例上浮 5%。嘉兴市嘉善县农村合作医疗，每人每年交 45 元。2007 年起，居民在定点医疗机构普通门诊所发生的基本医疗费，其当年度个人普通门诊可补偿范围药费累计自付额超过 100 元的部分，按 15% 的比例给予结付，最高补偿额为 500 元。年住院医疗费用起付标准为 500 元，起付标准以下（含 500 元）由个人支付，超过起付标准的医疗费用实行分断计算，累加报销，每人每年累积最高报销限额为 50000 元。具体报销标准如下：500 元以下，不予报销；501—

5000 元累计报销 1350 元；5001—10000 元报销 40%；10001—30000 元报销 50%；30001—50000 元报销 60%；50001 元以上报销 70%。温州平阳县农村合作医疗 2007 年筹资标准为每人 60 元（2006 年为 50 元）。新参加 2007 年合作医疗的人员，每人缴费 25 元（2006 年为 20 元），政府补助 35 元。乡镇医院起付线调至 200 元，封顶线提高至 3 万元，县内定点医疗机构补偿比例提高 6%，县外定点医院提高 3%。增加"再生障碍性贫血""血友病""系统性红斑狼疮"三个特殊门诊病种。床位费从 20 元提高至 25 元。参合人员按每人 6 元标准提取基金建立个人账户，当年如果没有用完可延续下年使用。

还有的老人认为医院药品价格偏高。比如头孢拉定在一个镇上的药店仅卖 8.5 元，但在医院里价格是 15 元，参加农村合作医疗报销 20% 后还是卖 12 元，根本没便宜。还有一个老人出过车祸，医药费用花去 2 万多，在医院当时就报销了 4000 多元，但是有很多项目和药品是不在报销范围之内。因此，当问到对目前的生活是否满意时，许多老人讲"身体健康就满意"。

三是农村社会养老保险在实施过程中存在一些不规范的做法。有的老人说农村社会养老保险要年轻时交，但那时没有钱，就没有交。也有的老人认为养儿防老模式世代沿袭，无须费力推行社会统筹养老保险。还有的怀疑政策有变化，存在不满情绪。

四是农村空巢家庭增多，面临养老危机。空巢家庭是伴随家庭核心化和小型化出现的，是现代化过程的一个必然产物。空巢家庭的老人还面临无钱看病、看病无人陪以及照顾缺位的问题。

五是拆迁家庭老年人由于政策实施的不一致，拿到的补偿金有差别，导致事实上的不公平。比如，有的村征地补贴金额与征地时间先后挂钩；还有的村由于性别不同，男女享受的征地补偿政策不同。

（二）拆迁后 C 社区养老的内容和形式

拆迁后，C 村变成了 C 社区，C 村老年人的养老亦变成了 C 社区老年人的养老。C社区养老来源有以下几种：

1. 征地补偿金

拆迁人口失去了土地，他们的未来生活需要得到保障。C社区居民是拆迁的获利者。他们土地被征用后，获得了补偿的货币。政府设计了相关政策。笔者为对此有个宏观了解，对浙江省农办的领导LFX进行了访谈。他说：

> 把农地征调啦，这个是有个补偿，补偿就是考虑到他们生活没有来源，类似于拆迁农民基本生活保障，类似于失业保险，他们不叫失业保险制度，农村没有失业一说啦，类似于失业保险。本来我在土地上面生产劳动的，你把我生产劳动的场所拿掉了，我失业了，类似于失业保险。这么一个东西。那么他自己从补偿金里拿钱，建了这么一个制度。这是一个制度。那么房屋这个事情是两码事。那个集体分红是这样的，有些地方也没有完全分完的，我这个地集体所有嘛，那么分到你户里面的钱一部分是你户里面的，老人安置费分到你户里的，那个地面建筑物还有青苗，这个补偿给你户里的，那么还有土地补偿款，有些地方是一分不分的，有些地方分一部分，有些地方全部分掉的。像温州台州基本上全部分光的，浙北地区集体经济的地方这个所有权搞得很清楚。村里留 部分。村里留的这些钱干啥呢，老百姓也不放心，村里有的就盖个楼，村里有比较稳定的收入来源，那么这收入来源就是要有分配，分配就是把地的产权进行改革，把地的产权量化到人，但是以户为单位折算，那个可以继承，这个就是按照刚才说的分红，按照这个来分的。稍微和土地被征有点关系，但是集体产权改革，土地没被征的地方也可以做啊。土地被征的地方钱多一点而已嘛。土地不被征的地方，如果是经济比较发达的，也有一些经济来源。对于房子这个东西，征地看怎么征法，如果把农地征调了，把它房子也拆了，破房子破村庄一并拆了，那么这个时候它要集中安置了。集中安置肯定是最后住宅

建设用地省下来了。住宅建设用地省下来了，这个比如住宅建设用地是一百亩，到新地方去造，恐怕用了七十亩，那么三十亩多出来了。这个三十亩这个地方垦为农田了。本来这个建设用地是一百亩，现在建设用地是七十亩，三十亩建设用地我可以用到可用的地方去，把指标腾出来。这个指标是非常珍贵的，政府要指标，农民不能吃亏嘛，那么它有一种补偿制度。每个地方补偿制度不一样。有些是货币啊，有些是给你两套房子啊。义乌给多少，给六套。所以义乌人喜欢高楼，因为你不搞高楼，它哪来六套给你啊。农民愿意啊，有六套，两套卖掉，两套出租，两套自己住，很舒服啊。那么这个情况。也有土地一并分掉的，这个地方变为平地了。也有土地不被征的这种情况，农民集聚。村里集聚，村里集中居住，村里集聚得太少了，土地这个浪费，没几户人家的小山村，七弄八弄都给你弄，什么都有，做不到。特别是这种和场所有关的公共服务，卫生室啦，文化室啦，没法弄的，住在这种村里的老百姓生活条件很差的。只有农民集聚，集聚过程中，老百姓的居住条件、生活条件都改善了，最后老百姓也没出什么钱，政府也没出什么钱。就是靠多出来的土地做的。但是这个老百姓自己做不起来，只能政府牵头来做。老百姓住的地方，老百姓基本上没出钱，政府也没出钱，其实说白了还是老百姓出的钱，只是老百姓没掏现金而已。因为他的宅基地是有价格的，宅基地从多变成少，这个指标跟老百姓的呀。说白了还是老百姓出的钱。这个活老百姓自己是做不起来的，政府来组织才能做成。(LFX—20111111，2011年11月11日，浙江省农办领导办公室)

政府设计政策，征用了农民土地。征用的土地上的房屋是一至三层，盖起的高楼是五层乃至十八层的多层楼房或者电梯房，小区的容积率提高了，可住的楼房间数增加了。在征用的土地上，盖起了高楼分给农民。农民将征地补偿获得的多层或者高层电梯楼房出租、出售、自住，从而获得了租金收入、出售房产收入等，过上了美好生活。

2. 房屋出租金

土地征用后，乡村村民的户口发生了变化，由农村户口变为城市户口，由此村民成了居民，C村的村民变成了C社区的居民。C社区的居民以优惠价格买到了在拆迁土地上盖起来的楼房。C社区由于地理位置优越，房子容易出租，由此房租成了许多家庭收入的一大来源。2012年时平均每户每月收取房屋租金7000—10000元。C社区毗邻浙江大学紫金港校区，有许多浙江大学学子来此租房；开往振华工业园区的17路车在C社区设有站点，从C社区到振华工业园区乘坐公交车只需要20分钟，因而C社区也吸引了在工业园区工作的白领承租。C社区的宣传栏中有专供社区居民张贴出租信息的空间。现将几则广告抄录如下：①

套间出租：面积：25平方米、朝南、带独立厨房和卫生间、配有空调、热水器、洗衣机、油烟机、床、衣柜、电脑桌、42兆宽带、一应俱全、装修清爽、拎包入住、月租1300元、不还价。

出租：单间、朝南、有独立卫生间、设施齐全、可拎包入住。联系电话：×××××××××××

单间出租带厨房、卫生间。

本小区1室1厅便宜出租，月租1800元（空调、热水器、家具等基本设施），晚上可看房。

由此可见，房屋出租受到社区的鼓励，不但范围很广，而且收益很大。C社区居民将套房分割出租，简单装修，带基本电器、家具，卫生间独立，实现了利益最大化。因而C社区有的居民说，他们是房东，家家户户都如此。出租房的电费是按照房东定价收的，未按照电表收。许多房东家中装了峰谷电表，晚上10点至第二天8点电费是半价。通过电费差价，房东又多了一笔收入。

---

① 2012年2月摘录于C社区宣传栏。

3. C 社区股份经济合作社分红

未拆迁前，C 社区不少人以种地为生，留足 500 斤粮食 / 人 / 年，其他上交国家。拆迁后，工作自己找，许多人家靠出租房屋为主。社区居民还有股份分红。持股的社区居民有股权证，股权由两部分构成：农龄股（按照参加农业劳动的时间折算）、人均股。2011 年 C 社区集体分红人均 7000 元。对于发展股份制经济，C 社区老年协会会长 XAL 这样说：

> 发展股份制，每个组的钱放到村里，开始老百姓是不相信的。现在 10% 留用地产生经济效益了，开始分红了，一人分到 7000 元，老百姓就相信了。

在 C 社区宣传栏，张贴着 2011 年分红说明，笔者抄录如下：①

> 撤村建房翻牌时间 2002 年 6 月 3 日，股份制经济合作社股东资格截止时间 2002 年 11 月 3 日。至 2011 年共有股民 1159 人，每人股金分红为 7000 元。有些股民没有拿到全额股金，因为未交物业费、车位费、房租、代租代扣款等。希望在新的一年 2012 年都能自动配合社区、物业公司及时缴纳有关费用。为确保股民利益公平，如不按时上交，根据党员代表大会决议，扣除相应滞纳金。
>
> 自 2002 年 6 月 3 日至今共有死亡股民 65 人。若家属要办理移股手续，要求直系亲属提交申请报告，家属签字，经社区审核，并在全体党员股民大会上进行通报，办理时间 2012 年 3—5 月。
>
> 今后社区股份经济合作社股民增加，都必须符合上级有关文件、政策。同时董事会、监事会协商，经过全体党员组长代表大会通过。今后如有变动，社区另行公示。如未变动社区将不再公示，希望广大股民监督，多关心，多支持，多配合，多理解，多协助社区工作。
>
> 谢谢！

---

① 2012 年 1 月摘录于 C 社区公告栏。

10%留用地是发展集体经济的源泉。10%留用地是在国家征收集体土地后，按照实际征收土地面积的10%，另外分配给集体经济组织的土地，用于发展生产，属于建设用地。留用地的使用权、收益权归集体经济组织。对于10%的留用地，LFX给笔者详细讲述了10%留用地的来龙去脉：

这个十多年以前，九十年代，当时省里面领导重视发展集体经济，提出了他们的一些建议，有些村土地被征了，有些没征完，还留了一点，但是他们想要发展集体经济，这些村往往是经济基础比较好的。他们很想弄点地来造造楼，造市场啊，造停车场啊，或者造什么，当时还没有旧城打包这一说啦。旧城打包是新世纪的说法。那么当时就是征地10%左右作为村集体留用地。出处就是这样，地被征了后，集体经济、分红，农民有比较稳定的经济来源。（LFX—20111111，2011年11月11日，浙江省农办领导办公室）

由于C社区地理位置优越，10%留用地上建的商住楼出租价格较高。2021年12月笔者去C社区走访时，获悉C社区许多人家年底分红达到了40—50万元。有个长年租住在C社区的租客讲：房东一家五口人，房东夫妇和房东儿媳妇不工作，孙子读书，只有房东儿子工作。房东儿子朝九晚五，工资也不高，一份社保而已。靠年底C社区股份经济合作社的分红和房租，一家人日子过得不错。

4. C社区居民的社会保障

C社区居民在收取房租、获得征地补偿款、获得集体经济分红外，还拥有各种养老、医疗保障。分管C社区劳动保障的社工XYQ告诉笔者：

C社区居民的养老保险享受和城镇职工养老保险和双低保险。这两个保险没有覆盖到60岁及以上的老年人口。2011年，根据浙江省221文件，社区里60岁以上的老年人也开始购买养老保险。到

2012 年 2 月，C 社区中只有 5 个人没有购买养老保险。C 社区居民享受的医疗保险有少儿医保、城镇职工医保、城乡居民医保、新型农村合作医疗、大病保险。医保缴纳费社区给每个居民补贴 200 元。（XYQ—20120121，2012 年 1 月 21 日，C 社区社会工作者办公室）

（1）养老保险制度溯源和类型

一般认为，正式的养老保障制度起源于英国中世纪时产生的济贫法和友谊社。英国最早的官方济贫法是 1601 年颁布的伊丽莎白法，其目的表面上是为了保护穷人免受战争、流行病、饥荒和圈地的危害，实质上却是要通过控制人口流动和提供一定水平的安全保障来防止暴乱的发生。济贫法开始揭示正式养老金制度的产生，有两个方面的原因：一是在二者之间有着同一种社会福利制度安排的共性；二是从理论分析的逻辑上看，一旦基本的生活需求具备了一定水平的制度化保障，稍高层次的、长期的生活需求就要突显出来。在社会福利制度发展史上，继济贫法之后的第二个具有重要意义的事件是友谊社。它的意义在于，防范风险或者保障的功能从家庭走向了社会。友谊社的产生追溯到 18 世纪，在 19 世纪开始兴旺。友谊社的成员主要是当时的熟练工人和具有稳定的较高收入的工人。友谊社通过成员之间在经济上互助的方式，为他们提供丧葬和疾病等方面的基本保障。济贫法是为其受益者的最为基本的生存需求提供的一个最为基本的保障，友谊社这种自发产生的非正式组织开始为其成员提供一些层次略高的生活需求的保障。但是，在 1908 年之前英国始终没有一个由政府管理的公共养老金计划。1885 年提出的“布莱克利建议”遭到了下议院、友谊社和私人保险公司的反对。公共养老金的缔造史发于德国。1889 年世界上第一个由国家建立的强制公共养老金制度在德国产生，是由俾斯麦政府首创的。20 世纪的最初几年，英国的情况发生了变化。一方面欧美各国在工业革命的进程中紧随英国，奋起直追，使英国政府认识到要保持它在工业革命中的领先地位很重要的一个条件是使工人保持一个健康的身体。同时，19世纪末期，友谊社的发展度过了它的鼎盛期，年轻工人房的比例在逐步下降，人口的预期寿命较之以往有了较大的提高，致使很多友谊社濒于破产。从1902年开始，友谊社对公共养老金的态度发生了变化。在1904年召开的全英友谊社大会上正式通过了一项决议，宣布支持为65岁以上的人建立一个不缴费的公共养老金计划。到1908年，几乎所有的友谊社都开始支持建立公共养老金制度，最终结果是促成了《老年人养老金法案》的通过。这项法案要求建立一个不缴费的、在财富审查的基础上按照统一受益率给付养老金的制度。此后，欧美相继发展各自的公共养老金制度，德国和英国的模式成为他们参照的模本。瑞典在先后否定了本土产生的两个公共养老金计划之后，比较了德国和英国两个计划的优劣，在1913年通过法案，决定对16—66岁的工人实行普遍的强制缴费，使受益与缴费精算关联，政府创办基金管理积累的缴费，但政府本身不出资，只是免征雇主的工薪税。为了覆盖收入过低的工人，又提出了一个补充养老金计划，以财富审查的办法决定受益资格。这成为瑞典的第一个公共养老金制度。随后北欧的挪威和芬兰分别在1936年和1937年又颁布实施了养老金立法。20世纪的大衰退严重削弱了美国人依靠个人储蓄养老的信心，也影响了公司养老金的融资。美国在20世纪30年代开始对养老金制度及其他社会保障制度进行改革，从而导致1935年《社会保障法案》的诞生。就养老部分的内容而言，这是一个由面向有工资收入的工人的缴费型社会保险和面向产业部门之外无工资收入的老年人的不缴费型政府扶助计划相结合而成的综合性公共养老金计划。此后，它又经过数次补充和修改，扩展成为一个包括了养老、遗属和丧失劳动能力者在内的综合性社会保障制度。①

就养老金制度而言，世界银行在1994年提出了三支柱养老金理念，目前该体系已经被世界各国广泛接受并且实施。其基本内涵是：第一支柱

① 李绍光：《养老金制度与资本市场》，中国发展出版社1998年版，第52—58页。

为公共养老金计划，或者称国民年金，指由政府出资、组织或者强制实施的为老残人员建立的公共养老金制度，也称基本养老金制度。多数国家采取按待遇确定制，并通过现收现付形式，其养老金水平一般按照社会平均工资水平确定。在我国，公共养老保险制度是指社会养老保险制度。第一支柱养老金计划覆盖全体成员。从世界各国社会保障制度类型看，公共养老金计划主要包括保险型养老保险、储蓄型养老保险、福利型养老保险、国家型养老保险以及基本型养老保险。第二支柱为职业年金或者企业年金，由雇主和雇员共同供款，或者单纯地由雇主供款，为企业员工提供必要的养老保障。该层次的养老金计划一般是建立在第一支柱养老金计划的基础上的。第二支柱养老金计划通常采取自愿性质实施。目前世界上少数国家对其实行强制措施，比如澳大利亚的超级年金制度属于强制制度。第三支柱为个人自愿保障，即为了达到个人希望的消费水平，由个人自己或者家庭成员进行自愿性个人储蓄或者购买商业养老保险，以满足个人对提高养老金水平的需要。①2005年世界银行提出了五支柱理念，根据此理念，结合中国实际，我国养老金体系又可划分为五支柱体系。②零支柱、第一支柱、第二支柱、第三支柱、第四支柱分别为非缴费型最低水平保障、与个人收入关联的缴费型计划、不同形式的强制性储蓄计划、形式多样的雇主发起的自愿性计划、加成非正规计划。

（2）医疗保险制度概念和类型

医疗保险按照保障范围不同分为广义医疗保险和狭义医疗保险。广义医疗保险又称健康保险，不仅对人们因患病而遭受的直接经济损失进行补偿，也补偿由于患病而给人们带来的间接经济损失，甚至还包含了疾病预防、卫生保健、健康促进等方面的内容。狭义医疗保险又称疾病保险，其仅仅对疾病和意外伤害发生后人们因接受治疗而产生的医疗费用进行补

① 《社会保障概论》编写组编：《社会保障概论》，高等教育出版社2019年版，第324—326页。

② 郑秉文、张峰主编：《中国基本养老保险个人账户基金研究报告》，中国劳动社会保障出版社2012年版，第1页。

偿。① 在国际上，许多发达国家的医疗保险采用广义的定义。在瑞典医疗保险参保者不仅可以在诊断、治疗、住院、手术时得到医疗费用补偿，还可以享受病假津贴、有关治疗的车旅费津贴以及免费的牙科保健等。② 我国医疗保险采用狭义医疗保险概念，是指疾病保险，仅仅对患有疾病和遭受意外伤害后进行治疗而产生的医疗费用进行补偿。

国际上主要有五种典型的医疗保障模式，分别是国家卫生服务保障模式、社会医疗保险模式、市场医疗保障制度模式、储蓄医疗保障模式和社会医疗救助制度模式。③ 国家卫生服务保障模式，是“指政府通过征收税收的方式来筹集医保资金，采取直接举办医疗卫生机构的形式或对已有的医疗卫生机构进行国有化的转变，免费向全体国民提供集预防保健、疾病治疗和康复护理为一体的卫生保健服务的医疗保障模式”④。社会医疗保险模式是政府以强制性的方式举办医疗保险，在其政策及法律法规的制定过程中，权利与义务相统一的原则受到肯定，并且注重扩大风险池，强调通过社会互助与大数法则来分散、应对医疗冲击带来的财务风险，并致力于通过社会保险形式，体现医疗保险制度的社会公平性。⑤ 市场医疗保险模式是基于国家商业保险法规规定，在市场保险组织生产以及提供医疗保险产品的条件下，个人或企业团体以自愿原则参加购买的一种医疗保险模式。市医疗保险模式主要是以合同的形式实现被保人在遭受疾病引起的经济损失时，顺利将其转移到保险人一方，对被保人具有很强的保护性。⑥ 个人储蓄医疗保障模式是基于法律法规标准，强制性的以家庭或个人为单

① 仇雨临、孙树菡主编：《医疗保险》，中国人民大学出版社 2001 年版，第 6—7 页。

② 冯英、聂雯倩编著：《外国的医疗保障》，中国社会出版社 2008 年版，第 138 页。

③ 乌日图：《医疗保障制度国际比较》，化学工业出版社 2003 年版。

④ 陈佳贵、王延中：《社会保障绿皮书：中国社会保障发展报告 2007，NO.3》，社会科学文献出版社 2007 年版，第 2 页。

⑤ 胡宏伟：《城镇居民基本医疗保险与国民健康：政策评估与社会机制分析》，人民出版社 2016 年版，第 39—40 页。

⑥ 胡宏伟：《城镇居民基本医疗保险与国民健康：政策评估与社会机制分析》，人民出版社 2016 年版，第 42—43 页。

位建立医疗储蓄基金，用以支付日后患病所需的医疗费用的保障制度。① 社会医疗救助制度主要由政府主导，在救助过程中政府起到决定性作用，救助的标准和经费均由政府按照既定政策进行分配。政府在救助过程中通过提供持续的政策、财政和技术支撑，对社会中因贫困或其他原因导致无力进行疾病治疗或者因病致贫的人群实施专项帮助。②

(3) C 社区居民的相关社会保障制度

种类繁多的养老保险、医疗保险，使 C 社区居民解除了后顾之忧。笔者按图索骥，查找到了各种规范拆迁农民社会保障的文件、养老保险、医疗保险相关文件，梳理如下：

①规范拆迁农民的社会保障③

关于保障对象范围的界定。根据《中华人民共和国农村土地承包法》的有关规定，浙江省《关于建立拆迁农民基本生活保障制度的指导意见》（2003 年）界定了保障对象的范围，即拆迁时的在册农业人口。《浙江省人民政府关于加快建立拆迁农民社会保障制度的通知》中，进一步明确了保障对象的范围，即：经省以上政府批准征地，由当地国土资源管理部门实施统一征地的，拆迁时持有第二轮土地承包权证家庭中在册农业人员。征地时未达到劳动年龄段（16 周岁以下）的人员，已享受城镇职工基本养老保险的人员，不列入拆迁农民社会保障范围，一次性发给征地安置补偿费。④

关于保障待遇标准的确定。强调保障对象的待遇，应与缴费水平挂钩，并与当地经济发展和承受能力相适应。征地时已经是劳动年龄段以上的人员，其养老保障的待遇水平，原则上高于当地城市居民最低生活保障水平，或比照当地失业人员失业保险金发放标准确定。对征地时属于劳动

① 乌日图：《医疗保障制度国际比较》，化学工业出版社 2003 年版，第 69 页。

② 胡宏伟：《城镇居民基本医疗保险与国民健康：政策评估与社会机制分析》，人民出版社 2016 年版，第 48 页。

③ 郅玉玲：《和谐社会语境下的老龄问题研究》，浙江大学出版社 2011 年版，第 137—138 页。

④ http：//www.law110.com/law/32/zhejiang/5141.htm。

年龄段内的人员，在拆迁农民未就业时，可从征地安置补助费留存中解决；补助期满后仍未就业并符合城市低保条件的，纳入城市低保；就业后按规定参加职工基本养老保险，其个人专户储存额，按职工基本养老保险的政策规定进行衔接和折算；就业后失业的，将其纳入失业保险渠道，不再享受生活费补助；因年龄偏大或其他原因不能就业的人员，在到达养老年龄时，可享受与劳动年龄段以上人员相同的养老保障待遇，其个人专户亦与之相衔接。对征地时未达到劳动年龄段的人员，按征地补偿规定一次性发给征地安置补助费。①

关于保障基金的筹措机制。拆迁农民参加基本生活保障和基本养老保险的所需资金，由政府、村（组）集体经济组织、个人共同出资筹集。② 各地按拆迁农民基本生活保障和养老保险资金总额的一定比例，建立拆迁农民基本生活保障风险准备金，以应对未来的支付风险。③

对拆迁农村的养老金发放予以规范。首先，借鉴城镇职工基本养老保险制度，实行社会账户和个人账户相结合的模式。政府负担部分，用做养老保险基金，建立养老保险的统筹账户。村集体负担的部分和个人从安置补助费中列支的资金建立个人账户。采取个人缴费的方式来充实个人养老账户，缴费水平可以较低但应有一个下限。为体现权利与义务对等的原则，拆迁农民基本生活待遇与缴费多少直接挂钩，并且不低于当地最低生活保障水平。其次，提高土地补偿标准，减轻拆迁农民的缴费压力。土地补偿费和安置补助费标准较低，以土地的市场价格为基础，合理确定土地补偿和安置补助费标准。再者，建立养老金增长机制，保证参保者生活水平得到不断提高。地方政府每年拨付专项基金作为养老保险待遇调整的储备基金，根据当地的社会经济发展水平，或是按照农民平均收入增长率的一定比例和物价涨幅对享受待遇定期进行调整。这样可以使保障水平与经

---

① http：//www.zjhrss.gov.cn/art/2005/4/28/art_182_7.htm。

② 刘晓兰：《失地农民养老保障问题与对策研究——以宜兴市为例》，江苏大学学位论文，2008年。

③ http：//www.law110.com/law/32/zhejiang/5141.htm。

济发展水平相适应。最后，建立拆迁农民社会保障风险基金制度[①]，可以缓解财政未来的支付压力。该基金可以从政府土地出让金中按一定比例提取，如不少于10%或者在行政划拨土地和有偿出让土地时，按一定标准，如每平方米20元提取。

②C社区居民的养老保险

《浙江省职工基本养老保险条例》于1999年出台，2002年做过一次修改，2008年再次进行了修正。参保人员的范围包括：企业、个体经济组织、民办非企业单位等组织和与其有劳动关系的职工，国家机关、事业单位、社会团体和与其建立劳动关系但是没有纳入编制管理的职工，城镇个体劳动者（包括城镇无雇工个体工商户、灵活就业人员、其他参保人员）。《浙江省职工基本养老保险条例》规定以下三种情况的参保人员达到法定退休年龄之后，从办理退休手续的次月起，可以按月领基本养老保险，直到死亡：一是1997年12月31日之前参加工作，1998年至2010年12月31日之前退休而且缴费年限满10年；二是1997年12月31日之前参加工作，2011年1月1日之后退休而且缴费年限满15年；三是1998年1月1日以后参加工作，缴费满15年。基本养老金有两项：基础养老金和个人账户养老金，1997年12月31日之前参加工作的人员还发给过渡型养老金。如果参保人员达到法定退休年龄时，缴费年限不符合按月领取基本养老金规定的10年或者15年的，可以选择延缴，延缴后符合规定条件的，可以按月领取基本养老金。如果不延缴的，个人账户储存额一次性发给本人，并按本人指数化月平均缴费工资，每满一年发给一个月的工资，直至基本养老关系终止。最低基本养老金的下限标准为当地上年度职工月均工资的40%。[②]

杭州市劳动和社会保障局在2003年6月颁发了《杭州市劳动和社会保障局关于杭州市区征用土地农转非人员“双低”养老保险实施办法》，

① 卢余群：《拆迁农民利益保障问题探讨》，《嘉兴学院学报》2004年第5期。

② 参见《浙江省职工基本养老保险条例》，1999年。

规定对征用土地农转非人员“低标准缴费，低标准享受”，一次性缴纳基本养老保险费。缴费范围为16—60周岁的男性和16—50周岁的女性。缴费基数按照上年度全省职工平均工资的100%确定，缴费比例是19%；按照低标准缴费应该一次性缴清15年的费用。缴费后按低标准享受退休待遇，基本养老金待遇由基础养老金和个人养老金构成。①

浙江省人力资源和社会保障厅、浙江省财政厅在2011年7月联合发布《关于解决未参保集体企业退休人员及其他相关人员基本养老保障等遗留问题的实施意见》，简称“221”文件。对于具有浙江省城镇户籍、曾经与浙江省各类企业形成事实劳动关系以及曾经在浙江省国家机关、事业单位、社会团体等单位工作过的人员，按照规定一次性补缴基本养老保险费，纳入职工基本养老保险。没有达到法定退休年龄的人员，按照城镇个体劳动者办法参保缴费，正常缴费至法定退休年龄累计缴费年限不足15年的，可一次性补缴。一次性补缴标准，按照本人选择缴费基数和统一缴费比例计算确定，缴费基数按照2010年当地在岗职工月均工资的80%—300%之间选择，缴费比例为18%。参保缴费后，按规定领取基本养老金，基础养老金、个人账户养老金和基本养老金补贴构成了基本养老金。②

“221”文件规定，参保人员没有年龄限制，只要是浙江省城镇户籍、没有参加浙江省职工养老保险，但是曾经在浙江省各级国家机关、事业单位、社会团体、企业工作过的人员，在一次性补缴15年基本养老保险费后，都可以按照规定申请领取基本养老金。“221”文件，将许多老人覆盖在内。在调查中，有两个儿媳妇都说，为公婆办了保险。

我婆婆曾经在安吉当过5年小学老师，“221”文件颁发后，我

① 参见《杭州市劳动和社会保障局关于杭州市区征用土地农转非人员“双低”养老保险实施办法》，2003年。

② 参见《浙江省人力资源和社会保障厅　浙江省财政厅关于解决未参保集体企业退休人员及其他相关人员基本养老保障等遗留问题的实施意见》，2011年。

们家和我先生哥哥家筹集了6万元，一次性给婆婆补交了养老保险，婆婆就领到每月1000多元的退休金了。（WXF—20120106，2012年1月6日，某幼儿园）

公公没有退休金，要交纳社会保障金的，我们家出了2万元，老公姐姐家出了2万元，他们自己出了一点，最后补齐了，现在他能拿1000多元退休金，当时出钱的时候，心里也纠结的，但是出了也就出了，现在公公能拿到社保，也蛮开心的。（LFT—20120116，2012年1月16日，LFT家中）

③C社区居民的医疗保险

杭州市城镇职工基本医疗保险参保对象是国家机关、事业单位、社会团体、民办非企业单位的工作人员、各类企业的工作人员。性质不同的单位缴费比例不同，在岗与不在岗职工缴费比例也有所差别。缴费年限不足20年的在职职工，到达法定退休年龄后，一次性补缴费满20年的，能继续享受医保。到达法定退休年龄的在职职工，补缴门诊统筹启动资金，可以享受门诊待遇。个人账户可以承担普通门诊、住院医疗费、规定病种门诊。

杭州市城乡居民基本医疗保险参保对象为没有参加城镇职工基本医疗保险的城乡居民，参保是以户为单位参保的。基本医疗保险每年筹资标准是不一样的。参保周期是自然年度的1月1日到12月31日，中途不能退保。符合开支范围的医疗费用，可以报销门诊医疗费用和住院医疗费用。封顶报销额度为7万元（门诊医疗费用、住院医疗费用、规定病种医疗费用累加）。

2006年12月，杭州市人民政府印发《杭州市城镇老年居民大病住院基本医疗保险试行办法》。规定老年居民医疗保险的参保对象为：统筹区非农户籍、超过法定退休年龄（男60周岁、女50周岁），没有参加城镇基本医疗保险或者异地社会保险的居民。2007年1月1日之后户籍由异地迁入本统筹地区的，应从户籍迁入之日起，具有本统筹区户籍满10年。

大病住院包括住院、规定病种门诊。①

2008年12月，杭州市人民政府印发《杭州市区新型农村合作医疗实施办法》。农村居民除已经参加城镇职工或者城镇居民基本医疗保险外，应以家庭为单位参加新农合。新农合的参保范围为没有参加基本医疗保险或者异地医疗保险的杭州市区农村户籍居民、撤村建居的农转非人员、法定劳动年龄段内的城镇非从业人员。新农合的参保、缴费时间是每个自然年度的9月15日至12月15日。参保人员缴费后，可以享受结算年度内住院、规定病种、普通门诊医疗待遇。②

2011年11月，杭州市政府办公厅下发《关于统一全市基本医疗保险制度框架和主要政策的通知》。根据通知，2011年年底前，杭州市在全市范围内实现基本医疗制度的统一。统一基本医疗保险制度框架是指将城镇居民基本医疗保险、新型农村合作医疗制度整合成城乡居民基本医疗保险制度。统一城乡居民基本医疗保险主要政策包括统一个人缴费比率、大病住院、规定病种门诊保障待遇等。统一职工基本医疗保险主要政策包括统一制定医疗缴费基数、待遇水平、费率水平。③

① 参见《杭州市城镇老年居民大病住院基本医疗保险试行办法》，2006年。

② 参见《关于印发杭州市区新型农村合作医疗实施办法的通知》，2008年。

③ 《2012年起杭州城乡居民基本医疗保险实现同城同待遇》，2011年10月20日，见http：//www.hangzhou.gov.cn/main/zwdt/bmdt/ww/T373116.shtml。

第五章　影响 C 社区养老变化的结构性因素

养老的变化受到诸多因素影响：生计能力、养老理念和制度建构。拆迁对从事渔业、种植农业的村民影响比较大，而过去从事副业、服务业、经商的大多没受影响。每个人的能力、机遇是不同的，市场经济在给一部分创造了机会的同时，也使一部分人在竞争中败下阵来。养老理念包括两方面内容，一是老人自己的养老理念，二是子女的养老理念。制度是影响养老的结构化因素之一。与养老相关的制度有拆迁相关制度、养老相关制度和医疗保障相关制度。

一、生计能力

客观方面看，中青年一代为父母提供的养老资源是不同的。不同学者对资源的界定是不同的。吉登斯（Giddens）认为使事情发生的能力构成了资源（Giddens，1981）。霍曼斯（Homans）认为物质性财产与非物质性财产的交换构成了资源（Homans，1958）。资源包括自然资源和社会资源。自然资源分为实物资源和环境资源。实物资源包括生物资源、土地资源、水资源和矿产资源。环境资源包括环境容量资源、环境景观资源、生态平衡资源和气候调节资源。本著作研究的资源是社会资源，包括人力资源、资本资源、科技资源和信息资源。[①] 笔者将养老资源界定为可以满足老年人各种需要的物质的、精神的东西。

（一）老年人需要的养老资源

需要理论是现代社会福利理论的重要组成部分，是理解、解释人类行为和活动的重要理论依据。美国心理学家亚伯拉罕·马斯洛（Abraham H.Maslow）的需要层次理论认为：人的需要是由生理、安全、爱与归属、尊重、认知、审美、自我实现七类需要构成的一个由低到高的金字塔型的需要体系；较高层次需要的出现以较低层次需要的满足为前提，遵循满足——晋级原则。美国耶鲁大学克雷顿·奥尔德弗（Clayton.Alderfer）在此基础上对其进行修订并提出了 ERG 理论，认为人有三种核心需要：生存（existence）需要、关系需要（relatedness）和成长（growth）需要。生存需要关系到人类生存的基本需要，指个体生理和物质上的需要，如衣、食、住、行、财产、人身安全等，对应着马斯洛需要层次理论中的生理需要和安全需要；关系需要是个体对社会交往和人际关系的需要，如信任、尊重、归属感等，这种需要通过与他人的交往获得满足，相当于马斯洛需要层次论中爱与归属的需要以及尊重需要中的他人尊重；生长需要对应着马斯洛需要层次理论中尊重的需要中的自尊、认知的需要、审美的需要和自我实现的需要，这一需要推动着个体不断完善自我、发挥内在潜能和自我价值以获得成长。ERG 理论认为各种需要可以同时存在，强调彼此间的横向联系而非层次顺序和刚性结构；高层次需要的出现并不必然以低层次需要满足为前提，某种需要满足后不一定会必然追求更高层次需要，并且其强烈程度不仅不会减弱还有可能增强。ERG 理论是对马斯洛需要层次理论的发展，该理论对需要的类型、层次结构及彼此间联系等问题的理解较之需要层次理论更加灵活和贴近现实经验，其理解力和适用性也变得

---

① 郅玉玲、李一：《特殊群体社会问题研究——以多元化解决策略为视角》，中国社会科学出版社 2015 年版，第 8 页。

更强。①

根据马斯洛的需要理论，城郊拆迁补偿家庭老人的需要从低级到高级，可以分为生理需要、安全需要、爱与归属需要、尊重需要、认知需要、审美需要以及自我实现需要七类。依据 ERG 理论，城郊拆迁补偿家庭老人的需要分为生存需要、关系需要和成长需要，生存需要包括生理需要和安全需要，关系需要包括爱与归属的需要、他人尊重的需要，成长需要包括自尊、认知的需要、审美的需要、自我实现的需要。

（二）中青年一代的生计能力

对于中青年一代而言，他们的生计能力是不同的。在科学研究过程中，生计（livelihood）概念的厘清是一个持续的过程。由于研究兴趣、研究目标迥异，不同的学者对生计概念的理解有所不同，因此给出的概念界定也不完全相同。有的学者指出，生计包括资产（自然、物质、人力、金融和社会资产）、行动和获得这些资产的途径（受到制度和社会关系的调节），这一切决定了个人或家庭生存所需资源的获取。② 有的学者认为，生计包括能力（capacities）、资产（assets）以及一种生活方式所需要的活动（activities）。③ 生计是人们维持生活的办法，生计也是人们的谋生方式，包括为了生存和发展所需要的能力、资产和活动。英国国际发展部（the UK'S Department for International Development，DFID）2000 年建立的可持续生计分析框架（the Sustainable livelihoods Approach，SLA）将生计资本划分为人力资本、自然资本、物质资本、金融资本和社会资本五种类型。人力资本（Human Capital）代表着知识、技能、能力和健康状况，它们能够使人们去追求不同的生计手段并取得相应的生计目标。自然资本（Natural Capital）可以分为无形的公共资本（大气、生物多样性）

---

① 邢占军、周慧：《基于需要的老年福利供给与多方治理》，《理论学刊》2019 年第 2 期。

② Ellis F.*Rural Livelihoods and Diversity in Development Coun-tries*. Oxford：Oxford University Press，2000，pp.26-78.

③ 苏芳、徐中民、尚海洋：《可持续生计分析研究综述》，《地球科学进展》2009 年第 1 期。

和有形的可分的直接用于生产的资本（土地等）以及生态服务。物质资本（Physical Capital）是指用于生产和生活的公共基础设施和物资设备，基础设施对所有家庭是无差别的，而不同家庭之间消费性或者生产性设备是有差别的。金融资本（Financial Capital）是指在消费和生产过程中人们为了取得生计目标所需要的积累和流动，这里主要指金钱。社会资本（Social Capital）在可持续生计背景之下意味着人们在追求生计目标的过程中所利用的社会资源。社会资本的作用是增强人们的相互信任和相互之间的合作能力，并使其他机构对他们的需求给予更及时的反应。①

每个人的家庭背景、生命历程、文化程度、技能、机遇、合作能力等方面存在差异，也就是人力资本、自然资本、物质资本、金融资本和社会资本等构成的生计资本有显著差别。社会竞争激烈，有的中青年人在市场竞争中脱颖而出，有的则成为失败者。就如 J 镇副镇长 WJH 所言：

> 拆迁后年轻人的教育问题突出。一下子有钱了，有些人就不工作了，天天在家里搓麻将。提倡他们去参加职业培训，学实用技能。政府组织免费培训，但是他们还是不肯学，没兴趣的。（WJH—20090226，2009 年 2 月 26 日，J 镇镇领导办公室）

笔者认为，对于尚处于劳动年龄段的拆迁人员，不应当仅仅靠一些补偿金和保障措施将他们“养起来”，成为一个特殊的“寄生”或“食利”阶层，而是应当采取一定的措施，提供一些条件，加大就业培训的力度，实现“转岗”和“再就业”意义上的长远保障，而不仅仅局限于短期的“安置式保障”。这里，既需要适当的引导，更需要相应制度措施的落实到位。②

对于城郊拆迁的年轻人而言，职业培训是十分重要的。职业培训对

① 贺爱琳、杨新军、陈佳、王子侨：《乡村旅游发展对农户生计的影响》，《经济地理》2014 年第 12 期。

② 郅玉玲：《和谐社会语境下的老龄问题研究》，浙江大学出版社 2011 年版，第 160 页。

他们进行职业补偿，使其掌握在城市谋生的技能，做好职业转换。职业培训可以使他们获得生计资本中的人力资本和社会资本。职业培训指为适应经济和社会发展的需要，对要求就业的人、在职劳动者、职业转换者等进行以培养和提高其职业素质与职业能力为目的的教育和训练活动。职业培训主要包括三层含义：第一，职业培训是一种以劳动者为特定对象的劳动力资源开发活动。第二，职业培训是一种以直接满足社会、经济发展的某种特定需要为目的的定向性培训活动。第三，职业培训通常是按照国家职业分类和职业技能标准进行的规范性培训活动。职业培训在现代社会的教育体系和劳动体系中都占有非常重要的地位，教育部门和劳动部门都越来越重视职业培训。①

德国社会学家马克斯·韦伯认为，在现代社会中，除了生产关系外，生活机会对人们的社会地位有着极为重要的意义，这种机会是在市场中获得的，具体体现在职业上。② 职业是确立一个人社会地位的标志，是一个人自身价值的体现。③ 对城郊拆迁人员进行职业培训，实现职业转化，有利于解决其生存问题，获得赖以生存的职业，避免因拆迁而陷入经济困境。同时，确定其社会地位，获得市民待遇和社会保障。另外，有职业寄托，避免其陷入精神空虚和寂寞之中。

每个人的能力、机遇是不同的，市场经济在给一部分人创造了机会的同时，也使一部分人在竞争中败下阵来。在经济学中，市场的内涵是逐渐拓展的，从原初的“一个交易者进行交换的物理空间和人们的聚集以便从事相关的经济活动”到近代的市场，它意味着“一般性的买卖关系”以及从那时起，主流经济学家将市场视为一种抽象的价格机制等。④ 科斯认为，“尽管经济学家宣称要研究市场，但在现代经济理论中，市场自身比

① 谢俊贵：《失地农民职业转换及其扶助机制——基于调研数据与风险评估》，社会科学文献出版社 2012 年版，第 9 页。

② ［德］马克斯·韦伯：《经济与社会》，商务印书馆 1997 年版，第 333 页。

③ 侯均生：《西方社会学理论教程》，南开大学出版社 2001 年版，第 130 页。

④ 朱国宏主编：《经济社会学》，复旦大学出版社 1999 年版，第 285 页。

公司的存在更为模糊”①。奥地利经济学家们看来，人的行为是“有目的”的，即“人做某事是有理由的”，即人们“行为”的原因是人自身的“目的”，而不是社会的、历史的或心理的等其他的原因。② 科兹纳认为，市场协调不是基于假设而偷偷进入经济学的，但是同时也不能简单地通过指出未来的不确定性就把它排除出经济学。③ 制度经济学对市场理解的主要观点是市场是一种制度。进入市场，获得利润的源泉来自三个方面：有没有能力应对不确定性、有没有能力创新、是否更值得别人信任。如果这三个方面都做得很好，就获得了利润。④

SYN、NYH和CDS在人力资本和社会资本上有一定优势，从而有不错的生计能力。SYN是一家美容美发店的老板娘，她从事过多种职业，目前在C社区旁边开的美容美发店生意红火。SYN辗转几份不同类型的工作，愿意接受不确定性，在开美容美发店时获得了客户的信任，这与她注重诚信、关注客户需求细节、关爱员工的生活是密不可分的。

> 我原来是工厂里的，后来生产，回家休产假。产假满后回工厂上班。有一项补贴厂长不发给我，我就去跟他吵。后来就不做了，自己出来了。那个工厂现在早已经破产了。出来后，开了好多年出租车，腰弄坏了，还得了一身病，腰椎病、颈椎病、胃病，就到我妹妹的饭店帮忙。那时候年轻啊，因为钱两姐妹吵架。一气之下就自己去学美容美发，后来开了美容美发店。现在开美容美发店，也开了7年了。我待客人蛮实在的，会员多。你看，会员卡上还有几十

---

① Coase，R.H.*The Nature of the firm*：*Meaning*，Journal of Law，Economics & Organization，1988，Vol.4，No.1，pp.19-32.

② Steedman，I.，*On Some Concepts of Relationality in Economics*，in Eral，P.E. and Frown，S.E.（eds.），Economics as an Art of Thought：Eessays in Memory of G.L.S.Shackle，Routledge：London and New York，2000.

③ ［美］科兹纳：《市场过程的含义》，冯兴元、朱海就等译，中国社会科学出版社2012年版，第5页。

④ 张维迎：《市场的逻辑》，世纪出版集团、上海人民出版社2010年版，第62—63页。

元时，我才催客户加钱。不像其他理发店，会员卡上剩300元就催客户加钱。这社区旁边原来有六家理发店，只有我这家没有换过老板。前天有个老客户从我这店旁边走过，说要借100元去买米，我就借给她了。今天她来还了。你看，我店里的洗发水都蛮好的。有的客户自己带洗发水来，我就专门买了个橱子，让客户在洗发水瓶子上贴上名字，将他们的洗发水放在橱子里，以免来回拿不方便。我这里的理发师都是包吃包住的。我租了房子给他们住，自己烧饭给他们吃。现在是能吃苦、肯动脑子、守信用就有饭吃。（SYN—20111120，2011年11月20日，某美容美发店）

NYH是内衣店的老板娘，她一直在从事内衣行业，先是给老板打工做营业员，后来自己开店作老板娘。CDS是出租车司机，他包租了出租车公司的一辆出租车。LYH和CDS以自己的故事印证了SNY的观点。NYH一直在做内衣销售营业员，在不同的商场做工，后来自己开店。她能在市场中获得利润，与她的创新性有关，发现了质量好、价格便宜的内衣品牌，自己开店销售。同时，NYH家中有两套房产出租，内衣卖得价格不高，质量又好，熟客带生客，销售量自然能上去。CDS衣食无忧，家中有房产出租可以收租金，与许多熟客有很好的信任关系，他讲许多熟客都加他的手机号，他出租车随叫随到，出租车干净整洁，出租车置物袋中还放着他给乘客购买的矿泉水，他讲乘客可以免费饮用矿泉水。

我原来做营业员，先在国大后来改为雷的森做，最后是在银泰做。卖黛安芬内衣，后来卖伊仕利内衣，发现这个牌子也挺好，比黛安芬便宜。过去打工啊，卖得不好，老板总以为你偷懒。其实总想把工作量做上去的。两年前，我发现这个店面空着，就跑来租房子。反正家住在旁边，上班方便。和我妹妹两个人轮流看店。现在家里有三套房子，两套90多方，一套130多方。出租两套。其实我们也不是最好的。只是比一般人好点。每天待在家里也无聊，出来

做点事情，免得和社会脱节。（LYH—20111026，2011年10月26日，某内衣店）

地被征了，没什么的，我原来就不爱种地。高中毕业后没考上大学，就出来开出租车了。开出租车比较自由。杭州开出租车一个月有4500元。我是本地人，不要租房子住的。现在生活条件好了，每天吃饭有鱼有肉，享受一点还可以买辆车开开，出国旅游一下。（CDS—20111203，2011年12月3日，出租车上）

WYQ是一家文化用品商店的老板娘，她与丈夫过去在外地做建筑业，后来出了事故，差点倾家荡产。家里拆迁后，补了房子，就回了老家。但是难以找到市场缝隙，就在亲戚从业比较多的文化用品行业辛苦经营。WYQ夫妻在建筑业市场中遇到不确定性，建筑工人出了事故，他们赔偿了建筑工人亲属补偿金，可谓是风险事件。后来他们选择了开没有太多创新性的文化用品商品，他们夫妻每日早9点晚10点守候在店中，利润不高，靠开文化用品商店的收入和房租收入维持一家生计。

我们本来是在外面打工的。两夫妻一年收入也有二三十万。是做建筑业的，出了点事故，一个建筑工人从工地脚手架上摔下来，人去了。赔了他们家里一百多万元，我们差一点倾家荡产。想想就不做建筑业了。本来也是下游行业，经过人家一包二包的，利率薄。孩子也长大了，过去我们长年在外面，和他见不了几次面，就回杭州来开店了。开文化用品商店一来我们许多亲戚是做这个行业的。他们说这个行业赚不了大钱，也亏不了许多。二来开在学校旁边，想给孩子提供一个好的学习氛围。我们从二零零六年来这里开店。第一年是亏的，第二年也亏，第三年挣出人工费了，后面就好一点了。过去一年挣二三十万，感觉很累。现在一年挣得少了，但是比较自由。也快五十岁了，要注意调整自己身体了。今天感觉身体不舒服，就晚点开门。不过也要一天到晚守在店里，只有过年才休息几天。等对面的学校建起来，我们这边生意就好了。你看我现在穿得这样拖沓，过去可不是这样。但是现在心非常平，真的很平。老板现在也在变。现在请人难请。我们就两夫妻经营，也不请人了。(WYQ—20120110，2012 年 1 月 10 日，某文化用品商店)

HXM 在一家幼儿园做保育员，她文化程度不高，没有技能，因为家有卧床不起的老人，医疗费开销大，为生计在家附近的幼儿园做保育员。笔者对她访谈时，她这样讲：

我现在这家幼儿园做保育员，一个月 1300 元。我老公在文新街道派出所烧饭。有个儿子上高中了。公公住在我们家，常年卧床不起，每年吃药就要花 1 万多元。我们工资太低了，这点钱够做什么呀？但没有其他本事，只好这样了。房子也不是都能租出去的。(HX—20120106，2012 年 1 月 6 日，某幼儿园)

又过了一星期，再去幼儿园时，HXM 辞职了，据说他们家房子租出去了。她觉得做幼儿园保育员实在太辛苦，想回家先休息一下。

ZYM 是某企业的职工，她是笔者女儿同学的妈妈，家住 C 社区。一次学校家委会组织活动时，笔者对她进行了访谈。ZYM 是服装厂工人，她丈夫是公交车司机，收入不高。因公婆户口不在她家，他们拆迁只补了两套各 100 方的房子，一套自住，一套出租。因 ZYM 娘家比较贫困，家中还有未成家的弟弟妹妹，她每月还要补贴娘家。笔者对她访谈时，她说：

我娘家是建德的，高中毕业后没有考上大学，就跑到杭州来打工。在杭州的第一份工是在杭州城东服装厂踩缝纫机，工作那个苦啊，从早踩到晚。后来别人介绍认识了 ZY（ZYM 的小孩的名字）的爸爸，就嫁了。我就到这边的服装厂工作了。钱不多的。ZYM 的爸爸是开公交车的。没想到前几年我们这里（C社区）的地征了，我们分了两套房。又买了村自留地上的M盘。现在可以收房租了。对了，老师，你看我这份租房广告这样写可以吗？（ZYM—20111204，2011年12月4日，某博物馆）

ZYM从随身带的皮包里掏出一张纸，笔者看了一下，上面是这样写的：

城西银泰旁M楼盘200方LOFT，正向朝南，拎包办公，两注册地址，房东直租，有意私聊！联系手机号：×××××××××××。

后经调查，强调“注册地址”，是因为每个注册地址只能注册一个公司。如果已经被注册，开公司租用则无法注册了。M楼盘的每个房间的注册地址，每年收注册费5000元。为便于快速租出房子，这个注册费有的房东是可以作为租房优惠条件减免的。

二、养老理念

养老理念包括两方面内容，一是老人自己的养老理念，二是子女的养老理念。我国政府提倡六个“老有”，即老有所养、老有所医、老有所学、老有所乐、老有所为、老有所教。在进行田野调查时，笔者也是围绕这些方面进行养老理念的调查。

（一）老人自己的养老理念

老年人的基本生活是没有问题的。C社区老人的基本收入由以下四块构成：养老保险、国家给的征地补偿金（每人每月290元）、社区补助（每人每月180元）、年底股份制分红（2011年是人均7000多元）。

具体到不同老人，由于每个人的生活状况、家庭状况等不同，对养老的期待不同，因此养老理念是有所差别的。

德国学者滕尼斯认为："共同的习俗和共同的信仰，它们渗透在一族人民的成员之中，对其生活的统一与和平至关重要。"① 春节对中华民族而言，是一重要的节日，是一家老小欢聚、走亲访友的热闹日子。在C社区，大年初一开门头件事是放烟花，初一当天不动刀、不扫地、不动针线。随着拆迁，家家户户住上居民楼，拜年的风气渐渐淡了，邻居走动也相对少一些，于是C社区老年活动室成为老人集聚的地方。但是C社区老年活动室大年初一至大年初五不开门，只有大年初六才开始对外开放，于是老人相聚在社区的空地娱乐。

2012年1月23日（大年初一），笔者到C社区去调研。看到一群老人聚在社区的空地打牌，开了三桌，一桌四个人，在玩三跨一，有零星1元硬币，还有码在一起的1角钱硬币，5角钱纸币、1元钱纸币。后得知大年初六老年活动室才对外开放，所以老人们在社区里娱乐。一头发花白、穿黑色羽绒服的老人站在街头，笔者对他进行了访谈。得知他是退休的企业工人，基本生活还可以，只是对2011年底自己没拿到集体分红有点耿耿于怀，还担心老伴未来的医疗问题。

> 我现在什么都不做。我在企业里工作了十几年，是退休的，有退休金，一个月不到2000元。我没有集体分红，今年村里集体分红一人分7000多元。村里中秋、端午、重阳节600元是有的。我的退休金吃饭够了。每顿饭两素一荤。衣服是女儿和两个侄女买。女儿住在庆春门那边，春节给我和老太婆一人800元。我有两个儿子，两个儿子都补了300方房子。我大儿子、二儿子都是3套房子，一套房子是100方。我和老太婆分了一套房子，有100方。两个儿子的房子都租出去了，大儿子一个月收租金5000多元，二儿子一个月收

① ［德］斐迪南·滕尼斯：《共同体与社会》，林荣远译，商务印书馆1999年版，第75页。

> 租金7000多元。大儿子还打点工，二儿子做保安。儿子不给我们钱的，给过生日的。两个儿子在我和老太婆生日时，各给600元。我有企业医保，老太婆参加老年医保，可以报销3万元，但实在太少了。我原来住平房，现在住楼房，每天搓搓麻将，老年活动室早上11点开，下午4点关门。现在老年活动室要正月初六开门。大家现在都在外面玩。昨天晚上年夜饭吃过了。我们初一不走亲戚的，休息一下。大儿子今天去开化了，大儿媳妇是开化的。初二到十五走亲戚。女儿明天过来。（XAS—20120123，2012年1月23日，C社区空地）

在访谈间隙，有一胖老头走过，他从羽绒服口袋里掏出中华香烟，同时从口袋里摸出两颗巧克力递过去，还拿出两块巧克力给笔者女儿。他自己也点上一支香烟，从口袋里掏出打火机点上，悠闲地吐着烟圈。

有的老人由于慢性病缠身，对生活比较悲观，对儿女的养老期望，尤其是希望未来生大病时子女能帮助分担的期待更多些。

> 我有糖尿病、肾结石，还便秘，喉咙也不好。现在一个月吃药都要花600多块钱，吃药比吃饭还贵。我吃的药有苯磺氨氯地平片、比拜克胶囊、六味地黄丸、盐酸二甲双胍片、复方甘草片、瑞格列奈片、复方金钱草颗粒、芦荟肠清茶、决明子。如果以后再生了大病，孩子能帮助出些钱就好了。怎么也要活下去，人死了像个蚂蚁一样。（GP—20111209，2011年12月9日，C社区老年活动室）

人类寿命的延长是社会进步的一种体现。然而单纯寿命的增加不是医学的根本目的，如何延长健康寿命、缩短非健康寿命是我们面对老龄社会而必须解决的一个重大问题。老年人所患疾病以慢性退行性疾病为主，并且存在多病共存等特点。慢性退行性疾病易发生并发症或脏器功能衰竭，是致残和生命质量下降的重要原因。因此，积极预防与治疗慢性病是延缓衰老、降低残疾、延长健康寿命的重要措施。

有的老人过去做生意，经济状况较好。后来生意传给了孩子，还资助孩子买了房子，对孩子未来没有多少养老期待。

我感觉目前生活是不错的，拆迁前我做外贸生意，一直做得不错。2007 年我又资助小儿子买了商品房，商品房比我们拆迁补的房子品质好。当时一次性付款 104 万元。那时房价是 1 万多一平方，排了一天一夜的队。本来号子是 40 多号，只买到了 3 楼。钱迟早是孩子的，在他们急需时帮帮他们。孩子也很自觉的，说爸爸妈妈用来旅游的钱为我们买房了。大儿子装修房子我们也出钱了。不过我们很节省的，皮沙发旧了，花 2500 元重新包了一下，是将沙发运到德清去包的。（CHP—20110926，2011 年 9 月 26 日，GHP 家中）

有的老人过去是有工作的，工作了一辈子，退休了想彻底休闲一下。

我已经退休五六年了。退休后一直在休息，玩一玩。一般小姐妹聚聚会啊，玩玩啊。我喜欢的就是自由。有的人喜欢在社区活动，我不喜欢。这么多年了都是受约束的。原来是一到点就要去，我不喜欢干这个事。我很喜欢自由，到了星期几该干啥。就觉得退休之后很舒服的就是自由。也没有去旅游，还没到这个程度。为什么说还没到这个程度呢？老头还在工作。在职的时候经常出差的。省内都玩过了，国内都玩过了。你说玩到国外，没有老头一起玩，没意思的。我老头退休是退了，现在是在一家公司里返聘的。（SJH—20120111，2012 年 1 月 11 日，C 社区街心花园）

在现代社会，休闲已经被当作是一项基本人权。《联合国世界人权宣言》（1948）第 24 条明确规定："人人享有休息和休闲的权利，这包括对工作时间的合理限定以及对带薪假期的享有。"第 27 条进一步指出："人人享有自由地参加社区文化生活的权利，人人都有权利欣赏艺术作品以及分享科学进步之成果所带来的各种便利。”《联合国儿童权利公约》（1989）指出：“……各党派和团体都应确认，儿童拥有休息和休闲的权利，拥有自由地参加文化生活和艺术活动的权利。”《联合国反妇女歧视公约》（1979）第13条规定：“……各党派和团体都应遵照男女平等的原则，采取适当的措施，减少经济和社会生活其他领域中的妇女歧视现象，将保障其同等权利的实现置于突出地位……保障她们参与休闲娱乐活动、体育运动及各种文化生活的权利。”《联合国老年人公约》（1999）第16条规定：“……老年人有权利享有社会的教育、文化、思想和娱乐等各类资源。”休闲在这些文献的规定中作为基本人权受到确认。

对休闲可以从时间、行动和精神状态三个层面予以概念界定。从时间的意义上来界定休闲，是将休闲看作一段不受外在约束的或者是自由支配的闲暇时间。基于这种界定，可以将人的生活区分为三种用途不同的时间：生存时间（existence time）、维持生存时间（subsistence time）和闲暇时间（free time）。生存时间，指的是一个人维持身体机能的运转所花费的时间，即人们要花时间来吃饭、睡觉、打理或者装扮自己。维持生存时间，是第二种用途的时间，它要被人们用在工作上，或者说是用在维持生计的奔波上，用以满足物质的和精神的需要。人们必须要通过工作来维持生计，以此来满足物质生活和精神生活的需要。第三种是闲暇时间。人们通常把它看作是一种没有任何外在强制因素干扰的时间，在这些时间中人们可以随心所欲去做自己喜欢做的事情。视休闲为一种行为活动的认识，是指休闲是由具有某些特性的一些特定的活动构成的，其所包含的那些特性，使它们同人们生活中的一些其他活动得以区分。工作是一种有报酬的活动。休闲活动人们可以沉迷其间而不计任何报酬。休闲活动包括许多不同类型的活动：体育活动、户外游戏、业余爱好、文学活动、艺术活动、表演艺术（音乐、舞蹈和戏剧）、水上运动、社会活动、康体健身、旅游观光和志愿者活动等。上述这些休闲活动，可以通过不同的形式，有组织地加以展开。休闲活动的组织形式包括：组织比赛、自愿参加、培训班、俱乐部、重大活动、工作坊、兴趣小组、延伸服务。将休闲理解为人的一种精神状态是近年来更广为人们所接受的一种休闲定义方式。将休闲理解为一种精神状态，关键在于要认识和了解到体验休闲的感觉需要具备怎样的前提或者条件。研究表明，如果一个人想要体验到休闲的感觉，必须要具备三个重要的变量因素：能感觉到自己是自由自在的；能感觉到自己是有能力胜任的；自己拥有一种内在的动力。[①]

（二）子女的养老理念

子女的经济状况、生活状况、为人处事理念不同，对父母养老也是态度迥异的。

中国氏族社会后期从祖先崇拜观念中形成了“孝道”观念。孔子儒学以处理孝悌伦理为基础，将处理血缘亲子关系的孝道，从适应宗法制度需要的礼仪典章扩展为日常生活中每个人所必备的行为准则，由一种外在的行为规范转变为一个人发自内心的情感需求。在孔子看来，人之孝敬父母，完全来自于内心之“安”否，而非来自于外在的强制作用。孝事实上是人类客观的血亲关系的主观反映。[②]“善父母者为孝”[③]，“子爱礼亲谓之孝”[④]。孔子曰：“仁者，人也，亲亲为大。”[⑤]经过几千年的传承，孝道涉及的内容从亲子关系的准则到人际关系的原则，从人际关系的原则进一步发展成为社会、政治德行。杨国枢 1989 年运用内容分析方法，对《礼记》《四书》和《孝经》以及各种著名家训中记载的与孝道相关的语句和事例研究，发现以父母为对象的传统孝道有 15 项之多，其中包括：敬爱双亲、顺从双亲（无违）、谏亲于理、事亲以理、继承志业、显扬亲名、思慕亲情、娱亲以道、使亲无忧、随侍在侧、奉养双亲、爱护自己、为亲留后、

---

① ［美］克里斯多夫·爱丁顿、陈彼得：《休闲：一种转变的力量》，李一译，浙江大学出版社 2009 年版，第 5—7 页。

② 周晓虹：《孝悌传统与长幼尊卑：传统中国社会的代际关系》，《浙江社会科学》2008 年第 5 期。

③ 《尔雅·释亲》。

④ 《新书·道术》。

⑤ 朱熹：《四书集注》，岳麓书社 1987 年版，第 40 页。

葬之以礼、祀之以礼。[①]这就是孟子提出的事亲、尊亲和顺亲。孟子曰："事孰为大，事亲为大"[②]，"孝子之至，莫大乎尊亲"[③]，"不得乎亲，不可以为人；不顺乎亲，不可以为子"[④]。"顺亲"强调子代对父母无条件的顺从。因此孟子曰"父母之不爱我，与我何哉？"[⑤]"孝"因而可以简单地理解为"无违"。孟子论述的"顺亲""无违"的要求，为后来的宋明理学推行的"三纲五常"奠定了基础。宋明理学家们将"三纲五常"视为恒更千古的天理，从意识形态角度进一步强化了封建王权专制统治。此后，"在齐家治国方面，民对君、子对父、妻对夫皆有着依从关系。……儒家的说教确实形成了家庭行为的规范，即妇德和孝悌……"[⑥]

WJH开了一家小超市，笔者经常到他那里买东西，一来二去就非常熟悉了。关于养老他是这样说的：

> 子女要给父母养老的呀。要养老送终为止呀。现在的子女都很孝顺的。我们这一代人都很孝顺的，都孝顺得不得了。吃的东西送回家，衣服从里到外买给他。尊敬他，大小事情跟他沟通的。养老保险都有，全家去餐厅里吃。春节到了，给长辈送东西，我送立钻牌的铁皮枫斗晶，再就是包个红包。要2000元的。（WJH—20120206，2012年2月6日，某超市）

XLM是C社区中为数不多的女秀才，她去北京读大学，后来留在那里工作了。趁她春节前回老家探亲时，笔者对她进行了访谈。她说：

---

① 杨国枢：《中国人孝道的概念分析》，载杨国枢主编《中国人的心理》，桂冠图书公司1989年版。

② 朱熹：《四书集注》，岳麓书社1987年版，第19页。

③ 朱熹：《四书集注》，岳麓书社1987年版，第20页。

④ 朱熹：《四书集注》，岳麓书社1987年版，第21页。

⑤ 朱熹：《四书集注》，岳麓书社1987年版，第22页。

⑥ 罗兹曼主编：《中国的现代化》，江苏人民出版社2003年版，第167页。

这次回杭州看了许多人。奶奶已经90多岁了，现在住在杭州某养老机构，感觉比在家的时候好很多，也愿意说话了，不过是成天坐在那里。还去看了一下大姨、大姨夫，都老受罪了，感觉活受罪呢。他们都不能出门，只能坐和躺，没有意思的，但是心脏还在跳。给他们买吃的软的东西，再就是包个红包，基本是每个人500块。人家都不缺钱，主要是去看望。我爸妈我给6000块，其他人不是我负责的，我只是不想买礼物更浪费而已。我爸妈说不要，我说这是两回事，我们有，就是应该给父母孝顺的。老公管不了，他老唠叨，抗议无效，我也不会给父母说这些。回家花了不到1万块钱。回老公老家我就不太舍得了，毕竟公婆不在了。但是压岁钱也要给许多，给老公兄弟的小孩。今年还将公婆的照片请回家里，寄托老公的哀思。（XLM—20120226，2012年2月26日，XLM父母家中）

XLM是外嫁女，离开了C社区，户口已经迁移至北京，因此在C社区没有分到拆迁补助金和安置房，也没有C社区股份经济合作社的分红。给父母春节的礼包，是个人心意金。XLM的父母已经立下遗嘱，将房产留给XLM的大哥。理由是XLM的大哥没有读过大学，文化程度不高，打工一辈子，家境较差。XLM与她的两个姐姐、一个弟弟一致同意了父母对房产的处理方式。

LFX是社区中的入赘女婿，他认为自己的父母、自己老婆父母的养老应由兄弟姐妹共同承担。

我们家里有两兄弟，我老婆家里是两姐妹。我是入赘的。不过我跟我老婆户口在自己家，我儿子户口在丈母娘家。儿子跟我们姓，不跟岳父姓。现在入赘不改姓的，除非老婆家里很有钱。开始是要她姐入赘，但是她姐怎么也不同意，也自己谈恋爱跑掉了。我跟老婆是自己谈的。我的要求也不苛刻，就是姓跟我，其他什么条件都可以。我无所谓。我妈去世了，爹只有六十多岁，身体还好，以后要跟我哥轮流养的。丈母娘那边也要两姐妹轮流养的。（LFX—20111128，2011 年 11 月 28 日，C 社区街心花园）

有的学者指出，赘婿婚是母权时代的产物，当时女性处于氏族的中心，在婚姻问题上男子出嫁到妻家。自周以后，以男性为中心、妻子出嫁的婚姻制度得以确立，但赘婿遗俗并未消除。明清时期，招赘之风依然颇盛。[①] 对于赘婿的权益，在清律中这样规定："招赘须凭媒妁，明立婚书，开写养老或出舍年限，只有一子者不许出赘。其招婿养老者，仍立同宗应继者一人，承奉祭祀，家产均分。如未立继身死，从族长依例议立。"[②] 费孝通教授在《乡土中国　生育制度》中写道，入赘在中国法律上虽则有合法的地位，但是因为和单系的宗法体系相冲突，在财产较多的上层社会中，不易发生。宗法体系既已准备下过继的候补人，若是认可了入赘，候补人就丧失了承继的权利。财产较多的人家，承继权是早为大家所瞩目的对象。因之，宁可违反在抚育中所养成的亲子感情，也不得不接受宗法规定的过继办法。可是在这种情形中，人事的纠纷是不易避免的。[③] 杭州拆迁，拆迁补偿家庭涉及的经济利益较大。出于经济利益考虑，有的无女户或者独生女户选择了入赘女婿而不是女儿外嫁。入赘的女婿户口迁入拆迁前的村庄，在拆迁时可以获得拆迁补助金、安置房和股份制经济合作社的年终分红。

有的子女和老人长期同住，由于生活理念不同，也产生了矛盾。LFT 和 YXL 的故事说明了这个问题。YXL 是笔者女儿同学的妈妈，在班级家委会组织活动时，笔者对她进行了访谈。

我老公原来做过会计，又做医生，承包了村里的农村合作医疗，都做得很好。我在家里，搞搞卫生，给全家人搞点吃的。我公公去世了，婆婆一直住在我们家。不过，人老了比较自私的。婆婆住在

① 陈鹏：《中国婚姻史稿》，中华书局 2005 年版，第 743—751 页。

② 马建石等主编：《大清律例通考校注》，中国政法大学出版社 1992 年版，第 443 页。

③ 费孝通：《乡土中国　生育制度》，北京大学出版社 1998 年版，第 265 页。

我们家，好吃的都给她，还说我不好。我对她很好，不多说一句话。就这样，她还觉得不住在一起的孩子好。远的香，近的臭啊。后来婆婆住院，都发了三次病危通知书，每次都是我老公将她抢救过来，每次都打几千块钱进口的抢救针。（LFT—20120116，2012 年 1 月 16 日，LFT 家中）

我们原来是和公婆住在一起的，现在分开住了，彼此客气多了。原来住在一起时，电脑是放在公婆房间里的。有时我半夜突然想起来，想上网查个资料，但是他们已经睡着了，没办法开电脑的。换位想一想，我已经睡了，还有人要进来开电脑，我也不高兴的。现在分开住，好多了。（YXL—20111204，2011 年 12 月 4 日，某博物馆）

儿媳妇和公婆无血缘关系，没有血浓于水的情感联结。因为婚姻关系而成为一家人。居住在一起后，因生活经历、生活习惯、思想理念等差异，会产生多多少少的隔阂与矛盾。如果双方能有包容性、宽容的精神，则可能和谐相处。否则，会产生很多问题。中国传统的家庭伦理，强调儿媳妇要为丈夫家生儿育女延续香火，还要无条件地服从丈夫和孝顺公婆。《礼记 · 内则》一再强调说："子妇孝者敬者，父母、舅姑之命勿逆，勿怠。"媳妇不仅要对"舅姑"尽"孝"，而且还要洁身自好、品行端正，即"妇将有事，大小必请于舅姑。子妇无私货，无私畜，无私器，不敢私假，不敢私与。"① 儒家对于"婆媳"关系的家庭定位，体现在古代汉语的字面意义上，比如《说文解字》释义："姑，夫母也"；"妇，服也，从女，持帚洒扫也。"② 这里讲的是儿媳妇应当服从婆婆并要做家务。对于儿媳妇的行为规范，班昭也做了阐释："姑云不，尔而是，固宜从令。姑云是，尔而非，犹宜顺命。勿得违戾是非，争分曲直，此则所谓曲从矣。"③ 儒家伦

① 杨天宇：《十三经译注 · 礼记译注》（上），上海古籍出版社 2004 年版，第 336—338 页。

② 许慎：《说文解字》，中华书局 2013 年版，第 259—260 字。

③ 班昭：《女诫》，《中华经典藏书谦德国学文库 · 女四书》，团结出版社 2017 年版，第 5 页。

理对儿媳妇有严格的控制，如果儿媳妇不服从公婆命令，则不能成为家庭成员。张家山出土的汉墓竹简明确地写道：媳妇如果不孝敬公婆，或"妇告威公"和"贼伤、殴詈夫之泰父母、父母、主母、后母"，都要被处以"弃市"的极刑。[①] 现代社会，人的主体性增强，儿媳妇不能无条件地服从公婆。儿媳妇要工作、做家务，承受着比较大的社会、家庭压力。因此，两代人和睦相处，分开居住或者同住时尊重彼此的差异求同存异，都是较好的相处法则。

三、制度建构

威廉·N. 邓恩在《公共政策分析导论》一书中，系统阐述了政策系统三大要素：公共政策、政策利益相关者、政策环境。这一理论也论证了制度是影响养老的结构化因素之一。政府主导，负责设计相关政策；多方对资源进行整合，做到政策的贯彻实施。政府的定位是保基本、补不足、促发展，强监管，按照"服务政府、责任政府、法治政府"的要求，集中力量满足老年人在家政服务、健康护理、健身娱乐、精神慰藉等方面的基本公益需求。同时，政府通过制定相关扶持政策，引导好经营性老年服务产业的发展，支持和鼓励社会力量兴办各类老年服务实体，提供丰富多彩的老年产品和老年服务，满足不同类型老年人的不同种类需要。联合国国际老年人年的首要目标是要求各国将《联合国老年人原则》，即独立原则、照顾原则、自我实现原则和尊严原则，落实到政策和行动中。所谓"照顾原则"，是指老年人的健康要在既合乎人道又安全可靠的环境中得到保护和康复。置言之，老年人有权利得到来自家庭和社区的照顾和保护；有权利得到保健服务来预防或延缓疾病的发生；有权利得到来自社会的法律服

① 张家山二四七号汉墓竹简整理小组：《张家山汉墓竹简（二四七号墓）》，文物出版社2001年版，第140，151页。

务以提高其自主能力；有权利在适当程度上得到医疗照顾；也有权利对照顾的方式和生活质量作出自己的选择。政府部门要根据这些原则要求，加强对策研究，并在科学研究的基础上，制定既符合我国国情，又适应人口老龄化的卫生政策，努力营造能适应人口老龄化和有利于健康生活方式的国情，从政策上保证"照顾原则"的落实。[①] 与养老相关的制度有拆迁相关制度、养老相关制度和医疗保障相关制度。

（一）拆迁相关制度

1997 年 10 月 17 日，杭州市九届人大常委会五次会议通过了《杭州市征用集体所有土地房屋拆迁管理条例》。1998 年 6 月 26 日浙江省九届人大常委会五次会议批准。1998 年 7 月 7 日此条例颁布，1998 年 8 月 1 日起正式施行。《杭州市征用集体所有土地房屋拆迁管理条例》是杭州市关于拆迁的地方条例。该条例对拆迁管理、住宅用房拆迁、非住宅用房及其他拆迁、法律责任等都作了规定。该条例规定，城市规划主管部门核定拆迁用地范围，市土地管理部门负责发布公告并通知公安、房管、工商行政等部门在拆迁范围内暂停办理户口的迁入、分户，房屋的买卖、析产、租赁、抵押等，暂时停止核发营业执照和临时营业执照。拆迁私人住宅，实行迁建安置或者调产安置。拆建安置是拆迁单位按照被拆除房屋重置价格对被拆迁人予以补偿、提供迁建用地相关费用，村委会按照相关规定办理用地手续、并在规划所确定的农居点建设多层住宅予以安置。拆建安置的，其安置住房建筑面积标准为：6 人以上户不能超过 240 平方米，4—5 人户不能超过 200 平方米，3 人以下户不能超过 135 平方米。调产安置是拆迁单位统一建造多层成套住宅，作为产权调换房，用来安置被拆迁人。调产安置的建筑面积结合依法认定的原住宅建筑面积和被拆迁人家的常住人口数，按照以下标准确定：1—2 人户，原面积不足 40 平方米的，安置

① 郅玉玲：《和谐社会语境下的老龄问题研究》，浙江大学出版社 2011 年版，第 12 页，17 页。

面积为 40 平方米；原面积在 40—80 平方米的，按照原面积安置；原面积超过 80 平方米的，安置面积为 80 平方米。3 人户，原面积不足 55 平方米的，安置面积为 55 平方米；原面积在 55—120 平方米的，按照原面积安置；原面积超过 120 平方米的，安置面积为 120 平方米。4 人及以上户，原人均建筑面积不足 18 平方米的，按照人均面积 18 平方米安置；原人均面积在 18—40 平方米的，按照原面积安置；原人均面积在 40 平方米以上的，按照人均面积 40 平方米安置。安置人口按照被拆迁家庭常住人口数确定，已婚无子女的和已经领取独生子女证的可以增加一个安置人口。另外，虽然在杭州市区没有常住户口，但是下列情况可成为安置人口：结婚 3 年以上的配偶、原来户口在拆迁地的现役军人、原来户口在拆迁地的大中专学生、在户口所在地没有赡养人但在拆迁范围内居住 2 年以上的被拆迁人双方父母、原来户口在拆迁地现在服刑劳教人员。①

2007 年 1 月杭州市国土资源局印发《杭州市区征收（用）集体所有土地房屋拆迁服务工作管理办法》，对于动迁服务工作、价格评估工作、法律责任等做了规定。《杭州市区征收（用）集体所有土地房屋拆迁服务工作管理办法》规定，征收（用）集体所有土地房屋拆迁服务工作是指动迁服务工作和价格评估工作。动迁服务工作由房屋拆迁动迁服务机构完成，价格评估工作由拆迁价格评估机构完成。房屋拆迁动迁服务机构接受拆迁人委托，调查被拆迁人相关情况，动员被拆迁人签订拆迁补偿安置协议，并就拆迁安置中出现的相关问题进行协商，组织被拆迁人搬迁。房屋拆迁价格评估机构接受拆迁人委托，丈量评估被拆迁人的房屋，最后确定房屋补偿价格。被动迁机构工作程序为确定人员、明确政策、宣传动员、调查核实、安置告示、配合评估、签订协议、支付补偿、提供资料。评估工作程序为确定人员、丈量记录、数据核对、价格评估、评估告示、编制报告、提供资料。《房屋拆迁安置情况告示》和《房屋拆迁价格评估结果告示》的告示时间都是五天。对于动迁机构、评估机构、拆迁服务人员的

① 参见《杭州市征用集体所有土地房屋拆迁管理条例》，1997 年。

违规行为，视不同情节予以通报批评、警告以及中止拆迁服务工作。①

2007 年，杭州市人民政府办公厅印发《杭州市人民政府办公厅关于印发杭州市征地补偿标准争议协调办法的通知》，对解决征地补偿标准问题，作了规定。《杭州市人民政府办公厅关于印发杭州市征地补偿标准争议协调办法的通知》规定，适用范围为杭州市行政区域范围内因为实施依法批准的土地征收行为而产生的对征地补偿标准争议的协调。征地补偿标准争议协调工作由征地所在地政府、农业、统计等相关部门。征地补偿标准争议协调由四个环节组成：申请、受理、协调、处理。申请人是指被征收集体土地的所有人、地上附着物（房屋除外）的所有人、青苗的所有人。对于被征地土地地类和等级的确定、征地补偿安置标准、地上附着物(房屋除外)、青苗补偿费有异议的，由地上附着物的所有权人或者青苗的所有权人提出书面协调申请。申请人应提供协调申请书、申请人身份证明材料、被征收土地的所有权证或者其他权属证明，以及协调办公室认为应当提供的其他资料。协调申请书应当载明：申请人的姓名、住址、联系方式、法人代表姓名、联系方式、委托代理人姓名、联系方式，被申请人的名称、联系方式，中请协调的具体事项，事实、理由、依据。协调办公室收到协调申请后，5 日内进行材料审查。符合受理条件的，出具《受理通知书》然后送达申请人。不符合受理条件的，出具《不予受理告知书》然后送达申请人。协调办公室自受理通知书发出之日起 30 日内组织协调、作出处理意见。协调会由协调办公室组织召开并按照既定程序进行。经协调达成一致意见，《和解协议书》由协调办公室交给当事人核对无误、签字生效。协调不成，协调办公室于协调会议后 5 日内，向申请人讲清楚理由，然后发放《协调结果告知书》。《协调结果告知书》加盖征地补偿标准争议协调专用章。②

2009 年，杭州市国土资源局印发《关于贯彻落实〈杭州市集体土地

① 参见《杭州市区征收（用）集体所有土地房屋拆迁服务工作管理办法》，2007 年。

② 参见《杭州市人民政府办公厅关于印发杭州市征地补偿标准争议协调办法的通知》，2007 年。

住宅房屋拆迁货币化安置实施意见（试行）〉有关问题的规定》的通知，对于集体土地住宅房屋拆迁的分管部门、货币化安置标准等进行了规定。集体土地住宅房屋拆迁货币化安置工作由杭州市国土资源局负责，市区辖区内集体土地住宅房屋拆迁货币化安置的监督和管理工作由市拆迁办公室负责，而各国土资源分局的职责是管理本辖区内房屋拆迁货币化安置。货币化安置单价依照待拆迁房屋所在地周边三个以上成套商品房的价格修正后确定。被拆迁人可部分或全部选择货币化安置，选择货币化安置的，应在规定期限由户内有安置资格的人员意见一致后向拆迁单位提出书面申请；没有在规定期限向拆迁单位提出申请，或者提出申请不符合要求，拆迁单位对被拆迁人用实物形式安置。被拆迁人享受过公房分配、房改房、经济适用房、货币分房、廉租房、集体土地拆迁安置的，按照有关规定扣掉安置面积。拆迁人在拆迁安置协议生效后 30 日内向杭州市拆迁办公室提供资料备案，提供资料有拆迁方案、拆迁补偿安置协议、货币化安置备案登记表。①

2009 年 3 月，杭州市人民政府发布《杭州市人民政府关于调整杭州市区征地补偿标准的通知》。土地补偿费、青苗补偿费、安置补助费、地上附着物补偿费构成了征地补偿费。土地补偿费与安置补助费计价按照“征地区片价”，安置补助费标准为 4.5 万元／人。青苗补助费按当季作物产值计算，遵循“有苗补偿，无苗不补”原则。地上附着物补偿费按照实际价值计算。安置方式有开发性安置、货币安置两种。需要安置的被征地人员数量按照被征收集体经济组织平均每亩耕地农业人口数乘以被征地土地面积计算。征地补偿费包括：土地补偿费、地上附着物补偿费、安置补助费和青苗补偿费。《杭州市人民政府关于调整杭州市区征地补偿标准的通知》中规定补偿标准应与征地时家庭人口、原住宅建筑面积挂钩。私人住宅的拆迁分为拆建安置和调产安置两种类型。拆建安置是村委会在规划

① 参见《关于贯彻落实〈杭州市集体土地住宅房屋拆迁货币化安置实施意见（试行）〉有关问题的规定》，2009 年。

所确定的农居点建设多层住宅予以安置，拆迁单位按照被拆除房屋重置价格对被拆迁人予以补偿、提供动迁相关费用。调产安置是拆迁单位统一建造多层成套住宅，作为产权调换房，用来安置被拆迁人。拆迁价格评估机构对动迁价格进行评估。由此机构丈量被拆迁人的房屋，最后确定房屋补偿价格。对于征地补偿标准有争议的，由征地所在地政府、农业、统计等相关部门协调处理。对于货币化安置单价依照待拆迁房屋所在地周边三个以上成套商品房的价格修正后确定。①

2003 年 8 月，浙江省人民政府下发了《关于加强建立被征地农民社会保障制度的通知》。截至 2004 年年底，浙江省 11 个市与所有县、市、区政府全部出台相关政策性文件并制定相应实施办法。2005 年 4 月，浙江省人民政府办公厅下发《关于深化完善被征地农民社会保障工作的通知》，要求对 2003 年起被征地人员实行“应保尽保”，从 2003 年 1 月 1 日起新征地人员实行“即征即保”。2009 年 3 月，浙江省人民政府下发《关于加快推进基本公共服务均等化进一步改善民生的若干意见》，要求规范完善被征地人员基本生活保障制度，新增被征地人员“先保后征”，保障水平不低于当地城市居民最低生活保障标准。2009 年 10 月，浙江省人民政府颁布浙江省人民政府令，规定从 2010 年 1 月 1 日起实施《浙江省征地补偿和被征地农民基本生活保障办法》。

2005 年 12 月，杭州市政府颁发《关于建立市区征地农转非劳动年龄段以上人员生活补贴制度的意见（试行）》，规定杭州市区男满 60 周岁、女满 50 周岁，没有招工安置以及没有享受过市、区财政“双低”养老保险补贴等政府养老政策资助的人员，都能享受政府发放的生活补贴。生活补贴标准为每人每月 150 元。已经出资给征地农转非劳动年龄段（16—60 周岁男性、16—50 周岁女性）办理“双低”养老保险，但没有给征地农转非劳动年龄段以上人员（60 周岁以上男性、50 周岁以上女性）发放生活补贴的经济合作社，应自筹资金给征地农转非劳动年龄段以上人员发

① 参见《杭州市人民政府关于调整杭州市区征地补偿标准的通知》，2009 年。

放不少于100元/人/月的生活补助。《杭州市人民政府关于调整市区征地农转非劳动年龄段以上人员生活补贴标准的通知》于2007年1月发布，规定杭州市区征地农转非劳动年龄段以上人员生活补贴标准由150元/人/月调整为165元/人/月。[①]

（二）养老相关制度

2007年12月，《杭州市基本养老保障办法》由杭州市委、杭州市人民政府印发。提出按照国家与浙江省规定，联系杭州市实际，采取“城乡统筹、全民覆盖、一视同仁、分类享受”的原则，制定《杭州市基本养老保障办法》。《杭州市基本养老保障办法》规定了职工基本养老保险的参保对象为杭州市各类企事业单位职工，机关、事业单位编制外劳动合同制职工，城镇个体劳动者、杭州市法定劳动年龄内的农业户籍人口。职工基本养老保险缴费标准为：职工个人每月缴纳基本养老保险费的标准为本人上年度月平均工资的8%。比上年在岗职工月工资60%低的，缴费基数按60%核定；职工个人缴费基数超过上年全省在岗职工月均工资3倍的，按照3倍核定缴费基数。用人单位每月按照当月单位缴费基数的20%缴纳基本养老保险费。计算用人单位的缴费基数时，职工个人缴费基数高于上年度全省在岗职工月均工资3倍以上部分，单位缴费基数不计；比上年度全省在岗职工缴费基数60%低的，按60%计入。城镇个体劳动者缴纳基本养老保险费标准为缴费基数20%，缴费基数按照上年度全省在岗职工月均工资100%确定，3年到位。个人账户为参保人员本人缴费基数的8%。参保人员的个人账户储存额按照银行同期存款利率计算。参保人员跨地区流动时，养老保险关系、个人账户一同转移。外地户籍人员参加杭州市区职工基本养老保险以后，要求将异地养老保险关系、个人账户转入杭州市区，必须在法定退休年龄前参加杭州市职工基本养老保险满7年，户口转

① 参见《关于建立市区征地农转非劳动年龄段以上人员生活补贴制度的意见（试行）》，2005年。

入杭州 5 年后才可以办理。不符合规定条件的参保人员，在法定年龄退休时，其在杭州市区参保后建立的养老保险关系、个人账户储存额转回原来的参保地；无法转移的，其在杭州市区参保后建立的个人账户储存额全额一次性支付本人，按在杭缴费年限每满一年发给一个月的本人指数化月均缴费工资，终止养老保险关系。没达到法定退休年龄按有关规定终止养老保险关系的参保人员，个人账户积存额按照既定标准一次性全额支付参保者本人。参保人员法定年龄退休后，办理退休手续的次月按月发放基本养老金，直至去世。按月领取基本养老金的条件和标准为新人新办法、中人中办法。新人是在 1998 年 1 月 1 日后参加工作或者参保缴费，而且缴费年限满了 15 年的人，基础养老金和个人账户养老金组成基本养老金。1997 年 12 月 31 日前参加工作或者参保缴费，2010 年 12 月 31 日前退休而且缴费年限满 10 年与 2011 年 1 月 1 日后退休而且缴费年限满 15 年的“中人”，退休后按月发放基本养老金。基本养老金由基础养老金、个人账户养老金、过渡性养老金构成。2010 年 12 月 31 日前办理退休手续的人员，基本养老金实行新老计发办法对比之后，遵照“增加的逐步增加，减少的不减发”原则确定。征地农转非人员享受双低基本养老保险，即低标准缴费低标准享受。参加此保险的农转非人员进行了时间、地域、年龄限定，时间为 2003 年 6 月 11 日起征用土地的、地域为杭州市区、年龄为 16—60 周岁男性、16—50 周岁女性。参加征地农转非人员双低养老保险人员应该一次性缴清 15 年养老保险费。缴费基数是上年度全省在岗职工人均年工资的 100%，缴费比例是 19%。参加征地农转非人员双低养老保险个人账户按照本人缴费基数 8% 确定，按照职工基本养老保险个人账户有关规定进行管理。参保人员在参加征地农转非人员双低养老保险之前、后按照职工基本养老保险缴费，个人账户累计计算。参保人员在参加征地农转非人员双低养老保险之后按照职工基本养老保险缴费年限的，缴费年限可以累计计算为征地农转非人员双低养老保险缴费年限。征地农转非人员如果原来已经参加农村社会养老保险的，按照征地农转非人员双低养老保险缴费后，原来的农村社会养老保险缴费本息总额可以按照规定折算职工基本养老保险缴费年限。征地农转非人员双低养老保险基本养老金由两部分构成：基础养老金、个人账户养老金。如果征地农转非人员双低养老保险基本养老金低于410元/月的，按照410元/月发放。征地农转非人员双低养老保险基本养老金与企业退休人员基本养老金同步调整。按照征地农转非人员双低养老保险办法规定领取基本养老金人员死亡之后，丧葬费用、一次性抚恤费用发放标准按照职工基本养老保险规定执行。参加征地农转非人员双低养老保险人员如果有缴纳职工基本养老保险满7年以上，其缴费年限可以折算为职工基本养老保险缴费年限8年，达到法定退休年龄时可以按照职工基本养老保险规定计发、调整基本养老金。杭州市区非农业户籍年满5年，男年满60周岁，女年满55周岁，没有养老保障的居民（杭州市区撤村建居农转非、征地农转非人员的原农业户籍年限可以看作杭州市区非农业户籍年限），能自愿参加城镇老年居民生活保障。老年居民生活保障待遇从参保次月按月享受，标准是每月350元，构成包括个人缴纳费用与市财政补助费用，根据社会经济发展、保障能力变化等因素随时调整。老年居民生活保障待遇从参保次月起按月享受，标准是每人每月350元。老年居民生活保障由个人缴纳费用与市财政补助费用组成，随着经济社会发展、社会保障能力变化等因素随时调整。①

2010年1月，杭州市委办公厅、市政府办公厅印发《杭州市城乡居民社会养老保险实施意见》的通知。享受范围为具有杭州市户籍，年满16周岁，没有参加城乡职工基本养老保险、不在国家机关、事业单位、社会团体工作的人员。

有条件的集体经济组织对参保人缴费给予补助。参保人参保缴费后，社会保险经办机构为参保人建立个人账户，个人账户按照身份证号码建立。各种缴费补助，全部计入个人账户。杭州市政府根据省政策规定、结合杭州市实际，适时调整杭州市区基础养老金标准、缴费年限养老金标准。《杭州市城乡居民社会养老保险实施意见》施行后，对已经参加原农

① 参见《杭州市基本养老保障办法》，2010年。

村社会养老保险（老农保）、没有领取养老金的参保人，应将“老农保”个人账户储存额按《杭州市城乡居民社会养老保险实施意见》实施当年当地人均缴费额折算缴费年限继续缴费，“老农保”个人账户全部储存额并入社会养老保险个人账户。《杭州市城乡居民社会养老保险实施意见》施行后，已经参加农村居民养老保险人员，可选择转为城乡居民社会养老保险并享受相应待遇。享受参加城乡居民养老保险的，应当变更登记手续，个人账户储存额度按照居民养老社会保险规定重新计算。《杭州市城乡居民社会养老保险实施意见》施行后，已经参加职工基本养老保险的居民，如果缴费年限累积不满 15 年，可以将职工基本养老保险关系转入居民社会养老保险，按规定享受居民社会养老保险待遇。参加居民社会养老保险人员，后因征地参加“低标准缴费低标准享受”基本养老保险，应将个人居民社会养老保险个人账户本息总额抵冲为征地“低标准缴费低标准享受”双低保险一次性缴费年限个人缴费部分。总额抵冲有余，余额计入个人账户；总额不足抵冲，本人补足差额。《杭州市城乡居民社会养老保险实施意见》施行后，城镇老年居民生活保障待遇同步调整。居民社会养老保险参保跨统筹地区转移，可以将居民社会养老保险关系、个人账户储存额转入新参保地，按照新参保地规定继续缴费、享受相应待遇。①

根据《中华人民共和国农村土地承包法》的规定，浙江省《关于建立被征地农民基本生活保障制度的指导意见》界定了保障对象的范围为被征地时的在册农业人口。《浙江省人民政府关于加快建立被征地农民社会保障制度的通知》中，对保障对象范围进行了界定：征地经省政府批准并由当地国土资源管理部门实施，被征地时为登记农业人口、拥有第二轮土地承包权证。

关于保障待遇标准的确定。强调保障对象的待遇，应与被征地地区经济发展、民众承受能力相适应，并与缴费水平挂钩。对于征地时劳动年龄段以上的人员，其享受的社会养老保障的待遇，原则上比当地城市居民最低

---

① 参见《杭州市城乡居民社会养老保险实施意见》，2010 年。

生活保障低，或者参照当地失业人员的失业保险金标准确定。对于征地时属于劳动年龄段的人员，在其没有就业时，其生活费可以从征地安置补助费留存中得以解决；补助期满仍然没有就业的，生活费从征地安置补助费留存中得以解决；补助期满仍然没有就业并且符合城市最低生活保障条件的，应纳入城市最低生活保障；被征地人员就业后按照规定参加了职工基本养老保险的，其个人专户资金按照职工基本养老保险的政策规定进行折算、衔接；被征地人员就业后又失业的，不再享受被征地人员生活费补助待遇，其被纳入失业保险渠道；由于年龄偏大或者其他原因不能就业的人员，在达到法定养老年龄时，可享受与劳动年龄段以上人员相同的养老保障待遇，个人专户与劳动年龄段以上人员的养老保障待遇一致。征地时没有达到劳动年龄段的人员，征地安置补助费按照征地补偿规定一次性发放。

关于保障基金的筹措。被征地人员参加基本生活保障与基本养老保险需要的资金，由三方（三方为政府、集体经济组织、个人）共同出资。各地政府建立被征地人员基本生活保障风险准备金，用来应对未来支付风险。

规范被征地人员养老金的发放。第一，从城镇职工基本养老保险制度中吸取经验。建立社会账户和个人账户结合的制度。政府负担统筹账户，政府负责建立养老保险基金，承担养老保险。政府用个人缴费方式充实个人养老金账户，缴费水平比较低，有一个下限。被征地人员基本生活待遇与缴费额度直接挂钩，不低于当地的最低生活保障水平，以体现权利与义务对等原则。第二，提高土地补偿标准，以减轻被征地人员的缴费压力。土地补偿费、土地安置补助费标准确实以土地市场价格为基础。第三，建立养老金增长机制，确保参保者生活水平不受通货膨胀影响，参保者的养老金能随着经济发展而不断提升。地方政府每年拨付专项基金，作为储备基金以适应养老保险待遇调整的要求，专项基金定期调整，调整依据为本地经济社会发展水平，或者按照本地农民平均收入增长率的一定比例以及物价涨幅。第四，建立被征地人员社会保障基金制度。该基金可以提取政府土地出让金比例的 10% 及以上，或者在行政划拨土地以及有偿出让土地时，按照一定比例，比如每平方米 20 元提取（卢余群，2004）。

（三）医疗保障相关制度

2006 年 12 月，杭州市人民政府印发《杭州市城镇老年居民大病住院基本医疗保险试行办法》。老年医保基金来源有个人缴纳、基金存款利息、财政补贴、社会捐赠和其他收入。老年基金是个人缴费为主、政府补贴为辅。老年居民缴费标准为 300 元 / 人 / 年，政府补贴为 150 元 / 人 / 年。老年医保按照以下规定结算：住院起付标准以下部分医疗费由老年居民承担。住院起付标准为：三级医疗机构 800 元，二级医疗机构 600 元，其他医疗机构 300 元。1 个自然年度以内，第二次住院标准支付限额为住院支付标准的 75%，第三次住院标准支付限额为住院支付标准的 50%。老年居民因患各种恶性肿瘤多次住院放、化疗治疗的，按首次住院定点医疗机构等级计算住院起付标准。在 1 个自然年度内，老年居民医疗保险基金、个人共同承担的医疗费，最高限额为 10 万元，最高限额以上部分医疗费由老年居民个人承担。超过住院起付标准至 10 万元以下部分医疗费由老年居民医疗保险基金和个人共同承担。个人承担比例按照以下规定执行：住院起付标准以上至 1 万元，在三级医疗机构就医个人承担 60%，在二级医疗机构就医个人承担 50%，在社区卫生服务机构就医个人承担 40%；1 万元—2 万元部分，在三级医疗机构就医个人承担 54%，在二级医疗机构就医个人承担 45%，在社区卫生服务机构就医个人承担 36%；2 万元—4 万元部分，在三级医疗机构就医个人承担 48%，在二级医疗机构就医个人承担 40%，在社区卫生服务机构就医个人承担 32%；4 万元—6 万元部分，在三级医疗机构就医个人承担 42%，在二级医疗机构就医个人承担 35%，在社区卫生服务机构就医个人承担 28%；6 万元—10 万元部分，在三级医疗机构就医个人承担 36%，在二级医疗机构就医个人承担 30%，在社区卫生服务机构就医个人承担 24%。①

① 参见《杭州市城镇老年居民大病住院基本医疗保险试行办法》，2006 年。

2010年6月，杭州市委、杭州市人民政府印发《杭州市基本医疗保障办法》，规定杭州市基本医疗保障制度包括城镇职工基本医疗保险、城镇居民基本医疗保险、新型农村合作医疗、医疗困难救助制度。城镇职工基本医疗保险制度规定各类企业、民办非企业、参照企业参保的单位，每月按照月职工工资总额11.5%缴纳职工医保费。国家机关、事业单位、社会团体编制内职工，用人单位每月按照月职工工资总额15%缴纳职工医保费；编制外劳动合同制职工，用人单位每月按照月职工工资总额11.5%缴纳职工医保费。在职职工按照本人上年度月均工资2%缴纳医保费。灵活就业人员按照本人上年度月均工资9%缴纳医保费。参保人员缴纳3人/元/月重大疾病医疗补助费，用以建立重大疾病医疗补助资金。在一个结算年度内，参保人员符合医保开支的住院医疗费按照以下规定办理：最高限额是18万元。住院起付标准三级医疗机构为800元，二级医疗机构为600元。社区卫生服务机构为300元。起付标准以上18万元以下的部分医疗费用，统筹基金承担比例是依照医疗机构等级不同而有所区别的，并且在退休后承担比例比退休前高。在结算年度内，参保人员发生的复合医保开支的普通门诊医疗费按如下规定办理：先由个人账户当年资金支付，个人账户资金不足的，由个人承担门诊起付标准。退休前的参保人员为1000元；企业与参照企业参保人员为300元，其他退休人员700元；新中国成立前参加革命工作的老工人不设立起付标准。门诊起付标准以上医疗费随医疗机构不同，统筹基金承担比例有所区别，并且退休前、退休后比例不同。城镇居民基本医疗保险的参保范围为符合计划生育政策的各类少年儿童、杭州市区户籍超过法定退休年龄，没有参加杭州市区职工医疗保险、新型农村合作医疗，或者没有享受异地基本医疗保险待遇的老年居民，杭州市区户籍法定劳动年龄段内的非从业人员、杭州市行政区域内各类全日制高等学校、科研院所中接受普通高等学历教育的全日制本专科学生、全日制研究生。参保人员按照年度缴费，政府补贴，建立统筹基金。少年儿童缴纳150元/人，政府补贴250元/人；老年居民缴纳400元/人，政府补贴500元/人；大学生缴纳30元/人，政府补贴90元/人；非从业人员缴纳 900 元 / 人。在结算年度内，参保人员符合医保开支的住院医疗费按照如下规定办理：最高限额是 15 万元，最高限额以上部分由参保人员自己负担。承担住院起付标准为：三级医疗机构 800 元，二级医疗机构 600 元，社区卫生机构 300 元。少年儿童、大学生、其他参保人员统筹基金承担比例因医疗机构级别不同而有所区别。在结算年度内，参保人员发生的符合医保开支的普通门诊医疗费按照如下规定办理：先由个人承担门诊起付标准 300 元。门诊起付标准以上的医疗费统筹基金承担比例随医疗机构级别不同而有所差别。新型农村合作医疗参保对象为没有参加杭州市区职工医保、城市居民医保，或者没有享受异地基本医疗保险待遇的杭州市区户籍居民。新农合的统筹基金由个人缴纳、集体扶助、各级财政补助、基金利息等资金构成。杭州市区新农村的筹资标准是 360 元 / 人 / 年，农村居民交纳 100 元 / 人 / 年，市补助 100 元 / 人 / 年，区、街道（乡镇）补助 100 元 / 人 / 年。城镇居民缴纳 360 元 / 人 / 年。在结算年度内，参保人员符合医保开支的住院医疗费最高限额是 15 万元，最高限额以上部分由参保人员自己负担。承担住院起付标准为：三级医疗机构 800 元，二级医疗机构 600 元，社区卫生机构 300 元。统筹基金承担比例因医疗机构级别不同而有所区别。在结算年度内，参保人员发生的符合医保开支的普通门诊医疗费按照如下规定办理：先由个人承担门诊起付标准 300 元。参保人员自愿选择居住地社区卫生机构就诊的，可在按照规定“双向”转诊同时，对门诊医疗不设立起付标准。门诊起付标准以上的医疗费统筹基金承担比例随医疗机构级别不同而有所差别。杭州市区医疗困难救助对象为持有效期内《救助证》《残保证》或者二级及以上《残疾证》的人员、按照规定缴纳医疗困难救助金的职工医保参保人员。持有上述证件的人员，其当年个人负担的符合医保开支范围的住院、规定病种门诊医疗费可以享受医疗困难救助。没有持有上述证件和参照企业参保的退休人员，当年个人负担的符合医保开支范围的住院、规定病种门诊医疗费超过 5000 元的，以及没有持有上述证件其当年个人负担的符合医保开支的住院和规定病种门诊医疗费在 2 万元以上的，持有有效期内《救助证》《残保证》或者二级以上《残疾证》的人员，申请门诊医疗救助的最高限额在一个结算年度内不超过2000元。①

杭州市医疗保障办法，覆盖了城镇职工基本医疗保险、城镇居民基本医疗保险、新型农村合作医疗、医疗困难救助。对于参保对象，进行了详尽界定。对于医保费的缴纳办法，个人和基金承担的比例做了明确划分。对于结算年度内符合医保开支的住院医疗费最高限额做了规定，城镇职工基本医疗保险、城镇居民基本医疗保险、新型农村合作医疗、医疗困难救助分别为18万元、15万元、10万元和2000元。对于结算年度内承担住院、门诊费用的个人、基金承担比例，也按照退休前、退休后做了比例划分，划分采用累进额度法。

① 参见《杭州市基本医疗保障办法》，2010年。

第六章　拆迁后C社区家庭代际关系的变化

中国传统社会的家庭代际关系与现代社会是不同的。传统社会的家庭代际关系以“孝悌”“长老统治”和“中庸”为主导。现代社会的家庭代际关系呈现出独立、和谐、平等，代际互惠、文化反哺的特征。本章对C社区家庭代际关系的分析从经济互动、生活照料、情感慰藉三个层面展开。经济互动包括老人和子女的经济往来、老人和子女的物质互助，生活照料涉及老人的身体主要照料者、医药费支付对象及预期、老人和子女的家务互助。情感慰藉用以下指标衡量：在家是否受尊重、寻求情感支持的对象。

一、传统社会的家庭代际关系

“家庭关系以代际关系为层次，所谓代际关系包括家庭中同代人或几代人之间的传递和交往，因此，家庭关系表现了一种其他社会关系不易有的连续性和承先启后性。代际关系将家庭关系划分为界限分明的不同层次。”① 中国传统社会的家庭代际关系以“孝悌”“长老统治”和“中庸”

① 杨善华编著：《家庭社会学》，高等教育出版社2006年版，第114页。

为主导。

（一）孝悌

孝源于人类的生物性本能。黑格尔说，这种支配家庭的伦理法则，源于共同的先天祖先。“伦理性的东西就是表现为这些个人的普遍行为方式，即表现为风尚。对伦理事物的习惯，成为取代最初纯粹自然意志的第二天性，它是渗透在习惯定在中的灵魂，是习惯定在的意义和现实。它是像世界一般地活着和现存着的精神，这种精神的实体就这样地依次作为精神而存在。”① 蔡元培先生说：“伦理思想，则由家长制度而发展，一以贯之。”② 孔子在理论上用“孝”“悌”两个字将血缘氏族关系与封建等级制度相连，使父权通过宗法伦理关系在政治领域确立。以儒家为代表的中国传统文化支配着中国的社会秩序，对中国的家庭基本制度产生了影响。用林语堂的话来说：“这种制度给我们的孩子上的第一课就是人与人之间的社会责任，相互调整的必要，自制、谦恭、明确的义务感，对父母感恩图报和对师长谦逊恭敬，这种制度几乎取代了宗教的地位，给人一种社会生存和家族延续的感觉，从而满足人们永生不灭的愿望。……这种家庭制度在我们心中从小就培养了一种冷静感，使年轻人循规蹈矩、恪守本分。它为我们的孩子提供了过多的保护。很奇怪，很少有孩子们造反与出逃。在以父母为中心的独裁家庭中，这种制度使年轻人失去了事业心、胆量与独创精神。”③ 儒家将孝称之为：“父之所尊，子不敢不承，父之所异，子不敢不同。”④ 孝的内容，包含多方面含义。“孝为百行之冠、众善之始、是天之经也，地之义也，民之行也，德之本也。”⑤ 中国传统社会是自给自足的农业社会，血缘关系和地缘关系是中国传统社会最为主要的两种社会关

① ［德］黑格尔：《法哲学原理》，商务印书馆1961年版，第170页。

② 蔡元培：《中国伦理学史》，上海古籍出版社2005年版，第6页。

③ 林语堂：《中国人》，学林出版社2000年版，第181—182页。

④ 转引自张德强《嬗变中的婚姻家庭》，兰州大学出版社1993年版，第79页。

⑤ 转引自岳庆平《中国的家与国》，吉林文史出版社1990年版，第91页。

系。费孝通先生在《乡土中国》中写道："血缘是稳定的力量。在稳定的社会中，地缘不过是血缘的投影，不分离的。生于斯、死于斯把人和地的因缘固定了。生，也就是血，决定了他的地。世代间人口的繁殖，像一个根上长出的树苗，在地域上靠近在一伙。地域上的靠近可以说是血缘上亲疏的一种反映，区位是社会化了的空间。"① "在齐家治国方面，民对君、子对父、妻对夫皆有着依从关系。……儒家的说教确实形成了家庭行为的规范，即妇德和孝悌……"② 同时，孔子儒学以孝悌伦理作基础，"将处理血缘亲子关系的孝道，从适应宗法制度需要的礼仪典章扩展为日常生活中每个人所必备的行为准则，由一种外在的行为规范转变为一个人发自内心的情感需求。"③ 中国社会进入封建社会以后，以封建等级制度作为基础，以血缘关系为联结纽带，中国社会形成宗法制度，宗法制度延续了几千年。以前后延续 1800 多年的夏、商、周三朝为例，作为当时最高统治者的夏王、商王和周王，他们能成为国家最高统治者，归根结底来源于他们在自己所统治的宗族中的宗法地位。④

（二）长老统治

"长老统治"是费孝通先生对中国乡土社会权力结构所作的归纳。年长的人拥有对年幼的人施以教化的权力，年幼的人得恭敬、顺服于年长的人的教化权力。"教化性的权力虽则在亲子关系里表现得最明显，但并不限于亲子关系。凡是文化性的，不是政治性的强制都包含这种权力。文化和政治的区别就在这里：凡是被社会不成问题地加以接受的规范，是文化性的；当一个社会还没有共同接受一套规范，各种意见纷呈，求取临时解决办法的活动是政治。文化的基础必须是同意的，但文化对于社会的新分

---

① 费孝通：《乡土中国　生育制度》，北京大学出版社 1998 年版，第 70 页。

② 罗兹曼主编：《中国的现代化》，江苏人民出版社 2003 年版，第 167 页。

③ 周晓虹：《孝悌传统与长幼尊卑：传统中国社会的代际关系》，《浙江社会科学》2008 年第 5 期。

④ 刘同昌：《中华孝道文化与现代社会的代际和谐》，《青岛大学师范学院学报》2005 年第 4 期。

子是强制的，是一种教化过程。”[1]教化中，必须注意长幼之序。“那些神情矍铄的长者人数很少，但他们的文化阅历最深，公认的生活方式体现在他们的音容笑貌和举手投足之中。正是如此，他们成了年轻一代的行为楷模。他们敏锐的目光，健康的四肢，以及永不倦怠的勤勉，既延续了生命也维系了文化。要使这样一种文化生息不灭，就不能缺少年长的一辈，他们不仅能在饥荒的年代引导同族同舟共济，而且他们本身就提供了一种完整的生活模式。”[2]于是，《礼记·王制》中有如下文字记载：“五十仗于家，六十仗于乡，七十仗于国，八十仗于朝；九十者，天下欲问焉，则就于室。”[3]人的社会地位随着年龄的增加而提高，形成相应的养老之礼：“五十养于乡，六十养于国，七十养于学，达于诸侯”，这一习俗后来代代相传，到汉代形成了“三老五更”制度，规定皇帝“尊事三老，兄弟五更”。[4]在社会变迁中，人要依靠智力、专业、机会作指导，而不只是依靠经验。

（三）中庸

“中庸”是儒家以仁作标志的人生哲学之一，与孝悌、长老统治一样，影响着中国传统社会的家庭代际关系，“中庸”受到中外思想家的推崇，孔子、老子、亚里士多德等都予以赞颂。所谓“中”，即中正、中和；所谓“庸”，即用或常的意思，中庸是“用中为常道也”。[5]置言之，中庸也就是“过犹不及”，承认矛盾的统一，主张“无不及”“不过”，强调“中和”“和而不同”“中道”。传统社会，提倡“中庸之道”，多半是对人对事采取妥协、保守、调和的态度和行为。

---

① 费孝通：《乡土中国　生育制度》，北京大学出版社 1998 年版，第 66 页。

② 米德：《文化与承诺——一项有关代沟问题的研究》，河北人民出版社 1987 年版，第 28 页。

③ 陈浩：《礼记·王制第五》，上海古籍出版社 1987 年版，第 66 页。

④ 范晔：《后汉书·明帝记》，中华书局 1978 年版，第 103 页。

⑤ 《礼记·中庸》。

二、现代社会的家庭代际关系

中国现代社会的家庭代际关系呈现出独立、和谐、平等，代际互惠，文化反哺的特征。

（一）独立、和谐、平等

现代社会，父母和子女的独立性增强，家庭代际关系呈现出平等、和谐的状态。家庭策略的实施，呈现出民主协商的特征。“家庭策略在这里被解释为家庭及其成员的决策过程和时机，如什么时候让孩子离家谋生，何时更换住所，何时控制家庭规模，实施节育措施等。”① “家庭策略是家庭决策的表现，谁在家庭决策中起主导作用？各个家庭成员在决策过程中分别在多大程度上和以什么方式最终影响了家庭策略？从考察这类问题中我们可以理解家庭成员之间的关系和家庭的性质，进而理解家庭对社会的影响。”② 现代社会中，家庭策略的实施，更多是民主协商的结果。家庭中的重要事务，诸如孩子可以自主选择读什么样的大学、做什么样的工作、和什么样的人结为终身伴侣等；父母在年老后也可以自主选择在哪里养老、和谁居住在一起、养老资源如何获得等，都可以通过民主协商。

（二）代际互惠

代际互惠是指父代和子代之间的双向反哺模式。代际互惠是养老的实质。人情、面子、关系、回报形成的社会机制，影响了中国人的行为，这种社会机制是儒家伦理、社会取向、集体主义在现实社会的运作机制。代际关系的一个重要原则是互惠，父代为子代树立榜样，子代从中耳濡目

---

① 杨善华编著：《家庭社会学》，高等教育出版社 2006 年版，第 131 页。

② 杨善华编著：《家庭社会学》，高等教育出版社 2006 年版，第 132 页。

染，通过代际传承，实现父代的理想。双向反哺的一种重要形式是代际交换。宏观层面，国家可以运用行政力量、象征系统来改变乡村社会原来的代际交换逻辑，最终改变乡村社会的养老制度。微观层面，父代和子代之间通过经济供养、生活照料、情感慰藉实现代际互惠，维持着物质、精神、生活上的联系。代际互惠是中国社会稳定的基石，也是父代、子代两代人联系的方式。

（三）文化反哺

“文化反哺”是指在急剧文化变迁时期，父代向子代进行全方位的文化吸收的过程。南京大学周晓虹教授曾经创用“文化反哺”这一概念，描述父代与子代的新关系。随着互联网的普及，地球村的建立，年轻一代从互联网上获得的信息量越来越多，知识和技能与之同步增长，逐渐颠覆了传统的“父为子纲”的文化范式。传统的教化方式是，在家庭中，父代是教化者，子代是被教化者。随着信息社会的来临，子代不再是单纯的被教化者，他们在更多的领域、更大的程度上影响着父代。“前喻文化”与“文化反哺”相似，用来分析新型代际关系。“前喻文化”是米德提出来的，即父代必须通过子代的创新来学习新的文化。

三、拆迁后C社区家庭代际关系的实证分析

为更好地了解城郊拆迁补偿家庭老人的生活和养老状况，笔者在2012年1月15日至4月6日对C社区的老年人进行了问卷调查。发放调查问卷150份，回收150份，回收率为100%。有效问卷共计150份，有效率为100%。在被调查的150位老年人中，男性为72人，占48%；女性为78人，占52%。60—69岁的低龄老人为78人，占52%；70—79岁的中龄老人为62人，占41%；80岁及以上的高龄老人为10人，占7%。完全能自理的为148人，占98.7%；部分能自理的为2人，占1.3%。小学

文化程度的为60人，占40%；初中或中专文化程度的为45人，占30%；高中文化程度的为30人，占20%；大专及以上文化程度的为15人，占10%。独自居住的为5人，占3.3%；空巢家庭为30人，占20%；与儿子一家居住在一起的为75人，占50%；与女儿一家居住在一起的为30人，占20%；与其他亲属居住在一起的为10人，占6.7%。自评家庭经济状况较好的为30人，占20%；自评家庭经济状况一般的为105人，占70%；自评家庭经济状况较差的为15人，占10%。结合半结构访问情况，笔者对C社区的家庭代际关系予以阐述、分析。从2009年2月至2012年4月，笔者访谈了21位城郊拆迁补偿家庭老人、17位老人子女及8位涉老工作人员（包括公务员、社区干部、企业老总等）。2009年4月11日至2012年3月5日，笔者对21位城郊拆迁补偿家庭老人进行了半结构访问。2011年4月22日至2012年2月26日，笔者对17位城郊拆迁补偿家庭老人子女进行了半结构访问。2009年2月26日至2012年3月2日，笔者对10位涉老工作人员进行了半结构访问。拆迁后C社区家庭代际关系的分析从经济互动、生活照料、情感慰藉三个层面展开。经济互动用"老人和子女的经济往来""老人和子女的物质互助"两个指标测量；生活照料用"老人的身体主要照料者""医药费支付对象及预期""老人和子女的家务互助"三个指标测量；情感慰藉用"在家是否受尊重""寻求情感支持的对象"两个指标测量。

（一）经济互动

代际财富流动是物质财富在上一代和下一代之间的流转互动。从宏观层面上看，体现为整个社会老龄一代与年轻一代的财富流动；从微观层面上看，表现为家庭内上一代和下一代之间的财富流动。物质资源代际转移的主要形式有社会公共部门转移、市场转移、家庭内转移。影响家庭代际财富流动的主要因素有：户内财富转移能力的大小、户内财富转移的责任强弱。影响户内财富转移能力的因素是老人经济能力强弱、子女经济能力强弱。老人与子女在家庭财富代际转移过程中都存在一定动机，父母投资回报假说、交换动机假说、利他主义假说对此可以做出解释。影响户内财富转移责任的因素有老人是否有劳动能力、子女是否有责任感。

（二）老人和子女的经济往来

问卷调查中，在老人主要收入来源中，笔者设计了一个多项选择题，有11个选项。这11个选项如下：劳动收入、征地补偿金、储蓄、出租房屋租金、子女供给、亲友赠送、政府救济、企业退休人员基本养老金、股份制分红、双低保险、城镇职工养老保险。根据回收问卷，进行统计分析，有一种主要收入来源的占20%，有两种主要收入来源的占10%，有三种主要收入来源的占50%，有四种主要收入来源的占10%，有六种主要收入来源的占10%。主要收入来源排在第一位的是双低保险，占90%；排在第二位的是股份制分红，占70%；位列第三位的是出租房屋租金，占60%；位列第四位的是征地补偿金，占40%；列入第五位的是企业退休人员基本养老金，占20%；列入第六位的是储蓄，占10%。子女供给没有列入主要收入来源的前六位。由此可见，多数老人经济上是可以自立的。

> 我是企业退休的，2000年自己就开始买养老金，连续交了10年，2011年拿到了退休金。再加上房租、股份制分红，够用了。和孩子钱是分开的，自己管自己。（SLX—20120302，2012年3月2日，C社区老年活动室）
>
> 我原来是种地的，2006年土地被征后，就不种地了。家里房子租出去了，有养老金，零用钱够了，我很少出门，用得少，不找孩子要。（DMF—20120305，2012年3月5日，DMF家中）
>
> 我的钱是用不完的，有双低保险、集体分红、房租，只用来买点小菜，钱多了以后还是要送给孩子的。（LQ—20120205，2012年2月5日，LQ家中）
>
> 我们和儿子一家住在一起，征地补偿了三套房子，出租两套，一年收租金6万元左右。我儿子自己办了个包装箱厂，他经济条件不

错，房租就归我们了。（XSQ—20111102，2011 年 11 月 2 日，C 社区老年活动室）

我们家经济条件是一般般的。我们和儿子钱是分开的。去年底股份制分红我们两夫妻分了 14000 元。我是企业退休的，有退休金；老太婆有双低保险。房租的钱，我们和儿子家是一家一半。应当说，钱够用了。孩子那里，能不张口要钱就不张口。（XCM—20120111，2012 年 1 月 11 日，C 社区老年活动室）

我过去做外贸生意，年纪大了，就不做了。在家炒炒股票。前几年股票是赚钱的，我买机场股。一年做两单就好了。这两年股票行情不好。理财产品可以买点。前几天我到松木场去，看到那里的深圳发展银行在卖理财产品，年化收益率有 5.2%，71 天，5 万元起购。我现在买了，到期后钱打回我的卡里。（CHP—20110926，2011 年 9 月 26 日，CHP 家中）

在调查问卷中，设计了老年人与子女金钱互助的问题。根据回收问卷，50% 的老人希望子女在金钱上给予帮助，50% 得到了子女的金钱帮助。

有的老人和子女相互之间有一定的经济往来。几个孩子是这样讲他们与父母家、公婆家的经济往来的：

我们一家三口和我父母住在一起。我们是上班的，我先生在企业工作，我在学校里。我们没时间管家，家就由我妈管。每月我给我妈 1200 元，年底再给她 3000 元水电费。我不买菜，我买水果的。还不定期给她购物卡。（YZM—20111116，2011 年 11 月 16 日，某纪念馆）

兄弟姐妹之间，有钱出钱有力出力嘛。我们家买房子时，我出了 5 万，我弟弟才拿了 1 万多，然后我妈贴了几万，最后给我妈买下 C 社区的公寓房。钱多多出一点儿，钱少少出一点儿。我老公没跟我结婚之前啊，他比较节约的啊。跟他两个姐关系都不是特别融洽。

我结婚了之后，我这个人比较大方的，对我两个姐，大姑姑小姑姑对我都很好的。第一次跟我那个姐姐见面，把她带到银泰去，给她买了3000多元的东西。2003年，我们结婚，他姐一下子拿了1万多元。去年我收入好的。我用网银划了3500元给我爸零花钱。我妈拿着这个钱多少开心奥，说你们一下子给我们这么多钱。我惊讶得要死，有这么高的幸福指数。（HSX—20111116，2011年11月16日，某纪念馆）

过年回家花了一万不到一点。去老公老家我就不太舍得了，呵呵。毕竟公婆不在了，其他人我们没有义务。但是压岁钱也要给许多。我去年过去了，给他们几个孩子每人买了一个黄金的挂件1000元左右一个。他们每家都有三个子女，这些不用给了，大人了，但每人又有2—3个孙辈，孩子，不给行吗，差不多11—12个，我已经统计过了，还要看是不是都回去过年，我的头晕。（ZYM—20120302，2012年3月2日，某博物馆）

我妈妈坐火车带我女儿从宁波回杭州，在卫生间帮女儿把小便，不小心黄金耳环掉到抽水马桶中了，我给了我妈妈600元钱。（HSF—20111116，2011年11月16日，某纪念馆）

调查问卷中，还有20%的老人给子女金钱上的帮助。半结构访问表明，中国是礼俗社会，帮助儿子买房子以及春节时期的压岁钱是老人和子女之间经济往来的一笔较大支出。有的老人说：

我们征地补的房子品质总不如商品房好。我买了两套商品房，一套给自己，一套给小儿子。我们自己的商品房，三个房间都朝南，公交有73路线，房子有电梯，考虑老了上下楼方便。我老娘住二楼，年纪大了上下楼都不方便。2007年我又出钱帮小儿子买了房子，是F楼盘，90方，1万多元一平方，一次性付款104万元。排了一天一夜的队，本来号子是40多号，只买到了3楼。钱迟早是孩子的，在他们急需时帮助他们。孩子也很自觉的，说爸爸妈妈用来旅游的钱为我们买房了。大儿子装修房子我们也出钱了。本来让大儿子也在附近买房，大儿子不肯。我们自己很节省的，皮沙发旧了，花2500元重新包了一下，将沙发运到德清去包的。(CHP—20110926，2011年9月26日，CHP家中)

我孙女在宁波读大学，现在大学生消费高啊，要买学习用品、买书，还要上网、买手机，过节时还要出去玩。过春节时孙女来给我拜年，我给她一个大红包，有1000元。(ZJ—20120202，2012年2月2日，C社区老年活动室)

春节时我是给了孙子500元红包，他有17岁了，很快就要考大学了。给他包个红包，鼓励鼓励他。我还说，你考上大学，爷爷给你包个2000元的红包。(XCM—20120202，2012年2月2日，C社区老年活动室)

一个12岁小孩在她的日记中描述了春节期间的热闹景象以及互送压岁钱的场景。笔者抄录如下：①

2012年1月22日　腊月廿九　阴转雪

今天是除夕，但不是大年三十，妈妈说的。至于为什么，我还没弄明白，好像是农历的什么算法有关。这不是重点啦，关键是不管是年三十还是年廿九，今天就是除夕，我有红包拿！

年夜饭是在外面定的桌，阿太（外公的妈妈）、外公、外婆、爷爷、奶奶、爸爸、妈妈和我，一桌8个人，从我有记忆以来一直都是这样的年夜饭阵容。一桌人就我最小，他们7个都给了我红包，不过我也给阿太、爷爷、奶奶、外公、外婆发了大大的红包（呵呵，红包是妈妈包的，我只负责发）。拿着我发的红包，这些大人笑得比红

① 摘自TXY日记。

包上的花还灿烂。

晚上看完爸爸点的烟花后，妈妈把这些红包都给我压到了枕头底下，这叫压岁，明天我就12岁了！

2012年1月23日　正月初一　多云

今天的晚饭也是固定阵容——阿太（外公的妈妈）、外公、外婆、大外公（外公的哥哥）、阿舅（妈妈的堂弟）、舅妈、表弟、爸爸、妈妈和我。今天我又收到了2个红包，大外公和舅妈各给了一个，表弟也拿到了外公和妈妈给的红包。不过这个剪了个西瓜太郎头的弟弟都读中班了还和以前一样不懂事——不肯叫人。大外公、舅妈夸我的时候，妈妈嘴里说得谦虚，不过脸上和外公、外婆笑得一样灿烂。

晚饭是在外边餐厅吃的。餐厅里贴着广告宣传：

套餐1：冷菜有熏鱼、糯米藕、酸菜心、卤鸭。热菜有野生鲫鱼、翡翠虾仁、碳烤牛肋肉、什锦砂锅、梅汁鸡块、东坡鳝段、小瓜金钱肚。点心有八宝饭、黑米糕。适合4个人吃。

套餐2：六道冷菜、十道热菜、两道点心。栗子鹿肉中的肉是东北梅花鹿肉。港式咖喱虾风味独特，养颜雪蛤可以解大鱼大肉油腻，清火美容。鲍汁鹅掌、香脆闹鸡、宫爆牛蛙等菜肴。发皮是发过的肉皮，可以做炒三鲜、什锦砂锅、炒蔬菜等。什锦砂锅里有鸡肉、火腿、虾仁、鲍贝、蛋黄糕、肚片、发皮等，原料有十多种，寓意十全十美，团团圆圆。

零食少不了姚生记山核桃。姚生记山核桃是杭州一大品牌。江南姚氏是名门望族，是唐朝宰相姚崇的后代。据说北宋前世代为官，到了南宋，姚氏因对朝廷不满，就到临安隐居，种植山核桃自娱自乐。将养生之道与美食方法融合在一起，经过姚氏栽培调理的山核桃、枫桥香榧闻名天下。姚氏精心制造的山核桃、花生、瓜子香飘千里，自成体系。姚氏后人在杭州孩儿巷创造了姚生记品牌。白露葭葭才开杆打山核桃，上山去打，去蒲为籽，水浮手选，放在太阳下边自然晒干。获得几乎没有空籽、坏籽的上等山核桃果，将上等山核桃果放置在特制木桶中，调上姚氏独家秘制配料。蒸煮3—4个小时，俗称“吊味蒸”，之后经过敲打、烘焙，获得美味山核桃。山核桃有椒盐味、茶香味、蜜糖味等。

2012年1月24日　正月初二　阴转雪

到了太婆家，已经有不少人在了。太婆生了6个孩子，所以在这里我就有好多人要叫：大舅公、大舅婆、大外婆、大外公（外婆的姐夫）、三外婆、三外公、四外婆、四外公、小外婆（小外公今年不在了，听妈妈说前2个月得急病过世了）、姨妈、姨父，还有4个舅舅（妈妈的表哥表弟）。一圈叫下来，我又收到好多红包。

晚饭也是在外面的饭店吃的，两桌都坐得满满的，太婆看着大家笑得眼都看不见了。我把红包给太婆时，太婆拉着我的手不停地说我乖。表妹迟到了，居然还睡着了，不过我还是把红包交给了姨妈，谁让我是姐姐呢。

剪了个西瓜太郎头的弟弟看大家都不睬他，就哭了起来。大外婆说：不要哭，不要哭，过完春节是十五，正月十五给你吃汤团。下半年还有重阳糕。

我查了一下，汤团和重阳糕简介如下：

“刚从雪里来，又向浪里翻。全身遭颠沸，心里胜蜜甜。”谜语，谜底是汤圆。正月十五的主打食品——汤圆。中国人吃汤圆最早开始在宋朝。当时，汤圆是新奇玩意，用磨好的、细细的糯米粉搓成圆球形状。在圆球中间包进各种果馅，比如豆沙馅、黑芝麻馅、枣泥馅。下汤圆时，热水下锅。等水烧开后，再加一小碗冷水，再烧开时，汤圆会一粒粒浮起来，可以吃了。杭州人特别喜欢吃汤圆。正月十五元宵节时，一家人围坐在一起。每个人一碗热乎乎的汤圆。喻义甜甜蜜蜜，合家团圆。现代汤圆做成多种颜色。由个人的口味和食材决定。加进胡萝卜汁，汤圆变成橙红色；加进菠菜汁，汤圆变成绿色。做胡萝卜汤圆时，先将胡萝卜洗干净。再将胡萝卜切成小块。将胡萝卜块按照1：1的比例加入水，然后将加水的胡萝卜放进搅拌机，做成胡萝卜浆。再用纱网漏斗过滤出胡萝卜汁。将胡萝卜汁一点点加入糯米粉。糯米粉逐渐变成橙红色的面团。也可以用菠菜做成绿色汤圆，用紫甘蓝做成紫色汤圆。现代汤圆也可以做成水果汤圆。将原味的白色小汤圆下锅，小汤圆快出锅时，撒上切好的水果丁。比如苹果、梨、椰子、菠萝、火龙果、草莓、猕猴桃等。喜欢吃哪种水果就放进哪种水果。双薯汤圆也是现代社会的创新汤圆。双薯是指红薯和紫薯。将紫薯用来和面。将紫薯洗干净，再切成小块，按照1：1的比例加进水，将加水的紫薯放进搅拌机，做成紫薯浆。用纱网漏斗过滤出紫薯汁。将紫薯汁一点点加入糯米粉，糯米粉逐渐变成紫色的面团。将红薯削皮，去皮后切成块蒸熟。用手将蒸熟的红薯捏碎，搓成圆圆小球。用之前放入冰箱冰一会。

每年重阳节，杭州人都有吃重阳糕的习惯。重阳糕的原料为米粉、豆粉等，需要发酵，用杏仁、蜜枣、桃仁、莲心等点缀，加上糖蒸制而成。有桂花味、栗子味、赤豆味等。重阳糕外观色泽鲜艳，重阳糕有黄色、红色、绿色，糕面上洒上一些木樨花。关于重阳糕的起源、寓意，有许多说法。一种说法为，糕与高谐音，用吃糕寓意登高，表示步步高升。据说重阳糕在宋朝时开始盛行。宋吴自牧《梦粱录》中记载临安（杭州）重九风俗："此日都人店肆，以糖面蒸糕……插小彩旗，名重阳糕。"不过，从医学角度讲，重阳糕不能空腹食用。空腹食用导致胃酸过多分泌，引起泛酸、胃灼热。

2. 老人和子女的物质互助

问卷调查中，对于老人和子女的物质互助，设计了如下问题：老人是否希望子女在食物上给予帮助，能否得到帮助，是否给子女食物上帮助；老人是否希望子女帮助购买衣物，子女是否购买衣服，是否给子女（孙子女）购买衣物；老人是否希望子女在耐用消费品上给予帮助，能否得到子女帮助，是否给子女耐用消费品帮助。

由表 6.1 可知，92 位（61.4%）老人希望子女在食物上给予帮助，108 位（72.3%）老人在食物上得到了子女的帮助，105 位（70.3%）老人给子女食物上帮助。民以食为天，老人和子女在食物上的互动还是非常频繁的。

表 6.1　老人和子女在食物上的互助

选项	是	否
老人希望子女在食物上给予帮助	92（61.4%）	58（38.6%）
老人在食物上得到子女的帮助	108（72.3%）	42（27.7%）
老人给子女食物上帮助	105（70.3%）	45（29.7%）

我们和女儿一家住在两套房子里。女儿原来是银行的，外孙女上小学后就辞职了，一心在家带小孩，女婿是外地人，现在一家企业做技术工作。早上女儿一家在自己家吃饭，中饭女儿会到我这里来吃，女婿在单位吃、外孙女在学校吃。晚饭他们一家三口来我们这里吃。一般来说，他们每个月会买一袋米、两桶油，还会带些荤菜过来，卤鸭啦、小香肠啦、卤牛肉啦。前几天，女婿还买来六只湖蟹。今天中午，女儿又拎过来一只甲鱼。我一般是买素菜，负责烧饭。（SJH—20120111，2012 年 1 月 11 日，C 社区街心花园）

我们孙子是外婆带，外婆和我们住在一个社区，不在一幢楼。每天早上，我买好菜，送到外婆家。奶奶么，不去照顾。早上买点菜到你家来，外婆就没脾气了，这样儿媳妇也高兴。我不用带孙子，和她不照面，没有什么摩擦的。买了菜，也算帮她做了家务，亲家也没什么话好说啦。刚刚打了电话过来，说今晚上他们是四菜一汤：香菇青菜、香干肉丝、韭芽炒蛋、冬腌菜鲫鱼、开洋萝卜汤。（XAM—20120128，2012 年 1 月 28 日，C 社区街心花园）

根据表6.2，45位（30.3%）老人希望子女帮助购买衣物，120位（79.6%）子女给老人购买了衣物，105位（69.6%）老人给子女（孙子女）购买了衣物。老人对子女购买衣物的期望值不高。许多子女，比较多的是女儿给老人购买了衣物。而有的女性老人也承担了为第三代购买衣物的任务。

表6.2 老人和子女（孙子女）在购买衣物上的互助

选项	是	否
老人希望子女帮助购买衣物	45（30.3%）	105（69.7%）
子女给老人购买衣物	120（79.6%）	30（20.4%）
老人给子女（孙子女）购买衣物	105（69.6%）	45（30.4%）

我说过，人老了，不要买新衣服的。每年女儿都给买，她住望江门的，每个月来一次，春节前又给我买了件羽绒服过来。就是身上穿的这件。给孩子买衣服，现在他们大了，不需要了。老太婆每年会给孙女买新衣服的。（XAS—20120123，2012年1月23日，C社区空地）

衣服都是女儿给买的。有时买件羊毛衫，有时买件羽绒服，还有夏天穿的短袖衬衫，也是她们给买的。（DMF—20120305，2012年3月5日，DMF家中）

我是每年秋天时会给外孙女买羊毛衫、羽绒服，小姑娘爱漂亮的。不过小孩长得快，年年都要买新衣服。去年买的衣服今年就穿不下了。买大一点，穿上去又不好看。（LGF—20120216，2012年2月16日，C社区老年活动室）

在表6.3，60位（39.7%）老人希望子女在购买耐用消费品上给予帮助，105位（69.9%）子女帮助老人购买了耐用消费品，90位（59.6%）老人给子女购买了耐用消费品。还有的子女为老人购买现代耐用消费品，比如液晶电视、液晶电饭煲等。在为子女筹备婚房和购买家庭耐用消费品方面，许多老人花销较大。

表 6.3 老人和子女在购买耐用消费品上的互助

选项	是	否
老人希望子女在购买耐用消费品上给予帮助	60（39.7%）	90（60.3%）
子女帮助老人购买耐用消费品	105（69.9%）	45（30.1%）
老人给子女购买耐用消费品	90（59.6%）	60（40.4%）

家里电视是挂在墙上的，电饭煲是液晶的，都是小女儿给买的。（HYC—20120216，2012 年 2 月 16 日，C 社区老年活动室）

家里有海信彩电、美的空调、华日冰洗、海象热水器、方太抽油烟机、绿源电动自行车、本田汽车，都是儿子买的。（SLX—20120302，2012 年 3 月 2 日，C 社区老年活动室）

儿子结婚，家电要配齐的，夏普彩电、惠而浦空调、海尔冰洗、史密斯热水器、方太抽油烟机、格兰仕微波炉、本田汽车。装修房子，花了 20 多万元。买的诺贝尔瓷砖，1 块多钱一块。地板是红橡木的。都是我们出钱的。这两年日子可能紧一点，以后就好了。（XSQ—20111102，2011 年 11 月 2 日，C 社区老年活动室）

老人和子女经济互动的特点为：多数老人经济上自立，部分老人和子女有经济上的互助。中国是礼俗社会，春节时期的压岁钱是老人和子女之间经济往来的一笔较大支出。老人和子女在食物上的互动非常频繁。老人对子女购买衣物的期望值不高；许多子女，尤其是女儿给老人购买了衣物；而有的女性老人也承担了为第三代购买衣物的任务。有的子女为老人购买现代耐用消费品。在为子女筹备婚房和家庭耐用消费品方面，老人花销较大。

（二）生活照料

现代化缓慢地改变了家庭代际成员共同居住的形式，父代和子代之间在生活上的互助仍然依存。老人与子女分住不同的套房但仍然共住同一个社区，成为被征地社区的典型居住方式。老人和子女分开居住，但是有比较紧密的互动，这种“分而不离”“有分有合”的代际关系，成为常态。来自家庭内部的生活照料，对老年人身心健康有显著的正面影响。社会竞争压力的增大，导致老年人的照料资源减少。

1. 身体主要照料者

在表6.4中，有120位（80.2%）老人希望子女在身体上给予照料，但是只有60位（39.6%）老人获得了子女的照料。工作忙、压力大、时间紧张，使子代的照料成为稀缺资源。

表6.4　老人的身体照料状况

选项	是	否
老人希望子女在身体上给予照料	120（80.2%）	30（19.8%）
老人能够得到子女照料	60（39.6%）	90（60.4%）

去年我是做了个小手术，住了一星期院。孩子们都在上班，太忙了，没时间陪，是请了护工来的。（ZKF—20120211，2012年2月11日，C社区街心花园）

我有高血压，每天吃药的。和儿子儿媳妇住在一起，他们每天早出晚归的，我不能一个人待在家中，就来老年活动室。这里有好多人。现在是病不起，如果病了，自己受罪，也没人照顾。上班的人没时间陪。（GP—20111209，2011年12月9日，C社区老年活动室）

2. 医疗费支付对象及预期

C社区老年人享受的医保形式有城镇职工医保、城乡居民医保、农村合作医疗、大病保险。但是老年人还是希望万一生了大病，子女能提供帮助。在表 6.5 中，有 114 位（76.2%）老人希望子女在医疗费上给予帮助，有 121 位（80.4%）老人实际获得了子女的医疗费帮助。

表 6.5　老人对子女支付医疗费的预期及子女实际支付状况

选项	是	否
老人希望子女在医疗费上给予帮助	114（76.2%）	36（23.8%）
老人在医疗费上能获得子女帮助	121（80.4%）	29（19.6%）

在问到是否希望子女在医疗费上给予帮助时，有的老人这样回答：

我有高血压和糖尿病，去年看病自己配药花了一些钱。我配过苯磺氨氯地平片、比拜克胶囊、六味地黄丸、盐酸二甲双胍片、复方甘草片、瑞格列奈片、复方金钱草颗粒、芦荟肠清茶、决明子，这些钱自己是出得起的。如果以后看大病，儿子要帮助的。（HYC—20120216，2012 年 2 月 16 日，C 社区老年活动室）

我是胃不太好，不过不用吃药的。去年是看感冒花了 800 元。以后如果生大病，儿子肯定要管的。（LGF—20120216，2012 年 2 月 16 日，C 社区老年活动室）

事实是，中国人生了大病确实是要靠儿子的。有的儿子在父母生绝症时，出了许多钱。

JJ 奶奶去年夏天去世了。从查出得胃癌到去世，维持了 3 年，花了 30 万元钱。刚查出时，我每周从家乘公交车去肿瘤医院看她。最后我先生办完离院手续，人都虚脱了。我们去他老家办丧礼，一个村的人都来吃。请人烧饭，每桌都要上鲍鱼、龙虾。还要去买墓地，花了 3 万多元。JJ 奶奶到临终，人都面目全非了，头发都掉了。刚查出癌症时，她求生意志特别强。JJ 奶奶一次次做化疗，打一针就要

6000元至8000元。她浑身痛，儿子只有一个妈，再贵儿子也要给她治。我不敢说一句话。非要搞得倾家荡产。要不有因病致贫呢。得了病，只说治病重要。农村靠儿子的，可是只有一个儿子。大姑子不吭声的，小姑子就是埋怨，最后就是我先生一人管。每周他都要开车回老家。后来办完丧礼，我们回来。汽车开到一半，他的右脚突然没有知觉了。我说休息一下吧，他将汽车停下来休息了一个多小时，才重新发动汽车。一家有了病人，钱像流水一样，哗哗淌去。存款没用的，保险没用的。老人只要身体好，什么都好的。（SXW—20120119，2012年1月19日，SXW家中）

从观念上看，受政治、经济、历史、传统文化习俗的影响；从社会实践看，中国父母一代在养育子女过程中付出相当大的物力、财力、精力、时间。所以，与西方人相比，中国父母要求反哺的观念越发强烈。中国的《孝经》对孝如此界定："孝自之事亲也，居则致其敬，养则致其乐，病则致其忧，丧则致其哀，祭则致其严。"中国传统文化，对父母的责任主要由儿子实现。《中华人民共和国老年人权益保障法》第十一条规定"赡养人应当履行对老年人经济上供养、生活上照料和精神上慰藉的义务，照顾老年人的特殊需要。赡养人是指老年人的子女以及其他依法负有赡养义务的人。"① 但是习惯上，人们也认为父母的大事应该找儿子。

3. 老人和子女的家务互助

根据问卷调查结果，老人经常从事的家务中，打扫和整理房间占50.2%，购物占20.1%，烧饭占26.2%，洗衣服占0.2%，照看孙辈占3.3%。照看孙辈比例如此之低，是因为C社区的人普遍早婚早育。有的人50岁出头就当爷爷奶奶、外公外婆了。笔者调查的老人是60岁及以上，他们的孙辈已经长大，所以无须承担照看职责了。

在表6.6中，60位（40.2%）老人希望子女提供家务帮助，58位

① 《中华人民共和国老年人权益保障法》，1996年。

(38.9%)老人能够得到子女家务帮助，62 位（41.2%）老人给子女提供家务帮助。由此可见，老人和子女的家务互助频率是比较高的。因为许多老人和子女住同一社区，来往非常方便。

表 6.6　老人和子女在家务上的互助

选项	是	否
老人希望子女提供家务帮助	60（40.2%）	90（59.8%）
老人能够得到子女家务帮助	58（38.9%）	92（61.1%）
老人给子女提供家务帮助	62（41.2%）	88（58.8%）

家里的活我做得最多的是买菜。和儿子一家住在一起，儿子儿媳妇负责买米、买荤菜、交水电费、电话费。我只管买点小菜。(ZKF—20120211，2012 年 2 月 11 日，C 社区街心花园)

我们只有一个女儿，他们两夫妻白天都去上班了，我带外孙、买菜、烧饭，晚上他们都睡了，我再将家里的地板擦洗干净。(YM—20120211，2012 年 2 月 11 日，C 社区街心花园)

与老人住在一起的孩子，许多由父母帮助承担了部分家务。他们有的人说，不是自己不想干，实在是太忙。

我在联华公司旁边的肯德基卖外卖，我老公在公交公司开车，回家累都累死了，哪有时间搞卫生。(HSF—20111116，2011 年 11 月 16 日，某纪念馆)

我在城东上班，我先生在滨江上班，每天早上 7 点就离开家了，到晚上 6 点才回来，哪里有精力干家务。幸亏和我妈住在一起，我妈帮我们买菜、搞卫生、接送小孩。家里没有老人可不行。(YZM—20111116，2011 年 11 月 16 日，某纪念馆)

老人生活照料的特点为：老人与子女分住不同的套房但仍然共住同一个社区，成为被征地社区居住模式的特征。工作忙，压力大，使子代的照料成为稀缺资源，老人的主要照料者是配偶和儿媳妇。虽然老人的医疗保障制度健全，但是生了大病仍然依靠子女成为许多老人的预期。有的老人在生大病时得到了子女的倾力救助。由于地理位置的接近，老人和子女的家务互助频率比较高。

3. 情感慰藉

情是代际间最本质关系的表现。家庭对老年人进行了极其重要的社会支持。精神赡养影响着老年人的生活质量、家庭的代际关系。提高老年人生活质量，不能仅满足于把老年人养起来，更要提高他们的身心健康水平、丰富他们的精神文化生活、强调老年人的社会参与；赋予老年人人权、使老年人平等享有各种机会。在物质丰富情况下，更需关注老人精神生活。了解老人的心态，为老人排解孤寂。老年人也应转变观念，学习现代知识，认识、适应现代生活。

（1）在家是否受尊重

在调查问卷中，笔者设计了一个问题“在家是否”受尊重，并列出在家受尊重的表现：关心身体健康、调剂生活饮食、给老人过生日、大事听取老人意见、默认老人生活习惯。根据问卷调查结果，98.8%的老人认为自己是受尊重的。XAS和DMF都以自己的经历讲述了自己在家中受尊重的表现。

给过生日的。两个儿子在我和老太婆生日时，各给600元。（XAS—20120123）

过年时3个儿子2个女儿全家到店里吃一顿。花费1000元。3个儿子一人出330元。春节时去店里，平时屋里烧。有时儿子家来客人，会过去吃饭。（DMF—20120305，2012年3月5日，DMF家中）

SQH是从一公司考入C社区担任社工的，她有感而发：

拆迁的人都很厉害的，平时看上去很和气的。一触动到个人利益，不管什么，就会到社区来找，或者打电话12355，12355就将意见反馈回社区。不牵涉到利益怎么都好说，牵涉到利益没办法了。有的地方还有的人吃不饱的。这里富裕的。人情很淡漠的。平时亲戚朋友走动少。春节时会一家人去饭店里吃一顿，每人凑一点钱。有次，有个人说，姐姐给她买了双袜子，她将10块钱给姐姐了。亲兄弟明算账，他们在钱上算得很清的。我们回老家，婆婆家、姑妈家都转一转的。这里的人很富裕了，小康，超级小康了，但是很有小农意识、宗派思想的。（SQH—20120302，2012年3月2日，C社区社会工作者办公室）

（2）寻求情感支持的对象

人到老年，会遇到一系列问题，如身体状况日渐虚弱，患上心脑血管疾病等，如果不注意调适，会因病致残乃至死亡；丧偶导致一人孤度晚年；退出工作岗位，远离社会，产生疏离感等。由于成长的社会大背景不同，老人与子女在价值观、思想观念、兴趣爱好、生活态度等诸多方面存在差异。如果老人和子女不经常进行情感交流，可能会淡化两代人之间的情感，加大两代人的隔阂；老人可能因为缺乏情感支持，承受不了心理压力，导致心理问题产生。

在调查问卷中，回答寻求情感支持的对象时，98.7%的老人选择了配偶，说明子女对老人的情况支持不是很强。一方面这与子女比较忙有关，另一方面可能是在子女成长过程中，有的老人和子女没有培养出相互支持、鼓励的情感。正如SQH所说：

这边人我都感觉有点空虚了，无聊啊。小孩很自私的。个人自己玩，不和别人玩，不嫌寂寞的。长大了无所谓孤独不孤独的。（SQH—20120302，2012年3月2日，C社区社会工作者办公室）

有的子女也就同老人的情感支持谈了自己的看法：

和老人摩擦总是有的。不过妈好说一点。比如老人过度节俭啊。还喜欢参与一些事情。（YZM—20111116，2011年11月16日，某纪念馆）

我们和公婆住在一起，他们都八十多岁了，好唠叨。也很节俭的，将洗拖把的水接出来，接了好几桶。我每天早上10点出来，晚上11点回家，和他们不怎么照面的，也就事情少了。我儿子是奶奶带大的，和奶奶关系好得不得了。出去吃饭，还要将鸡腿打包带回家，说给奶奶吃。（SYN—20111120，2011年11月20日，某美容美发店）

老人的情感慰藉的特点为：情是代际间最本质关系的体现。情感慰藉满足影响着老年人的生活质量、家庭的代际关系。许多老人认为自己在家庭中受到尊重。绝大多数老人的情感支持对象是配偶。一方面这与子女比较忙有关，另一方面可能是在子女成长过程中，有的老人和子女没有培养出相互支持、相互鼓励的情感。

第七章　拆迁后C社区老人的社会适应

社会适应是老年个体在与外在社会环境的交互作用中，调整自身的心理和行为方式，达到个体与外在社会环境和谐平衡状态。从具体内容看，老年人社会适应包括日常生活适应、人际关系适应、精神文化适应和个人发展适应。本章通过笔者收集到的150份调查问卷，结合深度访谈资料，从经济适应、日常生活适应、人际关系适应、心理适应层面对城郊拆迁补偿家庭老人的社会适应情况予以描述、分析。

一、概念界定及操作化

社会适应可以从生物学、心理学以及社会学三个不同的学科予以考察。生物学对适应的界定。拉马克首先研究生物体的进化过程。生物体对各种环境条件的反应，就是“适应”的形成；置言之，当外界环境发生变化时，生物有客观上的“必要”而产生变异，以使自身与环境相符合。适应是应为环境诱发而产生的变异。达尔文在解释生物体的进化过程时，也强调基因变异的作用，尤其是强调基因突变的自然选择的作用。自然选择，是保留有利的变异，淘汰有害的变异。有利的变异，是指有利于生存和繁衍。达尔文的自然选择理论包括三个重要的组成部分：变异、遗传和选择。达尔文认为，在物种内个体差异现象就是变异现象。在同一个群落、同一个祖先、同一个父母产生的后代，自然会产生许多轻微的变异，也就是个体差异。这些个体差异是进化的原始材料。自然选择的功能是，那些具有最适应环境条件的有利变异的个体有较大的生存机会，并繁殖后代。拉马克与达尔文主要用进化论解释生理结构的进化，强调生物体采用进化的生理结构对环境的适应（赫根汉，2004）。洛伦兹的习性学主要研究生物体行为的进化特性，强调行为的适应性功能（Lorenz，1965）。拉杂如斯认为，适应（adjustment）的概念，是源于生物学，而且是达尔文进化论的基础。生物学用adaptation，来强调生物的生存或生理的适应（Lazarus，1961）。阎锡海和曹娟云认为，适应指“生物对环境条件的适合现象。适应既是一个过程，又是一种结果”（阎锡海、曹娟云，1995）。

心理学对适应的界定。陈建文从动态与静态的角度，对社会适应作了三个方面的定义。他认为，社会适应是一种过程，指“在特定的生活情境中，个体控制和理解生活情意，应对情境压力，调适心理状态，从而达到与生活情境保持和谐关系和平衡状态的过程”；社会适应是一种结构，指“个体为了求得社会生存、健康和发展，而与生活环境保持和谐关系和平衡状态所具备的人格特征和所表现出来的行为反应倾向”；社会适应是一种状态，指具有特定社会适应心理素质的个体经历一定社会适应过程之后，导致的特定性质的社会适应状态（陈建文，2001）。陶沙的研究表明，社会适应是个体的一种体验，即“个体在变化着的情境中感到与他人相协和的体验”或者“个体与特定社会环境相互作用，达成协调关系的过程及其关系的表征”（陶沙，2000）。车文博借鉴了“适者生存”的进化论思想，强调适应是“个体为求自身生存而在生理功能和心理结构上的改变，即个体对环境的顺应”（车文博，2001）。适应表现是“有机体在长期进化过程中形成的。它对于我们感知外界事物、调节自己的行为，具有积极意义。在夜晚的星光下和白天的阳光下，亮度相差百万倍，如果没有适应能力，人就不能在不断变化的环境中精细地感知外界事物，正确地调节自己的行动”（黄希庭，2001）。杨彦平等认为，从心理学的角度看，社会适应可以是个体与环境互动的一个过程，也可以是个体与环境互动过程所呈现的行为状态、行为方式或心理特性。后者也常被称为社会适应性、社会适应行为或社会适应能力（杨彦平、金瑜，2006）。

社会学对社会适应的界定。对适应（adaptation）的概念，社会学没有专门的解释，相近的概念有“顺应”（accommodation）、“同化”（assimilation）、“融入”“融合”等。“顺应”主要偏重于行动者对于社会环境的顺从；“同化”指有不同性质的人、集团或民族接触以后融合成新的文化单位的过程，是在不知不觉的过程中进行的一种潜移默化的过程。同化是社会互动的一种形式，其作用在于改变人们的生活习惯和行为习惯，但不会触动社会的根本制度。（袁方，1990）“融入”是一个动态的过程，“融合”是最终的状态，“顺应”“同化”强调行动者被动适应，“融入”强调行动者的主观适应。有的研究者也将其理解为社会化（刘应杰，1995）。“适应行为”在《社会学词典》中被界定为：适应社会环境是人的一生要经历的过程，为适应社会环境，个人产生了适应行为。社会化使个人明确人生不同阶段的权利、义务，逐渐形成与社会要求相适应的知识、技能、价值观、性格等，在社会交往、社会行动中自觉采取符合社会要求的行动。反之，个人如果不能顺利适应社会环境，就会产生人生困惑（王康，1988）。郑杭生认为，社会是人类有机总体，它以人类共同的物质生产活动做基础，具备整合、交流、继承、发展等功能（郑杭生，2003）。美国社会学家高斯席德（G.Goldscheider）认为，移民的适应界定为一个过程，在这个过程中，移民对变化了的政治、经济、社会环境做出反应，一个人从农村进入城市，常常得面临这三个方面的显著变化（Goldscheider，1983）。

社会学、人口学对流动人口的社会适应进行了研究。杨菊华通过对2013年流动人口社会融合个人数据和社区数据的分析得出以下结论：以经济整合、社会适应、文化习得和心理认同四个维度测量，发现流动人口的总体社会融入水平一般，且各维度的融入状况差别较大；制度约束和结构排斥使得经济和社会方面的融入进程严重滞后于文化和心理方面的融入，凸显融入的差异性；乡—城流动人口的融入水平不如城—城流动人口的融入水平，表现出融入的分层性；良好的社区服务与接纳环境可有效推进融入进程，凸显融入的社区依赖性；流入地和流出地以及流动人口和本地市民的连接影响流动人口的融入进程，凸显融入的互动性。推进融入既需要个人的努力，更需要消除歧视、排斥的制度障碍，以营造良好的制度环境和社区氛围（杨菊华，2015）。刘庆和陈世海运用2013年深圳市移居老年人的问卷调查数据，采用探索性因子分析方法，对移居老年人社会适应的结构及其现状进行了探讨。分析结果发现，移居老年人社会适应主要包含心理适应、社会交往适应和经济适应三个因子。从社会适应程度来考察，移居老年人社会适应的总体水平偏低；从具体影响因子来看，体现出心理适应、社会交往适应和经济适应依次降低的趋势。相对较高的心理适应程度，反映了移居老年人的情感需求，一定程度上消减了在当地城市的陌生感，也说明了深圳作为一个移民城市，其城市文化的多元化和包容性；而相对较低的社会交往适应和经济适应状况则反映出移居老年人在当地城市社会交往结构的表层性、内倾性特点和生活成本的增加而带来的社会适应的障碍。因此，提高移居老年人的社会适应性，需要移居老年人、本地居民和政府等多方行动者的共同努力（刘庆、陈世海，2015）。江立华和王寓凡基于空间社会学的理论视角，分析了“老漂族”精神层面的社会适应问题，揭示了“老漂族”社会适应的本质和问题，以及“老漂族”自身如何在客观环境下能动地策略性地实现社会适应。迁居所导致的空间变动，给“老漂族”的日常生活带来了多重影响，生活环境的变化和社会交往关系的断裂导致了“老漂族”的社会区隔，对原空间的依恋使得“老漂族”容易在精神上出现孤独、排斥、焦虑和无助等消极情感，严重影响了“老漂族”精神层面的社会适应。无法返乡的“老漂族”为实现精神层面的社会适应，依据自身的条件和需求再生产一个精神空间是其可能途径。由于“老漂族”社会适应能力有限，只有通过社会、政府和家庭的通力合作，才能帮助“老漂族”实现更高水平的社会适应（江立华、王寓凡，2016）。王建平和叶锦涛对上海老漂族生存和社会适应状况进行了研究。王建平和叶锦涛基于“上海都市社区调查”数据，从居住状况、家务劳动结构、健康现状、社会网络结构以及生活满意度等维度对上海老漂族进行了探讨。研究发现，上海老漂族生存现状和社会适应现状良好，但务工老漂族和随迁老漂族两类群体存在差异：务工老漂族以来自农村的男性低龄老人为主，而随迁老人则是来自城镇的女性居多；随迁老漂族与子女同住的比例远高于务工老漂族，其家务劳动的时间也是远超务工老漂群体；务工老漂族自理能力明显高于随迁老漂族，而精神健康得分和心理适应得分则低于与子女同住的随迁老漂族；上海市老漂族与户籍人口之间存在一定的社交隔离，老漂群体社交结构均以外地人为主；随迁老漂族对住房满意度比务工老漂族低，务工老漂族对所在社区不满意的比例则明显高于随迁老漂族。(王建平、叶锦涛，2018)

笔者是从社会学层面考察城郊拆迁补偿家庭老人的社会适应。社会适应是在与外在社会环境的互动中，老年人主动调适自己的心理，调整自己的行为方式，达到个体与外在社会环境和谐平衡状态。从具体内容看，老年人社会适应包括日常生活适应、人际关系适应、精神文化适应和个人发展适应。从过程看，包括认知适应和人格适应。

二、经济适应

经济适应是城郊拆迁补偿家庭老人在经济上的存在方式，由两方面内容组成：一是社会提供的物质资源，也就是城市生活为他们提供的收入和社会保障；二是城郊拆迁补偿家庭老人对经济状况的主观感受。

（一）社会为城郊拆迁补偿家庭老人提供的物质资源

从 2012 年 1 月 1 日起，杭州市区对城镇老年居民生活保障待遇、缴费标准进行了调整。生活保障待遇原来是每月 490 元，调整后为每月 510 元。个人账户中个人缴费部分按照每人每月 286 元扣除。农村居民养老保险金每人每月增加 20 元，调整所需费用从农村居民养老保险基金中列支。

农村居民养老保险金因参加险种不同，每人每月领取金额是不同的。

C社区城郊拆迁补偿家庭老人从城市生活中获得的收入主要有：一次性征地补偿款、各种制度性的养老保障金、房屋出租金、股份制分红。一次性征地补偿款因征地时间先后不同有所区别。在调查中，一位老人抱怨他们是2002年征的地，那时补偿款太少。因参保种类、缴费年限、缴费基数不同，老人获得的制度性养老保障金是不同的。房屋出租金有的归老人、有的归子女、还有的是老人和子女共有。有位老人说过去房屋出租金是归他本人的，后来2009年和儿子儿媳因为家务琐事有了纠纷，就签订协议房租各拿一半了。至于股份制分红，只要按时交纳物业费、车位费、房租、代租代扣款等，就可以获得。

对城郊拆迁补偿家庭老人而言，涉及其切身利益的社会保障制度主要有养老保障和医疗保障。养老保障有企业退休人员基本养老金、双低保险、221保险。医疗保障有城镇职工医保、城乡居民医保、新型农村合作医疗、大病保险。

在笔者调查的150份问卷中，59人有企业退休人员基本养老金，占39.1%；131人有双低保险，占87.6%；20人有221保险，占13.3%。

表7.1　老人养老保障情况

养老保障类型	人数	比例
企业退休人员基本养老金	59	39.1%
双低保险	131	87.6%
221保险	20	13.3%

由于是多项选择，各项选择的合计超过了100%。

我在企业里工作了十几年，是退休的，有退休金，一个月不到2000元。（XAS—20120123，2012年1月23日，C社区空地）

我原来在安吉做过六年小学老师，后来退职了。去年省里下发221文件，孩子们凑了些钱，我自己也拿出一点积蓄，补交了养老保

险。现在每个月能领到 1600 元养老金。(YM—20120211，2012 年 2 月 11 日，C 社区街心花园)

据调查，50.1% 的老人看过病，1.2% 的老人住过院，96.3% 的老人买过药，2011 年医药费支出人均 1389 元，支出最高的为 3000 元。2011 年看病主要由城镇职工基本医疗保险支付的有 57 人，占 38.2%；由城乡居民医疗保险支付的有 15 人，占 10.2%；由新型农村医疗保险支付的有 75 人，占 49.6%；由大病保险支付的有 3 人，占 2%。

表 7.2　支付老人医疗费的医疗保障类型

医疗保障类型	人数	比例
城镇职工基本医疗保险	57	38.2%
城乡居民医疗保险	15	10.2%
新型农村合作医疗	75	13.3%
大病保险	3	2%
合计	150	100.0%

根据调查结果，有 82.3% 的老人选不愿看病，10.2% 的老人选不敢住院，7.5% 的老人选住不起院。因为药品贵、检查手续繁琐、医院整体氛围不好，许多老人不愿意去医院。

有点小毛小病，自己去药店配点药就好了。现在医院的药比药店要贵。去看病，医生还要开化验单、让做各种检查，不仅贵，也麻烦。(CHP—20110926，2011 年 9 月 26 日，)

医院轻易是不敢住的。我姐姐去年住院，住了一星期，花了 1 万多元。每天挂一瓶盐水，还要抽血，有一个医生还要她去做核磁共振，她说不去了。后来她是逃出了医院，说害怕。住在一个大病房里，旁边床是一个肺癌患者，晚上不停叹气。(LGF—20120216，2012 年 2 月 16 日，C 社区老年活动室)

（二）城郊拆迁补偿家庭老人对经济状况的主观感受

根据调查结果，有9位（6%）老人自评家庭经济状况好，有136位（90.7%）老人认为家庭状况较好，有5位（3.3%）老人认为家庭经济状况一般。

表7.3　老人自评家庭经济状况

选项	好	较好	一般
自评家庭经济状况	9（6%）	136（90.7%）	5（3.3%）

> 我们家的经济状况在社区里只能说一般了，有比我们好的，也有比我们差的，我们是比上不足比下有余的。（XCM—20120202，2012年2月2日，C社区老年活动室）
>
> 对我们家来说，经济状况比征地前要好多了，不要种地种菜了，只要在家里干点家务就好了，轻松多了。（LFZ—20120118，2012年1月18日，LFZ家中）

征地前主要收入来源，53.6%的老人是种地，30.1%的老人是在企业工作，还有16.3%的老人是经商。有81.8%的老人感觉经济状况与征地前相比上升，有9.2%的老人感觉与征地前相比经济状况下降。感觉经济状况下降的老人，多是过去经商的老人。随着年岁增长，这部分老人不再做生意，房租、股份制分红、养老保障金比经商要少。而对于过去种地和在企业工作的老人来说，他们目前收入比过去要高，所以感觉收入上升了。

> 年龄大了，不能再去做生意了，分红、房租一年也就6万多，养老保障金没多少的，一个月只有2000元。（CHP—20110926，2011年9月26日，CHP家中）

现在比过去好多了，不要每天在地里从早忙到晚，年底有分红，房租也不少，还有双低保险。（LFZ—20120118，2012 年 1 月 18 日，LFZ 家中）

城郊拆迁补偿家庭老人经济层面适应的特点是：老年人从城市生活中获得了多样化收入：一次性征地补偿款、各种制度性的养老保障金、房屋出租金、股份制分红。养老保障金、房租、股份制分红对老人来说基本是固定收入。多数老人对经济状况是满意的。各种制度化的医疗保障如城镇职工基本医疗保险、城乡居民医疗保险、新型农村合作医疗和大病保险承担了老人医疗费的大部分。但是，由于药品贵、检查手续繁琐、医院整体氛围不好，许多老人仍然不愿意去医院。

三、日常生活适应

日常生活适应是城郊拆迁补偿家庭老人在日常生活上的存在方式，由以下内容构成：一是日常生活状况，包括居住安排、衣着、食品、家用设施、耐用消费品、闲暇时间的安排等；二是城郊拆迁补偿家庭老人对日常生活状况的主观感受。

（一）日常生活状况

被调查老人大多数是夫妻双全的，有 81.8% 的老人原配偶健在，只有 18.2% 的老人丧偶。就居住状况而言，27 位（18.2%）老人与老伴两人住在一起，68 位（45.5%）老人与老伴、儿子一家住在一起，14 位（9.1%）老人与老伴、女儿一家住在一起，30 位（20.1%）老人与儿子一家住在一起，9 位（5.8%）老人与女儿一家住在一起，2 位（1.3%）老人独自居住。由此可见，老人对同住的选择有强烈的“儿子偏好”。缘于老少两代对独立和自由的追求，选择不与子女同住的老人有 29 位（19.5%）。

表 7.4　老人居住状况

居住状况	人数	比例
与老伴两个人住在一起	27	18.2%
与老伴、儿子一家住在一起	68	45.5%
与老伴、女儿一家住在一起	14	9.1%
与儿子一家住在一起	30	20.1%
与女儿一家住在一起	9	5.8%
独自居住	2	1.3%
合计	150	100.0%

我、老太婆和儿子一家住在一起，白天儿子儿媳妇去上班，晚上才回来，我们就到老年活动室来。（XSQ—20111102，2011年11月2日，C社区老年活动室）

我们没有儿子，是和女儿一家住在一起。都一样的。女婿不是入赘的，外孙也不跟我们姓。（ZYM—20111016，2011年10月16日，某博物馆）

老人衣着基本上是购买的，个人自己制作的现在极少。冬季，C社区的老人是羽绒服、棉袄、皮衣，内着羊毛衫。夏天是着短袖衬衣、宽松裤子、裙子。春秋季是羊毛衫，外罩夹克或者马夹。冬季，女性老人喜欢戴毛线帽，男性老人爱戴呢帽。夏季，女性老人戴斗笠或者外出打太阳伞。根据调查结果，有81.8%的老人近两年添置过衣物。走在C社区，看到老人穿着整洁、大方，虽然不时尚，但是也不落伍。

根据表7.5，在饮食方面，有27位老人（72.7%）荤素皆有，有68位老人（9.1%）以素为主，还有14位老人（9.1%）进补品。到DFM家做调查时，他正在吃午饭。桌子上有咸肉甲鱼、盐水毛豆、油焖笋、红烧素鸡。他说，自己对饮食颇为讲究。甲鱼是儿子拿来的，加上咸肉蒸一蒸非常好吃。在老年活动室遇到的XAS说自己吃补品，蜂胶、蛋白粉都吃过，现在在吃安利的营养素。

表 7.5 老人饮食状况

饮食状况	人数	比例
荤素皆有	27	72.7%
以素为主	68	9.1%
进补品	14	9.1%
合计	30	20.1%

春节时期，到C社区做调查，有的老人回忆过去烧制年夜饭的情景：

年夜饭提前一星期就要准备了，做咸肉酱鸭虾油卤鸡。（XAS—20120123，2012年1月23日，C社区空地）

年三十晚上杭州人要烧十碗菜，杭州人称为“十碗头”。十碗菜是：白斩鸡、元宝肉、元宝鱼、八宝菜、冬笋韭菜炒肉丝、素烧鹅、如意菜、长生果、暖锅儿、藕富。老底子杭州人，提前一个月买来阉鸡，用米饭、萝卜、青菜、米糠等喂养育，还让鸡每天在外面跑一段时间，让鸡长得又壮又肥，而后自己杀鸡。鸡杀好后，将鸡毛拔掉，不开膛破肚，而是把鸡挂在户外。天冷，阉鸡肚里的油冻起。年三十白天将鸡膛破开，把鸡油冻挖出来，在铁锅中熬，熬成液态油，用油炒菜。烧年夜饭时，从阉鸡身上切下一小块，做白斩鸡用，其他部分留下，放在正月里招待客人。将阉鸡用冷水烧开，把血水去除，切成块状，蘸马大嫂酱油吃。（LFZ—20120118，2012年1月18日，LFZ家中）

八宝菜是年三十晚上的必备菜，吃饭时第一口要吃八宝菜，意思是吃了八（百）菜，百样（样样）有。并不是说八宝菜里面真的有八种菜。八宝菜由黄花菜、荸荠、萝卜、豆芽、青菜等切成丝，炒制而成。（ZJ—20120202，2012年2月2日，C社区老年活动室）

猪肉要提前搞定。将条肉切成方寸大小的块状，待做油豆腐烧肉、鲞烧肉、笋烧肉。把腿肉分成肥肉和瘦肉，肥肉熬成猪油，用来烧菜；瘦肉做成半成品，切成肉丝、肉丁和肉片。肉皮刮干净，然后晒干，用来做发皮。精肉用来做蛋饺、肉圆。（CXC—20120118，2012年1月18日，CXC家中）

元宝鱼是年夜饭不能少的，意思是年年有余。老底子杭州人，元宝鱼放在年夜饭的饭桌上，但是不能动，将好运留到新年，元宝鱼是年初一吃的。（TMY—20120128，2012年1月28日，C社区街心花园）

发皮是发过的肉皮，可以做炒三鲜、发皮蔬菜、什锦砂锅等。什锦砂锅里有十多种原料，发皮、虾仁、鲍贝、鸡肉、火腿、蛋黄糕、肚片等，十全十美，团团圆圆。（XAM—20120128，2012年1月28日，C社区街心花园）

年初一不动刀。客人来了，主妇将半成品的肉丝、肉丁、肉片或焖或蒸，配上冬笋或香干（豆腐干），变成了冬笋烧肉或香干肉丝。（LQ—20120205，2012年2月5日，LQ家中）

到C社区老人家庭里看，自来水、天然气、抽水马桶、洗澡设施/淋浴器等现代化家用设施一应具全。

在耐用消费品方面，因为杭州夏季炎热，7月份、8月份两个月有许多时间温度超过40度，所以被调查老人家庭全部拥有电风扇。耐用消费品拥有量方面，排在第一位的是电风扇，排在第二位的是洗衣机，排在第三位的是电视机，排在第四位的是手机，排在第五位的是空调，排在第六位的是电冰箱，排在第七位的是抽油烟机，排在第八位的是电话，排在第九位的是电动自行车，排在第十位的是汽车，排在第十一位的是自行车，排在第十二位的是照相机。

老人拥有大量闲暇时间，根据调查，50.2%的老人每天有闲暇时间1—4小时，37.8%的老人有闲暇时间4—8小时，12%的老人有闲暇时间8小时以上。在老人闲暇时间从事的文娱活动中，排在第一位的是看电视，排在第二位的是聊天，排在第三位的是打麻将，排在第四位的是打牌，排在第五位的是看戏剧。在老人闲暇时间从事的体育锻炼中，排在第一位的是散步，排在第二位的是跳舞，排在第三位的是跑步。

值得一提的是，C社区老年协会给老人安排了丰富多彩的活动。现抄录活动记录如下：[①]

> 2011年11月19日，为了让社区老人体会到社会对老年人的关爱，C社区组织志愿者为老服务活动。志愿者们首先来到C社区星光老年之家，为爷爷奶奶们量血压和按摩，并送上热切的关怀，期间老人们还和志愿者聊天，聊着彼此的爱好，志愿者们饶有兴趣地品味着，其乐融融。志愿者们的关心为老人们带来了活力，志愿者们的笑意为老人们带来了心灵的问候。交流问候拉近了志愿者与老人之间的距离，使志愿服务活动更加顺利。活动虽然短暂，形式虽然简单，但是志愿者的关爱是无限的，让我们把这份关爱一直传承下去！
>
> 生命无价，健康第一，为进一步提高居民健康观念和防病意识，提高老年人自我保健意识，倡导科学合理健康的生活方式，营造“人人关注健康、享有健康、人人享受健康”的氛围，2011年4月12日上午，C社区邀请卫生院专家为社区老年人开展预防保健知识讲座。卫生院专家从体检的常识讲起，涉及到日常老年人生活以及身体健康的方面内容，如“高血压病的饮食治疗”“免疫压力”等等，向老年人讲述了常见疾病的防范与治疗的常识，为到场人员上了一堂既通俗易懂、又生动精彩的健康讲座，同时还为老年人讲解办理居民医保的有关事宜。讲座结束后，许多退休老同志向专家请教了一些常见的健康问题，并交流了保健心得，讲座受到老人们的一致好评，该次活动还在现场为老人们量血压、解答老人健康问题，

① 2011年11月22日在C社区办公室摘抄自C社区文化教育台账。

通过举办此次社区健康讲座，进一步普及了健康知识、加强社区居民自我健康意识，今后，我社区还会继续举办此类讲座，持续开展“健康教育社区行”，为更多的社区居民带来健康福音。

在这个阳春3月，春暖花开，茶香四溢的时节，为了体现社区对老人的关心，C社区组织小区60名老人去郊游踏青，到杭州新西湖十景之一——梅家坞健身游山，问茶、品茶活动，去茶林体验一下健康有机生活，采茶爬山、喝茶，感受春天的气息，享受一段美妙的休闲情趣。在梅家坞采茶、问茶、品茶活动中，大家感到梅家坞山清水秀、赏花烂漫、山林野趣、名不虚传，真可谓层林尽染、风景如画。在这个春色时节是观赏山景，登山健身的最佳去处。同时大家一致体验到，这一次梅坞问茶健身登山活动，还有着浓郁的地域特色的活动，对于弘扬钱塘茶文化也有积极的意义。

一年一度的重阳佳节即将到来，C社区早早计划起来，显现出了“九九重阳节，浓浓敬老情”。因为，今年的重阳节正好与国庆节相重合，因此社区决定提前为老人过佳节。近日，C社区党总支、居家养老志愿者组织辖区150名老人到南湖嘉兴开展一日游活动。

（二）城郊拆迁补偿家庭老人对日常生活状况的主观感受

根据调查结果，有15位老人（10%）对目前生活状况非常满意，有61位（40.7%）满意，有44位（29.3%）老人自评目前生活状况一般，还有30位（20%）不满意。

表7.6　老人自评目前生活状况

选项	人数	比例
非常满意	15	10%
满意	61	40.7%
一般	44	29.3%

续表

选项	人数	比例
不满意	30	20%
合计	150	100%

现在生活是不错的，每天吃饭有鱼有肉，空了来老年活动室打打牌，社区还组织我们出去旅游，过生日时给送蛋糕。（XCM—20120202，2012 年 2 月 2 日，C 社区老年活动室）

生活状况一般吧，说不上好，也说不上坏，每天就这么过，没什么特别的事情。（GP—20111209，2011 年 12 月 9 日，C 社区老年活动室）

对目前生活不满意的原因，有 79.2% 选居住环境，有 15.8% 选子女状况，有 3.1% 选生活条件，还有 1.9% 选家庭状况。C 社区楼房之间间距小，公共活动空间只有一个小街心花园。临街的房子是出租用房，出租开饭店、美容美发店、干衣店等。晴天，街心花园晒满了棉被，甚至临街的栅栏上也是棉被飘飘。雨天，社区街道由于排水系统不畅，有的地方积水厚重。

我们这个社区，和城里有些社区相比差远了。出租户多，治安不太好。小区比较脏，卫生清理不及时。（XCM—20120202，2012 年 2 月 2 日，C 社区老年活动室）

别的都好，就是儿媳妇太要攀比。前几天我姐姐请客，儿子儿媳妇去了。吃好饭回到家，儿媳妇就嘀咕：姑奶奶好有钱，请客 14 人，摆了两桌，花了 2 万元。家家都有汽车，就我们家穷，没有车。（TMY—20120128，2012 年 1 月 28 日，C 社区街心花园）

我两个儿子都四十多岁了，文化程度低，都是初中毕业，工作不好找，一个在做保安，一个做维修工。工资低，不到2000元。幸亏家里的房子租出去了，一个一年收租金6万元，一个收租金5万元。如果没房子出租，日子可怎么过？（XAS—20120123，2012年1月23日，C社区空地）

城郊拆迁补偿家庭老人日常生活层面适应的特点是：被调查老人大多数是夫妻双全的，老人对居住的选择有强烈的"儿子偏好"。老人衣着基本上是购买的，个人自己制作的现在极少。老人普遍重视营养搭配，饮食荤素搭配。自来水、天然气、抽水马桶、洗澡设施/淋浴器等现代化家用设施在老人家中一应具全。老人家中的耐用消费品以实用为主。老人拥有大量闲暇时间，他们从事了丰富多彩的文娱活动，并积极参与体育锻炼。C社区给老人组织了健康讲座、喝茶、旅游等活动，以充实老人的闲暇。多数老人对目前生活是满意的。有的老人对生活现状不满意，缘于对居住环境、子女状况、生活条件、家庭状况等的不满。

四、人际关系适应

人际关系也被称为人际交往，是社会人群中因交往而构成的相互联系的社会关系。人际关系由形式各样的关系组成：血缘关系、亲缘关系、地缘关系、学缘关系等。每个人的思想观念、行为习惯、为人处事模式不同，人际关系影响着每个人的生活、工作。人际关系适应是城郊拆迁补偿家庭老人在人际关系上的存在方式，包括以下内容：一是各种人际关系状况，比如城郊拆迁补偿家庭老人与子女、与配偶、与邻居的人际关系等；二是城郊拆迁补偿家庭老人对人际关系状况的主观感受。

（一）城郊拆迁补偿家庭老人的人际关系状况

被调查老人对家庭关系的评价，40.2%自评幸福，59.8%认为一般。

因为中国人的感情表达是内敛的，认为家务事是自己家的，不便于对别人言说，所以没有人选择家庭关系“不和睦”。

1. 城郊拆迁补偿家庭老人与子女的互动

问卷调查中，对于老人和合住的孩子的互助，设计了如下问题：一起用餐、讨论家庭事务、谈话交流。

根据表 7.7，老人与合住的孩子经常一起用餐的有 120 位（80.3%），偶尔一起用餐的有 14 位（9.3%），从不一起用餐的有 16 位（10.4%）。费孝通先生曾经用“分灶”与“合灶”作为指标来衡量老人与子女的关系的好坏。此处借用此指标。从调查结果看，老人与合住的孩子一起用餐的比例较高，说明老人和合住的孩子的关系较好。经常讨论家庭事务的有 31 位（20.6%），偶尔讨论家庭事务的有 46 位（30.4%），从不讨论家庭事务的有 73 位（49%）。可见，“长老统治”在衰落。有位老人说：家里的事情都是儿子媳妇说了算，他不懂的。老人和合住的孩子谈话交流的比例是比较高的，经常谈话交流的有 135 位（90.2%），偶尔谈话交流的有 15 位（9.8%）。

表 7.7　老人和合住的孩子的互助状况

选项	经常	偶尔	从不
一起用餐	120（80.3%）	14（9.3%）	16（10.4%）
讨论家庭事务	31（20.6%）	46（30.4%）	73（49%）
谈话交流	135（90.2%）	15（9.8%）	0

在表 7.8 中，老人和不合住的孩子谈话交流的频率：1 周 1 次或更多的有 135 位（90.1%），1 月 3 次的为 3 人（1.8%），少于 1 月 1 次的为 12 人（8.1%）。老人和不合住的孩子打电话或邮寄信件的频率：1 周 1 次或更多的为 61 人（40.6%），1 月 3 次的为 30 人（20.1%），少于 1 月 1 次的为 59 人（39.3%）。虽然许多老人有手机，但是他们还是不太习惯于使用手机作为交流工具。

表7.8　老人和不合住的孩子的联系状况

选项	1周1次或更多	1月3次	少于1月1次
谈话交流	135（90.1%）	3（1.8%）	12（8.1%）
电话或信件	61（40.6%）	30（20.1%）	59（39.3%）

根据表7.9，60位老人（40.2%）希望子女常陪在身边，61位老人（40.6%）希望不在家中的子女常回来陪伴，29位老人（19.2%）希望子女常打电话。对于过去是农民身份的老人来说，习惯了节俭，有的说电话里讲话还需要花钱，不合算。虽然许多老人有手机，但是他们的手机费并不高。还有的老人因为有了手机而将家中的电话撤掉了。他们还是说有两部电话不合算。虽然笔者在C社区也看到过有的老年女性边走路边打手机聊天，但是那毕竟是少数。

表7.9　老人对子女的期望状况

合计	常陪在身边	不在家中的子女常回来陪伴	打电话
150（100.0%）	60（40.2%）	61（40.6%）	29（19.2%）

女儿住在城东，没事情不打电话。时间长了打电话问问，他们基本上一礼拜来一次，不需要打什么电话。（GP—20111209，2011年12月9日，C社区老年活动室）

我有两个女儿，女儿一个在杭州，一个在五常。女儿都是工厂里退休的，有退休金。杭州的女儿许多天来一次，五常的女儿天天来。电话打得比较少。（DMF—20120305，2012年3月5日，DMF家中）

2. 城郊拆迁补偿家庭老人与配偶的关系

对于城郊拆迁补偿家庭老人与配偶的关系，笔者设计了如下问题：寻求情感支持的对象，平时交往的主要对象。

根据调查结果，需求情感支持的对象，排在第一位的是配偶，占70.9%。携手走过一辈子的夫妻，共同经历生活中的酸甜苦辣，到了晚年仍然能保持相濡以沫的情感。笔者在拆迁社区听到这样一件事情，有位老人的老伴不幸出了车祸，他就每天去医院，在老伴的病房外唱歌，试图将昏迷不醒的老伴唤醒。

问卷调查中，在老人平时交往的主要对象中，笔者设计了一个多项选择，有 7 个选项。这 7 个选项如下：子女、配偶、邻居、朋友、社区干部、同事、其他。根据回收问卷，进行统计分析，主要交往对象为子女的占 10.2%，主要交往对象为配偶的占 20.8%，主要交往对象为子女、配偶的占 30.9%，主要交往对象为子女、邻居的占 10.4%，主要交往对象为子女、配偶、邻居的占 27.7%。可见，老人与配偶交往是比较多的。

3. 城郊拆迁补偿家庭老人与邻居的关系

对于城郊拆迁补偿家庭老人与邻居的关系，笔者设计了两个问题：平时交往的主要对象、平时一起娱乐的对象，老人平时娱乐的方式有打扑克、下象棋、搓麻将等。

如上所述，根据调查结果，主要交往对象为子女、邻居的占 10.4%，主要交往对象为子女、配偶、邻居的占 27.7%。中国俗语“远亲不如近邻”，在拆迁社区得到了体现。与城市钢筋水泥丛林不同，拆迁社区是“同质社区”，这里鸡犬之声相闻，人和人是熟人，走入拆迁社区俨然进入了一个熟人社会。在街心花园陪老人聊天、在社区老年活动室陪老人打双扣的过程中，笔者经常听见老人议论邻居的家长里短。时逢春节时期，老人们也讲了春节礼俗。

我是和儿子一家住在一起的。隔壁某某没有儿子，招了个上门女婿，上门女婿生的儿子要跟岳父姓的。（TMY—20120128，2012 年 1 月 28 日，C 社区街心花园）

某某人有三儿两女，她就轮流到儿子家中去住，每个儿子家住

两个月就轮一下。女儿给娘买衣服，洗澡。（LGF—20120216，2012 年 2 月 16 日，C 社区老年活动室）

年三十晚饭要多做些，吃剩的供在大厅的菩萨面前，上面放只橘子，将柏树枝插到橘子上。然后挂新灶神，再在灶神、厅堂菩萨前供奉糖果、团子、净茶，最后燃香点烛，将纸锭焚烧。当除夕钟声敲响后，在三元时刻，也就是岁之元、月之元、时之元，家家户户放爆竹，寓意旺气通天，昌盛兴隆。除夕夜，通常整夜不睡。房间里扫地时由外向里扫，意思是将“财气”往自己家扫。正月初一为扫帚生日，不能扫地。年三十，富人还要到灵隐寺烧头香，祈求菩萨保佑在新一年事事顺利。（XAS—20120123，2012 年 1 月 23 日，C 社区空地）

拆迁社区的街心花园，经常看到老年女性一边打着毛线，一边谈论各种话题，这里俨然是个信息集散地。

平时一起娱乐（打扑克、下象棋、搓麻将等）的对象，排在第一位的是邻居，占 90.2%；排在第二位的是朋友，占 0.8%。由此可见，通过打扑克、下象棋、搓麻将等活动，老人与朋友形成了很好的趣缘关系。

（二）城郊拆迁补偿家庭老人对人际关系状况的主观感受

根据调查结果，90.3% 的老人对目前人际关系是适应的，有 9.7% 的老人选择无所谓，没有人选择不适应。可见，城郊拆迁补偿家庭老人已经适应了向配偶寻求情感支持，与家人一起吃饭、讨论家庭事务，与邻居谈天说地并且一起参加娱乐活动，从而形成了较好的人际关系。

城郊拆迁补偿家庭老人人际关系层面适应的特点是：被调查老人多数认为家庭关系不错。老人与合住孩子的互助，体现在一起用餐、讨论家庭事务、谈话交流。老人和不同住孩子有一定联系，由于多数相距不远，所以孩子会来探望老人，但是老人不太习惯使用现代化通讯工具——电话。老人寻求情感支持的对象，排在第一位的是配偶，老人与配偶交往也比较多。拆迁社区是熟人社会，老人同邻居交流比较多，并且通过打扑克、下象棋、搓麻将等方式与邻居形成了较好的趣缘关系。

五、心理适应

心理适应是城郊拆迁补偿家庭老人在精神上的存在方式，既包括对目前社会身份的认同，也包括对社会身份的接受度。

法国学者孟德拉斯说："农民的土地恋是文字经常重复的主题……整个技术的、经济的、社会的、法律的和政治的系统赋予土地一种崇高的价值……"；莱德弗尔德认为，赋予土地一种情感的和神秘的价值是全世界的农民所特有的态度。[①] 费孝通先生也曾经断言："从基层上看去，中国社会是乡土性的……从土里长出过光荣的历史……靠种地谋生的人才明白泥土的可贵，'土'是他们的命根。"

离开了土地，城郊拆迁补偿家庭老人的心理适应如何呢？

对于城郊拆迁补偿家庭老人的心理适应，笔者设计了一个问题：身份认同。根据调查结果，有 60.9% 的老人选择"我是城市人"，还有 39.1% 的老人选择"我是农村人"。可见，对于市民身份，有的老人接受了，有的老人还未从观念上改变。

当然是城里人了，住的是高楼大厦，外面是宽敞大马路，出门坐汽车。（XSQ—20111102，2011 年 11 月 2 日，C 社区老年活动室）

我们是农村人，虽说农转非了，可和城里人是不一样的。（ZJ—20120202，2012 年 2 月 2 日，C 社区老年活动室）

---

① ［法］孟德拉斯：《农民的终结》，李培林译，中国社会科学出版社 1991 年版，第 8、62、59 页。

另外，C 社区老人还积极参加老年协会。老年协会是老年人自我管理、自我服务、自我教育的组织。在老年协会中，老年人找到了群体归属感。老年人组织了雷锋角服务队、老年人治安巡逻队、老年人绿化养护队、老年人护静队，以老年志愿者的身份，参加社区服务活动。

城郊拆迁补偿家庭老人心理层面适应的特点是：对目前农转非后的市民身份，有的老人接受了，有的还未从观念上改变。老人自发组织了各种老年社团，以志愿者的身份，参加社区服务活动。

六、促进城郊拆迁补偿家庭老人社会适应的社会政策理念

世界上最早对社会政策概念给出定义的是德国经济学家阿道夫·瓦格纳（Wagner Adelph），他认为社会政策是运用立法和行政手段，调节财产所得和收入之间的分配不均问题。① 英国政策学家马歇尔（T.H.Marshall）认为，社会政策的核心包括社会保险、公共救助、健康与福利服务、住房政策等，并认为教育也是社会政策应该讨论的范畴。② 英国社会政策大师、费边主义的鼻祖蒂特马斯（Richard M.Titmuss）认为，社会政策关切着某种共同的人类需求或者问题，他还提出了社会政策的剩余福利模型、工作成就模型和制度性再分配模型。③ 美国公共政策学家托马斯·戴伊（Thomas Dye）认为，社会政策是公共政策的一环，牵涉政府决策的层面。④ 促进城郊拆迁补偿家庭老人社会适应的社会政策框架，应注意如下几点：一是社会政策的地位和经济政策同等重要；二是社会政策包括社会福利政策、社会保障政策、保护社会成员基本权利的政策等等。

---

① 转引自曾繁正等《西方国家法律制度、社会政策及立法》，红旗出版社 1998 年版，第 200 页。

② T.H.Marshall. *Social Policy*. Hutchinson & Co.Ltd. 1965.

③ Richard M.Titmuss. *Social Policy*. London：Allen and Unvin.1974.

④ Thomas Dye. *Understanding Public Policy*，Englewood Cliffs，N.J.Prentice Hall，Inc.

从现阶段的实际状况，围绕保护社会成员的基本权利，促进城郊拆迁补偿家庭老人社会适应的社会政策应围绕以下理念设计：

（一）为城郊拆迁补偿家庭老人提供有效供给的社会政策

有效供给是城郊拆迁补偿家庭老人用得着的服务。城郊拆迁补偿家庭老人有生理需要、安全需要、爱与归属的需要、他人尊重的需要、自尊、认知的需要、审美的需要、自我实现的需要等诸多需要。为城郊拆迁补偿家庭老人的有效供给的社会政策可聚焦于社会保障、专项补贴、上门服务、心理支持、文化帮扶等方面。具体而言，一是城郊拆迁补偿家庭老人的社会保障政策，包括养老保险、医疗保险等等。二是对城郊拆迁补偿家庭老人服务体系进行全面设计。服务体系应具备衣食住行、医疗保健、学习教育、健身娱乐、心理疏导、法律咨询、生活援助、参与社会、隔代教育等功能。依托服务的主体为社区居委会、社区老年协会、社区老年活动室等。三是关注城郊拆迁补偿家庭老人中的特殊群体。城郊拆迁补偿家庭老人中有一部分特殊群体尤其值得关注，比如失独老人、高龄老人、失能失智老人、低收入老人、老年妇女等。

（二）重视城郊拆迁补偿家庭老人关爱服务，建设专业化服务队伍

城郊拆迁补偿家庭老人关爱服务应有一支专业化队伍提供。对愿意提供服务的城郊拆迁人员进行职业技能培训，聘请其担任关爱服务工作人员。在城郊拆迁社区建立培训教室，对关爱服务人员，开展线上线下相结合的培训，并颁发考核证书。组织专家学者，编写相关为老服务培训教材、录播视频课程等。推行时间银行、爱心积分制度等。

（三）发展老年教育，丰富城郊拆迁补偿家庭老人的精神生活

应在国家经济社会发展规划中，加大对老年教育的预算投入，强化政策落实，并形成有效的监督机制。政府应允许社会力量、民间资本参与老年教育，并给予政策支持。配套建设老年大学及老年人学习的场所。对

现有老年教育课程进行数字化改造，开发适合老年人远程学习的数字化资源。

（四）统筹协调城郊拆迁补偿家庭老人关爱服务体系建设

促进主管部门间的协调，培育服务主体之间的合作网络，建立标准化的反馈机制和评估机制。促进主管部门间的协调，纵向到底，横向到边，推进工作的标准化、规范化和常态化。建立标准化的城郊拆迁补偿家庭老人关爱服务评估体系。评估体系由描述指标和评价指标构成，包括客观指标和主观指标。整合关爱服务设施资源。提高存量资源利用效率，避免资源重复投入、过度投入建设。发挥集约效应，破除行业、部门界限，整合服务设施功能。注重资源整合的流程设计，资源动员、资源吸收、资源管理、资源共享各阶段工作有条不紊。资源整合既需要获取外部资源，又需要调配内部资源。应采取互动的方法获取外部服务资源，进而实现信息对称并且调动参与主体的积极性。① 内部资源的调配应按照识别、获取、配置、利用等环节，实现与原有资源的融合。② 需要注重服务主体的分工协作。政府承担制度设计、项目规划、筹资主体和管理监督角色。服务提供者以人为本，规范服务。服务中注重吸纳志愿者参加。“奉献、友爱、互助、进步”的志愿服务精神贯彻志愿服务的始终，志愿者招募、入职辅导与培训、督导与评估、激励流程化、规范化。

---

① 吴涛、陈正芹：《资源整合与功能超越——论社会组织在公共管理改革中的重要作用》，《中国行政管理》2008年第6期。

② 王光普：《“五步法”有效整合社区公益资源》，《中国社会工作》2017年第6期。

第八章　拆迁后C社区的居家养老服务[①]

老年人的养老保障，经历了由家庭养老保障向社会养老保障过渡，以及由非正式支持向正式支持制度过渡的转变过程。中国的家庭养老受到世界各国的赞誉。但是，随着计划生育政策的实施，中国的家庭规模日益缩小，而且年轻一代没有足够的时间和精力来照护老年人。在此背景下，居家养老服务作为一种养老服务的社会实践，受到社会各界的欢迎。居家养老是老年人在家中居住，并由社会提供养老服务的一种方式，既区别于机构养老、也有别于传统的家庭养老，是把家庭养老与社会养老结合起来的一种养老模式。本章对C社区居家养老服务的设施规模、形式项目、人力资源配置、组织培训和使用、资金筹措运行等予以研究。

一、居家养老服务的背景资料

人口老龄化是当今世界各国普遍面临的重大问题，已经引起国际社

① 本部分在笔者主持完成的浙江省社科规划办项目“长江三角洲地区居家养老服务业协调发展战略研究”（项目编号09HZCS09Z，2009年4月至2010年6月）课题报告的基础上进一步修改撰写而成。见郅玉玲《长江三角洲地区居家养老服务的发展》，《人口与发展》（CSSCI）2010年第4期，人大复印资料《社会工作》2010年第12期全文转载；郅玉玲《“居家养老”的浙江实践》，《中共浙江省委党校学报》2010年第2期，《新华文摘》2010年第16期全文转载。

会的广泛关注。中国是个人口大国，又是老年人口最多和老龄化发展最快的国家之一。在经济尚不发达，人民群众生活尚不富裕的背景下提前进入老龄社会，预示着我国将遇到比欧美发达国家更多的挑战。在人口多、底子薄的现实国情下，改善和提高老年人生活质量的工作全靠国家包下来，显然不切实际。对于城镇居民家庭来说，由于我国多年来实行计划生育政策，家庭规模逐渐缩小，一对夫妇需赡养和照护4位老人，独生子女家庭的养老危机已经出现；对于农村老年人来说，传统的子女养老和土地养老方式也已呈现难以为继的态势。在此背景下，一种新的养老方式——居家养老在实践中甫一产生，就引起各方面广泛的关注。

在我国，1981年民政部在全国倡导了城镇社区服务事业，为老年人服务系列是社区服务的重要内容。长江三角洲地区的上海、江苏、浙江人口老龄化形势都非常严峻。早在1979年，上海就在中国率先进入人口老龄化社会。30年来，人口老龄化程度一直位列中国之最。上海人口老龄化的主要特点是老龄人口总量大、程度高。截至2008年底，上海60岁及以上户籍老年人口已突破300万，占户籍人口将近22%，老龄人口的比重接近全国平均水平的2倍。① 据上海市第七次人口普查主要数据公报(2021)，全市常住人口中，60岁及以上人口为5815462人，占23.4%；其中65岁及以上人口为4049012人，占16.3%。与2010年上海市第六次全国人口普查相比，60岁及以上人口的比重提高8.3个百分点，65岁及以上人口的比重提高6.2个百分点。② 早在2000年，上海市民政局开始在本市6个中心城区的12个街道小范围试点社区居家养老服务工作。2004年社区居家养老服务工作首次被列入市政府实事项目，养老服务补贴经费开始纳入政府财政预算，并纳入作为当年全市推出的“万人就业项目”之一。自此，社区居家养老服务全面铺开。③

---

① 参见http：//news.xinhuanet.com/newscenter/2009-04/20/content-11222957.htm8.html。

② 上海市统计局 上海市人民政府第七次人口普查领导小组办公室：《上海市七次全国人口普查主要数据公报》，2021年5月19日，见http：//tjj.sh.gov.cn/7rp-pcyw/20210519/38de049ac5504904b9e77cb987ccb58a.html。

③ 资料来源：http：//www.cnss.cn/txpt/gtgz/zx/200804/t20080415-186027.Html。

江苏省自1986年就进入老龄化社会，提前全国13年。截至2008年底，全省60岁以上人口为1218万，占户籍人口的比例为16.5%，其中80周岁以上的高龄老年人已达178.5万，占全省老年人口总数的14%。江苏城市社区空巢老人占53%以上，农村空巢老人占48%以上，其中80岁以上城乡高龄空巢老人达20%。① 据江苏省第七次人口普查主要数据公报(2021)，全省常住人口中，60岁及以上人口为18505345人，占21.84%，其中65岁及以上人口为13726531人，占16.20%。与2010年江苏省第六次全国人口普查相比，60岁及以上人口的比重上升5.85个百分点，65岁及以上人口的比重上升5.32个百分点。② 自1986年起，江苏省就开始深入社区召开社区养老服务研讨会，开展居家养老服务调研，建立社区养老服务示范点和实验基地，不断探索居家养老服务模式。一直到2003年，以南京市鼓楼区率先在全国采取政府为困难老年人购买养老服务为标志，江苏省居家养老服务提升到了一个较高的位置，随后在总结试点工作的基础上，南京市全面实施居家养老服务模式，取得了良好的社会效益。

浙江省人口老龄化形势非常严峻。早在1987年，浙江省60岁及以上老年人口在总人口中的比例就达到10%，比全国提前13年进入了人口老龄化社会。据浙江省第七次人口普查主要数据公报（2021)，全省常住人口中，60岁及以上人口为12072684人，占18.70%，其中65岁及以上人口为8566349人，占13.27%。与2010年第六次全国人口普查相比，60岁及以上人口比重上升4.81个百分点，65岁及以上人口比重上升3.93个百分点。③ 为解决老年人养老保障的问题，浙江省在2004年下发了《浙江省人民政府办公厅转发省老龄工办省民政厅关于加强城市社区老龄工作

① 资料来源：http://www.ddk.gov.cn/post/30502。

② 江苏省统计局、江苏省人民政府第七次人口普查领导小组办公室：《江苏省七次全国人口普查主要数据公报》，2021年5月18日，见http://www.jiangsu.gov.cn/art/2021/5/18/art_34151_9817857.html。

③ 浙江省统计局、浙江省人民政府第七次人口普查领导小组办公室：《浙江省第七次人口普查主要数据公报》，2021年5月13日，见http://tjj.zj.gov.cn/art/2021/5/13/art_1229129205_4632764.html。

意见的通知》，该指导性文件下发以后，省内各地尤其是在各大中城市，普遍推开了“3587工程”建设的历程，以此来加强居家养老“生活照网络”的建设。2007年2月，全国老龄工作委员会办公室在杭州市召开了全国居家养老服务经验交流会，这在很大程度上揭示出中国政府对浙江省发展居家养老服务事业之实践探索的一种肯定。有数据显示，截至2009年，浙江省900多个社区全面开展了居家养老服务，占社区总数的30%以上。全省已有83个市、县（市、区）由政府或有关部门发文开展了居家养老服务工作，共建立居家养老服务组织2173个，经培训持证上岗的居家养老专职护理人员2838人，由政府补贴享受居家养老服务的老年人3.49万人。①

二、家庭养老与居家养老的学理阐释

在学理层面上而言，家庭养老与居家养老具有不同的意涵。

（一）家庭养老

目前我国学术界对家庭养老概念界定，大致有三种观点：第一种，亲情说。张文范认为，传统的家庭养老实际上也就是建立在血缘关系基础上的亲情养老。②郑玮斌和张友琴提出，家庭养老是以血缘亲情为基础的养老模式。③二者相同之处在于指出了家庭养老中血缘亲情居于关键位置。不同之处在于前者明确提出家庭养老就是亲情养老，后者仅提出血缘亲情是家庭养老的基础。第二种，方式说。认为家庭养老是一种养老方式或运

① 参见http：//www.zhejiang.gov.cn/gb/zjnew/node3/node22/node168/node370/node2922/userobject9ai101508.html.2009-03-27。

② 张文范：《坚持和完善家庭养老积极创造居家养老的新环境》，载中国老年学学会《中国的养老之路》，中国劳动出版社1998年版，第2页。

③ 郑玮斌、张友琴：《社会变迁对农村老年人口家庭地位和供养模式的影响》，载中国老年学学会《中国的养老之路》，中国劳动出版社1998年版，第248页。

作形式。张恺悌、党家康和台恩普认为，养老是一个体系，家庭养老是养老体系的表层框架，是养老模式所决定的养老机制的实际运作模式。[①②]洪国栋（1998）则认为与农业社会相适应的养老方式叫作家庭养老。[③] 二者都指出了家庭养老是一种旨在解决养老问题的具体方式。前者侧重于养老的内外规定性，后者侧重于养老方式与经济形态的联系。第三种，家庭说。认为家庭养老就是家庭或家庭成员支持的养老。1996 年颁布的《中华人民共和国老年人权益保障法》明确规定，"老年人养老主要依靠家庭，家庭成员应当关心和照料老年人"，"赡养人是指老年人的子女以及其他依法负有赡养义务的人"。穆光宗认为家庭养老可理解为子女供养或老伴供养或亲属供养。[④] 翟胜明和谭克俭认为，家庭养老是指由子女或其他亲属来承担养老责任。[⑤] 这些观点都确立了养老主体，同时对家庭成员有了较为明确的界定。养老具体化为经济供养、生活照料和精神慰藉等。

（二）居家养老

居家养老是老年人在家中居住，并由社会提供养老服务的一种方式，既区别于机构养老、也有别于传统的家庭养老，它是以家庭为核心，以社区为依托，以老年人生活照料（日常护理或者特殊护理）、医疗康复（包括陪同到医院看病、治疗、配药等）、精神慰藉（经常和老人交流，发现老人的需求，排除老人的孤独感）为主要内容，以上门服务和社区日托为主要形式，是把家庭养老与社会养老结合起来的一种养老模式。居家养老

① 张恺悌、党家康：《转型期中国养老体系的矛盾分析》，《老龄问题研究》1997 年第 9 期。

② 台恩普：《宏观政策：框架性解决中国养老问题的必由之路》，载中国老年学学会《中国的养老之路》，中国劳动出版社 1998 年版，第 27 页。

③ 洪国栋：《关于家庭养老与居家养老》，载中国老年学学会《中国的养老之路》，中国劳动出版社 1998 年版，第 63 页。

④ 穆光宗：《家庭养老面临的挑战及社会对策问题》，载中国老年学学会《中国的养老之路》，中国劳动出版社 1998 年版，第 54 页。

⑤ 翟胜明、谭克俭：《农村养老特征与对策》，载中国老年学学会《中国的养老之路》，中国劳动出版社 1998 年版，第 231 页。

服务是在社区建立一个社会化的养老服务体系，为居住在家中的老年人开展社会化服务。居家养老与家庭养老分属于不同的范畴。家庭养老相对于社会养老而言，是强调养老的模式，即由哪些家庭成员承担老人的赡养、照料、护理、慰藉等责任。而居家养老是生活方式，强调养老的居住地点，是相对于机构养老而言。

为了解决家庭小型化、核心化给老年人居家养老带来的矛盾，国际组织和学术界极力主张大力发展社区养老事业，为居家养老的老年人提供全方位服务。《1982年维也纳老龄问题国际行动计划》强调："应设法使年长者能够尽量在自己的家里和社区独立生活"，并为此建议"社会福利服务应以社区为基础，向老年人提供预防性、补救性和发展方面的服务。"1989年，英国政府发表了一份《社区照顾福利政策白皮书》，在书内将社区照顾界定为"为因受到年老、精神不健全、弱智、弱能或五官功能受损等问题影响之人士提供服务和支援，使之能在其家庭或接近家庭环境之社区内，尽量度过一个自主和独立的生活。"1991年《联合国老年人原则》强调："老年人应尽可能长期在家里居住"和"老年人应该得到家庭和社区根据每个社会的文化价值体系而给予的照顾和保护。"1992年联合国通过的《联合国老年人原则》强调："大会注意到全世界发生史无前例的人口老化现象……确认老年人有权享有追求和获得最高程度的健康的权利；随着年龄的增加，有些（老年）人将需要全面的社区和家庭照料。"1995年6月在荷兰召开了"老年人关怀照顾与家居趋向国际会议"，发展社区为老服务、支持居家养老为会议的重要内容之一。2002年第二次老龄问题世界大会通过的《政治宣言》第15条再次强调："我们确认，除了政府所提供的服务之外，家庭、志愿人员、社区、老年人组织和其他社区组织可在向老年人提供支援和非正规照顾方面发挥重要作用。"这表明，满足老年人在社区获得所需的服务是家庭养老的延伸，是迎接人口老龄化挑战的重要举措。

三、居家养老服务的设施规模

社会服务的重要内容之一是为居家养老服务。居家养老服务的基本设施有星光老年之家、老年大学或者老年电视大学、老年公寓、老年食堂、老年浴室、社区卫生服务站等。由于各个社区的区位、经济社会状况、自然环境人文环境状态、老年人口的规模、年龄特征、性别构成、健康状况、服务需求等有较大差异，各个社区配置居家养老服务设施，应因地制宜。

C 社区的为老服务基本设施是健身苑和老年活动室（星光老年之家）。健身苑面积有 300 平方米，内有仰卧起坐机、跑步机、健身机、举重机等设施。健身苑活动须知如下：①

1. 健身房内要保持安静，不要高声喧哗。
2. 健身房内的活动用具，只在健身房使用，使用结束后自觉将活动用具放回原处。
3. 室内严禁吸烟，不乱丢果皮纸屑。

老年活动室建筑面积有 260 平方米，在 2005 年建成。老年活动室室内活动场所结构完整，内部分割有序，通风采光较好。老年活动室有科教室、聊天室、棋牌室、多功能教室、阅览室等。活动项目有阅览图书、书画、棋牌、聊天、科教活动等，活动器具有图书、报刊、健身器材、各类棋牌、电视机、VCD、音响功放等。老年活动室有两名管理人员，都是过去的村干部，他们工作方法到位、工作热情高涨，将老年活动室打理得井井有条。两名老年活动室管理员每个人轮流值班一天，除了春节放假四

① 2010 年 3 月 6 日在 C 社区健身苑摘录《C 社区健身苑活动须知》。

天外，老年活动室全年无休。老年活动室成为C社区老年人的活动平台和精神家园。笔者到老年活动室访谈，看到老年活动室管理制度张贴在墙壁上，现摘录如下：①

C社区"星光老年之家"老年活动室管理制度

一、本活动室服务对象是社区老年人，在活动室内要注意卫生，不能大声喧哗。

二、凡社区内各类活动提前通知，如老年电大学习、各文体队活动排练等，以便社区统一安排。

三、活动室内的活动用具，只供在本室内使用，要爱护活动器材和公共设施，活动结束后要自觉放回原处，如果损坏按价赔偿。

四、做好安全防火工作，加强电器管理，做到人走灯熄和关闭所有电器，严禁随意搬动、拨弄电器和灭火设备。

五、全体人员要自觉遵守本管理规定，服从工作人员的管理。各活动室负责同志，负责组织本活动室的活动和卫生清理，共同创建文明和谐的活动阵地。

四、居家养老服务的运作模式

居家养老服务的内容是根据社区居民生活需求确定的，同时也考虑到社区满足居民需求的供给能力。特点是福利性与服务性相结合，内容广泛，形式多样，方法灵活。目前居家养老服务的主要运作模式有：政府包护型、社会服务型、非营利组织运作型、邻里互助型、志愿参与型。C社区的居家养老服务运作模式主要有政府包护型、社会服务型、非营利组织运作型和志愿参与型。

---

① 2011年10月12日在C社区老年活动室摘录《C社区老年活动室管理规章》。

（一）政府包护型

“政府包护型”的居家养老服务，即是由政府为需要扶助的贫困老年人或失能老人等老年群体提供的居家养老服务，政府提供必要的资金支持，承担责任担当。政府是当代社会福利供给中最重要的主体。政府角色与责任的合理界定，是社会福利可持续发展的基本前提。在当今中国，福利供给模式已经由改革前政府的大包大揽，过渡到现在的由政府主导、各方分担福利责任的格局。但是，现实社会中，总有人因为在经济、文化、体能、智能等方面处于相对不利地位而成为特殊群体。从社会福利的角度看，特殊群体是社会救助或社会救济的基本对象，政府理应为老年人的居家养老服务提供必要的支撑。上海市虹口区居家养老服务中心印制养老券，政府采购公共服务发放给老人，服务人员上门服务后，老人支付养老券。浙江省杭州市北景园老人公寓集中为生活不能自理的重度残疾人提供托养服务。该公寓成立 8 个月来已入驻老人 61 位，其中三分之二为生活不能自理的老人，养护费用由政府全额承担。江苏省南京市鼓楼区、白下区、秦淮区通过直接出资的形式分别创办了区一级示范性居家养老中心，由公共财政扶持，推行“老年互助组”“家庭养老院”；并通过“1+2”服务模式，即在生活照料服务的基础上增加“安康通”呼叫服务、“老人家庭探访制度”服务等。浙江省宁波市坚持保基本、适度普惠的原则，建立基本居家养老服务补助制度，政府为享受国家定期抚恤补助优抚对象、本人及子女获得县级以上见义勇为荣誉称号以及计划生育特殊家庭、最低生活保障家庭、最低生活保障边缘家庭中的重度失能失智、中度失能失智老年人，以及 80 周岁（含）以上和计划生育特殊家庭中 70 周岁（含）以上居家老年人，分别提供每人每月 45 小时、30 小时、3 小时的免费居家养老服务，包含生活照料、健康护理、精神慰藉等 3 大类 28 项服务。

1. ADL 和 IADL 的理论及指标体系①

(1) ADL 和 ADL 的理论及指标

失能老人是由于慢性病或者残疾等原因导致生活完全不能自理或者部分不能自理，必须依赖别人长期照护的老年人。关于长期照护需求，国内外都有相关研究。日常生活能力（ADL）是用于测定人体机能障碍者的活动能力、康复效果的量表，也是衡量老年人生存质量和健康状况的指标体系。ADL（Activities of Daily Living）指"一个人在每天日常生活中必须反复进行的一系列基本性的身体动作"，即最基本的日常生活能力，主要包括吃饭、穿衣、洗脸、洗澡、上厕所、起居移动等动作。康复医疗实践证明，测量 ADL 在筛选临床老人、掌握病人的照料需求量方面是非常有效的。20 世纪 70 年代初，美国 M.P.Lawton 教授提出了将人的活动能力概念化体系化，用量表测定"身体性自立"能力的理论。Lawton 认为，人的活动能力由低向高大致可以分为七个层次（表 8.1）：维持生命、人体机能健康、智能认知、身体性自立、手段性自立、状态对应和社会作用。"维持生命"为第一层次，是人最原始单纯的活动能力；第二至六层次分别为"人体机能健康""智能认知""身体性自立""手段性自立"和"状态对应"；"社会作用"为第七层次，是人最高级复杂的活动能力。根据 Lawton 人的活动能力的理论，美国 S.Kats 教授首先开发出了应用于康复医学领域的 ADL 量表，用于测定人体机能障碍者的活动能力和康复效果。ADL，即日常生活能力，相当于 Lawton 活动能力理论体系中的第四层次"身体性自立"。1982 年，Kats 教授将测量 ADL 的用途进一步扩大到社区老年人群范围，运用平均余寿的计算方法提出了将活动余寿作为测定老年人群健康指标的新概念。Kats 教授开发的 ADL 指标（Index of ADL），通过对老年人日常活动能力的打分，把老年人群分为生活自理、

① 关于 ADL 和 IADL 的分析，曾以《江南三镇农村老年人的日常生活活动能力（ADL 分析）》为题发表于浙江省老龄科学研究中心、浙江省老年学学会主办的内刊《老龄问题观察》2001 年第 3 期；提交中国老龄协会、日本长寿会、韩国全国老人福祉团体协议会主办、浙江省老龄工作委员会协办的 2001 年第十六届东北亚老龄化学术研讨会。

部分不能自理和完全不能自理三类，综合得分最高者为自理能力最强者。

表 8.1 人的活动能力的七个层次

1. 维持生命（Life Maintenance）
2. 人体机能健康（Functional Health）
3. 智能认知（Perception-Cognition）
4. 身体性自立（Physical Self-maintenance）ADL
5. 手段性自立（Instrumental Self-maintenance）IADL
6. 状态对应（Effectance）
7. 社会作用（Social Role）

为保障老年人在维持家庭和社区生活方面的自立自主性，Kats 还开发了 IADL 指标（独立生活能力）。IADL 比 ADL 更高一个层次，相当于 Lawton 理论的第五层次——手段性自立。IADL 指在现代社会生活中依靠工具一个人独立进行的基本生活活动和社会活动，如从事家务、购物、乘车等。1985 年，日本京都老人综合研究所专家在长时间调查研究的基础上开发了比较适合日本和东方老年人的活动能力量表——"老研式活动能力指标"。该指标除测定吃饭、穿衣、上厕所等 ADL 项目外，还开发了比 ADL 更高层次的活动能力的测定量表（见表 8.2）。其中，1—5 项目为 IADL 内容，即 Lawton 理论的"手段性自立"，6—9 项目为"状态对应"，10—13 项目为"社会作用"。

表 8.2 日本"老研式活动能力指标"中 IADL 及更高层次活动能力的测定量

1. 能一个人外出乘公共汽车
2. 能购置日常用品
3. 能自己做饭
4. 买东西能自己付款
5. 能在银行、邮局存取钱
6. 能写简单的文件、收据
7. 看报
8. 能看望病人
9. 看书、杂志
10. 关心有关健康的报道和节目
11. 走访朋友

续表

12. 与朋友商谈事宜 13. 主动与青年人交谈

（2）ADL 和 IADL 量表说明

日常生活能力（ADL）的项目有 10 个：吃饭、穿衣、上下床、室内走动、洗脸刷牙、上厕所、洗澡、上下楼梯、大便情况、小便情况，每一项均分为无困难、有点困难、很困难三档，得分分别为 10 分、5 分、0 分，10 项共计 100 分。得分在 85 分及以下者将调查其主要照护者的情况。独立生活能力（IADL）设有以下 10 个项目：做饭、洗衣、打扫卫生、服药、剪指（趾）甲、管理钱物、购物、看病、打电话、雨天外出，每一项也分为无困难、有点困难、很困难三档，得分分别为 10 分、5 分、0 分，10 项共计 100 分。在两个量表后各设置了一个关于老人在不能自理情况下的帮助者和主要帮助者的问题。

（3）ADL 指标的操作化①

ADL 量表由吃饭、穿脱衣服、上下床（轮椅）、行走在平地上、个人卫生、上厕所、洗澡、上下楼梯、大便控制、小便控制 10 个指标组成。

①吃饭能力：从高到低分为三个等级：可用筷子、汤匙吃饭，只会用汤匙吃饭，必须由其他人喂食。这一指标测量老年人自己完成这一系列动作的完整程度。

②穿脱衣服能力：从高到低分为三个等级：可自行穿脱衣服、鞋子，在别人帮助下、可自行完成一半以上的动作，需别人帮助。这一指标测量老年人自己完成这一系列动作的完整程度。

③上下床（轮椅）能力：从高到低分为四个等级：可独立完成（包括轮椅的刹车及移开脚踏板），需要稍微协助（例如：予以轻扶以保持平衡）或需要口头指挥，可自行从床上坐起来、但移位时仍需要人帮忙，需别人

① 周丽苹：《老年人口健康评价与指标体系研究》，红旗出版社 2003 年版，第 165 页。

帮忙才可以坐起来或需别人帮忙才可以移位。这一指标测量老年人自己完成这一系列动作的完整程度。

④室内走动能力：从高到低分为四个等级：可独自行走 50 米以上（包括使用拐杖），需要稍微扶持或口头指导才可行走 50 米以上，虽无法行走但可独自操纵轮椅（包括转弯、进门及接近桌子、床沿）并推行轮椅 50 米以上，需别人帮忙推轮椅。这一指标测量老年人自己完成这一系列动作的完整程度。

⑤洗脸刷牙能力：从高到低分为两个等级：可独立完成洗脸、洗手、刷牙及梳头发，需别人帮忙。这一指标测量老年人自己完成这一系列动作的完整程度。

⑥上厕所能力：从高到低分为三个等级：可自己进出厕所，不会弄脏衣服并能穿好衣服使用便盆，可以自行清理便盆；需帮忙保持姿势的平衡、整理衣物或使用卫生纸，使用便盆者可自行取放便盆但需依赖他人清理；需别人帮忙。这一指标测量老年人自己完成这一系列动作的完整程度。

⑦洗澡能力：从高到低分为两个等级：独立完成（不论是盆浴或淋浴），需别人帮忙。这一指标测量老年人自己完成这一系列动作的完整程度。

⑧上下楼梯能力：从高到低分为三个等级：可自行上下楼梯（允许抓扶手、用拐杖）、需稍微帮忙或口头指导、无法上下楼梯。这一指标测量老年人自己完成这一系列动作的完整程度。

⑨大便控制能力：从高到低分为三个等级：不会失禁，并可自行使用开塞露，偶尔会失禁（每周不超过一次）或使用开塞露时需要别人帮忙，需别人处理。这一指标测量老年人自己完成这一系列动作的完整程度。

⑩小便控制能力：从高到低分为三个等级：日夜皆不会尿失禁，或可自行使用并清理纸尿裤，偶尔会尿失禁（每周不超过一次）或尿急（无法等待便盆或无法及时赶到厕所）或需要别人帮忙处理纸尿裤，需别人处理。这一指标测量老年人自己完成这一系列动作的完整程度。

（4）IADL指标的操作化①

IADL指标由做饭、洗衣服、打扫卫生、服药、剪指（趾）甲、管理钱物、打电话、雨天外出、购物、看病10个指标组成。

①做饭能力：包括洗菜、烧饭，评价分无困难、有点困难、很困难三个等级。

②服药能力：包括自己能否按规定按时服药、不服错药，评价分无困难、有点困难、很困难三个等级。

③管理钱物能力：这一指标测量老年人自己管理钱财的能力，包括清楚钱财的收支情况、存放的地方等。评价分无困难、有点困难、很困难三个等级。

④打电话能力：指如果有电话，能否独自拨电话号码及使用电话。

⑤购物能力：包括自己去商店或市场、挑选物品、付款、提物品回家等一系列动作。评价分无困难、有点困难、很困难三个等级。

⑥看病能力：指能否独自外出上医院或诊所看病。评价分无困难、有点困难、很困难三个等级。

2.IADL和ADL的相关国内外实证研究

据勒温研究团队估计，14%的美国老年人有工具性日常生活活动功能障碍（instrumental activities of daily living，IADL），17%的老年人有一至二项日常生活功能（activities of daily living，ADL）丧失，11%的老年人有三项及以上的ADL失能。65—69岁老年人的残疾率是6.5%，到85—89岁老年人的残疾率上升到43%。②布朗和菲因斯坦研究预测，美国65岁及以上老年人中至少有70%在生命中某一时期需要长期照护服务。65岁及以上老年人余寿期为19.2岁（女性为20.4年，男性为17.8年）。预计每年有836万人需要长期照护服务。65岁及以上老年人中，12%的

① 桂世勋主编：《中国长江三角洲地区农村养老模式研究》，华龄出版社2000年版，第400页。

② Lewin Group. *Preparing for Long-Term Services and Supports*, Presentation by Lisa Alecxih American Public Policy and Management Association, 2009.

男性和 22% 的女性在有生之年需要接受三年以上的长期照护服务，其中 11%—21% 的老年人需要入住长期照护之家 5 年以上。① 纳大施和施忽预计，到 2030 年，德国 80 岁以上的老年人中有 29%（309 万人）需要长期照护服务。②OECD 估算，80 岁及以上老年人需要长期照护服务的人数是 65—79 岁老年人的 5 倍。此外，女性老年人的长期照护服务需求是男性老年人的 1.5 倍。③ 克姆通过实证研究发现，老年慢性病患者反复住院对患者以及家庭和护理人员都造成了严重的临床和经济负担。④ 仅 2004 年，美国糖尿病患者住院人群中有 36% 属于潜在性短期住院，他们一共花费了 13 亿美元的医疗经费。⑤ 一项对墨西哥 7540 名 60 岁及以上住院老年人的一年期调查研究发现，每 1 例适当住院的老年人（如急病）一年平均医疗成本为 1497.2 美元，不适当住院（如慢性病）平均医疗成本为 2323.3 美元。⑥ 劳斯通过对印度不同收入阶层的调查研究结果表明，无论是贫穷老年人还是富裕老年人，一旦住院接受医疗服务，他们都会倾家荡产，更谈不上恢复健康和接受更好的医疗服务。⑦1980 年占美国总人口 11.3% 的 2570 万名老年人因为接受长期照护服务而处于贫困状态。1987 年入住

---

① Brown J.R.，& Finkelstein，A. *The Private Market for Long-Term Care Insurance in the United States：A Review of the Evidence*，Journal of Risk and Insurance. 2009，Vol.76，pp.5-8.

② Nadash，P.，&Shih，Y.C.，*Introducing Social Insurance for Long-Term Care in Tainwan：Key Issues*，International Journal of Social Welfare. 2013，Vol.22，pp.69-79.

③ OECD. *Help Wanted？ Providing and paying for Long-Term Care*. 2011.

④ Kim S.，*Burden of Hospitalizations Primarily due to Uncontrolled Diabetes：Implications of Inadequate Primary Health Care in the United States*，Diabetse Care. 2007，Vol.30，pp.1281-1282.

⑤ Ahern，M.M.，&Hendryx，M.，*Avoidable Hospitalizations for Diabetes：Commorbidity Risks*，Disease Management. 2007，Vol.10，pp.347-355.

⑥ Mould-Quevedo，J.F.，Garcfa-Pena，C.，Contreras-Hernandez，I.et al.，*Direct Costs Associated with the Appropriateness of Hospital Stay in Elderly Population*，BMC Health Services Research 2009，Vol.9，pp.151-159.

⑦ Prasad，s.，*Does Hospitalization Make Elderly Households Poor？ An Examination of the Case of Kerala，India*，Social Policy and Administration. 2007，Vol.41，pp.355-371.

老年护理院的老年人每年支付20000美元至30000美元。按照1987年美国老年人住房选择委员会的一份报告，65岁及以上老年夫妻当中有78%的老年人只要有一个住进长期护理之家，一年就会花光他们全部的积蓄，从而陷入联邦政府规定的贫困水平。对于老年单身独居者而言，陷入贫困的风险更大，同样的情况这个比例为94%。美国老年人医保管理机构2002—2006年的一个跟踪调查报告显示，五年中因为需要长期照护服务而住院的人数上升了60%，达到88.3万人。同期，因病住院的急症护理人数增加不到1%。① 据预计，美国养老护理院收费价格到2018年上升为每人每年55000美元，预计到2030年，因为长期照护问题而致贫的老年人达到6400万人，占总人口的20%。② 韩国接受长期照护服务的老年人中贫困发生率为45.1%，在OECD国家中最高，2011年老年人生活在中产阶层家庭的不到50%。③ 新加坡实行照护服务合作付费政策，目标人群是低收入群体。④

尹尚菁和杜鹏根据北京大学2008年全国22个省市区16566名65岁及以上老人健康状况调查数据，得出如下结论：（1）ADL：洗澡不能自理的老年人比例最高，而且女性比例高于男性、城镇比例高于乡村，随着年龄的上升洗澡不能自理的老年人比例呈现不断增高的趋势。（2）IADL：IADL的障碍率高于ADL的障碍率，至少有一项IADL有困难或者不能做的占69.8%。（3）认知功能：23.9%的女性老人、10.9%的男性老人认知功能严重缺损，随着年龄的上升，认知损伤的老人比例增加，速度不

① Ingenix. *Long-Term Care Makes up an increasing Portion of Medicare Inpatient Admissions*, Healthcare Financial Management，2008，Vol.4，p.124.

② Noordewier，T.G.，Rogers，D.，&Banakrishnan，P.V.，*Evaluating Consumer Preference for Private Long Term Care Insurance*，Journal of Health Care Marketing. 1989，Vol.9，pp.34-40.

③ Chon，Y.，*The Expansion of the Korean Welfare State and Its Results-Focusing on Long-Term Care Insurance for the Elderly*，Social Policy &Administration. 2014，Vol.48，pp.704-720.

④ Chin，G.W.，&Phua，K.H.，*Long-Term Care Policy：Singapore's Experience*. Journal of Aging&Social Policy 2016，Vol.28，pp.113-129.

断加快。按照每5岁为一区间，65—100岁认知严重缺损的比例分别为0.7%、1.8%、2.2%、5.2%、10.5%、19.1%、29.2%、47.1%，农村老人认知功能缺损的比例为19.7%，高于城镇。根据计算，65—69岁、70—74岁、75—79岁、80—84岁、85—89岁、90—94岁、95—99岁、100岁及以上年龄组ADL的障碍比例分别为1.61%、4.15%、6.59%、9.7%、16.18%、25.67%、36.52%、53.48%。① 魏华林和何玉东以2009年长期照护人数需求为基准，计算出2010—2050年我国长期照护人数需求的倍数分别为1.08倍、2.14倍、3.51倍、5.37倍、7.30倍；2010—2050年总体表现为以2030—2040年为中枢，呈现前低后高的比较态势。② 朱铭来和贾清显测算出2010年我国需要长期照护服务的老年人总数为1287万人，预计2050年这一数字会增至3331万人。杜鹏和武超根据人口普查数据得出结论，我国老年人长期照护服务需求将持续上升，城市老年人生活自理比例高于农村，区域差异大，中西部地区老年人失能率较高。③ 尹德挺通过调查统计得出结论，有配偶的低龄老年人的日常生活自理能力明显高于无配偶的老年人。④ 郅玉玲基于长江三角洲地区农村老人的养老状况及意愿调查数据，对江南三镇农村老人的养老状况及意愿进行研究，得出结论，无论男性还是女性，都是随着年龄组别的提高，基本生活自我评估"有困难"者的比例有所增加，但85岁及以上的组别较80—84岁组别有所下降。随着年龄增长，老年人的健康状况逐渐变差，他们对"基本生活自理能力"的评估也愈显不自信。但活到高龄的老人，往往是身体较好的，他们认为自己的生活自理能力较强。随着年龄增长，老人的身体逐渐变差，生活自理能力下降。老人生活不能自理的比例，在多数年龄组别女性老人皆高于男性老人。女性老人的生活照顾问题，亟待社会关注。⑤

① 尹尚菁、杜鹏：《老年人长期照护需求现状及趋势研究》，《人口学刊》2012年第2期。
② 魏华林、何玉东：《中国长期护理保险市场潜力研究》，《保险研究》2012年第7期。
③ 杜鹏、武超：《中国老年人的生活自理能力状况与变化》，《人口研究》2006年第1期。
④ 尹德挺：《老年人日常生活自理能力的多层次研究》，中国人民大学出版社2008年版，第90—96页。
⑤ 郅玉玲：《和谐社会语境下的老龄问题研究》，浙江大学出版社2011年版，第125页。

戴卫东的研究显示，老年人长期照护需求的影响因素主要集中在户籍、受教育程度以及有无子女三个变量上：影响最大的变量是有无子女，没有子女的老年人在生活不能自理时希望政府能提供服务；第二个影响变量是户籍，子女外出打工，农村老年人有长期照护服务需求的比例高于城镇老年人；第三个影响变量是受教育程度，老年人接受教育年限越长对自身是否需要长期照护问题的认识越清楚，对长期照护需求也就越迫切。① 曹信邦和陈强对27个省份的2790份问卷调查显示，西部地区、年轻人和低龄老人、身体健康、身体健康和股份制公司工作、家庭收入高、长期护理服务质量认可程度高的居民参加LTGI的意愿明显高于其他调查对象。② 王雪辉对河南省老年人长期照护需求的影响因素进行了相似研究。③ 但是，一项以上海市居民投保商业保险的调查研究发现，收入、储蓄和家庭博弈类因子的影响不显著，而医疗需求、价格和个人意愿等与需求呈显著相关关系。④ 目前城市老年人购买长期照护保险的意愿不高，存在较高的逆向选择；人口社会因素、经济因素、替代因素、健康因素以及意识因素显著影响城市老年人购买长期照护保险的意愿。⑤

曾毅等人的研究指出，老年人慢性病患病率是全国人口的3.2倍，伤残率是全国人口的3.6倍，平均住院时间为非老年人的1.5倍。⑥ 国家卫计委的统计报告进一步指出，城乡65岁及以上患慢性病的老年人住院率

---

① 戴卫东：《老年长期护理需求及其影响因素分析——基于苏皖两省调查的比较研究》，《人口研究》2011年第4期。

② 曹信邦、陈强：《中国产期护理保险需求影响因素分析》，《中国人口科学》2014年第4期。

③ 王雪辉：《老年人长期护理服务需求影响因素研究——基于河南省的抽样调查》，《调研世界》2016年第3期。

④ 陈冬梅、袁艺豪：《人口老龄化背景下我国长期护理保险需求的分析：以上海市为例》，《上海大学学报》（社会科学版）2015年第6期。

⑤ 丁志宏、魏海伟：《中国城市老年人购买长期护理保险意愿及其影响因素》，《人口研究》2016年第6期。

⑥ 曾毅等：《老年人口家庭、健康与照料需求成本研究》，科学出版社2010年版，第281页。

在 1993 年、1998 年、2003 年、2008 年分别是 61‰、79.6‰、84.1‰、153.2‰。[①] 张瑞的研究显示，随着照料成本的快速上涨以及预期寿命延长，老年人用于支付照料的费用也逐年攀升。此外，亲属为照护老年人牺牲正常工作或减少工作时间所带来的间接经济损失逐渐增大，导致老年人及其家庭贫困的现象不在少数。[②]

3. C 社区的失能老人照护服务

在 C 社区，失能老人为 2 人。失能老人都要先填申请表，然后由镇卫生院的医生进行评估，评估后确定为失能，接受失能老人居家照护服务。失能申请表中的生活状况包括下列内容：身体状况（有无残疾证、失能照料补贴）、经济状况（人均每月收入、享受高龄津贴、低保金、残疾人保障金等补贴状况、属于四级救助圈内低收入、有一定经济收入等收入状况）、居住状况（与子女或亲戚朋友同住、与配偶同住、独居）、服务需求（生活照护、护理照护、精神慰藉、康复照护）、就医方式（家庭病房、社区医院、外出就诊、习惯就诊的医院）、每月固定支出（医疗门诊、常服药、保姆费用）、是否有援通呼叫器、是否有保姆等内容。[③]

C 社区的失能老人照护服务工作是外包给杭州某养老服务中心的。该服务中心与服务需求对象签订居家照护服务协议。在照护服务协议中，对服务时间、服务人员管理、服务内容、服务程序、意外责任进行了明确界定。杭州某养老服务中心对被服务老人提供每月 60 小时服务时间；杭州某养老服务中心对本单位照护服务人员具有人事权和管理权、负责为被服务老人选派服务人员，进行统筹调配，服务中心照护服务人员必须具备健康证，经培训后持上岗证和本人身份证进行上门服务；照护服务内容由杭州某养老服务中心和被服务老人共同确定，并制定相应的照护服务计划；杭州某服务中心应该如实记录每次服务内容及时间、为被服务老人建立完备的服务档案，杭州某服务中心照护服务人员每服务满一小时在服务计时

---

① 国家卫计委：《2013 中国卫生统计年鉴》。

② 张瑞：《中国长期护理保险的模式选择与制度设计》，《中州学刊》2012 年第 6 期。

③ 参见某某失能照护申请表，因为涉及申请人个人信息，不能公开，故简述如文。

卡上盖章，被服务老人确认无误后签名生效。杭州某服务中心对服务过程中因照护服务人员不良行为（如偷窃、窃取）或工作失误给被服务老人造成人身或经济损失的，被服务老人有权以合法方式追究服务人员责任，但不得采取搜身，扣押钱物、身份证及其他有效证件，以及殴打、威逼等非法侵权方式处理。被服务老人未经杭州某服务中心同意，不得擅自将指使其从事与居家照护无关的工作，由于被服务老人人为因素或其设施、设备等原因造成杭州某养老服务中心服务人员发生意外伤害，被服务老人应承担相关责任。因被服务老人自身行为不当而造成的损失或伤害由被服务老人自身承担。杭州某服务中心服务员未经被服务老人同意，擅自在窗外户外作业不慎造成伤害；杭州某服务中心在全程服务过程中，由于操作不当，疏忽大意造成伤害；杭州某服务中心服务人员上下班途中发生意外造成伤害，概由杭州某服务中心负责。①

笔者亲自访谈了两位失能老人，他们接受居家养老服务的状况和感受如下：

乡镇卫生院医生来评估后，将我确定为重度。你看，我83岁了，每天躺在床上。儿子儿媳妇都50多岁了，他们身体也不太好。我儿子住六楼，我没办法爬上去，就住在车库里。现在拿的是低保金。家里没有援通呼叫器，也没有保姆。养老护理员到我这里来是提供生活照护，帮我擦擦窗户、拖拖地板、做顿饭、洗洗头、洗洗脚、剪剪脚指甲。年纪大了，手够不到脚了。你问他们的服务，应当说是不错的。每天来2个小时，干完活，还陪我聊会天。（DMF—20120305，2012年3月5日，DMF家中）

我有78岁了，现在和儿子一家住在一起。年轻时腿就是跷的，老了更没办法了。医生评估是重度。拿低保金的。家里没有援通呼

---

① 参见杭州某服务中心和被服务某某老人签订的《三墩镇居家养老照护服务协议》，因涉及到某服务中心名称和某老人的名字，信息不便于公开，故简述如文。

叫器，也没有保姆。我接受的服务是一个月 30 个小时。家政服务员过来，每天做一个小时，搞搞卫生、拖拖地板、做顿饭。他们手脚还是蛮麻利的。家政服务员是家政服务社的，做好多家的，这里做做，那里做做，你看我家还是很干净的。(HM—20120305，2012 年 3 月 5 日，HM 家中)

在 C 社区中，失能老人可以接受免费的居家养老服务。政府委托第三方机构对失能老人进行评估后，依据失能高、中、低度不同，给失能老人发放服务时间不同的居家养老服务券。提供居家养老服务的养老护理员或者家政服务员到失能老人家中服务，失能老人用服务券支付服务费用。

居家养老服务为“四级救助圈”家庭的孤寡、生活不能自理、残疾、高龄、独居等五类老人提供了免费服务，同时又为家政服务社提供了客源。家政服务在杭州的市场非常大，需求多，而供给有限，尤其是这一行业缺少文化水平高的人才，影响了这一行业向精细化、高标准发展。养老护理员多是 4050 人员以及农村进城务工人员。笔者为此特地走访了某家政服务社的老总 DCJ，她说：

我在想，做企业做人都一样。一楼那么多地方，想做老人服务这块，能用则用。一楼嘛，老人进出方便一点。老人产品啊、老人服务啊，稍微好一点的，差的我们不进。你就是研究老年服务的，搞服务。我们嘛，大的思路，养老服务家政服务，找文化高一点、素质高一点的人，稍微懂一点护理工作就可以了。量血压，简单的按摩，老人家最需要的是剪指甲、掏掏耳朵、洗洗头、特别是剪脚指甲，老人感动得眼泪都掉下来。我们做老人服务，半年时间里授给我们四十多面锦旗，二十多封感谢信。我办了这么多年企业，从来没有收到过这么多锦旗、这么多感谢信。都是老人送过来的。老人啊，你真当是对他好啊，他很感恩的。只要你付出一点点，他就是感谢，感受得很感动。老人因为他最不方便的是剪脚指甲。掏掏耳朵啊，时间一长耳朵里会堵塞的，掏掏耳朵会听得清楚一点。指甲剪一剪。这是最需要的。实际当中啊，农村的老人比城市里老人更需要这些关爱。你服务的水准不够，他可能就不会很满意。比如烧菜，不同地方的口味不一样，烧菜这块需要培训。洗洗头，剪剪指甲，按摩，捶捶背，这个学习一下也是必要的。如果你学习出来，参加工作 2000 多块一个月。我们目前就是要建这个队伍。按照规定，本科生可以进杭州户口的，然后我们这个单位有集体宿舍的。还有，我们在职高开班，老年服务班，如果我们这个事业能做大。招一个班，教老年心理、老年护理学、老年沟通。上半个月，绝对优秀了。这些孩子啊，有的天性是喜欢做事情的，我喜欢做家务事，不做家务事很难过。肯定能做好。（DCJ—20120107，2012 年 1 月 7 日，某家政公司总经理办公室）

杭州有的社区居家养老服务由家政服务公司提供。DCJ 原是浙江省某政府机关下属企业的职工，企业破产后，她放弃了政府的工作安排，走上自谋生计之路。从自己做家政服务开始，在妇联系统的支持下，创办了 JX 家政公司。她有感恩之心，对她访谈时，她不断讲，妇联是娘家，如果没有妇联的支持，她不会创业成功。她注重提高家政服务的质量和水准，招聘员工后对员工进行标准化培训，为员工提供集体宿舍购买五险一金，同时不断拓展家政服务的领域。居家养老服务业务是 JX 家政公司承接的政府购买服务项目，承接项目后，按照要求由具有养老护理员资质的员工为失能老人提供上门服务。这一项目覆盖面广，获得社会各界认可后每年都可承接，成为 JX 家政公司的长线业务。

（二）社会服务型

“社会服务型”的居家养老服务，在实践运作上是充分发挥社区辖区中的企事业单位的作用，集聚人、财、物等资源优势，充分满足老年人的各种需求，提高老年人的居家生活质量。居家养老服务需要社区单位的支持，只有动员社区中的企事业单位共同参与，才能保证居家养老服务的可持续发展。即充分发挥社区、基层老年人协会、星光老年之家、社区辖区中的企事业单位的作用，集聚人、财、物等资源优势，充分满足老年人的各种需求，提高老年人的居家生活质量。杭州市上城区突破地域界限，充分整合各类养老服务资源，发挥集约效应。梳理民政、教育、卫生、建设等区属各相关部门现有存量资源，整合社区配套用房，适应日益增长的养老服务需求。在具体安排上，对老年人所需的日托、家政、医疗、文体活动、配送餐、维修等场所重点给予配置。杭州市出台《杭州市养老服务补贴制度实施意见》，对经过评估符合条件的低保、低边、低收入等困难家庭中的失能、失智和高龄老人提供生活照料、心理慰藉、康复护理、家政服务等各类上门居家服务支持。

C社区同辖区的餐厅、超市等签订了合同，实现信息、资源共享。加盟单位为服务对象提供多种特色服务，对在经营服务中成绩突出的，授“居家养老服务点”牌匾。在政府的扶持下，加盟单位充分利用自身和服务品牌，推出优先、优价、优质的特色化服务项目，如生活料理、家庭护理、陪医导购、读书读报、聊天谈心等。C社区以政府向企业购买服务的形式，以“服务券”的形式给享受免费服务券的老人提供福利服务，不仅提高了政府社会福利资金使用效益，有效地解决许多政府难以解决的各种社会问题，也有助于实现政府办和社会办养老机构的真正公平发展。

C社区有两家居家养老服务点：增牛土菜馆和好又多超市。C社区老年助餐点——增牛土菜馆，位于南泉路，有300平方米，有50个座位，可以同时容纳100多人用餐，有6名服务员，为有服务券的老人送餐上门服务。C社区居家养老服务点——好又多超市，位于C社区临时农贸市场，有150平方米，服务人员6人，为老人提供优质优惠服务。

（三）非营利组织运作型

推进非营利组织发展的国家政策不断涌现。党的十七大提出重视社会组织建设和管理的任务。党的十七届二中全会提出更好地发挥社会组织在社会公共事务管理中的作用，更加有效地提供公共产品。党的十八大明确提出要加快形成政社分开、权责明确、依法自治的现代社会组织体制。党的十八届三中全会强调要激发社会组织活力，并指出要重点培育和优先发展行业协会商会类、科技类、公益慈善类、城乡社区服务类社会组织，成立时直接依法申请登记。党的十九大报告提出打造共建共治共享的社会治理格局。加强社会治理制度建设，完善党委领导、政府负责、社会协同、公众参与、法治保障的社会治理体制，提高社会治理社会化、法治化、智能化、专业化水平。党的十九届四中全会强调健全党组织领导的自治、法治、德治相结合的城乡基层治理体系，健全社区管理和服务机制，推行网格化管理和服务，发挥群团组织、社会组织作用，发挥行业协会商会自律功能，实现政府治理和社会调节、居民自治良性互动，夯实基层社会治理基础。

营利部门是利益导向①，非营利组织多是价值导向，个人利益动机更少。② 这些价值包括更有耐心，更愿意用更多的时间与服务对象互动，互动更有人情味等。③ 与营利组织相比，非营利组织有不同的价值、财务系统、管理法规、目标、工作人员。④ 非营利组织的管理重叠，行政管理者、专业服务提供者、理事会成员等都可能会进行管理，因而非营利组织中容易角色混乱、组织目标不统一，与营利组织相比非营利组织工作效率更低。⑤ 非营利组织被定义为提供特定的社会资源，解决特定社会问题或

---

① McFarlan F W. *Portfolio Approach to Information Systems. Harvard Business Review*, 1981, Vol.59, No.5, pp.142-150.

② Young D R. *Alternative Models of Government-Nonprofit Sector Relations: Theoretical and International Perspectives*. Nonprofit and Voluntary Sector Quarterly, 2000, Vol.29, No.1, pp.149-172.

③ Ryan. *The New Landscape for Nonprofits*. Harvard Business Review, 1999, Vol.77, No.1, pp.127-136.

④ Neill M. *The Future of Nonprofit Management Education*. Nonprofit and Voluntary Sector Quarterly, 2007, Vol.36, No.4, pp.169S-176S.

⑤ Drucker P F. *Lessons for Successful Nonprofit Governance*. Nonprofit Management And Ledaership, 1990, Vol.1, pp.7-14.

者挑战的志愿服务组织，这类组织通过为本辖区的个人和团体提供需要的服务而与其他组织有所区别。[①] 非营利组织有如下特征：它为一个或者几个群体服务，其行为为组织使命所驱使；其目标和资源受到众多利益相关者的影响，包括服务对象、雇员、管理者、理事会及其成员、外部社区组织等。同时，由于社会问责压力，非营利社会组织还要测量产出绩效和组织效率。[②] 非营利组织以服务对象的需要为导向，以组织使命为目标，同时尽量满足各利益相关者的要求。[③] 国内关于社会组织的研究中，许多都建立在以西方国家经验为模板的理论预设上，如社会组织具有多元功能与“社会智慧”；[④] 社会组织可以协调社会利益，参与社会治理，提供服务型治理；[⑤] 有的研究对我国社会组织发展的困境提出了反思[⑥]，有的研究对于我国各类社会组织的生存策略与生存智慧进行了案例研究[⑦]，有的学者对社会组织的管理政策与环境进行了研究与梳理。[⑧][⑨]

从国际经验看，福利供给效果的好坏，福利水平的高低，直接与民间非营利组织的发展相关。非营利组织是社会福利的重要提供者。作为政府和人民之间的中介角色，不仅具有深悉人民需求、开发福利资源和提供多样化服务的功能，而且在化解社会矛盾、整合社会利益、维护社会稳定、促进社会和谐等方面，具有重要的社会建构功能。“非营利组织运作型”的居家养老服务的实现，所依托的恰恰是非营利组织在提供养老服务

---

① Salamon L M. *The Voluntary Sector and the Future of the Welfare State*. Nonprofit and Voluntary Sector Quarterly，1989，Vol.18，No.1，pp.11-24.

② Schmid H. *The Role of Nonprofit Human Service Organizations in Providing Social Services：A Prefatory Essay*，Administration in Social Work，l2004，Vol.28，No.3-4，pp.1-21.

③ Austin D M. *Human Services Management：Organizational Leadership in Social Work Practice*. New York：Columbia University Press，2002.

④ 顾东辉：《治理、社会治理与社会工作》，《中国社会工作》2015 年第 19 期。

⑤ 关信平：《社会组织在社会管理中的建设路径》，《人民论坛》2011 年第 11 期。

⑥ 文军：《中国社会组织发展的角色困境及其出路》，《江苏行政学院学报》2012 年第 1 期。

⑦ 邓宁华：《“寄居蟹的艺术”：体制内社会组织的环境适应策略——对天津市两个省级组织的个案研究》，《公共管理学报》2011 年第 8 期。

⑧ 黄晓春：《当代中国社会组织的制度环境与发展》，《中国社会科学》2015 年第 9 期。

⑨ 敬乂嘉：《控制与赋权：中国政府的社会组织发展策略》，《学海》2016 年第 1 期。

时的积极作用。随着“小政府、大社会”的社会管理体制的推进，政府将专业性较强、工作量大、自身做不了又做不好的工作尽可能地委托非营利组织来做。即政府将专业性较强、工作量大、自身做不了又做不好的工作尽可能地委托社会组织来做由此而顺应了我国“小政府、大社会”的社会管理体制发展的趋势。上海市静安区的居家养老服务体系主要由一些民间非营利组织构成，包括静安区居家养老服务管理中心、静安乐龄助老服务总社、街道居家养老服务管理分中心等。静安区居家养老服务管理中心是从事非营利性社会服务活动的非营利组织，是全区居家养老工作的指挥协调机构，负责全区居家养老政策层面上的指导和监督评估，协调有关部门合力推进居家养老服务项目的落实。静安乐龄助老服务总社以各街道老年生活护理服务社为依托，以乐龄家园服务站为基础，承接政府购买项目，组织落实服务到家。街道居家养老服务管理分中心是开展居家养老服务管理的分支机构，负责联合社区单位和民间力量，对承办居家养老服务项目的机构进行资质审查和绩效评估，协调社会力量参与居家养老服务。2003年10月成立的民非企业——“青凤老年生活护理服务社”开展各项老年护理工作，取得了明显的效果，并被肯定为具有鲜明特色的老年护理“静安模式”。① 浙江宁波市秉承政府主导、非营利组织运作、社会参与的原则，吸引了众多非营利组织参与居家养老服务。宁波市海曙区星光敬老协会成立于2003年6月，是经核准登记的、具有法人资格的、从事为老服务的非营利社会组织。2004年起，星光敬老协会受区政府委托，开始运作居家养老公益项目，承担起审定服务对象、培训服务人员、确定服务内容、监督服务质量等职能。协会充分利用自身优势，发挥其社会联系广泛的作用，与社区实现联动，实践着政府为全区高龄、独居、困难老人购买服务活动，探索着养老队伍建设的新路，引导老人个人购买服务。宁波市江东区近年来逐步发展壮大的嘉和服务会所是一家专门为老服务的非营利

① 刘新萍：《论城市居家养老服务多元合作体系的建设及发展——以上海市静安区为例》，《甘肃行政学院学报》2009年第4期。

组织，会所通过接受政府委托的老年人需求普查任务，成为一个非常活跃的专业化为老服务社会组织。宁波市镇海区老年协会是联合国人口基金“农村老年人协会的能力建设”项目试点单位，老年协会在居家养老工作中发挥了积极作用。老年协会通过成立高血压老人俱乐部、单身老人俱乐部等老年自助组织，加强了老年人之间的沟通。通过安装爱心门铃、建立没有围墙的爱心敬老院等活动，为孤寡老人、生活困难老人提供了援助。通过组建由老年人、外来务工人员、青少年组成的各种特色家庭，促进代际沟通。湖州市依托吴兴区社会组织孵化中心，培育孵化符合条件的幸福之家居家养老服务中心、蚂蚁公益、志愿者协会等居家养老类、社区服务类、公益慈善类社会组织，并积极引导扶持其参与居家养老服务。

C社区老年人协会在居家养老工作中发挥了积极作用。C社区老龄工作以老年人协会、老龄工作领导小组、志愿者工作为平台，开展养老保障、医疗保障、生活照料、文化教育、权益维护等工作。其中养老保障工作小组下设困难老人帮扶救助站、社会保障服务站、敬老院，医疗保障工作小组下设健康教育服务室、卫生保健室，生活照料工作小组下设托老

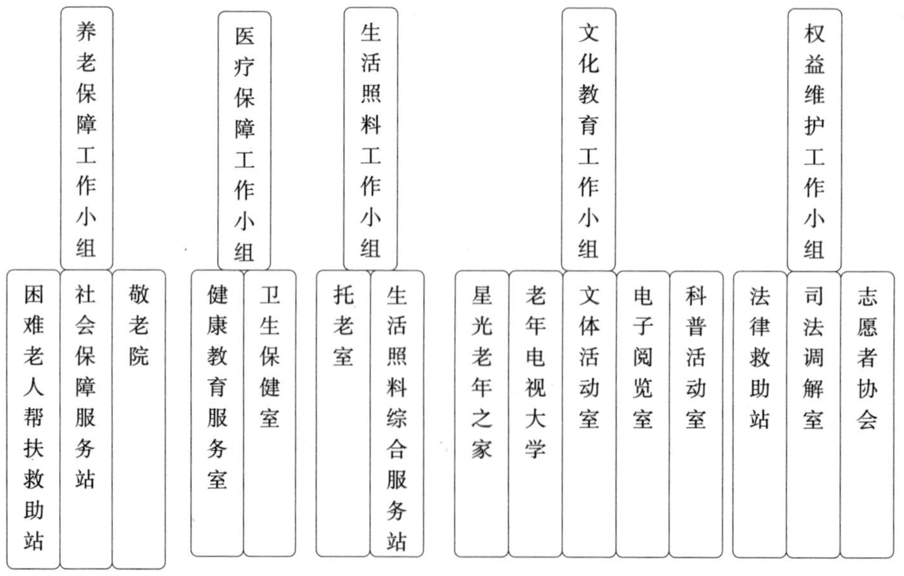

图 8.1　C社区老龄工作网络图

室、生活照料综合服务站，文化教育小组下设星光老年之家、老年电视大学、文体活动室、电子阅览室、科普活动室，权益维护小组下设法律救助站、司法调解室、志愿者协会。老年人协会依托老年活动室、健身苑，组织老人日常活动。老年人协会建立雷锋角服务队、老年人治安巡逻队、老年人绿化养护队、老年人护静队，为有服务社会愿望的老人提供自我发展机会；通过安装援通呼叫器等活动，为孤寡老人、生活困难老人提供援助。C社区老年协会在每位老人过生日时，为其提供260元的礼品，包括一个蛋糕和两个礼盒，这在西湖区都是比较高的规格。另外，还组织老年人出去旅游。通过这些活动，有效提升了社区的凝聚力，增加了老年人之间的沟通、了解。

（四）邻里互助型

充分发挥邻里互助对于居家老年人的辅助和帮助作用，让老年人尽可能顺利地实现居家养老。可以通过发挥左邻右舍当中退休在家的低龄健康老人、下岗失业人员等的力量，来照料社区内的高龄和生活困难老人。上海市普陀区曹杨街道开展“邻里互助爱心助餐”服务，以政府购买服务形式，组织失业、协保人员为相邻的独居老人煮饭烧菜，把解决社区内独居老人的买菜难、就餐难问题与解决就业相结合，取得了较好的社会效应。浙江省余姚市的鹿亭乡通过老年人邻里守望互助，整合和协调了社会资源，构建了“虚拟养老院”，初步破解了山区养老难题。宁波市镇海区采用“一对一”亲情化服务模式，由老年人就近选择邻居、亲戚等作为备选养老服务员，经居家养老服务中心考核合格的确立为居家养老服务员，为老年人开展“一对一”亲情化的服务，服务中心、服务员、老年人三方签订诚信服务协议。这种模式主要在农村地区推广。

（五）志愿参与型

志愿者服务是社区为老服务的一支重要力量。社区服务的实践原则之一，是权利与义务相一致，必须建立在居民自愿、自治、自助、互助的原则基础上，强调社区居民个人参与，组成各类志愿者队伍。为使居家养老服务有效开展，一方面必须促进社区各项生活服务、保健服务、医疗服务形成系列，使老年人充分利用这些设施，延长生活自理能力；另一方面，必须充分发挥社区居民的主观能动性，充分发挥社区片块协作和设施的辐射作用。开展“邻里互助式”服务，即通过左邻右舍照料孤寡老人、困难老人、空巢老人等需要帮助的老人。照料内容包括帮助购物，冬季严寒、夏季高温和台风等极端气候时上门探视，代为联系家政服务等。邻里居住相对集中，近在咫尺，相互熟识，来去方便，这种养老服务模式深受老人们的欢迎。

将志愿者服务作为社区为老服务的一支重要力量，发挥其在居家养老服务中的积极作用。“志愿参与型”的居家养老主要是在居民自愿、自治、自助、互助的前提下，借助于社区居民个体的主动参与以及志愿者服务本身所践行的奉献精神而得以实现的。上海市虹口区四川北路街道安庆东居委会组织了由志愿者参加的敬老女子救护队，特别照顾 70 岁以上的独居老人。救护队由 7 名正式成员和 6 名信息员组成，由退休医生领衔，参加者有居委会干部、退休职工和下岗待业人员，她们都经过一般护理知识培训，居委会还出钱买了背带等救护工具。安庆东居委会的敬老志愿者，多数是老人的邻居，平时帮老人买菜、提水、搬东西等，当发现老人生病或摔伤的时候，他们就及时给女子救护队员报信。

C 社区成立了“金色夕阳”志愿者服务队。“金色夕阳”志愿者服务队有志愿者 34 名。他们的职业有教师、护士、导游、社工、物业管理公司员工、会计等。34 名志愿者根据特长、爱好不同，分成三个组，每组 8 人，设立正、副组长。C 社区为注册志愿者建立了个人档案。志愿者晋升采用星级制，分 5 级，累积服务时间 100 小时者晋升为一星级志愿者，累积服务时间 500 小时者晋升为五星级志愿者。五星级志愿者晋级确认后，参加上级志愿者组织评选表彰。志愿者服务队建立了管理制度，规定了志愿服务站的职能作用，界定了服务站的组织管理方式以及服务项目。管理委员会负责社区志愿服务站的日常管理，管理委员会由站长、组织委员、宣传委员、服务队队长组成。各委员由上级志愿者组织任命或者志愿者民主选举产生，各成员各司其职。"金色夕阳"志愿者服务队的服务项目有各种文艺演出，并组织军鼓队、木兰拳、舞蹈班等各种健身活动，举办服饰、礼仪等培训、讲座；组织环境绿化宣传教育，举办植树种花、认养绿地、清除杂草等各种爱绿护绿活动，清洁小区公共设施；暑假组织社区内中小学生社会实践活动；为社区困难家庭及困难老人提供志愿者服务；为社区警务室夜间或者节假日巡逻做辅助工作；举办环境卫生宣传活动等。

五、居家养老服务的人力资源配置、组织培训与使用情况

随着政府的转型——由管理型政府向服务型政府转变，整合社会各方资源，推动居家养老服务发展，十分必要。服务型政府为人民提供优质公共服务，保障人民的利益；人民积极参与社会建设，既能弥补不足，又能有效监督、评估政府公共服务。从资源角度划分，居家养老服务涉及资源的供给者、需求者、资源的运作机制、资源的管理模式等等。不同学者对资源有不同概念界定。吉登斯认为，"社会系统里的权力具有一定的时空连续性，它的前提是行动者或者集合体在社会互动的具体情境中，彼此间例行化了的自住与依附关系。不过，所有依附形式都提供了某些资源，臣属者可以借助它们来影响居于支配地位的人的活动。这就是我所说的社会系统里的控制的辩证法。"① 霍曼斯认为，资源是个人的全部特性和经验，包括技能、性别、种族、出身等。在社会交换中，资源被用作投资。② 科尔曼认为，资源从性质上看有所区别，资源的行动对行动系统有

① ［英］安东尼·吉登斯：《社会的构成》，李康、李猛译，王铭铭校，生活·读书·新知三联书店1998年版，第78页。

② 转引自贾春增主编《外国社会学史》，中国人民大学出版社1989年版，第271页。

重要影响。资源的性质是：可分割性、可转让性、可保留性、即时交换性以及是否有外在性。[①] 笔者认为，资源是满足人们需要的物质的和非物质的东西。居家养老服务的资源包括人力资源、资金资源等。居家养老服务的人力资源主要来源为：社区的社工、义工、社区辖区内工作机构的工作人员、非营利社会组织的工作人员、需要接受居家养老服务的老人的亲朋好友以及邻居等。

C 社区非常重视对居家养老服务员实行培训和持证上岗制度。民政部门与劳动和社会保障部门通过公开招标形式，确定了一批社会办教育培训机构，按照统一大纲和教材对居家养老服务员开展培训，考试合格，颁发统一印制的“岗位培训合格证书”。C 社区的居家养老服务员都经过培训，考取劳动和社会保障部门颁发的证书后，才能上岗。

六、居家养老服务的资金筹措和运行状况

居家养老服务是福利性服务，福利性服务不以赢利为目的。C 社区居家养老服务资金资源的筹措渠道主要有：政府财政拨款、福利彩票公益金、社会捐助、房屋店铺租赁金等。居家养老服务资金的用途有：支持居家养老服务中心建设、为接受居家养老服务的老年人补贴费用、支付服务人员报酬。

C 社区位于杭州市西湖区，是西湖区“金夕工程”覆盖的社区。金夕工程自 2007 年 6 月启动。工作措施有建立区、乡镇街道、社区三级居家养老组织网络；建立多元服务机构，区居家养老服务指导中心承担协调管理职能，乡镇街道负责居家养老服务的日常管理和服务，社区建立居家养老服务工作站；实施多样化、分层次服务方式，对市、区、乡镇街道、社

---

① ［美］科尔曼：《社会理论的基础》，夏春林译，载谢立中主编《西方社会学名著提要》，江西人民出版社 1998 年版，第 596 页。

区“四级救助圈”家庭的孤寡、生活不能自理、残疾、高龄、独居等五类老人以及生活不能自理、残疾、80周岁以上的老劳模和60周岁以上的重点优抚对象，实行福利化服务（无偿为主，低偿、有偿为辅）。对四级救助圈意外的其他生活不能自理、残疾、80岁以上、独居等老人，原则上实行社会化和市场化结合的服务，以低偿为主、无偿和有偿为辅，对其他60周岁以上的老人，原则上实行市场化服务，有偿为主、抵偿和无偿为辅。2007年，区财政、区慈善总会、街道共同投入200万元作为专项资金，用于发放居家养老服务券、安装援通呼叫器、建设援通呼叫中心等。同时，各乡镇街道配备从事居家养老工作的专职协理员，各社区设有从事民政老龄工作的专职委员。①

七、数字化技术运用于居家养老服务

数字化技术给人们的生活带来了便捷，互联网、手机、电话等现代通信设备使地球村联结为一个整体。浙江省在发展居家养老服务时，充分利用了高科技手段，构筑了便捷的信息化平台。杭州市上城区搭建了“二化四两六平台”信息服务平台。二化为社区管理、服务的信息化；四两为“E家人”社区事务管理网络、电脑服务网、电话服务网；六平台为社区事务管理平台、居民互动网络平台、公共服务信息平台、社会志愿者服务平台、居家养老服务平台、为民服务联盟平台。杭州市望江街道推出了“关爱老年人评估信息系统”。该系统以上城区居家养老服务补助政策为基础框架，以老年人的身体状况、经济条件和实际年龄为主要参考系数，科学设置了不同系数所占的权重，将老人的详细信息录入后，系统将自动运算出一个政府补助系数，可以按照该系数确定享受政策补助的服务对象及

① 《西湖区实施居家养老“金夕工程”——着力打造“无围墙敬老院”》，见http：//www.hzxh.gov.cn/portal/html/20040211000021/20070619000004.html.2007-06-19。

其能享受的具体额度。对于特殊情况，可以根据社区及护理员掌握的实际情况对评估结果进行微调，系统还设置了微调幅度并要求说明原因，力求做到客观公正、贴合实际。①

国家工信部、民政部、卫健委联合发文，认定杭州市为“国家智慧健康养老示范基地”。智慧先行，“线上＋线下”养老服务转型升级。“线上＋线下”养老服务私人定制。根据老年人特点和实际需求，提供“助急”服务、基础性生活服务以及具有区域特色公益服务共三大类 13 小项，有效整合线上线下服务资源，联动线下服务商，为 70 周岁以上空巢、独居、孤寡老人、80 周岁以上高龄老人、享受政府养老服务补贴老人免费发放移动手机、固定式呼叫器、可穿戴设备等各类智能服务终端，其他老人可以政府购买服务的优惠价格与服务商签约，享受同等服务，老人遇到紧急情况按下终端上的红色按钮即可实现一键呼救。出台《杭州市智慧养老综合服务监管考核办法（试行)》，建立智慧养老监管平台和功能展示区，并实现“统一对象、统一内容、统一标准、统一监管”四统一。积极探索“互联网＋助餐”模式，富阳区、西湖区与美团、饿了么合作，行动不便的老年人可享受专业外卖服务，拱墅区依托智慧养老平台实现一键呼叫点餐送餐。

八、未来发展前景展望

就居家养老服务的具体实践而言，其中所取得的成功经验是值得充分肯定的。然而，如果我们从长计议，就居家养老服务之未来的全面健康发展来说，其本身在运作推展中存在的一些不足，则还需要在未来的实践探索中逐步加以克服或化解。

① 郅玉玲：《和谐社会语境下的老龄问题研究》，浙江大学出版社 2011 年版，第 81 页。

（一）老年服务方面的国际经验[①]

笔者认为，欧美等发达国家先于我国进入老龄化社会，了解他们养老问题的应对举措将有助于我国养老问题的合理解决。国外的一些相关经验和成功做法可以成为值得我们仿效和借鉴的“他山之石”。在此略作简介和分析。

1. 老年服务的法国经验

法国是人类历史上最早进入老龄化社会的国家。1850年，法国60岁以上老年人已占总人口的10%，法国进入老龄化社会。法国解决老年人住房问题的主要模式是特色鲜明的老年酒店式公寓。老年酒店式公寓成为解决欧洲老龄化问题的典范。在这种酒店式公寓中，配套设施完全依据老年人的需要而设计，如防滑设施和无障碍设施等，老年人可以根据自己的需要选择长住或短住。老年酒店式公寓的服务人员远远多于酒店或酒店式公寓。资金来源以个人缴纳和社会赞助为主。[②]

2. 老年服务的美国经验

20世纪60年代，美国经济非常繁荣，与此同时美国人口老龄化形势严峻，进入老龄化社会。美国政府在20世纪60年代制定了《美国老人法》，保护老年人的合法利益。法律强调老人与其他公民同样享有自由、独立、自主生活权利，保证老人获得能够承受的房租或房价的住宅。在20世纪50年代至60年代，美国投入了大量的物力、财力在远离城市的郊区和风景区兴建养老院、老年公寓及其他福利设施，设置了大量的社会福利项目。[③] 例如美国的太阳城中心、凤凰城老年社区。笔者曾在2009年赴美国进修，参观过类似的老年公寓、老年社区，对此有较为细致的考

---

① 参见郅玉玲《和谐社会语境下的老龄问题研究》，浙江大学出版社2011年版，第38—50页。

② 龙奋杰：《老年住宅的供给模式及启动对策》，《中国房地产》2003年第1期。

③ 史永麟：《杭州市中老年居住现状及其对未来老年居住模式的影响》，浙江大学学位论文，2006年。

察。美国的老年福利设施有退休生活住宅和托老所。

退休生活住宅是专为老年人设计建造的住宅。住在这种住宅的老年人需要具备一些基本的条件，如能独立活动、购物、做饭和做家务。但是随着年龄的增长，进入老年后，很多人都会丧失一种或多种功能，需要特殊的服务。老年住宅就是针对老年人的特点，在内部及外部设施上进行特殊设计，并配备各种服务功能及人员。服务性或支持性是老年住宅的特点。退休生活住宅具体分为：独立生活的退休社区、照料式住宅、护理院和继续照料退休社区。

独立生活的退休社区是专为能独立生活的老年人设计建造，但又有配套及完善的服务，如餐饮、房间整理、娱乐、交通和保安等。1961 年创建，位于美国南部佛罗里达西海岸的太阳城中心（Sun City Center），是美国较大的老年社区之一。居住在太阳城中心的居民必须是 55 岁及以上的老人。据有关资料，居住在太阳城中心这样老年社区中的老年人身心健康，寿命高于美国平均人口寿命 10 岁。太阳城中心根据老人的不同需求，设计出不同的居住组团。社区有专为老年人考虑的建筑规划，小区内实现无障碍设计，社区住宅以低层建筑为主。同时，社区对方位感、交通的安全性、道路的可达性也作了安排，实施严格的人车分流。总之，设计中体现了对老年人的生理和心理上的关怀。①

照料式住宅除有独立生活式退休社区的服务项目外，还提供一些个人照料服务，如：简单治疗和用药，帮助洗澡、理发和穿衣。这类住宅的式样及规模差异很大，有的三人或更多一些的老年人住在一起，带有家庭的气氛；有些则是十几个老年人住在一起，类似养老院。

护理院专为因丧失某种功能而需要日常护理及其他支持性服务的老年人设计建造。在这里，老年人获得各种照料。1989 年，美国政府主办的老年人长期照护机构开始发展。

① 史永麟：《杭州市中老年居住现状及其对未来老年居住模式的影响》，浙江大学学位论文，2006 年。

继续照料退休社区集独立生活的退休社区、照料式住宅、护理院三种住宅功能于一身，既可以满足能独立生活的老年人的需要，也能满足需要护理的老年人的需求，适合老年人在自身各个不同的身体状况阶段得到不同的服务和照料。但是，这种由国家投资，在市郊建设纯老年社区的方式，对家庭和亲友在供养老年人方面的责任有所减弱。而且，老年人口迅速增加，对国家财政造成沉重压力。同时，老年社区建在郊外，也增加了老年人的孤独、寂寞感。近些年来，美国开始寻找既能减轻国家负担，又适应家庭小型化需求的模式，国家控制并适量发展老年公寓等福利设施，提倡民间投资兴办。考虑到老年人普遍害怕寂寞的心理，老年公寓也不再建在远离城市的风景区而是建在熟悉的社区里，一些老年设施还建在儿童设施（比如托儿所、幼儿园、青少年宫）附近，让儿童的天真烂漫影响老年人，让他们真正感到生活的乐趣。同时，老人也可将自己丰富的理论、实践知识和社会阅历传授给下一代。①

笔者在美国访学时，曾经在唐人街的一所老年公寓做过义工。这家老年公寓就建在唐人街上。入住的华裔老人多是低收入群体。他们租住在老年公寓，自己烧饭。老年公寓将临街的大厅当作华裔老人活动中心，每周一至周五定期安排活动，费城的华裔老人常常自发来此处参加活动，风雨无阻。为节省人工费开支，这家老年公寓只有一个半工作人员，一位是退休后来此服务的阿兰，还有一位是半天义工。老人活动课的讲授，如普通话、电脑、戏剧、书法、绘画、唱歌等，基本全是由义工（包括大学生、访问学者、牧师、各界工作人员等）承担。另外，此老人活动中心还不定期义卖老人做的手工艺品，销售收入用于补贴老人生活。

美国是崇尚个人独立的国家，一旦到了年老体弱而不得不依靠他人时，就等于承认自己失去了独立性，这对美国人来说是相当困难的。在这种社会背景下，美国为解决养老问题建设的托老所就成为美国老年住宅的

① 史永麟：《杭州市中老年居住现状及其对未来老年居住模式的影响》，浙江大学学位论文，2006年。

主要供给模式。托老所里的服务对象主要为生活不能自理的老年人。托老所的专职工作人员很少，但志愿人员相当多，主要以六七十岁的健康老年人为主，他们来这里一方面帮助照顾那些生活不便的受托老年人，另一方面也参加托老所的各项日常活动。这些人的工作内容比较专业化，专人分管托老所的伙食、教育、旅游等，各司其职，充分显示了社会力量办托老所的特点。老年人在托老所不需要为吃饭发愁，更不需要为家务劳动而担忧。美国托老所的组织管理工作类似于我国的托儿所，老年人一旦送到那里，就可以得到生活上的全面照顾，子女可以放心地去工作。托老所的财政是个敏感的问题。20 世纪 80 年代初，美国才开始在社会上大规模地建立托老所，这种机构都是非营利的社会福利组织，隶属于市政府，委托社区管理，经费的 60% 来自地方政府，其余来自民间的私人捐款。美国的托老所与其他行业一样竞争激烈，办得越好社会声望越高，也就越能吸引捐助，个人或家庭交费只占很小的比例。①

3. 老年服务的马耳他经验

马耳他是欧洲一小国，位于地中海中部，是世界上第一个提出老龄问题的国家。1969 年 8 月 6 日，马耳他驻联合国的常任代表向联合国秘书长提出人口老龄化问题的概念。联合国对此高度重视，1982 年召开了世界老龄问题大会，并于 1988 年在马耳他成立了联合国老龄问题研究所，成为联合国建立的第一个老龄问题研究和培训机构。笔者曾于 2001 年赴设立在马耳他的联合国老龄问题研究所进修，对马耳他的老年服务有较为充分的了解。马耳他的老年服务系统由家庭照料、社区照料服务、寄宿类家庭、志愿者组织、长期护理与膳宿选择、教育与培训构成。

（1）家庭照料

马耳他社会的一个显著特征是有较强的家庭结构。马耳他传统的照料是家庭照料，对老年人的帮助主要来自家庭。但是随着马耳他工业和旅游业的发展，因忙于工作，能承担家庭照料职责的子女越来越少。同时，

① 龙奋杰：《老年住宅的供给模式及启动对策》，《中国房地产》2003 年第 1 期。

随着寿命的延长，多代家庭中分担照料老年人任务的兄弟姐妹人手少，家庭也缺乏护理技术或者必要的设施，也难以提供令老年人满意的照料服务。由此，社区照料得以大发展。

（2）社区照料服务

在马耳他，由国家和志愿组织提供的社区照料服务包括家庭护理、家庭帮助、家庭照料和抚养、日间照料中心、社交俱乐部、自我健康照料、生命救护、社会工作等。政府的政策也主要是尽可能地综合利用国家和志愿组织提供的现有为老服务项目，使之形成服务网络。

家庭护理所最早开始于1973年5月，由那些通过了职业资格考试的人开设，受马耳他麦沃瑞尔社区护士协会管辖，与社区服务中心有密切联系。家庭护理所提供的护理治疗分为四种类型：①全科护理，包括床上洗浴、灌肠、导尿管和导胃清洗护理、褥疮治疗和儿科护理；②外科包扎；③注射；④糖尿病护理。家庭帮助服务是一种旨在帮助那些不能照料自己或者不能从亲属那里获得经常性帮助的老年人，以使其尽可能继续独立生活在自己的家中而不需要机构照料。家庭帮助服务也是由马耳他麦沃瑞尔社区护士协会立约承包，这项服务是免费的，在除去星期日和公休假的正常工作时间内进行，主要是提供两周一次的房屋清扫服务。

与家庭护理服务不同，家庭帮助服务仅仅向那些因病不能离家、没有别人的帮助就不能清扫房屋并且无人帮助的病人提供。家庭照料服务是马耳他政府在1988年7月正式实施的，目的是给那些单独居住、在从事家务活动甚至在照料自身过程中存在困难的老年人提供帮助。

家庭照料服务制度包括日常购物、短距离信息传递、铺床、去洗衣店洗衣等服务，在需要时会为老人提供如穿衣洗漱、洗衣擦地、甚至煮饭做菜等家务服务。

电话照料系统由一系列的电话机位组成，当按动某一机位上的指定按钮或者按动挂在老年人脖子上的按钮时，话机将自动拨通全天24小时值班的控制中心的电话。这时，控制中心的计算机系统上将显示呼叫者的详细信息，包括其姓名、住址、病例以及他的私人医生和亲属、朋友或者持有该病人住所备用钥匙的邻居的姓名、地址和电话。如果事属紧急，上述对象被立即呼叫。在一定的时间内，当被呼叫者终端没有信息反馈时，控制中心将自动登记这一情况。通过这一服务，老年人、尤其是体弱多病的老年人能够继续独立地生活，并相信自己没有被遗忘，也不会感到寂寞，毕竟时时刻刻都有人在关注着他们。

（3）寄宿类家庭

马耳他政府开始着手在老年人居住地的中心地带建造住宅楼，以便不能在家中居住的老年人不再被迫远离他们过去熟悉的地方居住。老年人家庭住宅是寄宿旅馆类型，分为单人间和双人间，每一间均有单独的卫生间、小厨房、宽敞的活动空间以及共用的餐厅和会客厅。社区提倡居民们尽可能多地与居住区内的其他人交流，以便保持他们参与社区活动的积极性。每一个社区都有文化俱乐部，在俱乐部里举办各式各样的活动，如讲座、讨论、知识竞赛、抽奖、健康咨询、回忆训练等，不管是否为当地住户，都可以自由参加。为使老年人保持活力并体现其自身对家庭的价值，他们被鼓励积极参与到社区的日常运行事务中去。

（4）志愿者组织

为老服务志愿者行动的主要组织是 Caritas Malta，该组织特别为病弱老年人提供服务。Caritas Malta 提供的旨在帮助老年人继续生活在家中或其熟悉的生活场所中而尝试的几种重要的服务方式有好邻居计划、社交俱乐部、独立生活计划、对在校年轻人的教育。

①好邻居计划。1982 年作为试验项目启动，好邻居计划主要对象是单独居住的“外乡人”或者“准外乡人”，以及时刻需要关注、照料和陪伴的老年人。好邻居计划的志愿活动包括经常上门看望，给老人以陪伴、照料或者精神慰藉。同时还有计划地在老人和善意可亲的邻居家中安装内部通讯装置和无障碍目检呼叫器，以便老人出现麻烦时邻居得到及时的呼救信号。

②社交俱乐部。Caritas 还推动在乡村和城镇中建立老年人的社交俱乐部。每个俱乐部由 6—8 位志愿者负责。每隔一个月，他们就必须参加

由 Caritas 训练有素的工作人员教授的职业培训课，负责俱乐部的志愿者绝大多数是老年人。社交俱乐部的主要工作是促使老年人参与各类群体活动，并在此过程中提高他们的自信，使他们重新认识到自身的价值。那些倍感孤独的老年人借此有机会聚在一起，发展新的友情。老年人还被邀请积极地参与到每周俱乐部活动内容的安排和组织事务中来，包括文化、医疗保健讲座、各类研讨会、保持身体健康的方法与经验交流会，以及各类休闲、娱乐活动等，而且每周还有一次郊游。各种代内、代际间的交流活动得到了很好的开展。这些俱乐部甚至在某种程度上成了老年人问题的治疗场所。

③独立生活计划。认识到健康的个人生活习惯和预防性健康教育对健康的晚年生活所具有的重大意义，Caritas 于 1988 年 9 月开始实施专门针对老年人的自我保健计划。该中心出版了一系列有关的保健手册，涉及自我控制方法、足底保健、营养常识、保健餐饮等。老年志愿者们通过好邻居计划和在社会活动俱乐部中的现身说法有力地促进了这些手册的普遍应用。Caritas 中心还有一些由部分老年志愿者在社交俱乐部中进行的定期讲座，宣传有关自我帮助、个人卫生、保健体操等方面的知识，同时，这一计划还提倡老年人使用各种生活辅助设备，如护目镜、助听器、假牙等，这些器材的使用能使老年人过上一种更为健康、独立的生活。

④对在校年轻人的教育。为在全社会建立起对老年人的尊重和对老年阶段生活的正确认识，必须注重教育政策所起的重要作用，因此 Caritas 于 1987 年发起了一项学校教育计划，旨在帮助小学生提高对老年人（尤其是那些自立生活老年人）的需求、所遇到的问题及其潜在的价值的认识，同时这一计划也试图在全社会范围内提高人们对老年人的尊重和责任意识。该活动由三次 40 分钟的拜访组成，每一次拜访主要集中在两个方面：学习和社会参与。在这些活动中，孩子们在各方面的帮助下力图发现如何才能更好地照料他们的祖父母，或他们认识的以及居住在附近的老年人。

⑤其他志愿者组织。除 Caritas 以外，还有其他各类志愿者组织以各

种不同的方式帮助那些脆弱的老年人群，家中、社区、医院、养老机构，还有一些自助机构，如养老金领取者协会等，都以自身方式，通过实施一系列计划和活动来改善该机构老年成员的社会和经济状况。

（5）长期护理与膳宿选择

许多老年人，尤其是那些单独居住的老年人通常会感到一定程度的不确定感，对自己未来可能发生的病残产生莫名的担忧，由此无法面对日常生活中的自理事物。马耳他的养老机构分为三类；政府办的、教会办的和私人创办及管理的。具体而言，国家养老机构为经常住在这里的老年人提供长期护理，教堂“老年人之家”为老年人提供居留地并使其得到较好照顾。急性老年病防治中心为老年病人提供老年病防治、急性病住院治疗及康复等服务，还为日间医院及护士等医疗人员进行老年病学培训工作。

（6）教育与培训

在马耳他，大众传媒在引导社会对于老龄化现象进行正确认识中起着重要作用，它们更强调了老龄化过程化和老年人群体积极的方面。社会大众，尤其是成年人，非常关注老年人的各类需求，他们努力促进代际关系的和谐，给孩子们讲述老年人的价值，并培养他们对老年人的价值感。老年人自身也积极为电台、电视台制作一些类似的教育节目，强调老龄化只是一个人生命周期必须经历的过程，而且这一过程是逐步地、缓慢的。正是借助于这种方式，老年人获得机会继续扮演他们承担的传统角色：作为社会中文化模式、价值观念、风俗人情等一系列信息的传递者。老年人在电视台也拥有专门为他们制作的节目，这些节目涵盖的内容广泛，比如健康、营养、疾病预防、康复、环境卫生、休闲、娱乐、现有福利计划介绍等。

许多国家面临的一个重要问题是：在各个层面上，尤其是在帮助老年人的社会工作和健康工作方面的培训人员紧缺。《维也纳国际老年人行动纲要》为国际社会在促进老年人福利水平而实行的政策和规划方面提出了系统、科学的指导原则，并着重强调了对培训人员的重视。遵照联合国秘书长与马耳他政府在 1987 年 10 月 9 日达成的协议，国际老龄化培训中心在联合国赞助下的自立机构于1988年4月15日正式成立。中心的主要任务是提供最新的培训项目和技术，尤其是提供老年医学和老年卫生学方面的多方位的教育和培训。其受训对象来自各个层次，包括政策制定者、计划制定者、项目执行人员、教育人员、从事或计划从事与老年人有关职业的工作人员。这些培训项目主要是针对发展中国家开设的。

（二）发展对策

从上述几个发达国家养老模式的运作来看，各国的养老问题解决对策都要与各自人口老龄化进程、经济实力、传统文化相适应，不能盲目照搬别国的解决方式，要结合我们的具体国情和文化来研究我国养老问题。

笔者认为，在“未富先老”的中国，居家养老服务的运作模式可以较好地贴近现实国情，具有广阔的发展空间。在以下几个方面付诸努力，将会极大地裨益于居家养老服务事业的未来发展：

第一，加强对居家养老服务设施建设的总体规划。合理确定服务对象和服务方式是进行居家养老服务的先决条件。针对不同身体状况、不同经济状况、不同居住状况的老年人，通过科学评估确定重点服务人群和不同服务方式，满足不同层次老年人多样化的养老服务需求。比如，对收入低、生活自理有困难的独居、高龄老人实行救助服务，提供生活照料等基本服务。以政府投入为主，全额承担养老服务费用，采取集中供养或居家养老的方式，使困难老人老有所养；对一般社会老人，适度加大优惠服务，政府通过制定优惠政策、加大扶持力度等手段，积极引导和鼓励社会力量参与，使政府和社会资源力量有机整合，共同推进生活、医疗、文化、维权等各类养老服务社会化；对于经济条件好、身体健康的老人，积极引导其转变消费观念，主动购买服务，提高生活质量。坚持以市场运作为主。政府着重通过构建服务平台、创新服务模式、拓展服务内容等工作开展，促进各类社会资源的有效配置，提供高层次、精细化和个性化的服务。在为老年人提供居家养老服务时，根据老年人生活需要，提供生活照料、医疗康复、法律维权、精神慰藉等服务。采取菜单类服务方式，为老年人提供简单明了、方便快捷的选择性服务项目。在现有“政府救助服务、补贴服务、志愿者服务、自助性服务”的前提下，根据社会的发展、老年人需求的变化，重点关注失能和失智老人所需的特殊服务内容，强化精神慰藉的服务。注重康复护理、心理调适和精神慰藉所需人才的招聘和培养。

第二，发挥信息平台作用以加强对服务质量的监管。建立居家养老服务信息平台双向反馈、沟通机制。依托现有居家养老组织体系、社区群众的直接反映以及网络媒介的实时反馈，实现居家养老服务信息的收集和沟通，使老年人对服务的需求、服务质量的满意度等信息得到及时准确的反馈，为职能部门决策提供一手依据。扩大对空巢、独居老人的政府补贴力度，完善应急援助呼叫系统，真正发挥应急救援和生活照料服务功能，共享现代信息带来的快捷便利成果。

第三，制定和推行居家养老服务发展的扶持政策。在宏观政策层面，政府对居家养老服务的规划、培育和扶持尚显缺失，导致居家养老服务主体和服务市场难以有较大的发展；而相关的保障机制，如风险规避机制、护理保险机制和投入激励机制等也还未形成，也制约了居家养老服务的发展。因而，制定和推行必要的扶持政策，应当尽快摆上政府职能部门的议事日程。完善出台相关财政补贴措施，对从事居家养老服务的机构，按照其服务活动的数量和质量，每年给予不同的财政补贴，提高居家养老上门服务补贴标准，提高养老服务从业人员待遇。

第四，强化服务人员的素质技能培训。居家养老服务的提供者主要分为以下两类：一类是专业人员，包括具备基本护理知识、具有专业资质、执业资格的养老服务护理员、掌握社会工作专业知识和技能，有管理工作经验的高级社会工作者、具有执业资格、有丰富理论知识和实践经验的心理咨询师，有爱心、奉献精神的后勤人员等；另一类是志愿者。但就目前的情况看，从事居家养老服务的人员当中，有很大比例的从业者并不具备类似的资质和素质技能条件。因此，加强对该领域从业者的教育培训，势在必行。同时，积极发挥、鼓励和引导社会各界人士开展常态化、专业化、个性化的志愿服务，奉献爱心，形成尊老的社会风尚。政府可以通过合同承包、特许经营、补助、凭单制等方式，与养老服务社会组织签订合同，由其提供优质的专业养老知识与技能服务。另一方面，日常服务可以动员整合社会资源，主要由志愿者团体提供服务，政府可以根据服务的数量和质量给予一定的奖励或补贴。同时出台相应的政策，建立长效志愿机制，明确志愿者的义务，保障志愿者的权益。

第九章　结论与思考

本章将对实证研究结果进行总结，得出相关结论，并提出值得进一步深入研究的一些问题。

一、结　论

本著作运用实地研究法、问卷调查法、文献研究等收集资料的方法，应用定性研究为主、定量分析为辅的方法对城郊拆迁补偿家庭老人养老问题进行了具体探究，得出如下结论：

1. 根据土地的所有权、经营权性质不同，我国农村土地政策演变分为四个阶段：农民土地私有、农民土地公有、农村土地联产承包责任制、农民离土经营土地。农村土地对农民的保障功能有：生存保障、就业保障、养老保障。

土地征用这一社会事实，改变了农民的生产方式，进而影响到他们的生活方式，改变了他们长期农村生活的习性。养老支持力包括经济供养、生活照料和精神慰藉。土地被征用后，C 社区居民获得了货币补偿，以优惠价格购买了地理位置优越的房屋，许多人将房屋出租，成为房东。C 社区居民还获得了集体股份制经济分红。另外，C 社区居民还有了养老保险和医疗保险。C 社区居民的养老保险有城镇职工养老保险、双低保险等；医疗保险有少儿医保、城镇职工医保、城乡居民医保、农村合作医疗、大病保险等。

2. 影响养老的结构性因素有：生计能力、养老理念和制度建构。

征地对从事渔业、种植农业的村民影响比较大，而过去从事副业、服务业、经商的大多没受影响。

对于中青年一代而言，他们的生计能力是不同的。在科学研究过程中，生计（livelihood）概念的厘清是一个持续的过程。由于研究兴趣、研究目标迥异，不同的学者对生计概念的理解有所不同，因此给出的概念界定也不完全相同。有的学者指出，生计包括资产（自然、物质、人力、金融和社会资产）、行动和获得这些资产的途径（受到制度和社会关系的调节），这一切决定了个人或家庭生存所需资源的获取。① 有的学者认为，生计包括能力（capacities）、资产（assets）以及一种生活方式所需要的活动（activities）。② 生计是人们维持生活的办法，生计也是人们的谋生方式，包括为了生存和发展所需要的能力、资产和活动。英国国际发展部（the UK'S Department for International Development，DFID）2000 年建立的可持续生计分析框架（the Sustainable livelihoods Approach，SLA）将生计资本划分为人力资本、自然资本、物质资本、金融资本和社会资本五种类型。人力资本（Human Capital）代表着知识、技能、能力和健康状况，它们能够使人们去追求不同的生计手段并取得相应的生计目标。自然资本（Natural Capital）可以分为无形的公共资本（大气、生物多样性）和有形的可分的直接用于生产的资本（土地等）以及生态服务。物质资本（Physical Capital）是指用于生产和生活的公共基础设施和物资设备，基础设施对所有家庭是无差别的，而不同家庭之间消费性或者生产性设备是有差别的。金融资本（Financial Capital）是指在消费和生产过程中人们为了取得生计目标所需要的积累和流动，这里主要指金钱。社会资

① Ellis F.Rural Livelihoods and Diversity in Development Coun-tries. Oxford：Oxford University Press，2000，pp.26-78.

② 苏芳、徐中民、尚海洋：《可持续生计分析研究综述》，《地球科学进展》2009 年第 1 期。

本（Social Capital）在可持续生计背景之下意味着人们在追求生计目标的过程中所利用的社会资源。社会资本的作用是增强人们的相互信任和相互之间的合作能力，并使其他机构对他们的需求给予更及时的反应。① 个人的家庭背景、生命历程、文化程度、技能、社会资本、机遇等方面存在差异。社会竞争激烈，有的中青年人在市场竞争中脱颖而出，有的则成为失败者。

养老理念包括两方面内容，一是老人自己的养老理念，二是子女的养老理念。具体到不同老人，由于每个人的生活状况、家庭状况等不同，对养老的期待不同，因此养老理念是有所差别的。根据马斯洛的需要理论，城郊拆迁补偿家庭老人的需要从低级到高级，可以分为生理需要、安全需要、爱与归属需要、尊重需要、认知需要、审美需要以及自我实现需要七类。依据 ERG 理论，城郊拆迁补偿家庭老人的需要分为生存需要、关系需要和成长需要，生存需要包括生理需要和安全需要，关系需要包括爱与归属的需要、他人尊重的需要，成长需要包括自尊、认知的需要、审美的需要、自我实现的需要。子女的经济状况、生活状况、为人处事理念不同，对父母养老也是态度迥异的。

制度是影响养老的结构化因素之一。与养老相关的制度有征地相关制度、养老相关制度和医疗保障相关制度。

3. 中国传统社会的家庭代际关系与现代社会是不同的。传统社会的家庭代际关系以“孝悌”“长老统治”和“中庸”为主导。现代社会的家庭代际关系呈现出独立、和谐、平等，代际互惠、文化反哺的特征。

C 社区家庭代际关系从经济互动、生活照料、情感慰藉三个层面展开。老人和子女经济互动的特点为：多数老人经济上自立；部分老人和子女有经济上的互助。中国是礼俗社会，春节时期的压岁钱是老人和子女之间经济往来的一笔较大支出。老人和子女在食物上的互动非常频繁。老

① 贺爱琳、杨新军、陈佳、王子侨：《乡村旅游发展对农户生计的影响》，《经济地理》2014 年第 12 期。

人对子女购买衣物的期望值不高；许多子女，尤其是女儿给老人购买了衣物；而有的女性老人也承担了为第三代购买衣物的任务。有的子女为老人购买现代耐用消费品。在为子女筹备婚房和家庭耐用消费品方面，老人花销较大。

老人的生活照料的特点为：老人与子女分住不同的套房但仍然共住同一个社区，成为被征地社区居住模式的一大特征。工作忙，压力大，使子代的照料成为稀缺资源，老人的主要照料者是配偶和儿媳妇。虽然老人的医疗保障制度健全，但是生了大病仍然依靠子女成为许多老人的预期。有的老人在生大病时得到了子女的倾力救助。由于地理位置的接近，老人和子女的家务互助频率比较高。

老人的情感慰藉的特点为：情是代际间最本质关系的体现。情感慰藉满足影响着老年人的生活质量、家庭的代际关系。许多老人认为自己在家庭中受到尊重。绝大多数老人的情感支持对象是配偶。一方面这与子女比较忙有关，另一方面可能是在子女成长过程中，有的老人和子女没有培养出相互支持、相互鼓励的情感。

4. 社会适应是老年个体在与外在社会环境的交互作用中，调整自身的心理和行为方式，达到个体与外在社会环境和谐平衡状态。从具体内容看，老年人社会适应包括日常生活适应、人际关系适应、精神文化适应和个人发展适应。本文对被征地老人的社会适应从经济适应、日常生活适应、人际关系适应、心理适应四个层面展开。

在经济层面：老年人从城市生活中获得了多样化收入：一次性征地补偿款、各种制度性的养老保障金、房屋出租金、股份制分红。养老保障金、房租、股份制分红对老人来说基本是固定收入。多数老人对经济状况是满意的。各种制度化的医疗保障如城镇职工基本医疗保险、新型农村合作医疗、城乡居民医疗保险和大病保险承担了老人医疗费的大部分。但是，由于药品贵、检查手续繁琐、医院整体氛围不好，许多老人仍然不愿意去医院。

在日常生活层面：被调查老人大多数是夫妻双全的，老人对居住的选择有强烈的“儿子偏好”。老人衣着基本上是购买的，个人自己制作的现在极少。老人普遍重视营养搭配，饮食荤素搭配。自来水、天然气、抽水马桶、洗澡设施 / 淋浴器等现代化家用设施在老人家中一应具全。老人家中的耐用消费品以实用为主。老人拥有大量闲暇时间，他们从事了丰富多彩的文娱活动，并积极参与体育锻炼。C 社区给老人组织了健康讲座、喝茶、旅游等活动，以充实老人的闲暇。多数老人对目前生活是满意的。有的老人对生活现状不满意，缘于对居住环境、子女状况、生活条件、家庭状况等的不满。

在人际关系层面：被调查老人多数认为家庭关系不错。老人与合住孩子的互助，体现在一起用餐、讨论家庭事务、谈话交流。老人和不同住孩子有一定联系，由于多数相距不远，所以孩子会来探望老人，但是老人不太习惯使用现代化通讯工具——电话。老人寻求情感支持的对象，排在第一位的是配偶，老人与配偶交往也比较多。被征地社区是熟人社会，老人同邻居交流比较多，并且通过打扑克、下象棋、搓麻将等方式与邻居形成了较好的趣缘关系。

在心理层面：对目前农转非后的市民身份，有的老人接受了，有的还未从观念上改变。老人已经自发组织了各种老年社团，以志愿者的身份，参加社区服务活动。

5. 居家养老是老年人在家中居住，并由社会提供养老服务的一种方式，既区别于机构养老、也有别于传统的家庭养老，是把家庭养老与社会养老结合起来的一种养老模式。居家养老服务作为一种养老服务的社会实践，受到社会各界的欢迎。居家养老是老年人在家中居住，并由社会提供养老服务的一种方式，既区别于机构养老、也有别于传统的家庭养老，它是以家庭为核心，以社区为依托，以老年人生活照料、医疗康复、精神慰藉为主要内容，以上门服务和社区日托为主要形式，是把家庭养老与社会养老结合起来的一种养老模式。居家养老服务是在社区建立一个社会化的养老服务体系，为居住在家中的老年人开展社会化服务。居家养老与家庭养老分属于不同的范畴。家庭养老相对于社会养老而言，是强调养老的模式，即由哪些家庭成员承担老人的赡养、照料、护理、慰藉等责任。而居家养老是生活方式，强调养老的居住地点，是相对于机构养老而言。

居家养老服务是C社区实施的卓有成效的服务模式。C社区的为老服务基本设施是健身苑和老年活动室。

居家养老服务的内容是根据社区居民生活需求确定的，同时也考虑到社区满足居民需求的供给能力。特点是福利性与服务性相结合，内容广泛，形式多样，方法灵活。目前居家养老服务的主要运作模式有：政府包护型、社会服务型、非营利组织运作型、邻里互助型、志愿参与型。C社区的居家养老服务运作模式主要有政府包护型、社会服务型、非营利组织运作型和志愿参与型。

资源是满足人们需要的物质的和非物质的东西。居家养老服务的资源包括人力资源、资金资源等。居家养老服务的人力资源主要来源为：社区的社工、义工、社区辖区内工作机构的工作人员、非营利社会组织的工作人员、需要接受居家养老服务的老人的亲朋好友以及邻居等。C社区的居家养老服务员都经过培训，考取劳动和社会保障部门颁发的证书后，才能上岗。

居家养老服务是福利性服务，福利性服务不以赢利为目的。C社区居家养老服务资金筹措渠道主要有：政府财政拨款、福利彩票公益金、社会捐助、房屋店铺租赁金等。居家养老服务资金的用途有：支持居家养老服务中心建设、为接受居家养老服务的老年人补贴费用、支付服务人员报酬。

C社区是西湖区“金夕工程”覆盖的社区。社区建立了居家养老服务工作站。实施多样化、分层次服务方式，对“四级救助圈”家庭的孤寡、生活不能自理、残疾、高龄、独居等五类老人以及生活不能自理、残疾、80周岁以上的老劳模和60周岁以上的重点优抚对象，实行福利化服务（无偿为主，低偿、有偿为辅）。对四级救助圈以外的其他生活不能自理、残疾、80岁以上、独居等老人，原则上实行社会化和市场化结合的服务，以低偿为主、无偿和有偿为辅，对其他60周岁以上的老人，原则上实行市场化服务，有偿为主、低偿和无偿为辅。C社区设有从事民政老龄工作的专职委员。

二、值得进一步深入研究的一些问题

城郊拆迁补偿家庭老人是一个比较特殊的社会群体，拆迁失去了劳动资源，但是获得了土地补偿金、房屋、股份制分红、养老保障、医疗保障等制度性保障。值得进一步深入研究的一些问题如下：

（一）高龄老人的养老问题应由政府、社会、家庭共同解决

从宏观上来看，高龄老人问题的解决是一系统工程，需要有制度、组织和设施、管理和服务人员。相对完善的制度包括：社会救助标准、救助对象的确立、相对完善的财政支持、制定完备的财务管理制度、高龄老人项目基金管理人员的选拔制度。相对健全的组织和设施有：老龄部门、老龄网站、老龄求助维权热线、老龄微信公众号等。老龄工作管理和服务人员包括：各涉老机关的公务员、涉老事业单位的员工、社区工作者、社区助老员、养老护理员等。

具体来说，第一，建立低龄老人为高龄老人服务的时间储蓄银行。通过建立时间银行，将低龄老人为高龄老人服务时间记录在册，待低龄老人年老时，可提取相同的服务时间。第二，进行科普教育，使健康老龄化的观念深入人心。健康老龄化是个终生过程。在年轻人群体中普及健康理念，使其认识到许多老年病并不是在年老时必然要患的，健康需要终身的维护；年轻时体力过度透支，会导致年老时体力的衰竭。第三，建立高龄老人长寿基金。依照省、市、县财政各出一定比例，并结合当地高龄老人的数量，建立高龄老人长寿基金，规定专款专用。高龄老人长寿基金由专人管理，并按规范程序对高龄老人发放。第四，在社区中为高龄老人

建立档案，将为高龄老人的服务情况列入社区干部的考核指标。对高龄老人的各项服务最后都要落实于社区，服务的内容包括陪医、陪购、陪聊等。①

（二）关爱老年妇女②

我国现有老年妇女社会政策不足，缺乏保护老年妇女利益的社会政策。主要体现在：法规和政策中专项老年妇女的政策性规定及工作开展得较少；政策保证条件不足，人力、资金、物资保证不足，相关组织机构系统不完整。借鉴国外老年妇女社会支持政策和做法非常必要。在世界主要发达国家，老年妇女的社会支持政策一般都被包含在老年社会政策及其社会福利政策之中，保护支持老年妇女的条款比较丰富。国外的普遍养老保障计划、养老保险、老年福利方面对老年妇女给以特殊保护或者与男性平等待遇的做法，可以作为我们发展和完善社会保障制度的有益借鉴。比如，多数发达国家男女两性退休年龄统一，有遗属津贴制度，对没有就业的老年妇女给予普遍养老金待遇，支持家庭养老。制定老年妇女社会支持政策。解决老年妇女养老的具体问题，设计保护老年妇女权益的制度，倡导关爱老年妇女的社会文化。

具体来说，可包括加强对老年妇女问题的舆论宣传和调查研究；在社区卫生服务中，加强老年妇女的医疗保健工作，对老年妇女每年免费注射流感疫苗、低收费补牙和种植牙、实施大病住院补贴；修订《老年权益保障法》《妇女权益保障法》《婚姻法》《继承法》等，增加对老年妇女权益保障的内容；社区服务中设立专门的老年妇女服务项目；将社会性别视角加入养老政策，给承担养老责任的中青年妇女给予相应经济补贴；对中青年妇女培养理财意识和独立意识。

① 郅玉玲：《浙江省高龄老人生活状况的性别比较》，《中国老年学杂志》2009 年第 5 期。

② 参见郅玉玲《老年妇女的社会支持系统研究》，《华东理工大学学报》（社会科学版）2006 年第 2 期，人大复印资料《妇女研究》2006 年第 6 期全文转载。

（三）重视空巢老人问题[①]

1. 空巢老人的含义及成因

有学者指出："在我国，空巢老人是指子女不在身边同住或者没有子女，现与配偶、保姆或租客等同住，或者因丧偶、离异、未婚独居的60岁及以上的老年人。"[②]"空巢"是家庭生命周期中的一个阶段，此阶段开始于最后一个孩子离开家庭，结束于配偶离世。

随着社会变迁和人口流动的发展，国际移民、国内移民都在增加。为了寻找更好的生存环境和发展机会，千百万中青年人离开故土，奔赴异国他乡创业立业，他们的父母成为空巢老人。还有的老人终生未育，也没有收养子女，到了老年因为缺少子嗣成为空巢老人。也有的老人观念比较现代，认为两代人在思想观念、价值观念方面有所区别，生活习俗更是大相径庭，"南甜北咸，东咸西酸"——老人与儿媳妇、女婿的饮食口味也有所差别，于是老人自愿选择成为空巢老人。传统的家庭结构由此发生变化，主干家庭、联合家庭、核心家庭在减少，空巢家庭逐渐增加。在发达国家，空巢家庭很早就出现了。2000年美国有85%老人生活在空巢家庭里，其中30%独居，55%与配偶生活在一起。[③]据宽口径统计，我国空巢老人比例已经接近50%，一些城市的社区甚至超过了70%。

2. 空巢老人面临的问题

从居住地域看，空巢老人分为城市空巢老人和农村空巢老人；从社会分层视角看，又分为不同社会阶层的老人。有学者依据当代马克思主义、新韦伯主义、结构功能主义的社会分层标准，根据下列指标：职业、文化水平、收入水平、生产资料的占有关系、正式组织内部的权威关系等，将中国人口分为五个社会阶层：行政管理阶层、白领阶层、小雇主阶层、工

---

① 本部分在论文基础上修改而成。见郅玉玲《人口计生部门如何关爱空巢老人》，《人口与发展》（CSSCI）2012年第1期。

② 穆光宗：《空巢老人需要长效关爱机制》，《中国社会工作》2010年第2期。

③ US Department of Health and Human Services，2001.

人阶层以及农民阶层。[①] 空巢老人来自这五个不同的社会阶层。不同社会阶层的老人，面临的问题是不同的。根据马斯洛的观点，人的需要从低到高分为生理、安全、社交、尊重、自我实现的需要。空巢老人面临的问题，或多或少是因为各种需要得不到满足而产生的。

第一，有的空巢老人物质匮乏，经济条件一般。据 2008 年汕头市政协社法委、市老龄委、城调队、团市委、市青联等部门的调查，60% 以上的汕头空巢老人家庭收入不高、经济来源渠道单一、收入只能满足于衣食住行等日常开支。[②]

第二，有的空巢老人因为肢体或者智力残疾，成为失能老人，生活部分或者完全不能自理，遭受疾病的折磨。生活自理能力是一个对老年人的生活质量、身体健康和健康预期寿命进行评价的重要指标。空巢老人中有的因慢性病并发症成为失能老人，有的因年龄增长机体磨损成为失能老人。据温州医学院调查，失能空巢老人患慢性病位居前五位的依次为高血压、骨关节炎、脑卒中、糖尿病、白内障和青光眼。[③]

第三，有的空巢老人精神孤寂。中国传统文化重视天伦之乐，含饴弄孙是老年人之人生乐趣。但是，由于各种客观、主观原因，有的老人成为空巢老人。我们在日常生活中看到，一些空巢老人有退休金，生活能自理，但是却精神孤寂。梁衡在 2011 年 3 月 15 日的《人民日报》上撰文指出，两会上“幸福热”的话题，反映出社会大众对幸福的高层次追求。他归纳了八种不幸福的情形，其中之一是“已进入老龄社会，空巢老人门倚黄昏，精神上不幸福。”笔者 2010 年 9 月份在杭州某社区入户调查时，曾经访谈过一位 75 岁的老年妇女，她丧偶多年，子女都已经定居海外，她独自居住在一幢三层的别墅中，别墅整洁、安静，时空却诉说着她无尽的

---

① 张文宏：《中国城市的阶层结构与社会网络》，上海人民出版社 2011 年版，第 113—119 页。

② 黄瑾瑜：《谈汕头市空巢老人家庭养老问题》，《广东史志视窗》2009 年第 3 期。

③ 余昌妹等：《失能空巢老人健康和照料现状的分析及其建议》，《医学与社会》2010 年第 12 期。

孤寂。

3. 关爱空巢老人的策略

对空巢老人的关爱，应始终贯彻可持续发展理念。“1992 年 6 月，联合国在巴西里约热内卢召开了具有历史意义的环境与发展大会，提出了实现可持续发展的基本原则和在全球范围内发展的行动方案，把可持续发展作为全人类的基本发展战略和行动指南，被世界上绝大多数国家和组织承认并接受。”①

首先，开展老年教育工作。教育既能促进社会进步，又能推动人的发展。老年人作为社会群体的重要组成部分，享有受教育的权利。《中华人民共和国老年人权益保障法》第三十一条规定，“老年人有继续受教育的权利。国家发展老年教育，鼓励社会办好各类老年学校，各级人民政府对老年教育应当加强领导，统一规划。”目前老年教育场所和老年教育人才匮乏。据“中国老年教育发展状况与趋势”课题组调查，老年教育场所以运动场（71.0%）、公园（64.3%）、老年活动室（62.5%）为主，而老年教育的师资主要来源是外聘兼职教师、离退休老年人员、社区产品推销人员。完善老年教育教学机制、管理机制，亟须在基础比较好的省、直辖市或者自治区建立公益型事业单位——老年教育中心，在老年教育中心配备现代化的、功能齐全的教育场所、硬件设备，从高校选调或者聘任热爱老龄事业、具有老年学知识和一定教育经验的高级职称教师到老年教育中心担任专职或者兼职管理、教学人员。

其次，组织开展全国空巢老人摸底调查。采取课题资助的形式，资助老年学界有影响力的专家牵头组织全国空巢老人摸底调查，以期了解全国空巢老人的实际生活状况及存在问题，为老龄政策制定提供科学依据。全国空巢老人摸底调查应覆盖全国大部分有条件开展调查的省、市、自治区，调查对象为 65 岁及以上的城市空巢老人和农村空巢老人，抽样采取

① 丁祖荣、傅蓉、吴晓郡：《绿色理念的内涵拓展与绿色图书馆建设》，《浙江理工大学学报》2008 年第 6 期。

分层配额系统随机抽样方法，调查内容包括空巢老人的基本生活状况、经济供养、生活照料、精神慰藉、医疗保健、文化娱乐、社区服务等情况。国情调查属于公共物品，不应以盈利为目的，政府应向专家购买服务。有学者指出："从经济物品分类可知，公共物品是指那些具有公共性的事物。公共性的事物可以指具有非排他性的事物，也可以指具有非竞争性的事物。具体包括三类：一是具有非排他性和非竞争性的事物；二是具有非竞争性但有排他性的事物；三是具有非排他性但有竞争性的事物。第一类即为纯公共物品；第二类即为俱乐部物品；第三类即为公共池塘资源。"①

再次，营造关爱空巢老人的社会氛围。利用报纸、电台、电视台、互联网等大众传媒的力量，通过舆论宣传，在社会中营造人们关爱空巢老人的社会氛围。与大众传媒联办"关爱空巢老人"专家讲座，邀请专家在大众传媒开展老年期生理、心理特征、老年福利与老年服务的国际经验、老年服务的策略选择等讲座，通过大众喜闻乐见的传媒形式，在社会中普及老年学知识。组织社会各界人士开展形式多样的义工活动，奉献爱心，为空巢老人提供满足其切身需求的各种服务。做好关爱空巢老人典型事例宣传报道工作，宣传报道可从个人、社区、社会三个层面展开。个人层面，强调老人在老龄化社会中的自主地位，鼓励老人树立自我支持、自我发展的养老新观念。社区层面，宣传社区可以为空巢老人提供的资源。社会层面，介绍为老服务的资源路径。

最后，建立为空巢老人服务的长效发展机制。建立空巢老人服务发展基金，通过社会化机制，多路径、多渠道筹措资金，比如各种人口基金、捐赠资金等，实现空巢老人服务发展基金按固定比例逐年增长机制。通过组织各种学术论坛、工作论坛等形式，积极开展海内外空巢老人服务工作的互动、交流、联系。

---

① 沈满洪、谢慧明：《公共物品问题及其解决思路》，《浙江大学学报》（人文社会科学版）2009年第6期。

附录一　访谈对象编码表（2009年2月—2012年3月）

访谈对象姓名代号	性别	年龄	文化程度	身份	访谈时间	访谈地点	访谈资料编号
1YMF	男	75	小学	卖蔬菜老人	20090411	C社区门口	YMF-20090411
2CHP	女	69	大专	原外贸商人	20110926	CHP家中	CHP-20110926
3ZYM	女	64	初中	绣花厂退休女工	20111016	ZYM家中	ZYM-20111016
4XSQ	男	67	初中	C社区老年活动室管理员	20111102	C社区老年活动室	XSQ-20111102
5GP	男	74	高中	某企业退休职工	20111209	C社区老年活动室	GP-20111209
6SJH	女	63	初中	某企业退休职工	20120111	C社区街心花园	SJH-20120111
7CXC	女	85	小学	务农老年人	20120118	CXC家中	CXC-20120118
8LFZ	女	81	小学	务农老年人	20120118	LFZ家中	LFZ-20120118
9XAS	男	76	初中	某企业退休职工	20120123	C社区空地	XAS-20120123
10TMY	女	76	小学	务农老年人	20120128	C社区街心花园	TMY-20120128
11XAM	女	73	小学	某企业退休职工	20120128	C社区街心花园	XAM-20120128
12LQ	女	86	小学	务农老年人	20120205	LQ家中	LQ-20120205
13ZJ	女	77	小学	务农老年人	20120202	C社区老年活动室	ZJ-20120202
14XCM	男	73	小学	某企业退休职工	20120202	C社区老年活动室	XCM-20120202
15ZKF	男	74	初中	某企业退休职工	20120211	C社区街心花园	ZKF-20120211
16YM	女	62	初中	务农老年人	20120211	C社区街心花园	YM-20120211
17HYC	男	72	小学	某企业退休职工	20120216	C社区老年活动室	HYC-20120216

续表

访谈对象姓名代号	性别	年龄	文化程度	身份	访谈时间	访谈地点	访谈资料编号
18LGF	女	69	初中	某企业退休职工	20120216	C 社区老年活动室	LGF-20120216
19SLX	男	66	初中	某企业退休工人	20120302	C 社区老年活动室	SLX-20120302
20DMF	男	83	小学	务农老年人	20120305	DMF 家中	DMF-20120305
21HM	男	78	小学	务农老年人	20120305	HM 家中	HM-20120305
22FMS	男	52	小学	保安	20110422	C 社区街心花园	FMS-20110422
23WXC	女	55	高中	某企业职工	20111020	C 社区街心花园	WXC-20111020
24LYH	女	40	高中	某内衣店老板娘	20111026	某内衣店	LYH-20111026
25YZM	女	35	大学	公务员	20111116	某纪念馆	YZM-20111116
26HSX	女	38	大学	某银行员工	20111116	某纪念馆	HSX-20111116
27HSF	女	41	高中	某肯德基员工	20111116	某纪念馆	HSF-20111116
28SYN	女	47	高中	某美容美发店老板娘	20111120	某美容美发店	SYN-20111120
29LFX	男	41	高中	某企业职工	20111128	C 社区街心花园	LFX-20111128
30CDS	男	36	高中	出租车司机	20111203	出租车上	CDS-20111203
31YXL	女	39	大学	教师	20111204	某博物馆	YXL-20111204
32ZYM	女	41	大学	某企业职工	20111204	某博物馆	ZYM-20111204
33WXQ	女	51	高中	某文化用品商店老板娘	20120110	某文化用品商店	WXQ-20120110
34HX	女	44	高中	某幼儿园保育员	20120106	某幼儿园	HX-20120106
35LFT	女	37	大专	某企业职工	20120116	LFT 家中	LFT-20120116
36SXW	女	46	大学	公务员	20120119	SXW 家中	SXW-20120119
37WJH	男	46	高中	某超市老板	20120206	某超市	WJH-20120206
38XLM	女	48	研究生	上海某单位员工	20120226	XLM 父母家	XLM-20120226
39WJH	男	38	研究生	J 镇领导	20090226	J 镇镇领导办公室	WJH-20090226
40XAL	男	52	高中	C 社区老年协会长	20111021	C 社区老年协会办公室	XAL-20111021
41YHN	女	40	大专	C 社区领导	20111110	C 社区领导办公室	YHN-2011110
42LFX	男	50	研究生	浙江省农办领导	20111111	浙江省农办领导办公室	LFX-20111111

续表

访谈对象姓名代号	性别	年龄	文化程度	身份	访谈时间	访谈地点	访谈资料编号
43XYQ	女	30	大学	C社区社会工作者	20120121	C社区社会工作者办公室	XYQ-20120121
44DCJ	女	54	大专	某家政公司老总	20120107	某家政公司总经理办公室	DCJ-20120107
45LQJ	男	47	大专	某投资公司老总	20120203	某投资公司总经理办公室	LQJ-20120203
46SQH	女	37	大学	C社区社会工作者	20120302	C社区社会工作者办公室	SQH-20120302

附录二　城郊拆迁补偿家庭老人生活和养老状况访谈提纲

一、基本情况

1. 现在和谁居住在一起？和谁一起吃饭？伙食费如何分担？

2. 自评在社区里的经济状况如何？与征地前相比经济状况如何？

3. 什么时候土地被征用？如何补偿？

二、日常生活状况

1. 征地前主要收入来源是什么？征地后主要收入来源是什么？2011年总收入？

2. 主要支出项目是什么？2011年总支出？

3. 与子女的经济往来状况如何？

4. 饮食状况如何？与子女在食物上如何往来？

5. 去年是否添置过新衣物？子女是否给买过新衣物？是否给子女（孙子女）买过新衣物？

6. 家里是否有以下耐用消费品：自行车、电风扇、洗衣机、电冰箱、摩托车、电视机、电话、手机、照相机、摄像机、抽油烟机、吸尘器、空调、电动自行车、汽车。

7. 是否希望子女在耐用消费品上给予帮助？能否得到子女帮助？是否给子女耐用消费品帮助？

8. 家里是否有以下设施：自来水、煤气、天然气、厕所（抽水马桶）、洗澡设施 / 淋浴器。

9. 经常从事的家务是什么？是否希望子女提供家务帮助？能否得到子女家务帮助？是否给子女提供家务帮助？

10. 每天闲暇时间多少？闲暇时间从事的主要活动是什么？

三、生活照料状况

1. 身体如何？去年医疗费支出多少元？医疗费主要由谁支付？

2. 是否希望子女给予医疗费帮助？是否得到子女医疗费帮助？

3. 希望获得的医疗保障模式是什么？

4. 是否希望子女在身体上给予照料？能否得到照料？身体主要照料者是谁？

四、人际关系状况

1. 是否与合住的孩子一起用餐、讨论家庭事务、谈话交流、照看孙辈？

2. 与不合住的孩子谈话交流的次数？电话或信件的次数？

3. 自评家庭关系如何？对子女的希望是什么？在家里是否受到尊重？

4. 如果与子女产生矛盾，由谁负责调解？向谁寻求情感支持？

5. 平时交往的主要对象是谁？平时与谁一起吃饭？向谁拜年？平时与谁一起娱乐？

6. 对目前生活适应吗？如果不适应，主要原因是什么？

7. 您感觉自己是城市人，还是农村人？

五、养老意愿

对目前生活满意吗？是否感觉到孤独？如果不满意哪些方面不满意？

附录三　城郊拆迁补偿家庭老人生活状况和养老意愿调查问卷

一、基本情况

1. 性别（1）男　（2）女

2. 出生年月

3. 户口类型（1）城镇　（2）农村

4. 文化程度（1）小学　（2）初中或中专　（3）高中　（4）大专及以上　（5）其他

5. 有　个孩子　个儿子　个女儿

6. 婚姻状况（1）原配偶健在　（2）丧偶未再婚　（3）丧偶再婚　（4）离异未再婚　（5）离异再婚　（6）一生中从未结婚

7. 居住状况（1）与老伴两个人住在一起　（2）与老伴、儿子一家住在一起　（3）与老伴、女儿一家住在一起　（4）与儿子一家住在一起　（5）与女儿一家住在一起　（6）独自居住　（7）其他

8. 自评家庭经济状况（1）好　（2）较好　（3）一般　（4）较差　（5）差

9. 经济状况与征地前相比（1）上升　（2）下降　（3）持平

10. 征地前主要收入来源：

11. 一起吃饭的人：

如果老人和子女在一起吃饭，谁出伙食费

12. 征地时间

13. 家庭　口人（户口本）家庭年收入

14. 自评健康状况（1）好　（2）较好　（3）一般　（4）较差　（5）差

二、日常生活状况

1. 经济供养方式

（1）主要收入来源：① 劳动收入　② 征地补偿金　③ 储蓄　④ 出租房屋租金　⑤ 子女供给　⑥ 亲友赠送　⑦ 政府救济　⑧ 企业退休人员基本养老金　⑨ 股份制分红　⑩ 双低保险　⑪ 城镇职工养老保险　⑫221 保险

（2）主要支出项目：① 吃饭　② 买衣服　③ 看病　④ 资助子女（孙子女）　⑤ 人情往来　⑥ 电话费　⑦ 娱乐费

（3）是否希望子女在金钱上给予帮助：(① 是　② 否)?

能否得到子女帮助（① 是　② 否)?

是否给子女经济上帮助（① 是　② 否)?

2. 日常物质生活状况

（1）饮食状况：① 荤素皆有　② 以素为主　③ 进补品　④ 以荤为主

（2）是否希望子女在食物上给予帮助（① 是　② 否)?

能否得到子女帮助（① 是　② 否)?

是否给子女食物上帮助（① 是　② 否)?

（3）衣着状况：① 近两年添置过衣物　② 未添新衣物

（4）是否希望子女帮助购买衣物（① 是　② 否）？子女是否购买衣物（① 是　② 否)?

是否给子女（孙子女）购买衣物（① 是　② 否)?

（5）耐用消费品拥有量：① 自行车　② 电风扇　③ 洗衣机　④ 电冰箱　⑤ 摩托车　⑥ 电视机　⑦ 电话　⑧ 手机　⑨DVD　⑩ 照相机　⑪ 摄像机　⑫ 抽油烟机　⑬ 吸尘器　⑭ 空调　⑮ 电动自行车　⑯ 汽车

（6）是否希望子女在耐用消费品上给予帮助（① 是　② 否）？

能否得到子女帮助（① 是　② 否）？

是否给子女耐用消费品帮助（① 是　② 否）？

家里设施：① 自来水　② 煤气　③ 天然气　④ 厕所（抽水马桶）⑤ 洗澡设施

3. 生活照料状况

（1）是否希望子女在身体上给予照料（① 是　② 否）？

能否得到子女照料（① 是　② 否）？

身体主要照料者（① 配偶　② 儿子　③ 女儿　④ 儿媳　⑤ 女婿　⑥ 孙辈　⑦ 其他亲属　⑧ 朋友　⑨ 邻居　⑩ 保姆　⑪ 其他）

（2）是否有慢性病（① 是　② 否）

去年是否看过病（① 是　② 否）、住过院（① 是　② 否）、买过药（① 是　② 否）

去年医疗费支出（　　）元

医疗费主要由（① 老人自己　② 子女　③ 城镇职工基本医疗保险　④ 城乡居民医疗保险　⑤ 新型农村合作医疗保险　⑥ 大病保险）支付

看病状况：① 不愿看病　② 看不起病　③ 不敢住院　④ 住不起院

是否希望子女在医疗费上给予帮助（① 是　② 否）？能否得到子女帮助（① 是　② 否）？

是否给子女医疗费帮助（① 是　② 否）？

4. 家务方面

（1）经常从事的家务（① 打扫和整理房间　② 购物　③ 烧饭　④ 洗衣服　⑤ 照顾孙辈）

（2）是否希望子女提供家务帮助（① 是　② 否）能否得到子女家务帮助（① 是　② 否）？

是否给子女提供家务帮助（① 是　② 否）？

5. 闲暇生活状况

（1）每天闲暇时间：①1 小时以下　②1—4 小时　③4—8 小时　③8 小时以上

（2）闲暇时间从事的主要活动：

文娱活动：① 聊天　② 看电视　③ 走亲访友　④ 看书报　⑤ 打牌　⑥ 打麻将　⑦ 练习书法　⑧ 听广播　⑨ 种花养草　⑩ 绘画　⑪ 吹拉弹唱　⑫ 看戏剧　⑬ 其他

体育锻炼：① 散步　② 跳舞　③ 作操　④ 跑步　⑤ 练气功　⑥ 其他

6. 与子女的互动

（1）和合住的孩子的互助

一起用餐（① 经常　② 偶尔　③ 从不）

讨论家庭事务（① 经常　② 偶尔　③ 从不）

谈话交流（① 经常　② 偶尔　③ 从不）

照看孙辈（① 经常　② 偶尔　③ 从不）

（2）和不合住的孩子的联系

谈话交流（①1 周 1 次或更多　②1 月 3 次　③ 少于 1 月 1 次）

电话或信件（①1 周 1 次或更多　②1 月 3 次　③ 少于 1 月 1 次）

7. 家庭关系：（1）自评家庭关系：① 幸福　② 一般　③ 不和睦

（2）对子女希望

① 常陪在旁边　② 不在家中的子女常回来陪伴　③ 打电话　④ 其他（　）

（3）在家是否受尊重：① 是　② 否

老人受尊重的表现：① 关心身体健康　② 调剂生活饮食　③ 给老人过生日　④ 大事听取老人意见　⑤ 默认老人生活习惯

（4）寻求情感支持（① 配偶　② 儿子　③ 女儿　④ 儿媳　⑤ 女婿　⑥ 孙辈　⑦ 其他亲属　⑧ 朋友　⑨ 邻居　⑩ 其他（　）

8. 人际关系适应

（1）平时交往的主要对象：① 子女 ② 配偶 ③ 邻居 ④ 朋友 ⑤ 社区干部 ⑥ 同事 ⑦ 其他（ ）

（2）拜年的对象：① 亲戚 ② 邻居 ③ 朋友 ④ 同事 ⑤ 社区干部 ⑥ 其他（ ）

（3）平时一起娱乐（打扑克、下象棋、搓麻将等）的对象：① 亲戚 ② 邻居 ③ 朋友 ④ 同事 ⑤ 社区干部 ⑥ 其他（ ）

（4）对目前生活适应吗：① 适应 ② 不适应 ③ 无所谓

如果不适应，主要原因是什么（ ）

9. 心理适应

（1）我是城市人 （2）我是农村人

10. 老年人的养老意愿

总的来说，您对目前的生活状况满意吗？

（1）非常满意 （2）满意 （3）一般 （4）不满意 （5）很不满意

如果选择（4）（5），哪方面让您不满意？

（1）经济收入 （2）生活条件 （3）交往范围 （4）居住环境 （5）社会地位 （6）家庭状况 （7）子女状况 （8）娱乐方式 （9）其他

附录四　城郊拆迁补偿家庭老人子女访谈提纲

一、个人的社会文化状况

1. 性别
2. 出生日期
3. 受教育程度
4. 个人收入、自评经济状况

目前从事职业

个人收入　　元 / 年

自评经济状况

征地前收入主要来源　征地后主要收入来源

5. 与老人的关系

二、关于征地状况

1. 何时土地被征用？如何补偿？
2. 是否有工作安排？

3. 您现在有什么保障没有?(比如最低生活保障费?医疗保险?养老保险?)

4. 关于征地这个事件，您有什么想法或建议吗?

三、关于与老人的经济往来、生活照顾和交流

1. 谈谈孝敬父母和照顾老人问题?

2. 谈谈与老人的经济往来状况?

3. 就老人医疗费支付问题，谈谈自己的经历和看法。

4. 就家务分担问题，谈谈自己的看法。

5. 对与老人的情感交流问题，谈谈自己的看法。

附录五　社区干部访谈提纲

1. 社区行政体系和组织

2. 征地前村集体主要收入来源、征地后社区主要收入来源

3. 所调查社区原有的集体土地面积

4. 从 1995—2011 年，十多年间，征用土地数、村民小组撤销数、办理农转非人数、拆迁户数、拆迁面积、新建动迁公寓房套数、总建筑面积、已入住户数

5. 征地历史、土地保障的演变

6. 对城郊拆迁补偿家庭人口的补偿办法

7. 城郊拆迁补偿家庭人口的养老保障、医疗保障情况

8. 请您谈谈征用农地对发展本地经济有什么优劣之处？

主要参考文献

一、中文著作与论集

1. 班昭：《女诫》，《中华经典藏书谦德国学文库 · 女四书》，团结出版社 2017 年版。

2. 蔡林海：《老化预防、老年康复与居家养老：日本社会养老服务体系的成功经验与启示》，上海科技教育出版社 2012 年版。

3. 蔡元培：《中国伦理学史》，上海古籍出版社 2005 年版。

4. 曹信邦：《中国失能老人长期护理保险制度研究——基于财务均衡的视角》，社会科学文献出版社 2016 年版。

5. 陈功：《社会变迁中的养老和孝观念研究》，中国社会出版社 2009 年版。

6. 陈澔：《礼记 · 王制第五》，上海古籍出版社 1987 年版。

7. 陈佳贵、王延中：《社会保障绿皮书：中国社会保障发展报告 2007，NO.3》，社会科学文献出版社 2007 年版。

8. 陈鹏：《中国婚姻史稿》，中华书局 2005 年版。

9. 陈向明：《质的研究方法与社会科学研究》，教育科学出版社 2000 年版。

10. 陈雪萍：《以社区为基础的老年人长期照护体系构建：基于杭州市的实证分析》，浙江大学出版社 2011 年版。

11. 陈喆、胡惠琴：《老龄化社会建筑设计规划——社会养老与社区养老》，机械工业出版社 2014 年版。

12. 车文博主编：《心理咨询大百科全书》，浙江科学技术出版社 2001 年版。

13. 戴卫东：《中国长期护理保险制度构建研究》，人民出版社 2012 年版。

14. 戴卫东：《中国长期护理服务体系建构研究》，社会科学文献出版社 2018 年版。

15. 邓伟志、徐榕主编：《家庭社会学》，中国社会科学出版社 2001 年版。

16. 邓伟志、李一主编：《中国社区建设的实践与探索》，浙江出版联合集团、浙江教育出版社 2009 年版。

17. 杜鹏主编：《人口老龄化与老龄问题》，中国人口出版社 2006 年版。

18. 杜润生：《杜润生自述：中国农村体制改革重大决策纪实》，人民出版社 2005 年版。

19. 鄂振辉：《自然法学》，法律出版社 2005 年版。

20. 范明林、吴军：《质性方法》，格致出版社、上海人民出版社 2009 年版。

21. 范晔：《后汉书 · 明帝纪》，中华书局 1978 年版。

22. 范斌：《福利社会学》，社会科学文献出版社 2006 年版。

23. 方振邦、鲍春雷编著：《管理学原理》，中国人民大学出版社 2014 年版。

24. 费孝通：《生育制度》，天津人民出版社 1981 年版。

25. 费孝通：《从事社会学五十年》，天津人民出版社 1983 年版。

26. 费孝通：《江村经济——中国农民的生活》，商务印书馆 2001 年版。

27. 费孝通：《乡土中国》，人民出版社 2008 年版。

28. 风笑天：《社会研究方法》（第四版），中国人民大学出版社 2001 年版。

29. 冯佺光、钟远平、冯欣伟：《养老产业开发与运营管理》，人民出版社 2013 年版。

30. 冯英、聂雯倩编著：《外国的医疗保障》，中国社会出版社 2008 年版。

31. 顾宝昌编：《社会人口学的视野》，商务印书馆 1992 年版。

32. 桂世勋主编：《中国长江三角洲地区农村养老模式研究》，华龄出版社 2000 年版。

33. 国家人口发展战略研究课题组：《国家人口发展战略研究报告》上、中、下，中国人口出版社 2007 年版。

34. 韩芳：《农村土地养老保障功能研究》，知识产权出版社 2010 年版。

35. 韩燕琴：《英国：社区照顾》，《社区》2015 年第 3 期。

36. 贺立平：《让渡空间与拓展空间——政府职能转变中的半官方社团研究》，社会科学出版社 2007 年版。

37. 侯均生：《西方社会学理论教程》，南开大学出版社 2001 年版。

38. 胡宏伟：《城镇居民基本医疗保险与国民健康：政策评估与社会机制分析》，人民出版社 2016 年版。

39. 黄海泼：《中国人口老龄化问题研究》，吉林大学出版社 1990 年版。

40. 黄希庭：《心理学导论》，人民教育出版社 2001 年版。

41. 贾春增主编：《外国社会学史》，中国人民大学出版社 1989 年版。

42. 荆涛：《长期护理保险——中国未来极富竞争力的险种》，对外经济贸易大学出版社 2006 年版。

43. 景天魁主编：《社会学原著导读》，高等教育出版社 2007 年版。

44. 康晓光：《权力的转移》，浙江人民出版社 1999 年版。

45. 黎蒙：《家庭问题》，上海泰东图书馆 1929 年版。

46. 李本公：《关注老龄》，华夏出版社 2007 年版。

47. 李伯衡主编：《中国开发区综览》，中国建材工业出版社 1996 年版。

48. 李培林：《村落的终结》，商务印书馆 2010 年版。

49. 李萍：《中国政府间财政关系图解》，中国财政经济出版社 2006 年版。

50. 李强：《中国社会变迁 30 年（1978—2008）》，社会科学文献出版社 2008 年版。

51. 李绍光：《养老金制度与资本市场》，中国发展出版社 1998 年版。

52. 李亚平、于海：《第三域的兴起》，复旦大学出版社 1998 年版。

53. 李银河主编：《妇女：最漫长的革命》，生活・读书・新知三联书店 1997 年版。

54. 林闽钢：《现代西方社会福利思想：流派与名家》，中国劳动社会保障出版社 2012 年版。

55. 林闽钢、刘喜堂：《当代中国社会救助制度：完善与创新》，人民出版社

2012 年版。

56. 林语堂：《中国人》，学林出版社 2000 年版。

57. 刘少杰主编：《国外社会学理论》，高等教育出版社 2006 年版。

58. 刘世定：《占有、认知与人际关系》，华夏出版社 2003 年版。

59. 段谕：《刘咸炘论史学》，上海科学技术文献出版社 2008 年版。

60. 吕宝静：《老人照顾：老人、家庭、正式服务》，台南图书出版公司 2001 年版。

61. 罗兹曼主编：《中国的现代化》，江苏人民出版社 2003 年版。

62. 马建石等主编：《大清律例通考校注》，中国政法大学出版社 1992 年版。

63. 麦惠庭：《中国家庭改造问题》，商务印书馆 1930 年版。

64. 毛丹：《一个村落共同体的变迁——关于尖山下村的单位化的观察与阐释》，学林出版社 2000 年版。

65. 民政部政策研究中心：《我国养老服务准入研究》，中国社会出版社 2013 年版。

66. 民政部、全国老龄办养老服务体系建设领导小组办公室：《全国养老服务标准化文件汇编》，中国社会出版社 2010 年版。

67. 穆光宗：《家庭养老制度的传统与变革》，华龄出版社 2002 年版。

68. 潘光旦：《中国之家庭问题》，新月书店 1929 年版。

69. 彭华民：《社会福利与需要满足》，社会科学文献出版社 2008 年版。

70. 秦辉：《政府与企业以外的现代化——中西公益史比较研究》，浙江人民出版社 1999 年版。

71. 青连斌：《破解中国社会保障的困局》，云南教育出版社 2013 年版。

72. 青连斌：《求解中国养老难题》，中共中央党校出版社 2017 年版。

73. 仇立平：《社会研究方法》（第 2 版），重庆大学出版社 2008 年版。

74. 仇雨临、孙树菡主编：《医疗保险》，中国人民大学出版社 2001 年版。

75. 沈关宝：《一场静悄悄的革命》，上海大学出版社 2007 年版。

76. 史金平：《国有企业：委托代理与激励约束》，中国经济出版社 2001 年版。

77. 苏振芳主编：《人口老龄化与养老模式》，社会科学文献出版社 2014 年版。

78. 孙光德、董克用主编：《社会保障概论》，中国人民大学出版社 2016 年版。

79.《宋元浙江方志集成》（第一册），杭州出版社 2009 年版。

80. 孙立平：《动员与参与——第三部门募捐机制个案研究》，浙江人民出版社 1999 年版。

81. 孙立平：《转型与断裂：改革以来中国社会结构的变迁》，清华大学出版社 2004 年版。

82. 孙之騄：《南漳子》，光绪七年丁氏竹书堂重刊本。

83. 童星：《社会转型与社会保障》，中国劳动社会保障出版社 2007 年版。

84. 童星：《现代性的图景：多维视野与多重透视》，北京师范大学出版社 2007 年版。

85. 王德文、谢良地：《社区老年人口养老照护现状与发展对策》，厦门大学出版社 2013 年版。

86. 王康主编：《社会学词典》，山东人民出版社 1988 年版。

87. 王名：《非营利组织管理概论》，中国人民大学出版社 2002 年版。

88. 王思斌：《社会政策》，中央广播电视大学出版社 2010 年版。

89. 王树新：《社会变革与代际关系》，首都经济贸易大学出版社 2004 年版。

90. 王阳明：《阳明全书》卷 25《节庵方公墓表》，四库备要本。

91. 魏华林、金坚强：《养老大趋势：中国养老产业发展的未来》，中信出版社 2014 年版。

92. 温铁军等：《八次危机》，东方出版社 2013 年版。

93. 乌日图：《医疗保障制度国际比较》，化学工业出版社 2003 年版。

94. 邬沧萍、杜鹏：《中国人口老龄化：变化与挑战》，中国人口出版社 2006 年版。

95. 吴敏：《基于需求与供给视角的机构养老服务发展现状研究》，经济科学出版社 2011 年版。

96. 奚从清：《城市社区服务》，浙江大学出版社 1989 年版。

97. 夏学銮：《社区照顾的理论政策与实践》，北京大学出版社 1996 年版。

98. 习近平：《决胜全面建成小康社会　夺取新时代中国特色社会主义伟大胜

利——在中国共产党第十九次全国代表大会上的报告》，人民出版社2017年版。

99. 谢俊贵：《失地农民职业转换及其扶助机制——基于调研数据与风险评估》，社会科学文献出版社2012年版。

100. 谢立中主编：《西方社会学名著提要》，江西人民出版社1998年版。

101. 谢立中主编：《西方社会学经典读本》，北京大学出版社2008年版。

102. 谢立中主编：《结构——制度分析，还是过程——事件分析?》，社会科学文献出版社2010年版。

103. 熊跃根：《需要、互惠和责任分担》，人民出版社2008年版。

104. 许慎：《说文解字附音序笔画检字》，中华书局2013年版。

105. 严恩椿：《家庭进化论》，上海商务印书馆1918年版。

106. 杨翠迎主编：《国际社会保障动态——社会养老服务体系建设》，上海人民出版社2014年版。

107. 杨帆等主编：《中国企业年金发展报告》，中国劳动社会保障出版社2008年版。

108. 杨国枢主编：《中国人的心理》，桂冠图书公司1989年版。

109. 杨善华编著：《家庭社会学》，高等教育出版社2006年版。

110. 杨天宇：《十三经译注·礼记译注》（上），上海古籍出版社2004年版。

111. 杨雪冬、赖海榕：《地方的复兴——地方治理改革30年》，社会科学文献出版社2009年版。

112. 杨燕绥主编：《中国老龄社会与养老保障发展报告（2013）》，清华大学出版社2014年版。

113. 姚石子：《游西溪记》，《南社丛刊》，广陵古籍刻印社1996年版。

114. 姚洋：《土地、制度和农业发展》，北京大学出版社2004年版。

115. 姚裕群：《走向市场的中国就业》，中国人民大学出版社2005年版。

116. 易开刚：《现代化养老服务业的发展战略、模式与对策研究》，浙江工商大学出版社2014年版。

117. 于洪：《外国养老保障制度》，上海财经大学出版社2005年版。

118. 俞可平：《治理与善治》，社会科学文献出版社2000年版。

119. 岳经伦：《社会服务：从经济保障到服务保障》，中国社会出版社 2011 年版。

120. 岳庆平：《中国的家与国》，吉林文史出版社 1990 年版。

121. 曾毅等：《老年人口家庭、健康与照料需求成本研究》，科学出版社 2010 年版。

122. 翟学伟：《人情、面子与权力的再生产》，北京大学出版社 2005 年版。

123. 战捷主编：《来自中国的报告——中国现代家庭与养老调查分析》，东北师范大学出版社 1996 年版。

124. 赵福莲、钱明锵：《西溪》，杭州出版社 2004 年版。

125. 张朝尊：《中国社会主义土地经济问题》，中国人民大学出版社 1991 年版。

126. 张岱：《西湖梦寻》，北京出版社 2004 年版。

127. 张德强：《嬗变中的婚姻家庭》，兰州大学出版社 1993 年版。

128. 张广利主编：《社会保障理论教程》，华东理工大学出版社 2008 年版。

129. 张家山二四七号汉墓竹简整理小组：《张家山汉墓竹简（二四七号墓）》，文物出版社 2001 年版。

130. 张军涛、曹煌玲：《第三部门管理》，东北财经大学出版社 2010 年版。

131. 张康之：《社会治理的历史叙事》，北京大学出版社 2006 年版。

132. 张良礼：《应对人口老龄化：社会化养老服务体系构建及规划》，社会科学文献出版社 2006 年版。

133. 张维迎：《市场的逻辑》，世纪出版集团、上海人民出版社 2010 年版。

134. 张文宏：《中国城市的阶层结构与社会网络》，上海人民出版社 2011 年版。

135. 张晓山：《走向市场：农村的制度变迁与组织创新》，经济管理出版社 1996 年版。

136. 张永宏主编：《组织社会学的新制度主义学派》，上海人民出版社 2007 年版。

137. 赵福莲、钱明锵：《西溪》，杭州出版社 2004 年版。

138. 赵新峰：《基层政府公共服务部门改革研究》，人民出版社 2007 年版。

139. 郑秉文主编：《2011 中国养老金发展报告》，经济管理出版社 2011 年版。

140. 郑秉文、张峰主编：《中国基本养老保险个人账户基金研究报告》，中国劳动社会保障出版社 2012 年版。

141. 郑功成：《社会保障学》，商务印书馆 2000 年版。

142. 郑功成：《中国社会保障改革与发展战略：理念、目标与行动方案》，人民出版社 2008 年版。

143. 郑功成主笔：《中国社会保障改革与发展战略》（养老保险卷），人民出版社 2011 年版。

144. 郅玉玲：《和谐社会语境下的老龄问题研究》，浙江大学出版社 2011 年版。

145. 郅玉玲、李一：《特殊群体社会问题研究——以多元化解决策略为视角》，中国社会科学出版社 2015 年版。

146. 中共安徽省党史研究室：《中国新时期农村的变革 · 安徽卷》，中共党史出版社 1999 年版。

147. 中国农村发展问题研究组：《农村 · 经济 · 社会》（第一卷），知识出版社 1986 年版。

148. 周诚：《土地经济学》，中国农业出版社 1989 年版。

149. 周丽苹：《老年人口健康评价与指标体系研究》，红旗出版社 2003 年版。

150. 周沛：《社会福利体系研究》，中国劳动出版社 2007 年版。

151. 周其仁：《产权与制度变迁》，北京大学出版社 2004 年版。

152. 周晓虹：《西方社会学的历史与体系》，上海人民出版社 2002 年版。

153. 周雪光：《中国国家治理的制度逻辑：一个组织学研究》，生活 · 读书 · 新知三联书店 2017 年版。

154. 朱国宏主编：《经济社会学》，复旦大学出版社 1999 年版。

155. 朱熹：《四书集注》，岳麓书社 1987 年版。

156. 朱智贤主编：《心理学大辞典》，北京师范大学出版社 1989 年版。

二、译著

1. [美] 阿尔钦：《产权：一个经典注释》，载《财产权利与制度变迁：产权学派与新制度学派译文集》，刘守英等译，上海人民出版社 1990 年版。

2. [美] 艾尔·巴比：《社会研究方法基础》(第八版)，邱泽奇译，华夏出版社 2002 年版。

3. [以色列] 艾米娅·利布里奇、里弗卡·图沃·玛沙奇、塔玛·奇尔波：《叙事研究：阅读、分析和诠释》，王红艳主译，重庆大学出版社 2008 年版。

4. [英] 安东尼·吉登斯：《社会的构成》，李康、李猛译，王铭铭校，生活·读书·新知三联书店 1998 年版。

5. [英] 安东尼·吉登斯：《现代性的后果》，田禾译，译林出版社 2000 年版。

6. [美] 彼得·德鲁克：《非营利组织的管理》，吴振阳等译，机械工业出版社 2009 年版。

7. [英] 庇古：《福利经济学》，金镝译，华夏出版社 2007 年版。

8. [美] 布劳：《社会生活中的交换与权力》，孙飞、张黎勤译，华夏出版社 1988 年版。

9. [美] 戴维·L. 德克尔：《老年社会学》，沈健译，五洲出版社 1988 年版。

10. [法] 迪尔凯姆：《社会学研究方法论》，胡伟译，华夏出版社 1988 年版。

11. [法] 迪尔凯姆：《社会学方法的准则》，狄玉明译，商务印书馆 1995 年版。

12. [美] 杜维明：《儒家伦理思想新论——创造性转化的自我》，曹幼华等译，江苏人民出版社 1991 年版。

13. [美] 艾里希·弗洛姆：《健全的社会》，孙恺详译，贵州人民出版社 1994 年版。

14. [德] 斐迪南·滕尼斯：《共同体与社会》，林荣远译，商务印书馆 1999 年版。

15. 费孝通：《江村经济》，戴可景译，世纪出版集团、上海人民出版社 1939/2007 年版。

16. [奥地利] 弗里德里希·冯·维塞尔：《自然价值》，陈国庆译，商务印书馆 1997 年版。

17. [美] 贝蒂·弗里丹：《女性的奥秘》，程锡麟、朱徽、王晓路译，广东出版集团、广东经济出版社 2005 年版。

18. [美] 盖伊·彼得斯：《政府未来的治理模式》，吴爱明、夏宏图译，中国人民大学出版社 2001 年版。

19. [美] 格尔哈特·伦斯基：《权力与特权：社会分层的理论》，关信平等译，浙江人民出版社 1988 年版。

20. [德] 赫尔曼·哈肯：《高等协同学》，郭治安译，科学出版社 1989 年版。

21. [美] 赫尔曼·哈肯：《协同学——大自然构成的奥秘》，凌复华译，上海译文出版社 2001 年版。

22. [美] 赫根汉：《心理学史导论》，郭本禹译，华东师范大学出版社 2006 年版。

23. [德] 黑格尔：《法哲学原理》，商务印书馆 1961 年版。

24. [法] 亨利·列斐伏尔：《空间的生产》，刘怀玉等译，商务印书馆 2021 年版。

25. [美] 加里·斯坦利·贝克尔：《家庭论》，王献生、王宇译，商务印书馆 1998 年版。

26. [美] 柯兹纳：《市场过程的含义》，冯兴元、朱海就等译，中国社会科学出版社 2012 年版。

27. [丹麦] 考斯塔·艾斯平－安德森：《福利资本主义的三个世界》，郑秉文译，法律出版社 2003 年版。

28. [美] 克里斯多夫·爱丁顿、[美] 陈彼得：《休闲：一种转变的力量》，李一译，浙江大学出版社 2009 年版。

29. [墨西哥] 莱斯特·赛拉蒙：《非营利领域及其存在的原因》，李亚平、于海编：《第三领域的兴起》，复旦大学出版社 1998 年版。

30. [美] 劳伦斯·纽曼：《社会研究方法》，郝大海译，中国人民大学出版社

2007 年版。

31. [英] 理查德・蒂特马斯：《社会政策十讲》，郑秉文译，吉林出版集团有限责任公司 2011 年版。

32. 马克思：《资本论》第 3 卷，人民出版社 1975 年版。

33.《马克思恩格斯选集》，人民出版社 1972 年版。

34.《马克思恩格斯全集》第 3 卷，人民出版社 1995 年版。

35.《马克思恩格斯全集》第 3 卷，人民出版社 2002 年版。

36.《马克思恩格斯全集》第 3 卷，人民出版社 1960 年版。

37.《马克思恩格斯全集》第 23 卷，人民出版社 1972 年版。

38. [法] 马塞尔・莫斯：《礼物——古式社会中交换的形式与理由》，汲吉吉译，上海世纪出版集团 2005 年版。

39. [法] 孟德拉斯：《农民的终结》，李培林译，中国社会科学出版社 1991 年版。

40. [美] Neil Gilbert，Paul Terrell：《社会福利政策引论》，黄晨熹译，华东理工大学出版社 2003 年版。

41. [美] 诺曼・K. 邓金：《解释性交往行动主义：个人经历的叙事、倾听与理解》，周勇译，重庆大学出版社 2004 年版。

42. [法] 皮埃尔・布迪厄：《实践感》，蒋梓骅译，译林出版社 2003 年版。

43. [德] 齐美尔：《社会是如何可能的》，林荣远编译，广西师范大学出版社 2002 年版。

44. [美] 乔纳森・特纳、简・斯戴兹：《情感社会学》，孙俊才、文军译，上海人民出版社 2007 年版。

45. [美] 思拉恩埃格特森：《经济行为与制度》，吴经邦、李耀、朱寒松、王志宏译，商务印书馆 2007 年版。

46. [英] 苏珊・特斯拉：《老年人社区照顾的跨国比较》，周向红、张小明译，中国社会出版社 2004 年版。

47. [法] 阿历克西・德・托克维尔：《论美国的民主》，董国良译，商务印书馆 1989 年版。

48.［英］阿诺德·约瑟夫·汤因比、［日］池田大作：《展望二十一世纪——汤因比与池田大作对话录》，荀春生等译，国际文化出版公司1985年版。

49.［德］乌尔里希·贝克：《风险社会》，何博闻译，译林出版社2004年版。

50.［古希腊］亚里士多德：《政治学》，柯彪译，人民出版社2001年版。

51.［美］阎云翔：《礼物的流动：一个中国村庄中的互惠原则与社会网络》，李放春、刘瑜译，上海人民出版社1996/2000年版。

52.［美］阎云翔：《私人生活的变革：一个中国村庄里的爱情、家庭与亲密关系1949—1999》，龚小夏译，世纪出版集团、上海书店出版社2005/2006年版。

53.［美］杨懋春：《村庄的明天·一个中国村庄：山东台头》，张雄等译，江苏人民出版社2001年版。

54.［美］约翰·罗尔斯：《正义论》，何怀宏、何包钢、廖申白译，中国社会科学出版社1988年版。

55.［美］约瑟夫·A. 马克斯威尔：《质的研究设计：一种互动的取向》，朱光明译，陈向明校，重庆大学出版社2007年版。

56.［英］维克托·迈尔–舍恩伯格、肯尼思·库克耶：《大数据时代：生活、工作与思维的大变革》，盛杨燕、周涛译，浙江人民出版社2013年版。

57.［美］詹姆斯·N. 罗西瑙：《没有政府的治理》，张胜军、刘小林等译，江西人民出版社2001年版。

58.［美］詹姆斯·E. 安德森：《公共决策》，唐亮译，华夏出版社1990年版。

59.［美］詹姆斯·S. 科尔曼：《社会理论的基础》（下），邓方译，社会科学文献出版社1999年版。

三、中文学术论文

1. 白晨、顾昕：《高龄化、健康不平等与社会养老保障绩效研究——基于长期多维健康贫困指数的度量与分解》，《社会保障研究》2019年第4期。

2. 包国宪、刘红芹：《政府购买社区居家养老服务的绩效评价研究》，《广东社会科学》2012年第2期。

3. 包惠民、李智：《CNKI数据实现ucinet共现分析的方法及实证分析》，《技术应用》2012 年第 1 期。

4. 毕天云：《论大福利视阈下我国社会福利体系的整合》，《学习与实践》2012 年第 2 期。

5. 边馥琴、约翰·罗根：《中美家庭代际关系比较研究》，《社会学研究》2001 年第 2 期。

6. 边恕、黎蔺娴、孙雅娜：《社会养老服务供需失衡问题分析与政策改进》，《社会保障研究》2016 年第 3 期。

7. 卞文忠、秦玉峰：《黑龙江省城市社区服务存在的问题及对策》，《商业经济》2005 年第 9 期。

8. 邴正、贾丽萍：《社会保障与构建和谐社会》，《新长征》2006 年第 1 期。

9. 蔡禾：《从利益诉求的视角看社会管理创新》，《社会学研究》2012 年第 4 期。

10. 蔡山彤、敖楹婧：《城市老年人社区居家养老服务需求及影响因素——基于成都的社区》，《电子政务》2016 年第 10 期。

11. 曹海军：《"三社联动"的社区治理与服务创新——基于治理结构与运行机制的探索》，《行政论坛》2017 年第 2 期。

12. 曹信邦、陈强：《中国产期护理保险需求影响因素分析》，《中国人口科学》2014 年第 4 期。

13. 曹正汉：《中国上下分治的治理体制及其稳定机制》，《社会学研究》2011 年第 1 期。

14. 常庆欣：《治理、组织能力和非营利组织》，《中国行政管理》2006 年第 11 期。

15. 常宗虎：《重构中国社会保障体制的有益探索》，《中国社会科学》2001 年第 3 期。

16. 陈炳辉、王菁：《"社区再造"的原则与战略——新公共管理下的城市社区治理模式》，《行政论坛》2010 年第 3 期。

17. 陈长香、李淑杏：《社会生态理论系统下老年人健康维护的社会支持模型构建》，《河北联合大学学报》（社会科学版）2014 年第 6 期。

18. 陈冬梅、袁艺豪：《人口老龄化背景下我国长期护理保险需求的分析：以上海市为例》，《上海大学学报》（社会科学版）2015 年第 6 期。

19. 陈枫：《先行一步——中国农村改革试验区》，载李伯衡主编：《中国开发区综览》，中国建材工业出版社 1996 年版。

20. 陈光金：《改革社会治理体制　构建现代社会治理模式》，《中国国情国力》2015 年第 11 期。

21. 陈家喜：《反思中国城市社区治理结构——基于合作治理理论的视角》，《武汉大学学报》2015 年第 1 期。

22. 陈竞、文旋：《社会组织在社区居家养老服务中的实践》，《广西民族大学学报》2014 年第 1 期。

23. 陈锴、佘朝礼：《关于我国建立新型社会福利制度体系的设想》，《理论月刊》2001 年第 10 期。

24. 陈皆明：《投资与赡养——关于城市居民代际交换的因果分析》，《中国社会科学》1998 年第 6 期。

25. 陈捷、卢春龙：《共通性社会资本与特定性社会资本——社会资本与中国的城市基础治理》，《社会学研究》2009 年第 6 期。

26. 陈静、周沛：《论我国老年社会福利供给中政府角色的嬗变》，《东南学术》2015 年第 3 期。

27. 陈乐乐、曾雁兵、方亚：《基于社会生态理论的我国老年人住院服务利用影响因素研究》，《中国卫生统计》2017 年第 5 期。

28. 陈立新：《论土地征用中失地农民的权益保护》，《求索》2004 年第 2 期。

29. 陈立新、姚远：《老年人心理压力、应对方式与心理健康关系的研究》，《西北人口》2006 年第 1 期。

30. 陈林：《新形势下我国农村养老保险模式探析》，《武汉科技大学学报》（社会科学版）2007 年第 4 期。

31. 陈旗：《我国城市社区养老的现状与问题研究》，《中山大学学报》（社会科学版）2009 年第 3 期。

32. 陈淑君：《黑龙江省社区养老服务问题探析》，《商场现代化》2010 年第 9 期。

33. 陈晓春、肖雪：《共建共治共享：中国城乡社区治理的理论逻辑与创新路径》，《湖湘论坛》2018 年第 6 期。

34. 陈岩燕、陈虹霖：《需求与使用的悬殊：对社区居家养老服务递送的反思》，《浙江学刊》2017 年第 2 期。

35. 陈伟：《英国社区照顾之于我国“居家养老服务”本土化进程及服务模式的构建》，《南京工业大学学报》（社会科学版）2012 年第 1 期。

36. 陈友华：《居家养老及其相关的几个问题》，《人口学刊》2012 年第 4 期。

37. 陈友华、艾波、苗国：《养老机构发展：问题与反思》，《河海大学学报》（哲学社会科学版）2016 年第 12 期。

38. 陈友华、邵文君：《智慧养老：内涵、困境与建议》，《江淮论坛》2021 年第 2 期。

39. 陈振明、薛澜：《中国公共管理理论研究的重点领域和主题》，《中国社会科学》2007 年第 3 期。

40. 陈志科、马少珍：《老年人社区居家养老服务需求的影响因素研究——基于湖南省的调查》，《中南大学学报》2012 年第 3 期。

41. 程红根、张乐、王力：《现行老龄工作体制需要改革》，《瞭望》2006 年 11 月 20 日。

42. 程伟：《居家养老服务券的实践与思索——兼谈购买服务在社会福利社会化中的意义及其政策价值》，《中国民政》2007 年第 4 期。

43. 程雅娟、王尚才：《高龄老人居家养老健康管理需求及制约因素研究》，《中国医药》2021 年第 3 期。

44. 丛春霞、闫伟：《基于社会养老服务的专业化社区工作者队伍建设》，《大连海事大学学报》（社会科学版）2015 年第 4 期。

45. 崔雪薇：《论政府在我国老龄产业发展中的作用》，《生产力研究》2011 年第 5 期。

46. 戴卫东：《老年长期护理需求及其影响因素分析——基于苏皖两省调查的比较研究》，《人口研究》2011 年第 4 期。

47. 党俊武等：《探索老龄化危机的应对之道——中国老年学学科创始人邬沧

萍教授侧记》，《中国社会工作》2009 年第 14 期。

48. 邓宁华：《“寄居蟹的艺术”：体制内社会组织的环境适应策略——对天津市两个省级组织的个案研究》，《公共管理学报》2011 年第 8 期。

49. 邓伟志：《论文化交融》，《学术界》2021 年第 1 期。

50. 狄金华：《农地政策调整的民情基础》，《社会学评论》2020 年第 6 期。

51. 丁安祥：《居家养老有新招》，《社区》2004 年第 1 期。

52. 丁成日、高卫星：《中国“土地”城市化和土地问题》，《城市发展研究》2018 年第 1 期。

53. 丁建定：《居家养老服务：认识误区、理性原则及完善对策》，《中国人民大学学报》2013 年第 2 期。

54. 丁建定、李薇：《论中国社区居家养老服务体系建设中的核心问题》，《探索》2014 年第 5 期。

55. 丁建定：《论中国养老保障制度与服务整合》，《西北大学学报》（哲学社会科学版）2019 年第 2 期。

56. 丁建定：《中国社会保障制度的公平正义理念及其实践取向》，《社会政策研究》2020 年第 4 期。

57. 丁志宏、魏海伟：《中国城市老年人购买长期护理保险意愿及其影响因素》，《人口研究》2016 年第 6 期。

58. 丁志宏、杜书然、裴臻：《城市退休健康老年人参与“时间银行”的意愿及其影响因素》，《人口与社会》2018 年第 4 期。

59. 丁祖荣、傅蓉、吴晓郡：《绿色理念的内涵拓展与绿色图书馆建设》，《浙江理工大学学报》2008 年第 6 期。

60. 董红亚：《居家养老服务的温州模式：强社会大服务》，《西北人口》2016 年第 9 期。

61. 窦影：《社区治理视角下城市老年人邻里互助养老“预阶段”的发展路径研究》，《云南民族大学学报》（哲学社会科学版）2020 年第 5 期。

62. 杜娟、杜夏：《乡城迁移对移出地家庭养老的探讨》，《人口研究》2002 年第 2 期。

63. 杜鹏、王永梅：《中国老年人社会养老服务利用的影响因素》，《人口研究》2017 年第 5 期。

64. 杜鹏、韩文婷：《互联网与老年生活：挑战与机遇》，《人口研究》2021 年第 3 期。

65. 杜鹏、谢立黎、王煜霏：《中国共产党老龄工作的思想与政策演变》，《人口与经济》2021 年第 5 期。

66. 范明林：《非政府组织与政府的互动关系——基于法团主义和市民社会视角的比较个案研究》，《社会学研究》2010 年第 3 期。

67. 费孝通：《家庭结构变动中的老年赡养问题——再论中国家庭结构的变动》，《北京大学学报》（哲学社会科学版）1983 年第 3 期。

68. 风笑天；《从“依赖养老”到“独立养老”——独生子女家庭养老观念的重要转变》，《河北学刊》2006 年第 3 期。

69. 风笑天：《定性研究与定量研究的差别及其结合》，《江苏行政学院学报》2017 年第 2 期。

70. 风笑天：《定性研究：本质特征与方法论意义》，《东南学术》2017 年第 3 期。

71. 风笑天：《定性研究概念与类型的探讨》，《社会科学辑刊》2017 年第 3 期。

72. 封铁英、马朵朵：《社区居家养老服务如何包容性发展？一个理论分析视角》，《社会保障评论》2020 年第 3 期。

73. 付诚、王一：《新公共管理视角下的社区社会管理创新研究》，《社会科学战线》2011 年第 11 期。

74. 高爱华：《我国农村社会养老保险的现状及其出路》，《开封教育学院学报》，2009 第 2 期。

75. 高和荣：《论中国二元社会保障制度实施的必然性及其整合途径》，《经济问题探索》2003 年第 6 期。

76. 高学莉、陈海荣、刘溢思：《我国居家养老政策现状、问题及建议》，《卫生软科学》2021 年第 8 期。

77. 高利平：《为居家养老建立社会支持》，《红旗文稿》2007 年第 11 期。

78. 高祖林：《政策网络视域下社会化养老服务体系建设研究——以苏州市虚拟养老院为例》，《江海学刊》2013 年第 3 期。

79. 龚静怡：《居家养老——社区养老服务：符合中国国情的城镇养老模式》，《河海大学学报》（哲学社会科学版）2004 年第 4 期。

80. 顾东辉：《治理、社会治理与社会工作》，《中国社会工作》2015 年第 19 期。

81. 关婷、薛澜、赵静：《技术赋能的治理创新：基于中国环境领域的实践案例》，《中国行政管理》2019 年第 4 期。

82. 关信平：《社会组织在社会管理中的建设路径》，《人民论坛》2011 年第 11 期。

83. 关信平：《当前我国社会保障制度公平性分析》，《兰州大学学报》2013 年第 3 期。

84. 桂世勋：《上海城市社区为老服务资源整合研究》，《华东师范大学学报》（哲学社会科学版）2004 年第 1 期。

85. 郭金来：《中国家庭养老服务支持政策：需求、评估与政策体系构建》，《广州大学学报》（社会科学版）2021 年第 2 期。

86. 郭丽娜、郝勇、吴瑞君：《互联网 + 养老服务 020 模式的养老服务供需平台构建》，《电子政务》2016 年第 10 期。

87. 郭林：《中国养老服务 70 年（1949—2019）：演变脉络、政策评估、未来思路》，《社会保障评论》2019 年第 3 期。

88. 郭奕芬、邓波、徐海波、桂邵高：《个体差异视角下城市居家服务质量研究》，《中国老年保健医学》2015 年第 2 期。

89. 郭于华：《代际关系中的公平逻辑及其变迁：对河北农村养老事件的分析》，《中国学术》2001 年第 4 期。

90. 何雪松：《制度建构的结构基础："变"与"不变"》，《社会科学》2010 年第 4 期。

91. 何文炯：《老年照护服务：扩大资源并优化配置》，《学海》2015 年第 1 期。

92. 何文炯：《论社会保障制度的代际均衡》，《社会保障评论》2021 年第 1 期。

93. 贺爱琳、杨新军、陈佳、王子侨：《乡村旅游发展对农户生计的影响》，

《经济地理》2014 年第 12 期。

94. 贺金花：《城市化进程中“失地农民”利益保护的调查与思考》，《浙江学刊》2003 年第 4 期。

95. 贺寨平：《社会经济地位、社会支持网与农村老年人身心状况》，《中国社会科学》2002 年第 3 期。

96. 洪国栋、程上哲、牟新渝：《养老与完善社会服务保障体系》，《老龄问题研究》1998 年第 11 期。

97. 洪国栋：《关于家庭养老与居家养老》，载中国老年学学会《中国的养老之路》，中国劳动出版社 1998 年版。

98. 胡乃军、杨燕绥：《中国老年人口有效赡养比》，《公共管理评论》2012 年第 13 期。

99. 胡荣：《浅析“文化养老”的困境与对策》，《劳动保障世界》2017 年第 7 期。

100. 胡晓燕：《社会转型的制度化阐释及其治理反思》，《探索》（重庆）2009 年第 5 期。

101. 黄贵芳：《党成立八十年来我国农村土地政策的变迁》，《发展论坛》2001 年第 11 期。

102. 黄浩明：《加强民间养老组织能力建设的有效途径》，《杭州师范学院学报》（社会科学版）2003 年第 5 期。

103. 黄健元、贾林霞：《社会主要矛盾视角下社会养老服务模式平衡发展研究》，《广西社会科学》2018 年第 9 期。

104. 黄健元、杨琪、王欢：《我国养老服务体系发展：从医养结合到整合照护》，《中州学刊》2020 年第 11 期。

105. 黄利文、王健：《政民互动视角下政府购买养老服务问题研究》，《南京社会科学》2016 年第 12 期。

106. 黄秋娜、王宁、刘素婷、吴晓芬、李夕然：《城市居家老年人宜老环境自我报告评估指标的构建》，《护理学杂志》2021 年第 18 期。

107. 黄少宽：《国外城市社区居家养老服务的特点》，《城市问题》2013 年第

8 期。

108. 黄瑾瑜：《谈汕头市空巢老人家庭养老问题》，《广东史志视窗》2009 年第 3 期。

109. 黄晓春：《当代中国社会组织的制度环境与发展》，《中国社会科学》2015 年第 9 期。

110. 吉鹏、李放：《政府购买社区居家养老服务的绩效评价：实践探索与指标体系建构》，《领导与管理》2013 年第 3 期。

111. 金伯富：《机会利益：一个新的理论视角》，《中国社会科学》2000 年第 2 期。

112. 贾云竹：《北京市城市老年人对社区助老服务的需求研究》，《人口研究》2002 年第 2 期。

113. 江立华、王寓凡：《空间变动与“老漂族”的社会适应》，《中国特色社会主义研究》2016 年第 5 期。

114. 姜向群、张钰斐：《社会化养老：问题与挑战》，《北京观察》2006 年第 10 期。

115. 姜晓萍：《国家治理现代化进程中的社会治理体制创新》，《中国行政管理》2014 年第 1 期。

116. 姜振华：《城市老年人社区参与的现状及原因探析》，《人口学刊》2009 年第 5 期。

117. 蒋军成、高电玻、张子申：《我国社会养老服务体系供给侧改革：各省案例研究》，《湖北社会科学》2018 年第 4 期。

118. 蒋万胜、张凤珠：《个人观念、集体观念与制度变迁》，《华东师范大学学报》（哲学社会科学版）2013 年第 1 期。

119. 靳小怡、李树茁、朱楚珠：《农村不同婚姻形式下家庭财富代际转移模式的初步分析》，《人口与经济》2002 年第 1 期。

120. 景军、赵芮：《互助养老：来自“爱心时间银行”的启示》，《思想战线》2015 年第 8 期。

121. 景天魁《底线公平概念和指标体系——关于社会保障基础理论的探讨》，

《哈尔滨工业大学学报社会科学版》2013 年第 1 期。

122. 敬乂嘉：《控制与赋权：中国政府的社会组织发展策略》，《学海》2016 年第 1 期。

123. 句华：《政府如何做精明的买主——以上海市民政部门购买服务为例》，《国家行政学院学报》2010 年第 4 期。

124. 康晓光、韩恒：《分类控制：当前中国大陆国家与社会关系研究》，《社会学研究》2005 年第 6 期。

125. 孔令卫、赵琛徽：《供给侧改革背景下社会养老服务需求分析与优化对策研究》，《老龄科学研究》2019 年第 7 期。

126. 孔伟艳：《推动互联网 + 养老服务的供需双侧改革》，《宏观经济研究》2018 年第 8 期。

127. 雷洪、赵晓歌：《“城归”现象：主体特征、形成机理与生成逻辑》，《河南师范大学学报》（哲学社会科学版）2017 年第 4 期。

128. 雷雨若、王娟：《地方政府购买居家养老服务中的监管失灵及其矫正——基于南京、宁波、杭州、合肥和深圳的分析》，《济南大学学报》（社会科学版）2020 年第 1 期。

129. 李兵、李邦华、孙文灿：《国家层面养老服务结果框架构建初探》，《江苏社会科学》2019 年第 1 期。

130. 李长远：《社区居家医养结合养老服务模式的比较优势、掣肘因素及推进策略》，《宁夏社会科学》2018 年第 11 期。

131. 李翠霞：《我国农村养老制度的缺失与重构》，《西南科技大学学报》（哲学社会科学版）2007 年第 4 期。

132. 李放、王云云：《社区居家养老服务利用现状及影响因素——基于南京市鼓楼区的调查》，《人口与社会》2016 年第 1 期。

133. 李汉林：《变迁中的中国单位制度——回顾中的思考》，《社会》2008 年第 3 期。

134. 李辉：《论建立现代养老体系与弘扬传统养老文化》，《人口学刊》2001 年第 1 期。

135. 李培林：《社会学视角下的中国现代化新征程》，《社会学研究》2021 年第 2 期。

136. 李洁瑾、黄荣贵、冯艾：《城市社区异质性与邻里社会资本研究》，《复旦学报》2007 年第 5 期。

137. 李俊、王红漫：《美国老年人口结构变化及健康养老制度演进对中国的启示》，《中国老年学杂志》2018 年第 38 卷第 17 期。

138. 李俊峰：《征地补偿安置制度透视》，《社会科学辑刊》2005 年第 4 期。

139. 李莉、刘晓燕：《"协同治理"视角下的社会组织公共服务供给》，《城市观察》2012 年第 2 期。

140. 李良涛、王文惠、王忠义、宇振荣：《日本和美国社区支持型农业的发展及其启示》，《继续教育研究》2010 年第 9 期。

141. 李林子：《日本老年护理人才培养模式的经验与启示》，《老龄科学研究》2013 年第 4 期。

142. 李灵芝、张建坤、石德华、王效容：《社会组织参与社区居家养老服务模式构建研究》，《现代城市研究》2014 年第 9 期。

143. 李萌：《养老服务体系中政府责任的国际借鉴》，《老龄科学研究》2013 年第 5 期。

144. 李明月：《论地方政府征地收益的合理使用》，《国土资源》2005 年第 4 期。李启明：《社会转型背景下孝道观念的代际差异及其影响因素》，《中国青年研究》2020 年第 3 期。

145. 李强、葛天任：《社区的碎片化——Y 市社区建设与城市社会治理的实证研究》，《学术界》2013 年第 12 期。

146. 李强、赵丽鹏：《从社会学角度看以人民为中心的城市建设与治理》，《广东社会科学》2018 年第 5 期。

147. 李珊：《影响移居老年人社会适应因素的研究》，《中国老年学杂志》2011 年第 12 期。

148. 李雪萍、陈伟东：《论社会建设经由社区建设》，《社会科学研究》2008 年第 1 期。

149. 李钥、赵春江：《城市社区养老模式国际经验借鉴及路径选择》，《东北农业大学学报》（社会科学版）2016 年第 4 期。

150. 李一：《发展视野中我国社会保障的制度设计》，《中共浙江省委党校学报》2001 年第 2 期。

151. 李迎生、李泉然、袁小平：《福利治理、政策执行与社会政策目标定位》，《社会学研究》2017 年第 6 期。

152. 李迎生：《时代变迁、制度创新与民生保障高质量发展》，《中共中央党校（国家行政学院）学报》2021 年第 4 期。

153. 李友梅：《全球化背景下的人类合作新机制的生成》，节选自苏国勋主编：《社会理论》（第 1 辑），社会科学文献出版社 2005 年版。

154. 李友梅：《中国现代化新征程与社会治理再转型》，《社会学研究》2021 年第 2 期。

155. 李筱、万博翔：《失智老人社会支持体系构建研究——基于生态系统理论视角》，《理论观察》2016 年第 4 期。

156. 李宗华、李伟峰、陈庆滨：《欧美社区照顾模式对我国的启示》，《东岳论丛》2005 年第 4 期。

157. 李宗华、高功敬、李伟峰：《基于 logistic 模型的城市老年人社区参与影响因素分析》，《学习与实践》2010 年第 11 期。

158. 李宗华、李伟峰、高功敬：《城市老年人社区参与意愿的影响因素分析》，《山东社会科学》2011 年第 3 期。

159. 廖小军：《城市化中失地农民与制度安排的合理化》，《社会科学辑刊》2005 年第 2 期。

160. 梁伟、袁堂明：《失地农民权益流失探析》，《农业经济》2003 年第 11 期。

161. 梁亦斌、王军：《老年人心理活动的特点及对健康促进的影响》，《蛇志》2003 年第 3 期。

162. 林宝：《养老服务供给侧改革：重点任务与改革思路》，《北京工业大学学报》（社会科学版）2017 年第 6 期。

163. 林聚任、刘佳：《空间不平等与城乡融合发展：一个空间社会学分析框架》，《江海学刊》2021 年第 2 期。

164. 林卡、朱浩：《应对老龄化社会的挑战：中国养老服务政策目标定位的演化》，《山东社会科学》2014 年第 2 期。

165. 林文浩、周建芳：《我国居家养老家庭支持政策研究：政策工具、作用对象与预期家庭影响》，《老龄科学研究》2021 年第 3 期。

166. 林义：《中国特色社会保障发展道路探索的思路》，《中国社会保障》2021 年第 7 期。

167. 林闽钢、王章佩：《福利多元化视野中的非营利组织研究》，《社会科学研究》2001 年第 6 期。

168. 林闽钢：《社会资本视野下的非营利组织能力建设》，《中国行政管理》2007 年第 1 期。

169. 林闽钢：《论我国社会养老服务的公益性及实现途径》，《人口与社会》2014 年第 1 期。

170. 林闽钢、康镇：《构建中国养老、孝老、敬老社会政策体系》，《人口与社会》2018 年第 4 期。

171. 刘爱玉：《国有企业制度变革过程中工人的行动选择——一项关于无集体行动的经验研究》，《社会学研究》2003 年第 6 期。

172. 刘长茂、叶明德：《中国人口老龄化前瞻》，《南方人口》1994 年第 4 期。

173. 刘春荣：《国家介入与邻里社会资本的生成》，《社会学研究》2007 年第 2 期。

174. 刘东：《人口理论视野下的老龄化问题分析》，《黑河学刊》2010 年第 5 期。

175. 刘芳：《上海市长宁区社区为老服务体系的构建》，《中国老年学杂志》2010 年第 10 期。

176. 刘利君：《养老服务专业人才队伍建设策略研究》，《社会福利》（理论版）2012 年第 4 期。

177. 刘平：《江苏昆山市：部门联动资源整合》，《社会福利》2014 年第 3 期。

178. 刘宜铭、李娟、徐公北：《“互联网 + 居家养老”：现代养老模式探析》，《中国集体经济》2021 年第 5 期。

179. 刘继同：《中国老年福利政策法规框架的社会建构、体系性缺陷与制度质量》，《东南大学学报》（哲学社会科学版）2017 年第 1 期。

180. 刘继同：《国家、社会与市场关系：欧美国家福利理论建构与核心争议议题》，《社会科学研究》2018 年第 4 期。

181. 刘建达、陈英姿、岳盈盈：《美国精神养老服务体系建设的经验及启示》，《经济纵横》2016 年第 2 期。

182. 刘军民：《关于政府购买卫生服务改革的评析》，《华中师范大学学报》（人文社会科学版）2008 年第 1 期。

183. 刘少杰：《个人行动的社会制约——评迪尔凯姆关于个人行动、集体表象和社会制度的评论》，《黑龙江社会科学》2009 年第 5 期。

184. 刘少杰：《积极优化区域发展的社会基础》，《社会学评论》2021 年第 1 期。

185. 刘尚希：《基本公共服务均等化：现实要求和政策路径》，《浙江经济》2007 年第 13 期。

186. 刘守英：《中国农地制度的结构与变迁》，缪建平主编：《中外学者论农村》，华夏出版社 1994 年版，第 217 页。

187. 刘同昌：《中华孝道文化与现代社会的代际和谐》，《青岛大学师范学院学报》2005 年第 4 期。

188. 刘喜珍：《中西方代际情感回报模式比较研究》，《中南大学学报》（社会科学版）2008 年第 6 期。

189. 刘晓静、徐宏波：《社区养老服务产业化发展路径研究——基于福利多元主义理论视角》，《河北师范大学学报》（哲学社会科学版）2013 年第 5 期。

190. 刘晓静：《我国空巢家庭养老问题研究——基于社会生态系统理论》，《人民论坛》2013 年第 14 期。

191. 刘晓梅：《我国社会养老服务面临的形势及路径选择》，《人口研究》2012 年第 5 期。

192. 刘晓苏：《国外公共服务供给模式及其对我国的启示》，《长白学刊》2008 年第 6 期。

193. 刘辛：《北京市海淀区社区养老服务问题的调查研究》，《劳动保障世界》

2010 年第 10 期。

194. 刘新萍：《论城市居家养老服务多元合作体系的建设及发展》，《甘肃行政学院学报》2009 年第 4 期。

195. 刘兴菊：《论瑞典养老保险制度改革的原因与过程》，《经济管理者》2012 年第 2 期。

196. 刘旭涛：《行政改革新理论：公共服务市场化》，《中国改革》1999 年第 3 期。

197. 刘振杰：《家庭保障在现代社会保障体系中的功能及地位浅析》，《经济问题探索》2005 年第 7 期。

198. 刘芝凤：《逆城市化进程中古村落保护与开发的若干问题研究——以闽台历史文化名村为例》，《中南民族大学学报》（人文社会科学版）2018 年第 4 期。

199. 刘祖云：《香港与武汉：城市社区服务比较》，《华中师范大学学报》（哲社版）2000 年第 1 期。

200. 龙奋杰：《老年住宅的供给模式及启动对策》，《中国房地产》2003 年第 1 期。

201. 楼苏萍：《东亚福利体制研究述评》，《山东社会科学》2012 年第 3 期。

202. 鲁恩·艾尔维克、英格丽·海尔格伊、戴格·阿恩·克里斯滕森、秦喜清：《挪威和英国的积极养老观念与政策》，《国际社会科学杂志》（中文版）2007 年第 4 期。

203. 陆杰华、郭冉：《从新国情到新国策：积极应对人口老龄化的战略思考》，《国家行政学院学报》2016 年第 5 期。

204. 卢晖临、李雪：《如何走出个案——从个案研究到扩展个案研究》，《中国社会科学》2007 年第 1 期。

205. 卢晓珑：《社区化的居家养老模式探析》，《社会工作下半月》（理论）2007 年第 10 期。

206. 卢学晖：《中国城市社区自治：政府主导的基层社会整合模式——基于国家自主性理论的视角》，《社会主义研究》2015 年第 3 期。

207. 卢余群：《被征地农民利益保障问题探讨》，《嘉兴学院学报》2004 年第

5 期。

208. 陆春萍：《我国政府购买公共服务的制度化进程分析》，《华东理工大学学报》（社会科学版）2010 年第 4 期。

209. 吕红平：《论家庭养老》，《老龄问题研究》1997 年第 10 期。

210. 吕元礼：《新加坡“家庭为根”的共同价值观分析》，《东南亚纵横》2002 年第 6 期。

211. 罗观翠、王军芳：《政府购买服务的香港经验和内地发展探讨》，《学习与实践》2008 年第 9 期。

212. 罗楠、张永春：《居家养老的优势和政府财政支持优化方案研究——以西安市为分析样本》，《福建论坛》（人文社会科学版）2012 年第 5 期。

213. 马光川：《社区居家养老服务的双重困境及其突破》，《山东社会科学》2016 年第 3 期。

214. 马贵侠：《论“时间银行”模式在居家养老中的作用》，《南京理工大学学报》（社会科学版）2010 年第 12 期。

215. 麻宝斌、任晓春：《从社会管理到社会治理：挑战与变革》，《学习与探索》2011 年第 3 期。

216. 蒙艺、张家乐、谭静：《澳大利亚喘息服务的特征与启示》，《护理学报》2021 年第 14 期。

217. 孟令琪、罗娟：《基于 ISM 模型的智慧养老服务用户采纳行为影响因素研究》，《生产力研究》2021 年第 8 期。

218. 米娜：《日本：老年照顾中的高科技》，《社区》2008 年第 11 期。

219. 穆光宗：《家庭养老面临的挑战及社会对策问题》，载中国老年学学会：《中国的养老之路》，中国劳动出版社 1998 年版，第 54 页。

220. 穆光宗、姚远：《中国特色的综合解决老龄问题的未来之路》，《人口与经济》1999 年第 2 期。

221. 穆光宗：《家庭养老面临的挑战以及社会对策问题》，《中州学刊》1999 年第 1 期。

222. 穆光宗：《中国传统养老方式的变革和展望》，《中国人民大学学报》2000

年第 5 期。

223. 穆光宗：《老龄人口的精神赡养问题》，《中国人民大学学报》2004 年第 4 期。

224. 穆光宗：《空巢老人需要长效关爱机制》，《中国社会工作》2010 年第 2 期。

225. 穆光宗：《孝文化的起源与弃老习俗的关系》，《社会科学论坛》2010 年第 12 期。

226. 穆光宗：《中国式养老：城市社区居家养老研究》，《浙江工商大学学报》2019 年第 5 期。

227. 穆光宗、胡刚：《最后的尊严：论老有善终》，《扬州大学学报》（人文社会科学版）2020 年第 2 期。

228. 穆光宗：《“老漂族”的群体现状与社会适应》，《人民论坛》2021 年 4 月下。

229. 莫医铭：《论我国老龄人口精神赡养的伦理困境及出路》，《理论界》2021 年第 1 期。

230. 倪东生、张芳：《养老服务供求失衡背景下中国政府购买养老服务研究》，《中央财经大学学报》2015 年第 11 期。

231. 潘光旦：《祖先和老人的地位》，《华年》1936 年第 36 期、1936 年第 37 期。

232. 潘光旦：《论老人问题》，《天益世报 · 副刊 · 社会研究》1947 年第 5 期。

233. 潘屹：《优化整合城乡资源，完善社区综合养老服务体系——上海、甘肃、云南社区综合养老服务体系研究》，《山东社会科学》2014 年第 3 期。

234. 彭浩：《借鉴发达国家经验　推进政府购买公共服务》，《财政研究》2010 年第 7 期。

235. 潘鸿雁：《公共服务社会化的三方合作研究——以上海市徐汇区养老服务社会化为例》，《中共中央党校学报》2010 年第 2 期。

236. 潘峰、宋峰：《互联网 + 社区养老：智能养老新思维》，《学习与实践》2015 年第 9 期。

237. 彭华民：《福利三角：一个社会政策分析的范式》，《社会学研究》2006 年第 4 期。

238. 彭华民：《中国组合式普惠型社会福利制度的构建》，《学术月刊》2011年第10期。

239. 祁峰：《英国的社区照顾及启示》，《西北人口》2010年第6期。

240. 钱雪飞：《社区养老社会环境建设现状分析——基于1440份问卷调查》，《江海纵横》2011年第7期。

241. 乔建中：《老年人的时间意识与情绪调节》，《中国健康心理学杂志》2008年第11期。

242. 乔丽英：《吉登斯结构化理论中“行动”概念的深度审批》，《江西师范大学学报》（哲学社会科学版）2007年第5期。

243. 乔丽英、赵兰香：《吉登斯结构化理论研究——对结构化理论中“结构”概念的深度审视》，《前沿》2007年第11期。

244. 青连斌、陈蕾：《让全体人民老有所养——对中国红十字总会曜阳养老服务体系建设的调研》，《科学社会主义》2014年第5期。

245. 青连斌：《社区养老服务的独特价值、主要方式及发展对策》，《中州学刊》2016年第1期。

246. 青连斌：《发展我国养老服务业必须着力解决四大问题》，《湖南财政经济学院学报》2016年第4期。

247. 青连斌：《补齐农村养老服务体系建设短板》，《中国党政干部论坛》2016年第9期。

248. 青连斌：《我国养老服务业发展的现状与展望》，《中共福建省委党校学报》2016年第3期。

249. 青连斌：《我国家庭养老的困境与居家养老服务发展的趋势》，《晋阳学刊》2017年第7期。

250. 青连斌：《完善顶层设计　解决我国养老服务难题》，《中国党政干部论坛》2018年第2期。

251. 仇立平：《社会研究和问题意识》，《江苏行政学院学报》2010年第1期。

252. 邱柏生：《论社区资源类型及其整合方式》，《探索与争鸣》2006年第6期。

253. 渠敬东、周飞舟、应星：《从总体支配到技术治理——基于中国30年改革经验的社会学分析》，《中国社会科学》2009 年第 6 期。

254. 渠敬东：《占有、经营与治理：乡镇企业的三重分析概念（下）》，《社会》2013 年第 2 期。

255. 任炽越：《城市居家养老服务发展的基本思路》，《社会福利》2005 年第 1 期。

256. 单大圣：《中国养老服务管理体制的改革与发展》，《经济论坛》2011 年第 9 期。

257. 沈满洪、何灵巧：《外部性的分类及外部性理论的演化》，《浙江大学学报》（人文社会科学版）2002 年第 1 期。

258. 沈满洪、谢慧明：《公共物品问题及其解决思路》，《浙江大学学报》（人文社会科学版）2009 年第 6 期。

259. 沈原、李伟东、唐军、张坚：《北京市社区治理发展趋势及对策研究》，《北京工业大学学报》（社会科学版）2017 年第 1 期。

260. 施峰：《人口老龄化：中国和平发展必须应对的挑战》，《经济研究参考》2004 年第 75 期。

261. 石发勇：《社会资本的属性及其在集体行动中的运作逻辑》，《学海》2008 年第 3 期。

262. 石宏伟：《关于我国农村社会养老保险的思考》，《中国农业大学学报：社会科学版》2002 年第 3 期。

263. 宋林飞：《合理制定指标体系，科学引导现代化进程》，《团结》2012 年第 2 期。

264. 宋金文：《日本护理保险改革及动向分析》，《日本学刊》2010 年第 4 期。

265. 苏长聪、沈小平、贾纪刚：《浙江省居家照护体系建设调查报告》，《浙江民政》2009 年第 2 期。

266. 苏芳、徐中民、尚海洋：《可持续生计分析研究综述》，《地球科学进展》2009 年第 1 期。

267. 睢党臣、曹献雨：《“互联网 +” 养老平台供给模式的选择与优化》，《陕西师范大学学报》（哲学社会科学版）2018 年第 1 期。

268. 孙宏伟、孙睿：《我国社会养老服务体系建设的政策选择》，《东北大学学报》（社会科学版）2014 年第 1 期。

269. 孙鹃娟：《河南、贵州农村老年人的主观生活评价和养老观念》，《中国老年学杂志》2014 年第 6 期。

270. 孙立平：《关注 90 年代中期以来中国社会的新变化》，《社会科学评论》2004 年第 1 期。

271. 孙立平：《转向对市场转型实践过程的分析》，载孙立平《现代化与社会转型》，北京大学出版社 2005 年版。

272. 孙立平：《以社会重建推动和谐社会的构建》，《社会学研究》2007 年第 2 期。

273. 孙立平：《以重建社会来再造经济》，《社会学研究》2009 年第 2 期。

274. 孙立平：《“过程——事件分析”与当代中国农村国家农民关系的实践形态》，载谢立中主编《结构——制度分析，还是过程——事件分析》，社会科学文献出版社 2010 年版。

275. 孙梦楚、高焕沙、薛群慧：《智慧养老产品开发现状研究》，《经济师》2016 年第 4 期。

276. 孙萍：《中国社区治理的发展路径：党政主导下的多元共治》，《政治学研究》2018 年第 2 期。

277. 孙泽宇：《关于我国城市社区居家养老服务问题与对策的思考》，《中国劳动关系学院学报》2007 年第 1 期。

278. 台恩普：《宏观政策：框架性解决中国养老问题的必由之路》，载中国老年学学会：《中国的养老之路》，中国劳动出版社 1998 年版，第 27 页。

279. 汤学兵、张启春：《中国政府间转移支付制度的完善——基于区域基本公共服务均等化目标》，《江海学刊》2011 年第 2 期。

280. 唐迪、余运江、孙旭、高向东：《政府购买社区养老服务的满意度研究——基于上海调查数据的实证分析》，《西北人口》2017 年第 3 期。

281. 唐灿、马春华、石金群：《农村家庭养老方式的资源危机》，《中国党政干部论坛》2008 年第 11 期。

282. 唐咏：《香港“持续照顾”的老年福利服务理念及其对中国内地的借鉴》，《山东社会科学》2010 年第 11 期。

283. 唐仲勋：《探索中国特色的未来养老之路——全国家庭养老与社会化养老服务研讨会综述》，《老龄问题研究》1998 年第 10 期。

284. 陶立群：《我国人口老龄化的趋势和特点》，《科学决策月刊》2006 年第 4 期。

285. 陶沙：《从生命全程发展观论大学生入学适应》，《北京师范大学学报》2000 年第 2 期。

286. 田凯：《组织外形化：非协调约束下的组织运作——一个研究中国慈善组织与政府关系的理论框架》，《社会学研究》2004 年第 4 期。

287. 田玲、张思峰：《社区居家养老服务发展的思路框架与制度安排——基于国际经验的分析探讨》，《改革与发展》2014 年第 6 期。

288. 田润宇：《当代中国地方政府行为的激励结构解析》，《福建行政学院学报》2010 年第 3 期。

289. 田舒：《社会交换视角下的社区参与：特征及机制分析》，《中南大学学报》（社会科学版）2018 年第 5 期。

290. 田毅鹏、胡东森：《“农民集中居住区”政策的起源、演进及其模式化》，《中国农业大学学报》（社会科学版）2021 年第 5 期。

291. 童星：《发展社区居家养老服务以应对老龄化》，《探索与争鸣》2015 年第 8 期。

292. 童星：《重视养老服务中的风险防范与化解》，《中国社会工作》2019 年第 8 期。

293. 仝旭、李玲、王惠、刘东升：《农村空巢老人生存性社会适应现状的质性研究》，《中国乡村医药》2021 年第 8 期。

294. 涂晓芳、汪双凤：《社会资本视域下的社区居民参与研究》，《政治学研究》2008 年第 3 期。

295. 万军：《大力推进政府购买公共服务：公共治理变革之道》，《新视野》2009 年第 11 期。

296. 万涛、李红艳：《上海市居家养老服务供给现状、困境与发展建议》，《中国老年学杂志》2018 年第 3 期。

297. 万义兵：《试论新时代职业教育的马克思人本主义价值追求》，《职教论坛》2000 年第 3 期。

298. 汪泳：《社会资本视域下支持家庭养老的政府行动逻辑及策略》，《理论探讨》2020 年第 4 期。

299. 王成利：《医养融合养老：供给途径、实践困境与政府责任——基于公共产品理论的视角》，《东岳论丛》2017 年第 10 期。

300. 王春光：《社会治理"共同体"的日常生活实践机制和路径》，《社会科学研究》2021 年第 4 期。

301. 王辅贤：《社区养老助老服务的取向、问题与对策研究》，《社会科学研究》2004 年第 6 期。

302. 王光普：《"五步法"有效整合社区公益资源》，《中国社会工作》2017 年第 6 期。

303. 王国忠：《老年人权益保障的福利思考》，《大连大学学报》2008 年第 5 期。

304. 王汉生、吴莹：《基层社会中"看得见"与"看不见"的国家——发生在一个商品房小区中的几个"故事"》，《社会学研究》2011 年第 1 期。

305. 王宏娟、高向华：《城市居家养老的可行性分析》，《消费导刊》2008 年第 2 期。

306. 王洪宇：《江苏农村已经逐渐形成了"五位一体"的新型养老模式》，《老龄化研究》2012 年第 3 期。

307. 王建平、叶锦涛：《大都市老漂族生存和社会适应现状初探》，《华中科技大学学报》（社会科学版）2018 年第 2 期。

308. 王锦成：《居家养老：中国城镇老人的必然选择》，《人口学刊》2000 年第 4 期。

309. 王进、张晶：《城市居家养老模式的社区精神赡养》，《三峡大学学报》（人文社会科学学报）2008 年第 2 期。

310. 王金玲：《非农化与农民家庭观念的变迁》，《浙江学刊》1996 年第 4 期。

311. 王岚、易中、姜忆南：《社区养老服务设施规划的探讨》，《北方交通大学学报》2001 年第 2 期。

312. 王莉莉：《中国老年人社会参与的理论、实证与政策研究综述》，《人口与发展》2011 年第 3 期。

313. 王铭铭：《中国民间宗教：国外人类学研究综述》，《世界宗教研究》1996 年第 2 期。

314. 王名、乐园：《中国民间养老组织参与公共服务购买的模式分析》，《中共浙江省委党校学报》2008 年第 4 期。

315. 王宁：《代表性还是典型性——个案的属性与个案研究方法的逻辑基础》，《社会学研究》2002 年第 5 期。

316. 王浦劬、雷雨若、吕普生：《超越多重博弈的医养结合机制建构论析——我国医养结合型养老模式的困境与出路》，《国家行政学院学报》2018 年第 2 期。

317. 王琼：《城市社区居家养老服务需求及其影响因素——基于全国性的老年人口调查数据》，《人口研究》2016 年第 1 期。

318. 王绍光：《中国公共政策议程设置的模式》，《中国社会科学》2006 年第 5 期。

319. 王诗宗：《地方治理在中国的适用性及其限度——以宁波市海曙区政府购买居家养老政策为例》，《公共管理学报》2007 年第 10 期。

320. 王树新：《社区养老是辅助家庭养老的最佳载体》，《南方人口》1999 年第 2 期。

321. 王思斌：《我国城市社区福利福利的弱可获得性及其发展》，《吉林大学社会科学学报》2009 年第 1 期。

322. 王小章、冯婷：《城市居民的社区参与意愿》，《浙江社会科学》2004 年第 4 期。

323. 王小莹、王颖：《探索人性化居家养老服务新模式》，《江西财经大学学报》2019 年第 6 期。

324. 王晓琳：《老年人关爱服务体系重点问题研究》，《理论界》2018 年第 1 期。

325. 王雪辉：《老年人长期护理服务需求影响因素研究——基于河南省的抽

样调查》，《调研世界》2016 年第 3 期。

326. 王洵：《论养老体系》，《老龄问题研究》1998 年第 3 期。

327. 王永梅、李雅楠、肖颖：《居家养老服务对城乡老年人生活质量的影响——基于三期 CLASS 数据的效应评估》，《人口研究》2020 年第 6 期。

328. 王永益：《社区公共精神与社区和谐善治：基于社会资本的视角》，《学海》2013 年第 4 期。

329. 王泳仪、王伟、严非：《上海市流动老年人社会适应定性研究》，《中国社会医学杂志》2018 年第 2 期。

330. 王媛媛：《国外社区养老服务的发展模式及对我国的启示》，《改革与开放》2012 年第 16 期。

331. 王跃生：《当代中国家庭结构变动分析》，《中国社会科学》2006 年第 1 期。

332. 魏华林、何玉东：《中国长期护理保险市场潜力研究》，《保险研究》2012 年第 7 期。

333. 魏新文、吕元礼：《新加坡社会保障体系的三重基石》，《中共中央党校学报》2009 年第 3 期。

334. 温海红、王怡欢：《基于个体差异的“互联网 +”居家社区养老服务需求分析》，《社会保障研究》2019 年第 4 期。

335. 文军：《中国社会组织发展的角色困境及其出路》，《江苏行政学院学报》2012 年第 1 期。

336. 邬沧萍：《提高对老年人生活质量的科学认识》，《人口研究》2003 年第 2 期。

337. 邬沧萍：《长寿时代的空巢家庭企盼亲情住宅》，《住宅科技》2004 年第 2 期。

338. 邬沧萍、谢楠：《1980—2010：中国人口政策三十年回顾与展望》，《甘肃社会科学》2011 年第 1 期。

339. 邬沧萍：《提高对老年人照顾服务的理论认识》，《中国社会工作》2017 年第 8 期。

340. 邬沧萍、彭青云：《重新诠释“积极老龄化”的科学内涵》，《中国社会工作》2017 年第 8 期。

341. 吴迪：《中国城市社区居家养老服务模式比较研究——基于南京、大连、宁波、上海和兰州的分析》，《陕西行政学院学报》2014 年第 2 期。

342. 吴国卿：《社区养老服务——时代的呼唤》，《中国社会保险》1999 年第 3 期。

343. 吴宏洛：《论医疗保险制度设计对失能老人的救助功能——基于医养结合长期照护模式的考察》，《福建师范大学学报》（哲学社会科学版）2014 年第 2 期。

344. 吴诺：《构建新型社会养老服务体系的研究》，《天津社会保险》2011 年第 6 期。

345. 吴双：《建设公共服务型政府问题综述》，《信息与研究》2005 年第 3 期。

346. 吴涛、陈正芹：《资源整合与功能超越——论社会组织在公共管理改革中的重要作用》，《中国行政管理》2008 年第 6 期。

347. 吴晓林：《治权统合、服务下沉与选择性参与：改革开放四十年城市社区治理的"复合结构"》，《中国行政管理》2019 年第 7 期。

348. 吴新叶、吴洪法：《配置与调适——现阶段社区资源分析》，《学术专论》2002 年第 5 期。

349. 吴雪丰、谭有模：《我国积分养老模式探索》，《合作经济与科技》2021 年第 9 期。

350. 吴玉韶：《养老服务热中的冷思考》，《北京社会科学》2014 年第 1 期。

351. 吴忠民：《共享理念的合理边界》，《天津社会科学》2021 年第 2 期。

352. 习恒：《分层分类：提高养老服务目标瞄准率》，《学海》2015 年第 1 期。

353. 夏敬、张向达：《完善社区居家养老服务需"对症下药"》，《社会治理》2017 年第 11 期。

354. 肖瑛：《"国家与社会"到"制度与生活"：中国社会变迁研究的视角转换》，《中国社会科学》2014 年第 9 期。

355. 谢俊贵：《我国城市化进程中的城市空间拓展策略》，《人文地理》2009 年第 4 期。

356. 谢立黎、王飞、胡康：《中国老年人社会参与模式及其对社会适应的影响》，《人口研究》2021 年第 5 期。

357. 邢宇宙、李琳：《加快完善城市社区老年照护服务体系建设》，《中国国情国力》2021 年第 10 期。

358. 邢占军、周慧：《基于需要的老年福利供给与多方治理》，《理论学刊》2019 年第 2 期。

359. 徐延辉：《社会服务体系：欧洲模式与中国方向》，《人民论坛 · 学术前沿》2012 年第 17 期。

360. 徐勇：《农民理性的扩张："中国奇迹"的创造主体分析——对既有理论的挑战及新的分析进路的提出》，《中国社会科学》2010 年第 1 期。

361. 许琪、王金水：《代际互惠对中国老年人生活满意度的影响》，《东南大学学报》（哲学社会科学版）2019 年第 1 期。

362. 许开轶、朱晨晨：《基层协商民主的制度认同论》，《政治学研究》2018 年第 4 期。

363. 邢占军、周慧：《基于需要的老年福利供给与多方治理》，《理论学刊》2019 年第 2 期。

364. 熊必俊：《论我国人口老龄化下的社会养老问题》，《人口学刊》1994 年第 4 期。

365. 熊必俊：《制定新世纪老龄行动计划　应对全球老龄化挑战第二届世界老龄大会的收获与启示》，《医学与社会》2002 年第 5 期。

366. 熊跃根：《成年子女对照顾老人的看法》，《社会学研究》1998 年第 5 期。

367. 熊跃根：《大变革背景下中国社会政策的发展方向与基本策略》，《社会政策研究》2019 年第 3 期。

368. 徐勤、原野：《家庭养老在中国老年保障中的作用》，《第 23 届国际人口大会 · 中国人口论坛文选》1997 年。

369. 许爱花：《中国城市社区老年人养老模式之反思》，《宁夏大学学报》（人文社会科学版）2005 年第 3 期。

370. 严浩、秋风、潘力：《居家养老：具有中国特色的养老之路——全国部分城市居家养老服务情况的调查报告》，《社会福利》2006 年第 1 期。

371. 鄢盛明、陈皆明、杨善华：《居住安排对子女赡养行为的影响》，《中国社会科学》2001 年第 1 期。

372. 闫臻：《嵌入社会资本的乡村社会治理运转：以陕南乡村社区为例》，《南京农业大学学报》2015 年第 4 期。

373. 阎安：《论社区居家养老：中国城市养老模式的新选择》，《科学·经济·社会》2007 年第 2 期。

374. 阎锡海、曹娟云：《生物进化论中的若干基本概念探究》，《延安大学学报》1995 年第 4 期。

375. 阎云祥：《家庭政治中的金钱与道义：北方农村分家模式的人类学分析》，《社会学研究》1998 年第 6 期。

376. 颜伟荣、杨鹏：《我国居家养老服务市场化运作探究》，《经济视角》2013 年第 2 期。

377. 杨重光：《城市化过程中土地政策调整与人口户籍变更》，《中国土地科学》2000 年第 6 期。

378. 杨翠迎、李馥厚、米红：《政府管理作用对养老金投资收益的影响关系研究》，《西北农林科技大学学报》2008 年第 6 期。

379. 杨翠迎、伍德安：《货币化子女赡养责任，以制度推动居家养老服务——基础上海市的社会调查》，《安徽师范大学学报》（人文社会科学版）2015 年第 1 期。

380. 杨菊华：《中国流动人口的社会融入研究》，《中国社会科学》2015 年第 2 期。

381. 杨菊华：《空间理论视角下老年流动人口的社会适应》，《社会学研究》2021 年第 3 期。

382. 杨良初：《促进养老服务业发展的财政政策思考》，《中国财政》2017 年第 3 期。

383. 杨敏：《公民参与、群众参与与社区参与》，《社会》2005 年第 5 期。

384. 杨敏：《作为国家治理单元的社区——对城市社区建设运动过程中居民社区参与和社区认知的个案研究》，《社会学研究》2007 年第 4 期。

385. 杨述明：《论地方政府主导社会养老服务体系构建的“三根支柱”》，《湖北社会科学》2014 年第 7 期。

386. 杨甜甜：《作为行动领域组织中的权力与规则——评费埃德伯格的〈权力与规则〉》，《社会学研究》2007 年第 4 期。

387. 杨文杰、陈丽莎、韦玮：《日本社区老年服务体系及其对中国的启示》，《当代世界》2010 年第 6 期。

388. 杨彦平、金瑜：《社会适应性研究述评》，《心理科学》2006 年第 5 期。

389. 杨宜勇、张本波、李璐、关博、魏义方：《及时、科学、综合应对我国人口老龄化研究》，《宏观经济研究》2016 年第 9 期。

390. 杨宗传：《老年社会保障与家庭养老层次性分析》，《老龄问题研究》1997 年第 8 期。

391. 杨宗传：《居家养老与中国养老模式》，《经济评论》2000 年第 3 期。

392. 姚华、王亚南：《社区自治：自主性空间的缺失与居民参与的困境——以上海市 J 居委会"议行分设"的实践过程为个案》，《社会科学战线》2010 年第 8 期。

393. 姚远：《对中国家庭养老弱化的文化诠释》，《人口研究》1998 年第 5 期。

394. 姚远：《从宏观角度认识我国政府对居家养老方式的选择》，《人口研究》2008 年第 2 期。

395. 姚引妹：《中国农村养老保障：问题与对策》，《人口与计划生育》2002 年第 9 期。

396. 叶妍：《对我国老年人社区服务供给的思考》，《市场与人口分析》2004 年第 5 期。

397. 易旻、张佳悦：《中国未来理想养老模式——前医后院方案》，《中小企业管理与科技》（上旬刊）2016 年第 8 期。

398. 尹利民：《政治机遇与限制：信访发生的机理与行动逻辑——基于两个信访案例的解读》，《华中师范大学学报》（人文社会科学版）2008 年第 5 期。

399. 尹尚菁、杜鹏：《老年人长期照护需求现状及趋势研究》，《人口学刊》，2012 第 2 期。

400. 尤吾兵：《关怀伦理与老年人口精神赡养动力机制构建》，《中州学刊》

2017 年第 4 期。

401. 虞维华：《政府购买公共服务对非营利组织的冲击分析》，《中共南京市委党校南京市行政学院学报》2006 年第 8 期。

402. 俞仁龙：《浙江农村建立社会养老保险制度的经济可行性分析》，《嘉兴学院学报》2005 年第 4 期。

403. 于学军：《中国人口老化与代际交换》，《人口学刊》1995 年第 6 期。

404. 余昌妹等：《失能空巢老人健康和照料现状的分析及其建议》，《医学与社会》2010 年第 12 期。

405. 余敏江：《论政府服务化的制度建构》，《江苏社会科学》2010 年第 3 期。

406. 袁方：《中国老年人在家庭、社会中的地位和作用》，《北京大学学报》（哲学社会科学版）1987 年第 3 期。

407. 袁方成：《增能居民：社区参与的主体性逻辑与行动路径》，《行政论坛》2019 年第 1 期。

408. 袁同成、彭华民：《家庭资源重构与农村老年人压力应对问题初探》，《北京社会科学》2015 年第 9 期。

409. 原新：《对低生育率水平与人口安全的思考》，《学海》2005 年第 6 期。

410. 原新、金牛：《“危”“机”与应对：中国人口负增长时代的老龄社会》，《中共福建省委党校（福建行政学院）学报》2020 年第 1 期。

411. 曾毅、王正联：《中国家庭与老年人居住安排的变化》，《中国人口科学》2004 年第 5 期。

412. 曾永和：《尊重社会组织的主体地位　分类指导社会组织建设》，《理论文萃》2011 年第 5 期。

413. 曾昱：《社区养老服务的发展方向：专业化、产业化和规模化》，《西北人口》2008 年第 3 期。

414. 翟胜明、谭克俭：《农村养老特征与对策》，载中国老年学学会：《中国的养老之路》，中国劳动出版社 1998 年版，第 231 页。

415. 詹韵秋：《父母帮助与子女赡养行为》，《西部经济管理论坛》2021 年第 5 期。

416. 章晓懿、梅强：《社区居家养老服务绩效评估指标体系研究》，《统计与决策》2012 年第 12 期。

417. 张国旺：《民情的呈现与守护》，《社会学研究》2018 年第 6 期。

418. 张娟、魏蒙：《城市老年人的机构养老意愿及影响因素研究》，《人口经济》2014 年第 6 期。

419. 张恺悌、党家康：《转型期中国养老体系的矛盾分析》，《老龄问题研究》1997 年第 9 期。

420. 张立荣、金红磊：《非政府组织兴起动因的四维视角透析》，《华中师范大学学报》2003 年第 7 期。

421. 张丽艳、于凌羽：《国内社区社会组织研究热点分析》，《陕西行政学院学报》2018 年第 11 期。

422. 张丽艳、李闯：《马斯洛需求层次理论视域下社区养老途径探究》，《行政与法》2019 年第 1 期。

423. 张瑞：《中国长期护理保险的模式选择与制度设计》，《中州学刊》2012 年第 6 期。

424. 张卫东：《智慧城市建设背景下居家养老体系架构及重点环节解析》，《上海城市管理》2021 年第 2 期。

425. 张文范：《坚持和完善家庭养老积极创造居家养老的新环境》，载中国老年学学会：《中国的养老之路》，中国劳动出版社 1998 年版，第 2 页。

426. 张文宏、阮丹青、潘允康：《天津农村居民的社会网》，《社会学研究》1999 年第 1 期。

427. 张文宏、于宜民：《居民自评健康的社会影响因素研究》，《东岳论丛》2019 年第 9 期。

428. 张文娟、李树茁：《子女的代际支持行为对农村老年人生活满意度的影响研究》，《人口研究》2005 年第 5 期。

429. 张小劲：《非政府组织研究：一个正在兴起的热门课题》，《中共宁波市委党校学报》2002 年第 6 期。

430. 张小强：《政府购买服务与社会化养老体系的构建》，《中国民政》2006

年第 2 期。

431. 张晓峰：《建立政府购买服务制度　完善居家养老服务体系》，《社会福利》2007 年第 8 期。

432. 张孝廷、张旭升：《社区居家养老服务的结构困境及破解之道》，《浙江社会科学》2012 年第 8 期。

433. 张旭升：《失业、待业者就业抉择的家庭推拉力分析》，《南方人口》2008 年第 5 期。

434. 张旭升、牟来娣：《"居家养老"理论与实践》，《西北人口》2010 年第 6 期。

435. 张友琴：《老年人社会支持网的城乡比较研究——厦门市个案研究》，《社会学研究》2001 年第 4 期。

436. 张曰松：《美国养老保障体系概述及启示》，《人口与计划生育》2005 年第 7 期。

437. 张钟汝：《居家养老需配套政策》，《社会》1999 年第 6 期。

438. 章晓懿、梅强：《影响社区居家养老服务质量的因素研究：个体差异的视角》，《上海交通大学学报》2011 年第 6 期。

439. 赵东霞、王金羽：《辽宁养老服务业发展的财政政策支持》，《经济研究导刊》2012 年第 28 期。

440. 赵立波：《完善政府购买服务机制　推进民间养老组织发展》，《行政论坛》2009 年第 3 期。

441. 赵立新：《论社区建设与居家式社区养老》，《人口学刊》2004 年第 3 期。

442. 赵丽宏：《完善社区养老服务　支持居家养老》，《黑龙江社会科学》2005 年第 3 期。

443. 赵曼、邢怡青：《"居家社区机构相协调"：政策机理和实现路径》，《社会保障研究》2021 年第 2 期。

444. 赵秀梅：《基层治理中的国家—社会关系——对一个参与社区公共服务的 NGO 的考察》，《开放时代》2008 年第 4 期。

445. 折晓叶：《土地产权的动态建构机制——一个"追索权"分析视角》，《社会学研究》2018 年第 3 期。

446. 郑秉文、孙婕：《社会保障制度改革的一个政策工具："目标定位"》，《中央财经大学学报》2004 年第 8 期。

447. 郑丹丹、易杨忱子：《养儿还能防老吗——当代中国城市家庭代际支持研究》，《华中科技大学学报》（社会科学版）2014 年第 1 期。

448. 郑功成：《我国养老服务体系建设存在问题及对策》，《中国经济社会论坛》2013 年第 11 期。

449. 郑功成：《中国社会保障改革与经济发展：回顾与展望》，《中国人民大学学报》2018 年第 1 期。

450. 郑岩：《国外养老产业的一些做法值得借鉴》，《政策瞭望》2011 年第 7 期。

451. 郑玮斌、张友琴：《社会变迁对农村老年人口家庭地位和供养模式的影响》，载中国老年学学会《中国的养老之路》，中国劳动出版社 1998 年版。

452. 郅玉玲：《浙江省城镇家庭代际互助关系的调查分析》，《人口研究》1999 年第 6 期。

453. 郅玉玲：《江南三镇农村老年人的日常生活活动能力（ADL 分析）》，《老龄问题观察》（内刊）2001 年第 3 期，2001 年第十六届东北亚老龄化学术研讨会。

454. 郅玉玲：《老年妇女的社会支持系统研究》，《华东理工大学学报》（社会科学版）2006 年第 2 期。

455. 郅玉玲：《农村老年人养老支持力研究及社会政策建议》，《人口与发展》2009 年第 5 期。

456. 郅玉玲：《长江三角洲地区居家养老服务的发展》，《学海》2010 年第 4 期。

457. 郅玉玲：《人口计生部门如何关爱空巢老人》，《人口与发展》2012 年第 1 期。

458. 郅玉玲、李一：《"网络主体困顿"：网络社会生活的隐性风险探析》，《西南民族大学学报》（人文社会科学版）2021 年第 8 期。

459. 钟骁勇：《新型城镇化背景下征地相关问题破解路径探析》，《中国国土资源经济》2015 年第 3 期。

460. 钟涨宝、杨柳：《转型期农村家庭养老困境解析》，《西北农林科技大学学报》（社会科学版）2016 年第 5 期。

461. 钟涨宝、聂建亮：《农民的养老观念与新农保养老保障能力评价》，《中南民族大学学报》（人文社会科学版）2014 年第 1 期。

462. 周长洪：《中国家庭结构变化的几个特征及其思考——基于“五普”和“六普”数据的比较》，《南京人口管理干部学院学报》2013 年第 4 期。

463. 周飞丹：《生财有道：土地开发和转让中的政府和农民》，《社会学研究》2007 年第 1 期。

464. 周绍斌、周密：《精神保障：老年保障的新视域》，《老龄科学研究》2016 年第 2 期。

465. 周晓虹：《孝悌传统与长幼尊卑：传统中国社会的代际关系》，《浙江社会科学》2008 年第 5 期。

466. 周晓虹：《文化反哺：生发动因与社会意义》，《青年探索》2017 年第 5 期。

467. 周雪光、艾云：《多重逻辑下的制度变迁：一个分析框架》，《中国社会科学》2010 年第 4 期。

468. 周亚越、吴凌芳：《诉求激发公共性：居民参与社区治理的内在逻辑》，《浙江社会科学》2019 年第 9 期。

469. 周正：《发达国家的政府购买公共服务及其借鉴与启示》，《西部财会》2008 年第 5 期。

470. 周志家：《公益性非政府组织的组织能力及政府的作用——以德国环境标准化协会为例》，《德国研究》2009 年第 2 期。

471. 朱冬梅：《养老服务需求多元化视角下的社会组织建设》，《山东社会科学》2013 年第 4 期。

472. 朱汉民：《社区老年保健和积极老龄化原则》，《社区卫生保健》2005 年第 1 期。

473. 朱健刚：《城市街区的权力变迁：强国家与强社会模式——对一个街区权力结构的分析》，《战略与管理》1997 年第 4 期。

474. 朱力：《社会规范建设的困境——三种理性人的策略性选择》，《探索与争鸣》2009 年第 10 期。

475. 诸大建、刘冬华、许洁：《城市管理：从经营导向向服务导向的变革》，《公共行政评论》2011 年第 1 期。

四、博士学位论文

1. 陈建文：《青少年社会适应的理论与实证研究：结构、机制与功能》，西南师范大学博士学位论文，2001 年。

2. 罗淳：《从老龄化到高龄化》，西南财经大学博士学位论文，2000 年。

3. 肖倩：《制度再生产：中国农民的分家实践——以赣中南冈村为例》，上海大学博士学位论文，2006 年。

4. 严志兰：《在闽台商社会适应研究》，上海大学博士学位论文，2010 年。

五、法规政策文件

1.《十三大以来重要文献选编》（上），人民出版社 1991 年版。

2.《十五大以来重要文献选编》（中），人民出版社 2001 年版。

3.《十七大以来重要文献选编》（中），人民出版社 2011 年版。

4.《十九大以来重要文献选编》（上），中央文献出版社 2019 年版。

5.《建国以来重要文献选编》（第 2 册），中央文献出版社 1992 年版。

6.《中华人民共和国老年人权益保障法》，1996 年。

7.《中华人民共和国土地管理法》，1998 年。

8.《关于修订〈中华人民共和国土地管理法〉的决定》，2004 年。

9.《加快农业发展若干问题的决定》，1979 年。

10.《进一步加强和完善农业生产责任制的几个问题》，1980 年。

11.《积极发展农村多种经营的通知》，1981 年。

12.《关于转发农牧渔业部〈关于开创社队企业新局面的报告〉的通知》，1984 年。

13.《关于加强建立被征地农民社会保障制度的通知》，2003 年。

14.《国务院关于开展新型农村社会养老保险试点的指导意见》，2009 年。

15.《关于加快推进基本公共服务均等化进一步改善民生的若干意见》，

2009 年。

16.《浙江省人力资源和社会保障厅　浙江省财政厅关于解决未参保集体企业退休人员及其他相关人员基本养老保障等遗留问题的实施意见》，2011 年。

17.《浙江省征地补偿和被征地农民基本生活保障办法》，2010 年。

18.《杭州市征用集体所有土地房屋拆迁管理条例》，1997 年。

19.《杭州市劳动和社会保障局关于杭州市区征用土地农转非人员“双低”养老保险实施办法》，2003 年。

20.《关于建立市区征地农转非劳动年龄段以上人员生活补贴制度的意见（试行)》，2005 年。

21.《杭州市城镇老年居民大病住院基本医疗保险试行办法》，2006 年。

22.《杭州市基本养老保障办法》，2007 年。

23.《杭州市区征收（用）集体所有土地房屋拆迁服务工作管理办法》，2007 年。

24.《杭州市人民政府办公厅关于印发杭州市征地补偿标准争议协调办法的通知》，2007 年。

25.《关于印发杭州市区新型农村合作医疗实施办法的通知》，2008 年。

26.《杭州市基本医疗保障办法》，2008 年。

27.《杭州市区新型农村合作医疗实施办法》，2008 年。

28.《杭州市人民政府关于调整杭州市区征地补偿标准的通知》，2009 年。

29.《关于贯彻落实〈杭州市集体土地住宅房屋拆迁货币化安置实施意见（试行）有关问题的规定〉的通知》，2009 年。

30.《杭州市城乡居民社会养老保险实施意见》，2010 年。

31.《杭州市基本医疗保障办法》，2010 年。

32.《杭州市基本养老保障办法》，2010 年。

33.《杭州市城乡居民社会养老保险实施意见》，2010 年。

34.《关于统一全市基本医疗保险制度框架和主要政策的通知》，2011 年。

六、网络资料

1. 刘晓清、张国强：《加快构建具有浙江特色的社会救助体系》，新华网浙江频道，2007 年 3 月 21 日，见 http：//www.zj.xinhuanet.commagazine/2007-03/21/content_9572880.htm。

2.《中华人民共和国土地改革法》. 见 http：//www.hudong.com/wiki。

3. 中华人民共和国国家统计局：《2010 年第六次全国人口普查主要数据公报（第 1 号）》，见 http：//www.stats.gov.cn/tjfx/jdfx/t20110428_402722253.htm，2011-04-28。

4. 国家统计局、国务院第七次全国人口普查领导小组办公室：《第七次全国人口普查公报（第五号）》，见 http：//www.stats.gov.cn/tjsj/tjgb/rkpcgb/qgrkpcgb/202106/t20210628_1818824.html。

5. 中华人民共和国国家统计局《2021 年第七次全国人口普查主要数据公报（第 7 号）》，中华人民共和国国家统计局。见 http：//www.stats.gov.cn/tjsj/tjgb/rkpcgb/qgrkpcgb/202106/t20210628_1818826.html。

6. 上海市统计局、上海市人民政府第七次人口普查领导小组办公室：《上海市七次全国人口普查主要数据公报》，2021 年 5 月 19 日，见 http：//tjj.sh.gov.cn/7rp-pcyw/20210519/38de049ac5504904b9e77cb987ccb58a.html。

7. 江苏省统计局、江苏省人民政府第七次人口普查领导小组办公室：《江苏省七次全国人口普查主要数据公报》，2021 年 5 月 18 日，见 http：//www.jiangsu.gov.cn/art/2021/5/18/art_34151_9817857.html。

8. 浙江省统计局、浙江省人民政府第七次人口普查领导小组办公室：《浙江省第七次人口普查主要数据公报》，2021 年 5 月 13 日，见 http：//tjj.zj.gov.cn/art/2021/5/13/art_1229129205_4632764.html。

七、英文著作

1. Angel，Ronald J，Angel，et al. *Who will care us*：*aging and long term care in a multicultural America*. New York：New York University，2005.

2. Austin D M. *Human Services Management：Organizational Leadership in Social Work Practice*. New York：Austin D M. Human Services Management：Organizational Leadership in Social Work Practice. New York：Columbia University Press，2002.

3. Baggott R. *Health and health care in Britain*. New York：Palgrave MacMillan，1994.

4. Adams. *Kinship in an urban setting*. Chicago：Markham. 1967.

5. Ayer S，Alaszewski A. *Community care and the mentally handicapped：services for mothersand their mentally handicapped children*，London：Routledge & Kegan Paul，1984.

6. Behn，Robert D.，*Why Measure Performance Management in Democratic Systems*，London：Palgrave Macmillan，2017.

7. Bronislaw，Malinowski. *Argonauts of the Western Pacifi. Prospect Heights*，Ⅲ .：Waveland Press. 1922/1984

8. Care Quality Commission，*The state of adult social care services 2014 to 2017*，London：Care Quality Commission，UK，2017.

9. Challis，D.，Clarkson，P.，Warburton，R.，*Performance Indicators in Social Care for Older People*，Farnham：Ashgate Publishing，Ltd，2006.

10. Commission for Social Care Inspection. *Performance Ratings for Social Services in England*，London：Commission for Social Care Inspection，UK，2004.

11. Commission for Social Care Inspection. *Social Services Performance Assessment Framework Indicators Adults 2006-2007*，London：Commission for Social Care Inspection，UK，2007.

12. Cox Carole B. *Community care for an aging society：issues，policies and services.* Springer Publishing Company，2005.

13. Dayton，Kim. *Global Perspectives on Financing Long-Term Care.* Working Paper Series.2006

14. Derpartment of Health，*Modernising Social Services*，London：Department of Health，UK，1998.

15. Department of Health and Social Care, *The Adult Social Care Outcomes Framework*: *2018/19*: *Handbook of Definition*, London: Department of Health and Social Care, UK, 2018.

16. Durkheim, E. *The Division of Labor in Society*. New York: Free Press, 1956.

17. Ellis F. *Rural Livelihoods and Diversity in Development Coun-tries*. Oxford: Oxford University Press, 2000.

18. Evers, A., *Shifts in he Welfare Mix*: *Introducing a New Approach for the Study of Transformation in Welfare and Social Policy*, In Evers, A. & Wintersberger, H. (Ed), *Shifts in the Welfare Mix*: *Their Impact on Work*, *Social Services and Welfare Policies*, Eurosocial, Vienna, 1988.

19. George C.Homans. *Social Behavior*: *Its Elementary Forms*. New York: Harcourt Brace Jovanovich, 1961.

20. Goodwin N, Dixon A, Anderson G, et al. *Providing Integrated Care for Older People with Complex Needs*: *Lessons from Seven International Case Studies*. The King's Fund, 2014.

21. Greene, R. *Human behavior theory and social work practice*. New York: Aldine De Gruyter, 1999.

22. Hartnell C. *The community care handbook*: *the reformed system explained*, New York: London Age Concern, 1995.

23. Health Service Executive, *Social Care Division-Older Persons Services*, *Key Performance Indicator Metadata 2017*, Dublin: Health Service Executive, Ireland, 2017.

24. Hendig, H. *Ageing and families*. Australia: Allen and Unwin, 1986

25. Hennessy, *Rosemary and Chrys Ingraham*. *Materialist Feminism-A Reader in Class*, *Difference*, *and Women's Lives*. New York: Routledge, 1997.

26. Keith, J. *Age in anthropological research*. Binstock RH, Shanas E.Handbook of Ageing and the Social Science.2th ed. New York: Van Nostrand Reihold, 1985.

27. Keith, J. *Age in social and cultural context*. Binstock RH, George L.Handbook

of Ageing and the Social Science.3th ed.San Diego：Academic Press，1990.

28. Kendig，H.，Hashimoto A.，and Coppard L.C. *A Family support for the elderly：the international experience*. Oxford：Oxford University Press，1992.

29. King.Ambrose Yeo-chiYao-ji Jin.Renqi guanxi zhong renqing zhi fenxi. *An analysis of the concept of renqing in the context of interpersonal relations. In Guoshu Norman Johnson. Mixed Economies of Welfare A Comparative Perspective*，London and New York：Prentice Hall，Europe，1999.

30. Lazarus，R.S. *Adjustment and Personality*. N.Y：McGraw-Hill Company，1961.

31. Lefebvre，Henry. *The Production of space*. Translated by Donald Nicholson Smith，Oxford Blackewll Ltd.，1974/1991

32. Lorenz K.Z. *Evolution and the Modification of Behavior*. Chicago：University of Chicago Press，1965.

33. Marcel，Mauss. *The Gift*. New York：W.W.Norton&Company，1976.

34. Maeda，D.，and Y. Nakatani. *Family care of the elderly in Japan. Kosberg J.I.，Family Care of the Elderly：Social and Cultural Changes Sage Publications*，International Educational and Professional Publisher，Newbury Park London New Delhi，1992.

35. Meredith，Barbara. *The community care handbook：the new system explained.* London：Ace Books，1993.

36. Martinez，J.，*Assessing Quality，Outcome and Performance Management，Ceneva：Department of Organization of Health Services Delivery*，World Health Organization，2001.

37. Mizrahi，s.，*Puhlic Policy and Performance Mangament in Democratic System*，London：Palgrave Macmilan，2017.

38. Means R. *Community care：policy and practice*，New York：Palgvwe Macmillan，1998.

39. Max Weber. *Basic Concepts in Sociology*. New York，Citadel，1964，PP.29

40. Max Weber. *The Theory of Social and Economic Organization*. New York.Free Press，1947.

41. Norman Johnson. *Mixed Economies of Welfare A Comparative Perspective*, London and New York，Prentice Hall，Europe，1999.

42. Office of Community Services，*Administration for Children and Families*, Implementation of a new performance measure，Washington：U.S.Department of Health and Human Services，2012.

43. Olsson，S.E.，Och，H.J.& Eriksson，I.，*Social Security in Sweden and other Europe Countries-Three Essays*，Stockholm：ESO，1993.

44. Raymond，Firth. *Tikopia Ritual and Belief*. Boston：Beacon Press，1967.

45. Richard M.Titmuss. *Social Policy*. London：Allen and Unvin.1974.

46. Rosser，C. and C.Harris. *The family and social change*. London：Routledge and Kegan Paul，1965.

47. Rose，R.，*Common Goals but Different Roles*：*The State's Contribution to the Welfare Mix.In Rose*，R.& Shiratiori，R.（Ed），*The Welfare State East and West*, Oxford：Oxford University Press，1986.

48. S.Hatch &I. Mocroft，*Components of Welfare*：*Voluntary Organizations*, *Social Services and Politics in Two Local Authorities*，London：Bedford Square Press，1983.

49. Steedman，I.，*On Some Concepts of Relationality in Economics*，in Eral，P.E. and Frown，S.E.（eds.），*Economics as an Art of Thought*：*Eessays in Memory of G.L.S.Shackle*，Routledge：London and New York，2000.

50. Sussman. *The family life of old people. Binstock RH*，*Shanas E.Handbook of Ageing and the Social Science*. 2th ed.New York：Van Nostrand Reihold. 1985.

51. T.H.Marshall. *Social Policy*. Hutchinson & Co.Ltd.1965.

52. Vogel，Lise. *Marxism and the Oppression of Women*：*Toward a Unitary Theory*. New Jersey：Rutgers University Press. 1983.

53. Wickwar，M. *The social services*：*an historical survey*. London：Bodley

Head，1949.

54. Wolfenden，*The future of Voluntary Organization：Report ofthe Wolfenden Committee.* Croom-Helm.London，1978.

55. Y Yang，Martin C. A *Chinese Village：Taitou，Shantung Province.* NewYork：Columbia University Press，1945.

56. Yang，ed.，*The psychology of the Chinese*，Taipei.Taiwan：Guiguan Press，1988.

57. Yang，Lien-sheng. *The Concept of 'Pao' as a Basis for Social Relations in China.* In John K.Fairbank，ed.，*Chinese Thought and Institutions*. Chicago：University of Chicago Press. 1957.

58. Zastrow C，Kirst-Ashman K. *Understanding human behavior and the social environment.* Belmont CA：Brooks Cole-Thomson Learning，2003.

八、英文论文

1. Abrams P，Abrams S，Humphrey R，et al. *Neighborhood care and social policy.* Humanities，Psychology and Social Sciences，1989，Vol.11.No.2.

2. Ahern，M.M.，&Hendryx，M.，*Avoidable Hospitalizations for Diabetes：Commorbidity Risks*，Disease Management，2007，Vol.10，pp.347-355.

3. Adam Davey，Demi Patsios. *Formal and informal community care to older adults：comparative analysis of the United States and Great Britain.* Journal of Family and Economic Issues，1999，Vol.20，No.3.

4. Baldock J，Everst A. *Innovations and care of the elderly：the cutting-edge of change for social welfare systems-examples from Sweden*，the Netherlands and the United Kingdom. Agng & Society，1992，Vol.12，NO.3

5. Bronfenbenner，Urie.The ecology of human development experiments by nature and design.Children & Youth Services Review，1979，Vol.2，No.4.

6. Brown J.R.，&Finkelstein，A. *The Private Market for Long-Term Care Insurance in the United States：A Review ofthe Evidence*，Journal of Risk and

Insurance，2009，Vol.76.

7. Caplan，G. *Support Systems and Community Mental Health*：*Lectures on Concept Development*，Behavioural Publications.，New York，1974.

8. Cooper R N，Giddens A.The third way：the renewal of social democracy. Foreign Affairs，1998，Vol.78，No.2.

9. Chon，Y.，The Expansion of the Korean Welfare State and Its Results

10. -Focusing on Long-Term Care Insurance for the Elderly，Social Policy &Administration，2014，Vol.48.

11. Coase，R.H.The Nature of the firm：Meaning，Journal of Law，Economics & Organization，1988，Vol.4，No.1.

12. Chin，G.W.，&Phua，K.H.，Long-Term Care Policy：Singapore's Experience.Journal of Aging&Social Policy，2016，Vol.28.

13. Der Mcleod D.On Lok：community-based long term care.Society for Social Work Administrators in Health Care，1997，Vol.17，No.4.

14. Dickinson，G.E.End-of-life and palliative care education in US pharmacy schools.American Journal of Hospice& Palliative Medicine，2013，Vol30，No.6.

15. Drucker P F. Lessons for Successful Nonprofit Governance. Nonprofit Management And Ledaership，1990，Vol.1.

16. Edebalk P G，Samuelsson G，Ingvad B.How elderly people rank-order the quality characteristics of home services.Agng&Society，1995，Vol.15，No.1.

17. Fontana，Marzia and Adrian Wood. Modelling the Effects of Trade on Women at Work and at Home. For the Coming in World Development，1999，Nol.3.

18. Fong，Christina M. Evidence from an Experiment on Charity to Welfare Recipients：Reciprocity，Altruism and the Empathic Responsiveness Hypothesis. Economic Journal，2007，Vol.117.

19. Genet N，W.G.W.Boerma，Kringos DS，et al.Home care in Europe：a systematic literature review.BMC Health Services Research，2011，Vol.11.

20. Gilbert，N. Remodeling Social Welfare，Society，1998，Vol.35，No.5.

21. Gough Claire，Lewis Lucy K.，Barr Christopher，Maeder Anthony，George Stacey. Community participation of community dwelling older adults：a cross-sectional study. BMC Public Health，2021，Vol.21，No.1.

22. Hellerstein W，JR M L.The European Commission's report on company income taxation：what th EU can learn from the experience of the US State.International Tax & Public Finance，2004，Vol.11，No2.

23. Hwang，Kwang-kuo. Face and Favor：The Chinese Power Game. American journal of Sociology. Vol.92，No.4，1987.

24. Huang B，Yu J X.Leading digital technologies for coproduction：The case of visit once administrative service reform in Zhejiang Province，China.Journal of Chinese Political Science，2019，Vol.24，No.3.

25. Ingenix.Long-Term Care Makes up an increasing Portion of Medicare Inpatient Admissions，Healthcare Financial Management，2008，Vol.4.

26. J.W.Kim，Dynamics of the Welfare Mix in the Republic of Korea：An Expenditure Study between 1990 and 2001，International Social Security Review，2005.

27. Jagannathan Aarti，Thekkumkara Sreekanth Nair，et al.A Community Participation Initiative During COVID-19 Pandemic：A Case Study From India. Indian Journal of Psychological Medicine，2021，Vol.43，No.2.

28. Jonri M，Beland F，Bergman H. International experiments in integrated care for the elderly：a synthesis of the evidence，International Journal of Geriatric Psychiatry，2003，Vol.18，No.3.

29. Kim S.，Burden of Hospitalizations Primarily due to Uncontrolled Diabetes：Implications of Inadequate Primary Health Care in the United States，Diabetse Care，2007，Vol.30.

30. Lewin Group. Preparing for Long-Term Services and Supports，Presentation by Lisa Alecxih American Public Policy and Management Association，2009.

31. MacKean R，Abbott-Chapman J. Older people's perceived health and

wellbeing：the contribution of peer-run community-based organisations. Health Sociology Review，2012，Vol.21，No.1.

32. Matthies，Alaleena，Narhi，et al.The eco-social approach in social work. Council on Social Work Education，2001，Vol.37，No.3.

33. McFarlan F W. Portfolio Approach to Information Systems. Harvard Business Review，1981，Vol.59，No.5.

34. Means，Robin. Home，independence and community care：time for a wider vision? Policy & Politics，1997，Vol.25，No.4.

35. Mould-Quevedo，J.F.，Garcfa-Pena，C.，Contreras-Hernandez，I.et al.，Direct Costs Associated with the Appropriateness of Hospital Stay in Elderly Population，BMC Health Services Research，2009，Vol.9.

36. Muramatsu N，Yin H，Hedeker D. Functional declines. social support，and mental health in the elderly：does living in a state supportive of home and community-based services make a difference? Social Science&Medicine，2010，Vol.70，No.6.

37. Nadash，P.，&Shih，Y.C.，Introducing Social Insurance for Long-Term Care in Tainwan：Key Issucs，Intcrnational Journal of Social Welfare，2013，Vol. 22.

38. Neill M. The Future of Nonprofit Management Education. Nonprofit and Voluntary Sector Quarterly，2007，Vol.36，No.4.

39. Noordewier，T.G.，Rogers，D.，&Banakrishnan，P.V.，Evaluating Consumer Preference for Private Long Term Care Insurance，Journal of Health Care Marketing，1989，Vol.9.

40. OECD.Help Wanted? Providing and paying for Long-Term Care.2011

41. Parker D，Drbich C，Brown M，et al.A palliative approach or specialist palliative care：what happens in aged care facilities for residents with a noncancer diagnosis? Journal of Palliative Care，2005，Vol.21，No.2.

42. Prasad，s.，Does Hospitalization Make Elderly Households Poor? An Examination of the Case of Kerala，India，Social Policy and Administration. 2007，Vol.41.

43. Phillipson C.Family care in Great Britain：sociological perspectives.Aging International，1997，Vol.70，No.7.

44. Pillemer，Karl，Macadam，et al.Services to families with dependent elders. Jouranl of Aging &Social Policy，1989，Vol.1，No.3.

45. Quinn，William，H.Personal and family adjustment in later life.Journal of Marriage and the Family，1983.

46. Rasoolimanesh S. Mostafa，Jaafar Mastura，Ahmad A. Ghafar，Barghi Rabeeh. Community participation in World Heritage Site conservation and tourism development. Tourism Management，2016，Vol.58.

47. Raymond E，Grenier A，Hanley J. Community participation of older adults with disabilities. Journal of Community &Applied Social Psychology，2014，Vol.24，No.1.

48. Riho Iwasaki，Kazuaki Hirai，Takayuki Kageyama，Tamae Satoh，Hiromi Fukuda，Hiromi Kai，Kiwa Makino，Kathy Magilvy，Sachiyo Murashima. Supportingelder persons in rural Japanese communities through preventive home visits by nursing students：A qualitative descriptive analysis of students' reports.Public Health Nursing，2019，Volume 36，Issue 4. First published：07 March.

49. Ryan.The New Landscape for Nonprofits.Harvard Business Review，

50. 1999，Vol.77，No.1.

51. Salamon L M.The Voluntary Sector and the Future of the Welfare State. Nonprofit and Voluntary Sector Quarterly，1989，Vol.18，No.1.pp.11-24.

52. Shumaker，S.A.，&Browhell，A，Toward a Theory of Social Support：Closing Conceptual Gaps.Journal of Social，1984，Issuse.40.

53. Sharkey，Peter，Ebrary，et al. The essentials of community care：a guide for practitioners. European Urology Supplements，2014，Vol.13，No.1.

54. Shuzhen Zhu，Jie Hu，Jimmy T Efird.Role of social support in cognitive function among elders. Journal of Clinical Nursing. 2012，Volume 21，Issue 15-16. First published：13 July.

55. Spitze G，Logan J R.Helping as a component of parent-adult child relations. Research an Aging，1992，Vol.14，No.3.

56. Stoddart Helen，Whitley Elise，Harvey Ian，et al.What determines the use of home care services by elderly people? Health &Social Care in the Community，2002，Vol.10，No.5.

57. Stoller E P，Pugliesi K L. Informal networks of community-based elderly：changes in composition over time. Res Aging，1988，Vol.10，No.4.

58. Tse T，Howie L. Adult day groups：addressing older people's needs for activity and companionship. Australasian Journal on Ageing，2005，Vol.24，No.3.

59. Toepoel V. Ageing，leisure，and social connectedness：how could leisure help reduce social isolation of older people? .Social Indicators Research，2013，Vol.113，No.1.

60. Walsh T.Person-environment practice：the social ecology of interpersonal helping.Child&Family Social Work，2010，Vol.4，No.1.

61. Walker J，Bisbee C，Porter R，et al. Increasing practitioners' knowledge of participation among elderly adults in senior centeractivities. Educational Gerontology，2004，Vol.30，No.5.

62. Woittiez，Isolde，Edwin Van Gameren. International Comparison of Long Term Care Use：A Micro-Analysis of Differences between Countries and Evert Pomme. The 6th World Congress：Explorations in Health Economics Paper. 2007.

63. Wolf，Margery. Women and the family，and industrialization in Java. Journal of Family Issues，1972，Vol.9.

64. Williamson. The Organization of work：A comparative Institutional Assessment，Journal of Economic Behavior and Organization，1980，Vol.1.

65. Young D R. Alternative Models of Government-Nonprofit Sector Relations：Theoretical and International Perspectives. Nonprofit and Voluntary Sector Quarterly，2000，Vol.29，No.1.

后　记

窗外飘着雪花，开始着手后记的写作。埋头撰写书稿，日夜兼程，终于在壬寅虎年春节期间脱稿。

本书在我的博士论文《被征地老人养老研究——基于浙江省杭州市 C 社区的实地调查》基础上修改而成。2012 年 9 月 27 日，我在上海大学社会学系通过博士论文答辩，获得社会学博士学位。2008 年 3 月至 2012 年 9 月，我在上海大学在职攻读博士学位。1997 年 7 月从华东师范大学获得社会学硕士学位后，时隔 11 年我通过全国统考进入上海大学攻读博士学位。倍感珍惜来之不易的学习机会！在职读博，对我来说是难得的人生历练。一方面要顺利完成学业，另一方面还要圆满做好本职工作。人生是个不断选择的过程，也是不断挑战自我的过程。四年多以来我提升了自己的学术素养，也收获了宝贵的友谊。我要感谢母校，感谢每一位给予我关心、帮助、支持的老师、同学、同事、朋友、家人。

首先我要感谢我的博导邓伟志教授和师母张耀新女士。导师的豁达、师母的慈爱不断抚慰着我。我的导师邓伟志教授，他的勤奋、坚韧、豁达、宽广的胸怀深深感染并影响着我。是他引领我在学术殿堂不断攀登，并以自己的言传身教给我树立了为人做事的典范。通过他，我感受到了中国知识分子强烈的国家责任感和社会使命感。导师的六卷本《邓伟志文集》摆在我的案头，时常翻一翻，感受他那与时代律动的心声。难忘 2008 年攻读博士学位课程时在上海的师门聚会，导师和师母给了我们中秋节家庭的温馨。回杭州后，每当困惑时，给导师打电话或者发邮件，总能受到他的鼓舞。2009年10月应工作单位要求，我要去美国访学，向导师辞行。他给我邮件“多注意安全，常来E-MAIL”。导师的鼓励使我克服了独自在异国他乡的孤独、困惑。回国后，在2010年11月26日博士论文开题时，较真的我邀请导师到场。我在早上六点钟给导师打电话，他提前来到了开题现场，为我增添了许多勇气和力量。我在教学、研究过程中遇到困惑，向他请教，他回邮件“差距是社会张力。张力是冲突前夕。”寥寥数语，解我心结。更难忘我因家中长辈动手术万般无奈，无法继续博士论文写作，给他发邮件时，他简短回邮“祝忠孝两全，智勇双全，论文旗开得胜!”短短数语，使我豁然开朗。

在读博期间，我听了沈关宝教授、李友梅教授、仇立平教授、张文宏教授、肖瑛教授等诸位老师的课程，各位大师在课堂上的风采历历在目。教授们严谨、博学、深入浅出的讲授为我顺利完成学业奠定了基础。博士论文开题时，仇立平教授、张江华教授、张佩国教授、李瑜青教授、张敦福教授、董国礼教授等各位老师给我提出了许多宝贵的建议。在论文形成阶段，上海大学张文宏教授、郭长刚教授、张敦福教授、李建勇教授、美国天普大学赵善阳教授、浙江大学赖金良教授、华东师范大学文军教授等不少校内外的专家也给我提出了许多建议。博士论文预答辩时，张佩国教授、张钟汝教授、范明林教授、翁定军教授、汤艳文教授的真知灼见使我受益非浅。博士论文正式答辩时，我的硕士导师吴铎教授担任答辩主席，文军教授、张文宏教授、何雪松教授、张海东教授担任答辩委员，共同见证了博士论文答辩这一神圣时刻。感谢贺斌老师和陈小红老师在我学习、博士论文开题、预答辩、答辩等过程中的帮助。难忘同上海大学同学的课堂内外交流。我还要感谢我工作单位的领导和同事，他们的关心、支持，使我顺利完成了浙江理工大学的工作，同时专心致志地完成博士学位。我要感谢诸位朋友。许多朋友相交数年，无私的友情使我沉浸在温暖之中。朋友们的介绍，使我得以走入调查对象的生活世界。感谢我的硕士师兄——时任浙江省农办副主任、现浙江省供销合作社联合社党委书记、理事会主任邵峰提供的调研支持。我要感谢我的家人。我的先生——中共浙江省委党校李一教授对我学业、工作上的支持，作为同行经常与我讨论，并在生活中默默承担了诸多家务。在我读博期间，我的女儿李可从幼儿园的小朋友成长为小学生。可以说，没有家人的无怨无悔的支持、理解，我无法在学术道路上渐行渐远。

2021 年 9 月，我离开工作了十七年的浙江理工大学，三级教授事业编人才引进到浙江农林大学，工作地点从杭州城东转到了杭州城西。这是我入职浙江农林大学以来完成的第一本书，也是我撰写（含合著）的第八本书。由衷感谢浙江农林大学、浙江理工大学领导、同事和学生对我工作的支持！

1998 年我开始从事“一老一小”研究，迄今已经 23 年。人民出版社王萍编审在我写作中给予了大力帮助和支持。这也是她和我合作的第二本书。第一本书《困境儿童分类保障机制研究》获得 2021 年浙江省第二十一届哲学社会科学二等奖。

严冬即将过去，春天还远吗？正如元代曲作家徐再思《朝天子·里湖》云：“里湖，外湖，无处是无春处。真山真水真画图，一片玲珑玉。”

郅玉玲

2022 年 2 月 4 日于杭州政苑